Ostvorpommern

EDITION TEMMEN

W0305160

Eckhard Oberdörfer

Ostvorpommern

Vom Amazonas des Nordens zu den Kaiserbädern – ein Reise- und Lesebuch

Mit 285 Abbildungen

Edition Temmen

Inhalt

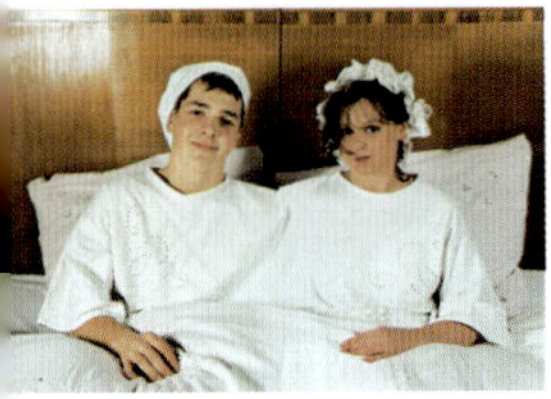

Usedom

Vorwort

Wohl populärster Anziehungspunkt in Ostvorpommern ist die Sonneninsel Usedom mit ihren weiten feinsandigen Stränden. Usedom zählt heute wie vor 100 Jahren zu den beliebtesten Urlaubszielen: die historische Seebrücke in Ahlbeck, die weiß strahlenden Gründerzeitvillen Bansins oder die eleganten **Seeheilbäder** Heringsdorf und Zinnowitz – überall ist der reizvolle Charme der Jahrhundertwende zû spüren, denn schon um 1900 galt die Ostseeinsel als Badewanne Berlins.

Ein wenig ruhiger, aber umso stimmungsvoller sind die malerischen Buchten des Achterwassers und des Greifswalder Boddens, die Vogelinseln Koos, Ruden und Greifswalder Oie. Eine einmalige **Tier- und Pflanzenwelt** findet man auch im Küstenvorland. Auf geführten Kanuwandertouren kann man z.B. im naturbelassenen Peenetal über 350 seltene Tier- und 170 Pflanzenarten beobachten. Darunter auch Fischotter und Biber, die bereits im 18. Jahrhundert im Gebiet des heutigen Mecklenburg-Vorpommerns ausgerottet worden waren und 1975/76 erfolgreich wieder angesiedelt werden konnten.

Noch zu wenig beachtet wurde bislang die Schönheit der ostvorpommerschen Städte wie Wolgast, Gützkow, Lassan und Usedom. Trotz der verheerenden Kriegszerstörungen muss unbedingt auch Anklam, das südliche

Tor zur Insel Usedom, besucht werden. Die Geburtsstadt Otto Lilienthals hat dem Pionier der Lüfte ein innovatives **Museum** gewidmet und zeigt viele seiner Flugapparate in Originalgröße.

Die Region Ostvorpommern wird geprägt von liebevoll gepflegten Dörfern, mittelalterlichen Burgen, Schlössern und Gutsanlagen: Der Landstrich hat wechselvolle Zeiten erlebt. Genannt seien hier nur die Burgruine Landskron, die Wasserburg Spantekow, das Renaissanceschloss Quilow mit seinem achteckigen Turm, das heute als Hotel genutzte Gutshaus Neetzow oder die großen **Gutsanlagen** von Ludwigsburg und Wrangelsburg.

In dem hügeligen, von der Eiszeit geprägten Raum zwischen polnischer Grenze und Gristower Wieck, zwischen Greifswalder Oie und Kavelpass leben rund 115.000 Einwohner. Der 1994 aus den Landkreisen Anklam, Greifswald und Wolgast gegründete Kreis Ostvorpommern mit Verwaltungssitz in Anklam hat eine Größe von 1940 Quadratkilometern.

Viele Betriebe wurden seit der weitgehenden Deindustrialisierung ab 1990 abgewickelt; zu den wenigen größeren, noch existenten Firmen gehören die Wolgaster Peenewerft und die Anklamer Zuckerfabrik. Die Bevölkerung lebt heute vor allem vom **Tourismus** und nach wie vor auch von der Landwirtschaft. Beim Ökolandbau sind Ostvorpommern und der Nachbar Uecker-Randow sogar deutsche Spitze.

Die Erarbeitung des Buchmanuskriptes wäre ohne die Unterstützung vieler Helfer nicht möglich gewesen. Pastoren öffneten die Kirchen, gaben Ratschläge und Tipps, Bürgermeister und Heimatfreunde führten durch ihre Wohnorte, Mitglieder früherer Gutsbe-

sitzerfamilien und Ortschronisten halfen uneigennützig. Die historischen Angaben in der Literatur weichen zum Teil sehr voneinander ab, selbst der »Dehio« und andere Verzeichnisse der Bau- und Kunstdenkmale erwiesen sich nicht immer als zuverlässig. Im Zweifelsfall wurde in der Regel die Datierung der **Heimatfreunde** vor Ort gewählt. Dazu kamen eigene Studien in Archiven und an den Sachzeugnissen.
Aus der Reihe all derjenigen, die die Erstellung des Manuskriptes unterstützten, sei noch besonders gedankt: Marion Adomat (Bansin), Martin Bartels (Dewichow), Günter Beyer (Anklam), Dr. Felix Biermann (Greifswald), Dr. Ludwig Biewer, Jim Brendel (Katzow), Hans Heß (Neuendorf), Daniel Kühlcke (Garz), Ingrid Cherubim (Hanshagen), Reinhold Garbe (Wusterhusen), Rudi Möller (Anklam), Friedemann Humburg (Kagendorf), Erhard Stelzig (Sarnow,) Sieglinde Reincke (Wusseken), Lothar Labahn (Zinnowitz), Philipp Graffam (Lassan), Manfred Kanetzki (Peenemünde), Werner Kittel (Zinnowitz), Peter Wulfert (Karlsburg), Hans-Joachim Jeromin (Gützkow), Werner John (Ahlbeck), Barbara Süptitz (Ducherow), Beate Beyrich-Kempf (Ranzin), Hans-Joachim Krug (Neuenkirchen), Angela Krüger (Alt Teterin), David Wiechorek (Alt Teterin), Ruth Puchert (Dersekow), Wolfgang Breithaupt (Weitenhagen), Gerd Panknin (Ahlbeck), Achim von Quistorp, Sigurd Graf von Schweinitz, Dr. Thomas Terberger (Greifswald), Ruth-Erika von Löwenstein, Bernd Jordan (Lassan), Barbara Roggow (Wolgast), Wolf-Dietrich Paulsen (Gützkow), Erika Meyer (Stolpe), Rolf Bahler (Padderow), Hans-Henning Bär (Greifswald), Klaus-Joachim Freese (Gristow), Dr. Wolfgang Arndt (Klein Zastrow), Reinhold Hartje (Groß Bünzow), Hans-Henning Holst (Stralsund), Dr. Gotthard Vogel (Schlatkow), Kerstin Klut (Lüssow), Rolf Lahrmann (Anklam), Siegmund Olm (Neuenkirchen), Dietlind von Mertens, Marita Gräfin von Schwerin, Hans Joseph Graf von Schwerin, Marcelle von Behr, Elsa Hein (Behrenhoff), Dr. Martin (Ducherow), Gunther Schulze (Zirchow), Friedrich von Kymmel (Morgenitz), Christel Schmidt (Hanshagen), Erhard Rusch (Heringsdorf), Horst-Dieter Wedel (Sarnow), Frau Handtke (Korswandt), Winfried Wenzel (Koserow), Uwe Rieck (Gützkow), Norbert Sündermann (Neu Pudagla), Matthias Lietz (Lubmin), Karin Weber (Krien), Wolfgang Woy (Kröslin), Thomas Hase (Vargatz) und all denen, die hier nicht aus böser Absicht vergessen wurden. Ganz besonders aber haben Heike und Konrad Oberdörfer dieses Projekt durch ihre Begleitung bei den zahlreichen Reisen und bei der Erstellung des Manuskriptes auf den Weg gebracht.

Geschichte: Pommern – Schweden – Preußen

Nach dem Rückzug der letzten Gletscher kehrten die Menschen der Steinzeit wieder an die Küste der Ostsee zurück. Um 3000 v. Chr. siedelten sie sich als Bauern und Viehzüchter im Gebiet der **Endmoränen und Urstromtäler** an und kultivierten das Land. Ihre Gräber aus großen Findlingen kann man noch heute entdecken, z.B. im Garten des Bauern Schnelle in Klein Polzin. Zur Zeit der Völkerwanderung zogen viele germanische Stämme in den Süden. In der nun kaum noch bewohnten Region ließen sich ab 500 n.Chr. **Slawen** aus dem Osten nieder, die sich zu großen Stammesverbänden zusammenschlossen. Wirtschaftlicher und politischer Mittelpunkt der slawischen Stämme, die später von den Deutschen als Wenden bezeichnet wurden, waren gut gesicherte Burganlagen in schwer zugänglichen Gebieten, in die sich die Landbevölkerung bei Angriffen zurückziehen konnte. Da die Slawen zum Hausbau nur Holz verwendet haben, sind heute wie bei Grubenhagen und Wrangelsburg nur noch die aufgeschütteten Erdwälle zu erkennen.

Eine erste Form von Staatlichkeit im heutigen Ostvorpommern repräsentierten die Fürsten von Rügen und die Herzöge von Pommern. Die Grenze befand sich im Bereich des Ryck. Nördlich des Flusses lag die Herrschaft Gristow. Sie gehörte einer Nebenlinie der Fürsten von Rügen.

Im 12. Jahrhundert stritten Deutsche, Dänen und Polen um die Oberhoheit in unserem Raum. Die Initiative für die **Christianisierung** des Oder- und Peeneraums ging vom polnischen Herzog Boleslaw III. Schiefmund aus, der den Bischof Otto von Bamberg 1124 auf die erste Missionsreise schickte. Erster urkundlich fassbarer Pommernherzog ist Wartislaw I., der schon als Kind in Sachsen getauft worden war. Mit dem Bau von Klöstern wie Eldena, Grobe und Stolpe begann die Erschließung Pommerns durch deutsche Siedler und die Assimilierung der Slawen. Noch heute treten slawische (meist Suffixe wie -ow, -in, -itz) und deutsche (namentlich mit -hagen, von Hägerrecht abgeleitet und an Rodungen erinnernd) Begriffe in Ortsnamen nebeneinander auf. Andere Namen wie Dänische Wiek und Wampen erinnern an die Dänen, die ebenfalls in zahlreichen Kämpfen Anspruch auf das Land erhoben.

Nachdem sich die Pommernherzöge in den Erbfolgekriegen nach dem Tod des letzten Rügenfürsten Wizlaw III. im Jahre 1325 gegen die Mecklenburger durchgesetzt hatten, gehörte das gesamte Gebiet zu ihrem Herzogtum. Wohl schon im 15. Jahrhundert sprach man in unserem Raum nicht mehr wendisch. Von wirtschaftlicher Prosperität des Landes am Meer zeugt nicht nur der Aufstieg der **Hanse**, in der Anklam eine wichtige Rolle in der zweiten Reihe spielte, sondern auch die Tatsache, dass es mit Erich, dem Herzog von Pommern-Stolp, ein Spross des Greifengeschlechtes ab 1397 zu Königswürden in Skandinavien brachte.

Auch kulturell erlebte Pommern 1456 mit der Gründung der **Greifswalder Universität** - der zweiten Universität Nordeuropas nach Rostock - einen Aufschwung.

Im Jahre 1534 wurde auf dem Landtag zu Treptow an der Rega der christliche Glaube lutherischer Prägung endgültig mit einer Kirchenordnung für ganz Pommern eingeführt. Herzog war zu diesem Zeitpunkt Philipp I. In seiner Regierungszeit wurde Pommern wieder in Pommern-Wolgast und Pommern-Stettin geteilt.

In jenen Tagen ging es den Bauern noch recht gut. Das ist wohl auch der Grund, warum es in Pommern keine Bauernkriege gab. Grundherren waren nicht nur die Adligen einschließlich des Herzogs, sondern auch die Städte, hier besonders Greifswald und Anklam. Ab Mitte des 17. Jahrhunderts gehörte auch die Universität Greifswald dazu. Der letzte Pommernherzog aus dem Greifengeschlecht, Bogislaw XIV. (gestorben 1637), hatte der Hohen Schule 1634 den früheren Besitz des Klosters Eldena geschenkt. Die wirtschaftliche Zerrüttung infolge der Kriege des 17. Jahrhunderts hat die Bildung größerer Betriebe gefördert. Die Bauern wurden »gelegt«. Städte und Universität handelten, wenn in der Regel auch recht zögerlich, nicht anders als die Adligen. Dienstleistungen wurden gesteigert, Eigenwirtschaften vergrößert. Die großen Güter, die Pommern prägten, entstanden. Zu den Adligen mit besonders großem Landbesitz gehörten die Behr und die Schwerine.

Im Frieden von Münster und Osnabrück, der den Dreißigjährigen Krieg 1648 beendete, wurde Pommern entgegen den alten Erbverträgen mit Brandenburg geteilt. Schweden erhielt das westliche Pommern mit allen drei Mündungen der Oder. Dazu kam ein Streifen ostwärts des Flusses bis etwa Stargard und Gollnow. Der Rest fiel an Brandenburg. Allerdings entstanden nur für Militär und Steuerwesen schwedische Behörden, sonst änderte sich nur wenig. Schwedisch-Pommern gehörte weiter dem Deutschen Reich an, der schwedische König war als pommerscher Herzog auf dem Reichstag sitz- und stimmberechtigt.

Im Nordischen Krieg war Vorpommern 1715 bis 1720 dänisch. Im Frieden von Stockholm erhielt Preußen das Land bis zur Peene, der Rest blieb weiterhin bei Schweden. Der nunmehr preußische Teil hatte Teil an der Binnenkolonisation zur Zeit Friedrich II., so z. B. im Thurbruch auf Usedom oder in Rosenhagen und Neu Kosenow. 1724 wurden in »Altvorpommern« Kreise gebildet. Zum Anklamschen Kreis gehörte ein großes Gebiet bis Torgelow/Ueckermünde, das auch Jarmen einschloss.

Einfache, rohrgedeckte Bauten prägten das Bild an der Küste

In der zweiten Hälfte des 18. Jahrhunderts beschleunigte sich die Gutsbildung noch einmal. Statt Frondienste leistender Bauern arbeiteten nun auf den Gütern immer mehr Lohn- und Deputatarbeiter. Land, Städte und Universität begannen, ihre Flächen an den Meistbietenden zu verpachten. In Folge der Überführung der Güter vom Lehn- in Eigenbesitz (**Allodifizierung**) wurden ab 1810/12 vermehrt Bürgerliche zu Gutsbesitzern. Rittergüter waren dabei im Normalfall nur allodifizierte Lehngüter. Um ihren Besitz zusammenzuhalten, gründeten Adlige Fideikommisse.

1805 gab es in Schwedisch-Pommern rund 46.000 Leibeigene. Auf dem Lande wohnten etwa 33.000 freie Bürger. Erst 1806 wurde das Land westlich der Peene so richtig schwedisch. **Schwedisches Recht** und schwedische Verfassung wurden durch Gustav II. Adolf eingeführt, die Leibeigenschaft der Bauern aufgehoben. Schwedisch-Pommern war in die vier Ämter (später Kreise) Franzburg, Grimmen, Greifswald und Bergen aufgeteilt. Zum Greifswalder Teil gehörte der Bereich bis zum Anklamer Peendamm, also auch Lassan, Wolgast usw. Gristow und Me-

Das Seebad Heringsdorf ehrte Reichskanzler Otto von Bismarck mit einem hohen Turm

sekenhagen wurden von Grimmen aus verwaltet. Hauptsächlich bestand der Kreis aus Gutsbezirken. Da der Amtshauptmann des akademischen Amtes Eldena den vier 1810 eingesetzten Kreishauptleuten gleichgestellt wurde, existierte faktisch ein fünfter Kreis. Bei der Neueinteilung der Kreise wurde auch der nunmehr verkleinerte Anklamer Kreis in einer Ausdehnung, die im Wesentlichen bis nach 1945 Bestand hatte, gebildet.
Der Wiener Kongress brachte 1815 die Wiedervereinigung des ganzen Pommern. Für Neuvorpommern und Rügen bildeten die Preußen einen eigenen **Regierungsbezirk** mit Stralsund als Verwaltungssitz. Erst 1932 wurde dieser Stettin zugeschlagen, zu dem ja schon Usedom und Anklam gehörten.

Das de jure 1807 auch in Altvorpommern erfolgte Ende der Leibeigenschaft unter preußischer Fahne war mit erheblichen Zahlungen oder Abtretung von Flächen an die Gutsherren verbunden. Viele Bauern, die nunmehr auf eigener Scholle wirtschafteten, konnten ihren Besitz nicht halten. 1876 besaßen 694 Betriebe des Kreises Greifswald mit jeweils mehr als 100 Hektar Land 81% der landwirtschaftlichen Nutzfläche. Trotz Aufhebung der Patrimonialgerichtsbarkeit 1849 und der gutsherrlichen Polizei 1872 besaß der Grundherr im Gutsbezirk immer noch Rechte. Laut Gesetz erfüllte er öffentliche Verwaltungsaufgaben und Leistungen, »die sonst Landgemeinden und ihren Organen obliegen«. Es gab noch eine weitere Kehrseite: Die Verpflichtung der Gutsbesitzer für die Armen- und Altersfürsorge entfiel.
Allerdings darf man die Entwicklung hin zu Großbetrieben nicht nur negativ sehen. **Neuvorpommerns** Landwirtschaft war dadurch außerordentlich produktiv. Es entstanden Verarbeitungsbetriebe wie z.B. 1883 die Pommersche Zuckerfabrik Anklam, die in Spitzenzeiten bis zu 600 Arbeiter beschäftigte. In der Dichte des Schweinebestandes hielt der Regierungsbezirk Stralsund die Spitzenstellung in Deutschland. Davon profitierten auch Landarbeiter, z.B. dank Möglichkeiten der privaten Viehhaltung und der Vermarktung. Weil Arbeitskräfte fehlten, sorgten vor allem russisch-polnische Landarbeiter dafür, dass die Produktion namentlich bei Getreide, Kartoffeln und Rüben weiterging, sogar Italiener kamen als »Schnitter« zur Ernte hierher. Im Kreis Greifswald war das besonders ausgeprägt, hier wurden vor dem Ersten Weltkrieg Anteile von knapp 40 Prozent nicht-deutscher Arbeitskräfte erreicht, auch der Kreis Anklam lag mit fast 30% weit vorn. Politisch versuchte man, dem Prozess der Bildung großer Güter statt Bauernwirtschaften entgegenzuwirken und kleinere Wirtschaften zu schaffen. So durch das **Rentengutgesetz** 1890/91

und das **Reichssiedlungsgesetz** 1919. In der Weimarer Republik entstanden im Kreis Anklam 88 Bauernwirtschaften. Noch 1925 fand die Hälfte aller Erwerbstätigen Pommerns in der Landwirtschaft Lohn und Brot.
Erst 1928 wurden per Gesetz die Gutsbezirke aufgelöst. Allein im Kreis Greifswald betraf das 137 Gutsbezirke. 32 Adlige hatten 55 Besitzungen, 24 Bürgerliche 31, die Universität hatte 23, und Greifswald war siebenfacher Grundherr. Dem standen nur drei Stadt- und 40 Landgemeinden gegenüber. Ihre Zahl vergrößerte sich nun auf 56.
Ende der 1920er Jahre kämpften die Landwirte ums Überleben. 1927 betrug der Verschuldungsgrad gemessen am Gesamtvermögen bei 28% der Eigenbetriebe schon über 70%. Bei den Pachtbetrieben war es noch schlimmer. Auch große Grundherren wie die Lüssower Voß-Wolffradts mussten nach und nach Teile ihres Besitzes verkaufen. Es entstanden vermehrt Siedlungen. Nach 1933 profitierten besonders Mittel- und Vorpommern vom Ausbau der militärischen Infrastruktur, so beispielsweise Anklam. In Peenemünde entstand ein weltweit einmaliges **Forschungszentrum**. Beide Orte wurden im Zweiten Weltkrieg schwer zerstört.
Nach 1945 wurden im Kreis Greifswald über 50% der Fläche neu verteilt, Güter weit über die Bodenreformforderungen hinaus enteignet. Im Kreis Anklam besaßen zuvor allein die Schwerine mit 16.722 Hektar über 20 Prozent der landwirtschaftlichen Fläche. Allerdings bekam der Staat von den Neubauern einen großen Teil der Ernte, sie mussten ein hohes Soll an verschiedenen Produkten erbringen. Erst 1960 durften die Neubauern Fleisch in Läden kaufen. Nur wer über das Soll hinaus produzierte (»freie Spitzen«), verdiente wirklich gut.
Die Enteignungen hatten weit reichende Folgen für die historisch gewachsenen Gutsanlagen. Hoch sind die Verluste durch Brandstiftungen, Plünderungen sowie den Abbruch von Herrenhäusern, um Material für Neubauernhäuser zu gewinnen. Zu weiterem Verfall führte die mangelnde Instandhaltung, gerade bei Wirtschaftsgebäuden setzte er sich durch nicht mehr vorhandene Nutzung auch nach 1990 fort.
1952 wurde das Land in neue Kreise aufgeteilt. So wurde mit Wolgast als Verwaltungssitz ein Kreis gebildet, der den bei Deutschland verbliebenen Rest des früheren Kreises Usedom-Wollin und den Bereich um das Achterwasser, der wie Lassan zwei Jahre großteils zu Anklam gehörte, in sich aufnahm. Anklam vergrößerte sich 1950 und 1952 Richtung Westen bis vor die Tore Karlsburgs.
Zu grundlegenden Veränderungen führte 1953 die **»Aktion Rose«**, die die Besitzverhältnisse in den Ostseebädern auf der Basis haltloser Anschuldigungen völlig zugunsten des Feriendienstes der Gewerkschaften (FDGB) veränderte. An der Beliebtheit der Ferieninsel hat das nichts geändert. In Sachen Bettenkapazität lagen Ahlbeck, Bansin und Heringsdorf in der DDR ganz vorn. Die Sowjetisch-Deutsche Aktiengesellschaft **Wismut** prägte Zinnowitz, bei Ückeritz entstand einer der größten Zeltplätze Mitteleuropas. Daneben gab es Industrialisierungsbestrebungen, wie sie sich in der Peenewerft Wolgast oder dem KKW Nord zeigen. 1960 hatte der »sozialistische Frühling«, die endgültige Durchsetzung der Bildung von LPG, erneut das Leben auf dem Land grundlegend verändert.
1990 wurde die Bodenreform auf anderem Niveau durch das Ende aller Genossenschaften aufgehoben. Darüber hinaus erhielten die Städte und die Universität sowie »Gutsherren«, die weniger als 100 ha Land besessen hatten, ihr Eigentum zurück. Derzeit zeichnen sich auch in Sachen Kreis erneut Veränderungen ab. Ein Kreis Südvorpommern oder ein Großkreis Vorpommern sind im Gespräch.

Die Hansestadt Anklam

Wer über die B 109 von Greifswald nach Anklam fährt, durchquert das unter Naturschutz stehende **Peenetal**, mit 1500 Hektar das größte zusammenhängende Moorgebiet Mecklenburg-Vorpommerns. In seinen weitläufigen Auewiesen, Birkenbrüchen und unberührten Schilfröhrichten brüten über 150 Vogelarten, darunter Seeadler und Eisvögel. Im weitgehend urtümlich belassenen Flusstal haben sich außerdem zahlreiche Biber und Fischotter angesiedelt. Wer die Flora und Fauna im Schutzgebiet näher kennen lernen möchte, kann von Anklam aus an geführten Kanutouren und Bootsfahrten teilnehmen.

Kurzer Blick in die Geschichte

Von Norden her gelangt man in die etwa 15.000 Einwohner zählende Kreisstadt Ostvorpommerns über die Peenebrücke, die einen schönen Blick auf die Stadtsilhouette bietet, in der jedoch trotz der langen Tradition des Ortes nur wenige ältere Gebäude erhalten sind. Anklam erhielt bereits 1264 von Pommernherzog Barnim I. das Lübische Stadtrecht, das Zollfreiheit und Freiheit der Schifffahrt garantierte. Knapp 20 Jahre später trat Anklam dem **Hansebund** bei und erlebte durch den europaweiten (Herings-) Handel in den nächsten zwei Jahrhunderten eine wirtschaftliche Blütezeit, was zahlreiche Bauwerke im Stil der Backsteingotik noch um 1936 bezeugen konnten, als Anklam zur Garnisonsstadt erhoben wurde. Im Zweiten Weltkrieg flogen die anglo-amerikanischen Streitkräfte Luftangriffe auf die kleine Hafenstadt. Schwere Schäden richteten die Deutschen selbst an, als sie in den letzten Kriegstagen, am 29./30. April 1945, durch Bombardements der Luftwaffe die Rote Armee am Einmarsch in die Hansestadt hindern woll-

So sah der Anklamer Markt vor seiner Zerstörung aus

Walther Preik schuf das Lilienthal-Denkmal, das am Markt vor einem Einkaufszentrum steht

ten. Nicht nur das alte Zentrum, sondern über 70 % der gesamten Bausubstanz der Stadt waren nach dem Zweiten Weltkrieg zerstört und wurden beim Wiederaufbau in den nächsten Jahren meist durch wenig originelle Zweckbauten ersetzt.

Stadtrundgang

Der Marktplatz

Auch der Marktplatz, auf dem wir unseren Stadtrundgang beginnen, erinnert wenig an die mittelalterlichen Jahrmärkte, zu denen im September und Oktober Tausende von Menschen kamen. Hier gaben auch die polnischen Schnitter nach der Erntezeit ihr Geld aus. Sie trugen durch ihre Gaben wesentlich zum Bau der katholischen Kirche bei. Wenig kennzeichnet besser den Niedergang der Hansestadt als die Tatsache, dass anstelle des heutigen Brunnens auf dem Marktplatz zeitweise eine Schweinehütte stand. Vergangen das Hotel zur Traube – hier steht heute das nachwendische Lilienthal-Center. Nur zwei Eckhäuser aus dem Kaiserreich haben den Krieg überlebt. Tragisch auch der Verlust der 1280 bis 1498 errichteten **Nikolaikirche**, die lange Zeit das Wahrzeichen der Stadt Anklam war und deren Turm als Lotsenzeichen bis weit über das Haff zu sehen war. Sie brannte am 29. April 1945 aus. Um den Wiederaufbau der Ruine bemüht sich seit der Wende ein engagierter Förderverein, der bereits 1995 mit der Errichtung eines Notdaches einen ersten Erfolg verbuchen konnte. Seit 2003 finden wieder regelmäßig Veranstaltungen statt. 2004 spendete ein Berliner ein neues Nikolausfenster.

Das jetzige **Rathaus** auf dem Marktplatz mit seinen Arkaden und dem Stadtwappen an der Vorderfront entstand 1950 bis 1952 nach Plänen des Stralsunders Grundmann. Einige hundert Meter weiter Richtung Bollwerk, in der Burgstraße 15, steht das Rathaus II. Darin erinnert eine Büste an Ulrich von Hassell, der in Anklam aufwuchs und als Verschwörer des 20. Juli 1944 hingerichtet wurde. Sein Vater Ulrich von Hassell senior war 1877 als Taktiklehrer an die dortige Kriegsschule kommandiert worden.

2003/04 erfolgte eine Umgestaltung und Neupflasterung des Marktplatzes. Eingelassene Spruchbänder aus gelbem Sandstein erinnern jetzt an herausragende Ereignisse der Stadtgeschichte. Der Springbrunnen von Walther Preik wurde 1969 eingeweiht. Der Greif kam am 1. Mai 1989 hinzu. Der größte Teil der Gebäude entstand zwischen 1978 und 1980. Vor dem **Lilienthal-Center** steht das Denkmal für den aus Anklam stammenden Flugpionier. Es ist ebenfalls ein Werk von Walther Preik aus dem Jahr 1982 und wurde seinerzeit per Hubschrauber eingeflogen. Zur

Einweihung des 16 Meter hohen und zwei Tonnen schweren Monuments am 26. Juni, das auf seine Art Flugzeugtragfläche und Lilienthal-Gleiter vereint, kamen die Raumfahrer Sigmund Jähn und Waleri Bykowski.

Peenstraße

Unser Weg führt jetzt in die Peenstraße, die zum Hafen führt. Warum das »e« fehlt, ob es eine niederdeutsche Form ist, ist nicht bekannt. Die Nr. 57 stammt noch aus der Zeit vor 1945, in der vom Bombenhagel schwer zerstörten Straße eine Ausnahme.

Vor dem nicht mehr vorhandenen Geburtshaus steht die kleine Büste Lilienthals mit seinen Lebensdaten (1848–1896). Ein Denkmal mit bewegter Geschichte. Vom ersten Standort, dem Steintor, wurde die Büste nach dem Bau des großen Fliegerhorstes zum Flugplatz gebracht, war nach dem Krieg zunächst verschwunden, ehe sie am Steintor wieder aufgestellt und dann schließlich vor das frühere Geburtshaus versetzt wurde.

Linker Hand zweigt die Heilig-Geist-Straße ab, in der 1738/40 anstelle einer Hospitalkapelle die **Heilig-Geist-Kirche** errichtet wurde. Im Krieg zerstört, wurde sie 1953 in den historischen Formen wieder aufgebaut. Es wird erzählt, dass die Anklamer im Gegensatz zur seit 1720 herrschenden preußischen Regierung keine Garnisonkirche wollten. Ein krönender Adler sorgte dafür, dass auch der militärische Zweck erfüllt war.

1854 wurde die Hospitalkirche profaniert und nach Entwürfen Friedrich August Stülers zum Altenheim umgestaltet. Interessenten mussten sich einkaufen, Erbe der alten Menschen war das Stift.

An der Peene

Von hier ist es nur ein Stück zur Peene mit der 1994 fertig gestellten Fußgängerbrücke, die wie die 1992 vollendete Straßenbrücke im Westen und die im Kern aus dem Jahr 1938 stammende östliche Eisenbahnbrücke über den Fluss führt. An der Peene stand das zweite Rathaus der Stadt. Es wurde Anfang des 20. Jahrhunderts vollendet und fiel ebenfalls den Kämpfen um Anklam 1945 zum Opfer. Auf der anderen Flussseite – sie war zwischen 1720 und 1815 schwedisch –, in **Peendamm**, steht die 1726 errichtete Windmühle. Dazu gehört ein siebenachsiges Wohnhaus mit großem Einfahrtstor und Dreieckgiebel in der Mitte. Die Mühle diente auch als Niedergerichtsort und war Wohnsitz des Ortsvorstehers der Schwedenzeit. Lange Zeit gehörten die Bewohner der linken Flussseite zu Ziethen, erst 1874 wurde Peendamm wieder Teil Anklams.

Als Hansestadt verfügt Anklam über einen Hafen mit großer Tradition an der Peene

Der Hafen

In den Hafen wurde nach der Wende viel Geld investiert. Nur noch Geschichte sind die Fischerpolte, das sind die Boote, von denen aus die Fischer ihre Waren verkauften. Die Peene durchfloss die z. T. unten offenen Konstruktionen, so dass die Fische lebend verkauft werden konnten.

Von hier aus kann man das **alte Gymnasium** sehen, einen 1852 fertig gestellten stattlichen Backsteinbau. Architekt war der Charlottenhofer Hofbaurat Gottgetreu. Anbauten erfolgten in den Jahren 1885 und 1896.

Zurück zum Hafen. Das große Silo aus Backstein stammt von 1936, das andere aus DDR-Zeiten. In der Nähe stehen Reste der alten Salzspeicher, möglicherweise auch der Stadtmauer. Über einen Stichkanal wurde hier früher Torf angelandet. Die Torfweiber stellten den Brennstoff zum Trocknen zusammen und bereiteten ihn für die Abfuhr vor.

Zum Steintor

Der Weg führt nun über den Kleinen Wall entlang des alten Festungsgrabens Richtung Steintor.

An der Klosterstraße biegen wir noch einmal ab und gehen gleich wieder links. Kurz vor dem Steintor steht die **Cotheniusschule**. Der in Anklam geborene Christian Andreas Cothenius (eigentlich Koth, 1708 bis 1789) war Leibarzt des Preußenkönigs Friedrich II. und erwarb Verdienste im Lazarett-, Apotheken- und Veterinärwesen. Er hinterließ ein Legat für begabte Schüler seiner Geburtsstadt. Berühmtester Absolvent der Cotheniusschule war der 1934 in Pommern geborene Schriftsteller **Uwe Johnson**, der 1959 in die Bundesrepublik emigrierte und sich in seinen Werken intensiv mit der Teilung Deutschlands beschäftigte.

Gegenüber dem schlichten Putzbau der Schule wohnte **Friederike Krüger**, die als Mann verkleidet an den Befreiungskriegen gegen Napoleon teilgenommen hat. Die Schneiderin bewarb sich in selbst genähter Uniform und erhielt für ihre Tapferkeit sogar das Eiserne Kreuz. Ihr ehemaliges Wohnhaus wurde 1943 zerstört.

Ansprechend saniert präsentiert sich das Torwächterhaus. Daneben steht der um 1450 in der Backsteingotik errichtete 32 Meter hohe Steintorturm. Hier hat seit 1989 das Heimatmuseum seinen Sitz. Ein Aufstieg bis in seine oberste Etage wird mit einem weiten Rundblick über die Stadt und das Peenetal belohnt.

Die Schweinepieper

»Anfang des 17. Jahrhunderts lebten auf dem Festungsgraben schwarze Schwäne, die der Pommernherzog bei einem Besuch der Stadt sah. Wieder auf seinem Wolgaster Schloss, schrieb er den Peenestädtern und bat sie, ihm zwei der Vögel zu schicken. Seine Schrift, so heißt es, war jedoch schwer leserlich. Statt Schwan lasen die Anklamer Schwein und schickten zwei Borstentiere nach Wolgast. Der Herzog war nicht amüsiert und nannte die Anklamer von da an nur noch Schweinepieper.«

Das Stadtmuseum im Steintor

Das Museum der Stadt wurde 1927 gegründet. Sein Grundstock wurde jedoch schon zwanzig Jahre zuvor mit dem Ankauf der Sammlung des Bankiers Rösler gelegt. 1925 erfolgte in der Aula der aufgelösten **Präparandenanstalt** (Einrichtung zur Ausbildung von Lehrern, die durch die Einführung des Universitätsstudiums für Volksschullehrer überflüssig wurde) in der Leipziger Allee die Einrichtung der ersten Ausstellung. Über verschiedene Räume, u.a. das heutige Lilienthalmuseum in der Ellbogenstraße 1, gelangte die Exposition 1989 in das Steintor. Bilder- und Gemäldesammlungen hiesiger Künstler, Nachlässe von Heimatforschern, das Anklamer Richtschwert, Ausstellungen zur Regionalgeschichte und anderes mehr sind hier zu besichtigen. Besonders sehenswert ist der Anklamer Münzschatz, der Mitte der 1990er Jahre zufällig bei Bauarbeiten

Nachgebaute Gleiter im sehenswerten Lilienthalmuseum

gefunden wurde. Die ältesten Geldstücke stammen aus dem 16. Jahrhundert.
Auf der anderen Straßenseite erinnert ein 1995 aufgestellter Findling an die Deutschen, die aus dem Osten vertrieben wurden. Das Haus Baustraße 1 neben dem Gedenkstein war einst das **Haus des Henkers**. Am Steintor muss man sich entscheiden, ob man weiter Richtung Bahnhof/Pasewalk geht oder zum Markt zurückkehrt.

Das Lilienthalmuseum

Unbedingt besuchen sollte man das 1991 eröffnete Lilienthalmuseum in der Ellbogenstraße, nicht weit vom Bahnhof entfernt. Bereits 1925 gab die Stadt die Rekonstruktion eines Lilienthal-Gleiters in Auftrag. Dieser Tradition fühlt man sich seit Jahrzehnten verpflichtet. Mit Hilfe des Magdeburger Modellbauers und Drachenfliegers Stephan Nitsch entstanden nicht mehr vorhandene Konstruktionen von Flugapparaten neu. Die sehr rührigen Museumsmacher um Bernd Lukasch haben mit ihren Konzepten schon für viel Aufsehen gesorgt und europäische Preise geholt. In dem »technischen Personalmuseum« kann man sich auf sehr ansprechende Weise über den jahrtausendealten Traum der Menschen vom Fliegen und die Realisierung durch den Anklamer Otto Lilienthal informieren.
Vom Lilienthalmuseum ist es nicht weit zum **Jüdischen Friedhof**, der etwa 1850 an »Min Hüsung« angelegt wurde. Damals lebten rund 300 Menschen mosaischen Glaubens in der Stadt. Ihre Geschichte endete mit der Deportation der letzten Juden 1940. Der älteste erhaltene Grabstein stammt von 1880 und ist Hanna Westheim gewidmet. Der jüngste stammt von 1936 und erinnert an den Kaufmann Louis Schwerin.
Erst ab 1812 war Juden der ständige Aufenthalt in Anklam erlaubt. Allerdings hat es in den Jahrhunderten zuvor immer wieder

vereinzelt Juden in der Stadt gegeben. Einige - namentlich im 18. Jahrhundert - ließen sich taufen. 1765 gehörten zu den Paten gar Bürgermeister, Senatoren, Handwerksmeister und eine Gräfin von Schwerin.

Zurück zum Markt

Wer den Schlenker vom Steintor übers Lilienthalmuseum nicht gehen, sondern später fahren will, wählt gleich die **Steinstraße** Richtung Markt. Auf der rechten Seite wird sie von mehrgeschossigen Bauten aus der DDR-Zeit - Wohnhäuser mit Geschäften im unteren Teil - dominiert. Die linke Seite verkörpert noch ein Stück altes Anklam, z. B. mit der 1878 eingeweihten Post und dem dahinter liegenden Lyzeum, wie das Eckhaus am Markt ein schmuckreicher Bau der Neorenaissance von 1905.

Anklamer Markt mit Blick nach St. Nikolai

Wir biegen jetzt in die Badstüberstraße ein, an deren Ende noch Reste der Stadtmauer und der um 1400 errichtete Pulverturm stehen. Dahinter befinden sich Parkanlagen, die bereits 1914 angelegt worden sind.
Der Pulverturm beherbergte im 19. Jahrhundert ein Observatorium, in dem Gustav Friedrich Wilhelm Spörer, einer der bedeutendsten **Sonnenforscher** seiner Zeit, jeden Tag von 11 bis 12 Uhr forschte. Die Stadt hatte ihm 60 Taler für den Aufbau der Sternwarte zur Verfügung gestellt. Spörer kam 1849 als Oberlehrer nach Anklam, nachdem er sechs Jahre zuvor über Kometenforschung promoviert hatte. 1862 wurde er Professor und wirkte bis 1874 als Lehrer. Er erkannte z.B. die Abnahme der Rotationsgeschwindigkeit der Sonne vom Sonnenäquator in Richtung der Pole. Nach Spörers Tod verfiel der hölzerne Aufbau des Observatoriums und wurde schließlich abgerissen.
Auf der gegenüberliegenden Seite des Pulverturms steht die nachwendische Mehrzweckhalle **Volkshaus**, die Nachfolgerin des einstigen Grimmschen Gesellschaftshauses, in dem nach 1990 die ersten Stadtverordnetenversammlungen tagten.
An der Stelle des heutigen Gebäudes Baustraße 34 stand das alte Gästehaus der Stolper Mönche. Durch das Lilienthal-Center gehen wir zum Markt zurück.

Die Marienkirche

Vom Marktplatz ist es nur ein kurzer Weg bis St. Marien. Die **dreischiffige Hallenkirche**, an der ab der zweiten Hälfte des 13. Jahrhunderts gebaut wurde, gehört zu den sehenswertesten Gotteshäusern des Kreises Ostvorpommern, die den Zweiten Weltkrieg überdauert haben. Einige Löcher in der Decke der Kirche erinnern bis heute an die sowjetischen Truppen in Anklam. Die Soldaten schossen in dem Gotteshaus in die Luft, so

Otto Lilienthal

Als Otto Lilienthal im Alter von 48 Jahren am 9. August 1896 das letzte Mal in den Rhinower Bergen Anlauf zu einem Gleitflug nahm, trug der Wind ihn 15 Meter hoch in die Luft. Viel höher als bei all seinen früheren Testflügen, bei denen er immer nur wenige Meter vom Boden abgehoben war. Dieses Mal bäumte sich sein Flugapparat auf und stürzte dann senkrecht zu Boden. Dabei brach sich der Erfinder einen Halswirbel und verstarb einen Tag später.

Am 23. Mai 1848 wurde Otto Lilienthal in Anklam als erster Sohn des Tuchhändlers Gustav Lilienthal und seiner Frau Caroline geboren. Zeit seines Lebens blieb Otto eng mit seinem jüngeren Bruder Gustav (1849–1933) verbunden. Gustav arbeitete noch im hohen Alter von über 80 Jahren an einem riesigen Flügelschlagflugzeug, das jedoch nie vom Boden abhob.

Bereits als Kinder beobachteten sie die Störche in den Peenewiesen: »Oft schlichen wir uns nahe heran und zwar mit dem Winde. Sah (der Storch) uns dann, so erhob er sich stets, uns entgegen hüpfend, bis er von der Kraft der Schwingen genügend gehoben wurde«, heißt es in Lilienthals Buch »Der Vogelflug als Grundlage der Fliegekunst« aus dem Jahr 1889. Erst 13 und 14 Jahre alt, träumten die beiden Brüder bereits vom Fliegen und bauten sich Flügel aus Buchenspanbrettchen, zwei Meter lang, einen Meter breit. Ihre Idee, gegen den Wind einen Abhang hinunter zu laufen und sich durch den Auftrieb in die Lüfte zu erheben, konnten sie als Kinder noch nicht umsetzen, ihren Traum vom Fliegen verloren sie jedoch beide nicht aus den Augen.

Otto wurde Maschinenbauingenieur, gründete 1881 seine eigene Firma für Dampfkessel und -maschinen und setzte seine Experimente mit Flugmodellen fort, um die Eigenschaften des Windes zu studieren. Seine ersten erfolgreichen Flüge gelangen ihm 1891 mit einem Hängegleiter, ein Prinzip, das in den 1970er Jahren seine Wiedergeburt feierte. Bis zu 250 Meter konnte er damit in der Luft zurücklegen. Im Lauf der Jahre baute Otto Lilienthal über zehn Fluggeräte in Serie und verkaufte sie in alle Welt. Nur noch zwei dieser Typen sind in mehr oder weniger gutem Zustand bis heute erhalten. Der Erfinder hat sich aber nicht nur mit der Fliegerei beschäftigt. Nur vier seiner 24 Patente betreffen die Flugtechnik. Gleichzeitig engagierte er sich sozial, führte 1890 die Gewinnbeteiligung für die Arbeiter seiner Maschinenfabrik ein. Gemeinsam mit seinem Bruder Gustav entwarf er außerden den Anker-Steinbaukasten, der bald in vielen Kinderzimmern zu finden war.

Otto Lilienthal war ein Mann mit Visionen. Er hoffte auf weltumspannenden Luftverkehr, durch den die Grenzen ihre Bedeutung verlieren würden: »Man kann sich kaum vorstellen, daß Zölle und Kriege dann noch möglich sind«, schrieb er 1895. »Der ungeheure Aufschwung, den der Weltverkehr der Völker untereinander nehmen würde, müßte schließlich die Sprachen zu einer Weltsprache mischen.«

Zwölf Jahre nach Lilienthals historischem Segelflug über 25 Meter erhoben sich die Gebrüder Wright per Motorkraft in die Luft und begründeten damit die Ära der Motorflugzeuge.

Das Spektakel »Die Peene brennt« führt das Publikum in das 17. Jahrhundert

dass sich der Kalk löste und wie Schnee von der Decke rieselte.

Wer die Marienkirche von Süden durch die alte Priesterpforte betritt, kommt an

zwölf **Maskenköpfen** vorbei, die das Portal schmücken. Sie werden meist als Apostel gedeutet. Zum Großartigsten, das St. Marien zu bieten hat, gehören die originalen Fresken aus dem 14. und 15. Jahrhundert, die das Mittelschiff schmücken. Sie werden dem sundisch-lübischen Kunstkreis zugerechnet und stellen eine Vielfalt geometrischer und floraler Muster, Ausschnitte der Mariengeschichte sowie Apostel und Heilige dar.

Sehenswert ist auch das von 1711 stammende Epitaph der Gebrüder Meybauer aus Stettin mit Plastiken von Chronos und dem Tod. Ein weiteres Epitaph ist dem Scharfrichter Hans Spiegel gewidmet, das den 1606 Verstorbenen zusammen mit seiner Frau Rahel zeigt und ursprünglich in einer Kapelle am Steintor stand. Die Familie Spiegel wohnte lange Zeit in dem heute

vom Abbruch bedrohten Henkerhaus nahe des Steintores. Die Geschichte der Stadt Anklam illustrieren die bemalten Schauwände der **barocken Grabkapellen** der Familien Kummert/Hassert und Stavenhagen und das von dem bedeutenden Renaissancekünstler Philipp Brandin geschaffene steinerne Epitaph für den 1585 verstorbenen Achim Riebe, einen Sponsor der Stadt.
Einmalig in Pommern, vor allem duch die Wahl des Materials, ist die in Bronze gegossene Grabplatte des 1559 verstorbenen Hauptmanns von Treptow und Klempenow, Reimer von Wolde, und seiner Frau.
In St. Marien finden sich zudem einige erhaltene Kunstwerke aus der zerstörten Nikolaikirche. Darunter auch richtige Hochzeitsstühle, die heute im Chor stehen. Sie wurden 1909 vom Tischlermeister Robert Bohse nebst Sohn sowie dem Bildhauer Robert Koberger gestiftet. Zu den geretteten Kustwerken gehören ebenso die geschnitzten mittelalterlichen Chorwangen, auf denen unter anderem der pommersche Greif dargestellt ist, sowie der Hauptaltar, der aus einem spätgotischen Kruzifix und um 1500 entstandenen Tafelbildern des Hochaltars der Nikolaikirche zusammengestellt wurde.
Ihre heutige reiche Ausstattung hat die Marienkirche auch dem Camminer Superintendenten Johannes Scheel zu verdanken, den es 1945 in die Peenestadt verschlug. Er brachte eine Reihe von großen **Pastorengemälden** aus dem 19. Jahrhundert und Epitaphien aus Kirchen östlich der Oder mit. Gerettet hat Scheel auch die Maria, die heute in der Marienkapelle aufbewahrt wird. Sie sollte in einem Dorf verfeuert werden, das Schicksal so manchen Kunstwerks nach dem Zweiten Weltkrieg, als Brennmaterial knapp war. Gegen drei Meter Holz gelang es Scheel, die bereits auf dem Sägeblock liegende Maria einzutauschen.
Ein Stück entfernt von der Marienkirche stehen noch einige Häuser, die den Krieg überlebt haben. Darunter auch das jetzige Standesamt in der **Frauenstraße** 12. Es ist heute das einzige spätmittelalterliche Wohngebäude Anklams und verfügt Richtung Mägdestraße über einen blendengeschmückten Pfeilergiebel. Besitzer des Backsteinbaus war zeitweise ein Herr Scheele, ein Vorfahre des Sauerstoffentdeckers Karl Wilhelm Scheele (1742–1786). Im Kontrast dazu steht der 1999 eingeweihte Neubau der Sparkasse am Pferdemarkt, der mit viel Beton, Stahl und Glas im Stil der Zeit errichtet wurde. Von hier ist es nur ein kleines Stück zurück zum Markt.

Theater

Ein Markenzeichen der Stadt Anklam ist die heutige Vorpommersche Landesbühne an der Leipziger Allee, die am 28. August 1949 mit der Aufführung von Goethes »Iphigenie auf Tauris« im früheren Schützenhaus startete und in der Folgezeit auch viele andere Bühnen bis nach Pasewalk, Teterow und Dargun bespielte. Mit Frank Castorf verdiente sich ein heute sehr bekannter Regisseur erste Sporen in Anklam. Das Publikum war aber nicht von allen seinen Inszenierungen begeistert. Der 1983 zum Intendanten avancierte Wolfgang Bordel führte Theater und Ensemble in die Marktwirtschaft. Neue Wege beschritt die Truppe mit dem Chapeau Rouge (ab 1993) in Heringsdorf, der Zinnowitzer Blechbüchse, den Vineta-Festspielen in Zinnowitz und Barth sowie dem Spektaktel »Die Peene brennt«.

Außerhalb der Altstadt

Die Kreisstadt hat auch außerhalb des alten Stadtkernes Interessantes zu bieten. So erinnert in Anklam manches an militärische Zeiten.

Wer weiter Richtung Pasewalk fährt, kommt an Wohnkomplexen vorbei, die auf ganz eigene Art die außerordentliche und in kürzester Zeit vollzogene Aufrüstung im Dritten Reich belegen. Beiderseits der damaligen Stettiner Straße entstanden 1937 im Zusammenhang mit der Stationierung der **Garnison**, der Einrichtung des Fliegerhorstes ab 1934 und der Flugzeugproduktion durch die Arado-Werke 1000 Wohnungen für 4500 Leute in geschlossenen Komplexen. Die Arado-Werke hatten 1943 über 1700 Beschäftigte. 1946 wurden die Anlagen demontiert und gesprengt. Einen zivilen **Flugplatz**, seit 1995 mit einer befestigten Start- und Landebahn, hat Anklam heute wieder. Die Wohnblöcke der 1930er Jahre sind ein architektonisch durchaus interessantes Ensemble mit viel Grün und mit einem großen Anteil von Wohnungen für sozial Schwache und Unverheiratete.

Ebenfalls an der Stettiner Straße steht die 1953 bis 1955 nach Plänen des Anklamer Architekten Buchholz erbaute, vom Barock inspirierte **Kreuzkirche**, eine der wenigen hiesigen Kirchenbauten nach dem Zweiten Weltkrieg. Der kleine Altaraufsatz im Innern wurde um 1430 ursprünglich für die Marienkirche geschaffen.

An der Straße nach Friedland steht der stattliche Backsteinbau der alten **Kriegsschule**. Er wurde 1870/71 mit den zugehörigen Nebengebäuden wie Sport- und Reithalle und Ställen errichtet. Die Kriegsschule ist ein typisch preußischer Kasernenbau nach Friedrich August Stüler unter Verwendung neugotischer Formen. Zu den Schülern gehörte Max Immelmann (1890–1916), der berühmte Jagdflieger des Ersten Weltkrieges. Zu Hitlers Zeiten wurde der Bau ab 1936 als **Wehrmachtsgefängnis** genutzt, in dem 1941 bis 1945 insgesamt 130 Todesurteile vollstreckt wurden. Zu DDR-Zeiten und dann bis 1995 diente die frühere Kriegsschule als Getreidelager und für Wohnzwecke. Das Anfang 2005 gegründete Zentrum für Friedensarbeit soll das Gebäude einer ganz neuen Bestimmung zuführen.

Ebenfalls an der Friedländer Landstraße steht das 1901 erbaute Garnisonslazarett, das viele Jahre Polizeiinspektion war. Weitere interessante Gebäude an dieser Ausfallstraße sind z.B. das frühere **Amtsgericht**, ein Klinkerbau, und die gegenüberliegende katholische Kirche, eine neuromanische Basilika von 1900/01 mit aufwändiger Westfassade. Sie wurde 1910 durch den Berliner Piernetzke ausgemalt.

Richtung Demmin stehen u.a. die frühere **Seidenspinnerei** aus der ersten Hälfte des 19. Jahrhunderts, das aufwändig gestaltete Gründerzeithaus Demminer Straße 17 sowie der Barockbau Demminer Straße 52. Gleich am Anfang dieser Straße liegt das 1906 errichtete Landratsamt. Außerdem findet man hier die Ruine der 1998 abgebrannten Bergschloss Brauerei mit ihren gewaltigen Kellern, die 1866 bis 1923 produzierte. Ab 1939 wurde hier bis in die 1940er Jahre Sauerkraut hergestellt.

1881 gründete Wilhelm Oldenburg eine **Möbelfabrik**, für die 1900, 1912 und schließlich 1929 Fabrikgebäude an der Demminer Straße errichtet wurden. Am Anfang des 20. Jahrhunderts hatte die Fabrik 300 Mitarbeiter und war die größte ihrer Art zwischen Oder und Elbe inklusive der Stadt Stettin. Alle vierzehn Minuten lief ein Wohnzimmer vom Band. Vom Wohlstand der Familie Oldenburg zeugen zwei Fabrikantenvillen vor dem Werksgebäude. An sie erinnerte bis 2005 auch ein eher bescheidenes Grabdenkmal mit trauerndem Engel auf dem **Friedhof an der Bebelstraße**, die von der Leipziger Allee abgeht. Hier liegen der Firmengründer Wilhelm Oldenburg (1857–1918) und einige Mitglieder seiner Familie begraben. Auf dem weitläufigen, parkartigen Friedhof steht übrigens im hinteren Teil ein weiteres Grabdenkmal einer Anklamer Industriellenfamilie. Es hat die Form einer neugotischen Kapelle und trägt die Inschrift: »Erbbegräbnis der Familie Münter, erbaut vom Königlichen Kommerzienrat Helmuth Münter im Jahre 1903«. Neben dem eigentlichen Friedhofsgelände erinnert ein Gedenkstein an das Massengrab, in dem über 250 Opfer des alliierten Luftangriffs auf Anklam am 9. Oktober 1943 beigesetzt wurden. Der sowjetische Friedhof mit Obelisk und krönendem Sowjetstern liegt an der Mühlenstraße. Hier sollen über 90 Soldaten und Offiziere beerdigt worden sein.

Zurück zur **Möbelfabrik** an der Demminer Straße. Im Zweiten Weltkrieg wurden hier Propeller für die Luftwaffe gefertigt, weshalb die Fabrikmaschinen 1945 demontiert wurden. 1948 verließ der Letzte der Familie Oldenburg Anklam. Der nunmehr volkseigene Betrieb arbeitete viel für den Export. 1966 wurden täglich 17 vierteilige Wohnzimmer für das Ausland produziert.

Der funktionale Stahlbetonbau der historischen Möbelfabrik mit Klinkerfassade und durchlaufenden Fensterbändern wurde vom Stettiner Bauhaus-Architekten Heuck entworfen. Teile des Gebäudekomplexes nutzt seit 1996 die 1993 gegründete **grafik+design Schule**. Auf dem Hof steht eine Plastik von Ludwig Engelhardt, der u.a. durch das Marx-Engels-Denkmal in Berlin bekannt wurde. Das dargestellte Bauernpaar des auf Usedom lebenden und verstorbenen Künstlers wurde für seine erste Personalausstellung zum 75. Geburtstag hierher geholt und soll in einiger Zeit wieder nach Groß Polzin zurückkehren. Die gleiche Skulptur steht im Dorf Mecklenburg.

Die grafik+design Schule war früher eine Möbelfabrik

Die grafik+design Schule ist eine Schöpfung von Professor Otto Kummert (Jahrgang 1936). Der frühere Berliner Hochschullehrer gilt als herausragender Plakatmaler. 1974 bis 1988 war er künstlerischer Leiter von Progress-Film. Kummert, u.a. Kunstpreisträger der DDR (1984) und Gewinner des Designpreises von Mecklenburg-Vorpommern, ging bei Werner Klemke und Arno Mohr in die Lehre. Von der Rückseite des Schulgeländes bieten sich schöne Blicke auf die Peenelandschaft.

Reiche Fischer, ein »Saufhaus« und moorige Angelegenheiten

Unsere Tour führt uns von Anklam Richtung Osten mit einem Bogen Richtung Haff und dann zur Kreisstadt zurück.

Hoher Stein

Gleich an der Abfahrt der B 109 von der Ortsumgehung liegt der Hohe Stein, der letzte von vier Warttürmen der Stadt Anklam. Er wird 1412 erstmals erwähnt und sollte die wichtige Durchgangsstelle an der Landstraße nach Ueckermünde und Stettin schützen. Da die Wiesen, Weiden und Felder im Süden der Stadt nicht durch Sümpfe oder den Fluss gesichert waren, errichteten die Anklamer hier bereits im 14. Jahrhundert eine **Landwehr** aus einem Wall und beidseitig verlaufenden Gräben, die z.T. bis heute erhalten und begehbar sind. Dass Türme zur Landwehr gehörten, ist im deutschen Kontext eher eine Seltenheit, aus Parchim ist Ähnliches bekannt. Sie boten Schutz gegen die rauf- und raublustigen Adligen jener Zeit. Mit einem Feuer konnte der Wachtposten seine Kollegen auf dem Steintor verständigen, die ihrerseits Reiterei und Bürgerwehr informierten.

1903/04 entstand am Hohen Stein ein gut besuchtes Ausflugslokal, das nach dem Zweiten Weltkrieg verfiel.

Auerose

Wir fahren weiter auf der Bundesstraße Richtung Pasewalk. Ein Katzensprung trennt den Ort Auerose von der B 109. Das kleine Dorf bietet neben einigen historischen Gebäuden aus gutsherrlichen Zeiten vor allem zwei besondere Sehenswürdigkeiten: das Mausoleum und das Schloss. Hier drehte man 1990 Szenen für den Film über den Tod einer Gräfin, der in Stolpe auf Usedom spielt.

Hinter der schlichten Kirche von Auerose steht das 1898 errichtete Mausoleum der Familie von Borcke-Auerose

Das Mausoleum und der Friedhof

Die verputzte Kapelle auf dem von einer alten Mauer umgebenen Friedhof ist abgesehen von dem 1774 datierten Fachwerk-Dachreiter recht schmucklos. Etwas Abwechslung bieten im Innenraum zwei Säulen und das Kruzifix aus dem Mausoleum. 1970 wurde die **Kapelle** durch eine Mauer geteilt, um sie so auch im kalten Winter nutzen zu können.

Die Gutsherren gelangten durch eine eigene Öffnung in der Friedhofsumgrenzung zum Mausoleum. Säulen und Dreieckgiebel schmücken den eindrucksvollen Bau in den Formen des Klassizismus, der über einer älteren **Gruft** errichtet wurde. Barnim Bogislav von Borcke-Auerose ließ ihn 1898 nach Plänen des Baurates Scherz errichten. Mäanderfriese und eine illusionistisch kassettierte Decke prägen den Innenraum. Grabplatten erinnern an die im Mausoleum beigesetzten Mitglieder der Familie von **Borcke-Auerose**. Nach der Trauerfeier wurden die Särge durch ein Loch im Boden in die eigentliche Gruft hinabgelassen, wo sie noch heute stehen. Einschließlich des Birkenkreuzes für ein Familienmitglied, das im Ersten Weltkrieg in Russland fiel. Die ältesten Särge stammen aus den Jahren 1848 und 1851.

Schloss Auerose

Das eindrucksvolle Schloss derer von Borcke-Auerose steht ein Stück entfernt. Stammvater der vor allem in Hinterpommern begüter-

Das Aueroser Schloss ist erst etwas mehr als 100 Jahre alt

ten Familie war ein Borko (Wolf), 1253 als Kastellan zu Kolberg genannt. Ein weiteres Familienmitglied, Adrian Bernhard Graf von Borcke, brachte es bis zum preußischen Feldmarschall.

Das Rittergut war lange Schwerinscher Besitz, ehe es der Landgerichtsdirektor Georg Friedrich Ludwig von Borcke (1747–1813) 1791 für 55.000 Reichstaler erwarb. Das Wappen der Familie Borcke-Auerose zeigt im Schild eine Rose auf einem Feld (Au) und besitzt als Zierde einen roten Hirsch mit Geweih und goldenem Halsband. Die Aufnahme in den Adelsstand erfolgte 1861. Zu jener Zeit umfasste der Besitz immerhin 619 Hektar. 1895 brannte das neugotische, erst 1848/49 von Franz Alexander von Borcke-Auerose errichtete **Herrenhaus** ab. Nach Plänen des Baurats Scherz entstand unter Verwendung älterer Teile bis 1902 der heutige neobarocke Bau mit der Stuckkartusche des pflügenden Bauern über den beiden spitzbogigen Eingangstüren. Vieles blieb trotz Plünderungen durch die Sieger im Jahre 1945 erhalten, z.B. die Stuckdecken und Bilder von Familienangehörigen in der so genannten **großen Halle**. Dazu kommen Holztäfelungen und Kamine sowie eine ganze Reihe von Gemälden, die Dresden und seine Umgebung, die Wahlheimat des Schlossherrn Barnim Bogislav (1854–1921) seit 1891, zeigen.

Bereits 1908 kehrte er mit seinen vier Söhnen und der Tochter zurück auf den Stammsitz. Er erwarb noch einen 95-Hektar-Bauernhof in Kagendorf für seinen Sohn Werner, der später nach Deutsch-Südwestafrika ging. Der letzte Gutsherr, Wolf von Borcke-Auerose, gestaltete den Park um. Der erfolgreiche Geflügelzüchter verpachtete 1928 bis 1938 das Gut, ehe er es wieder in eigener Regie übernahm, bis er schließlich 1945 mit seiner Frau Erika nach Hameln floh, wo das Paar kinderlos verstarb.

Schloss Auerose hat die DDR vergleichsweise gut überlebt. Nach 1990 erwarben zunächst zwei Göttinger das Haus, begannen zu sanieren und investierten zwei Millionen Mark. Dann ging einer der Partner 1999 pleite. 2003 begann das Zwangversteigerungsverfahren. Rechts neben dem Schloss steht das Inspektorhaus. Erhalten blieben auch einige Ställe der Gutsanlage.

Kagendorf

Zurück auf der B 109, biegt eine Straße nach rechts Richtung Kagendorf ab. Bis heute wird das Dorf von drei malerischen **Bauernhöfen** mit mehrhundertjähriger Geschichte wesentlich geprägt. Die Familie Berndt lässt sich zurückverfolgen bis 1634. Ihr Wohngebäude neben dem Pfarrgrundstück ginge glatt als Gutshaus durch.
Mit EU-Mitteln wurde in den 1990er Jahren ein etwa 350 Jahre altes Fachwerkhaus für Zwecke der Allgemeinheit komplett saniert. Es schmückt mit weiteren liebevoll gepflegten Fachwerkhäusern und der Kirche die Mitte des Dorfes.
Der in mehreren Etappen errichtete weiträumige Saalbau des **Gotteshauses** soll im Kern um 1300 entstanden sein. Nach einem Brand von 1668 erfolgte der Wiederaufbau, 1750/51 die Erweiterung um den Turmbereich. Der Westturm verdankt seine heutige Gestalt der Restaurierung 1879. Im Innenraum weisen Schilder den Dörfern, die zum Kirchspiel gehören, ihre Sitze zu: vorn Kagendorf und Auerose, hinten Neu Cosenow und Dargibell. Die Einweihung der von dem Schmiedefelder Holland gebauten Orgel fand 1883 statt. Sieben Jahre später wurden 33 gusseiserne Wandleuchter angebracht, und drei Kabinettscheiben von 1668 fanden ihren Platz im linken Chorfenster. Im selben Jahr stifteten Peter und Johann Bartelt sowie Maria Obeckes die Altarschranke. Die mit Schnitzereien und Gemälden verzierte Kanzel wurde im Jahre 1669 eingeweiht. Das Altargemälde mit Kreuzigung und Abendmahl stammt aus der Barockzeit.
Die Kagenower Pastoren sehen auf Tradition. Im Chor kann nachgelesen werden, wer hier Pfarrer war. So nah am Altar stehen auch Patronats- und Küstergestühl. Die Wappen an den Sitzmöbeln gehören den Schwerins und den Borcke-Aueroses.

Dargibell

Das Gutshaus

Von Kagendorf führt unser Weg weiter nach Dargibell, dem Heimatort des berühmten Generals Otto Martin von Schwerin. Wichtigste Sehenswürdigkeit des Dorfes ist das Gutshaus, das noch auf einen Investor wartet. Mehrere Privatisierungen scheiterten. Von besonderem Wert sind die Neurokoko Stuckreliefs im **Gartensaal** sowie Reste der Ausstattung der Eingangshalle wie Wandschränke und Treppe im englischen Landhausstil aus dem Jahre 1902. Im Kern stammt das Haus von 1651 und erhielt Ende des 18. Jahrhunderts bis auf den Giebel im Wesentlichen sein heutiges äußeres Bild. Ein Stück entfernt in dem verwilderten

Drei Kabinettscheiben gehören zum Schmuck des Chores der Kagenower Kirche

Park steht ein wohl von Otto Martin von Schwerin erbautes, ebenfalls leer stehendes Speichergebäude.

Das Saufhaus

1761 kaufte der in Busow lebende Otto Martin Schwerin Dargibell von Leonhard von Eichstedt. Der trinkfeste Reitergeneral ließ das »Saufhaus« errichten, in das er sich gern mit seinen **Pasewalker Offizieren** zurückzog. Leider wurde das inmitten eines Teichs errichtete und mehr und mehr verfallende Gebäude zu DDR-Zeiten abgerissen.

Die Familie von Schwerin-Busow

Nach zwischenzeitlichem Verkauf erwarb Bernhard von Schwerin-Busow 1860 Dargibell zurück. 1894 erbte der mit Clara von Kanitz verheiratete Sohn Ulrich das Gut. An dieses Paar erinnert das **Doppelwap-**

Otto Martin von Schwerin

Otto Martin von Schwerin gilt als einer der fähigsten Kavallerieoffiziere Friedrich II. Sein von der borussischen Geschichtsschreibung gepriesener Siegesritt bei der Schlacht von Hohenfriedberg 1745 im Zweiten Schlesischen Krieg trug ihm den Namen »Hohenfriedberger« und die Beförderung zum General ein. Dabei eroberten seine Dragoner 67 österreichische Fahnen, zwanzig Kanonen und machten 2500 Gefangene. Den bald nach der Schlacht entstandenen Hohenfriedberger Marsch durften nur die Bayreuth-Dragoner bei großen Paraden blasen.

In Friedenszeiten galt Otto Martin von Schwerin als trinkfester Offizier, der gern und häufig zu Feiern einlud. Als versoffen wollte er jedoch nicht gelten. Als 1755 Friedrich II. den Zustand seines in Pasewalk stationierten Reiter Kürassier-Regiments Königin (Pommern Nr. 2) kontrollieren wollte, gelangen nicht alle Übungen. Daraufhin soll der Alte Fritz gesagt haben: »Mein lieber Oberst von Schwerin. Sein Regiment ist ein ganz versoffenes Regiment.« Der Offizier war darüber so verärgert, dass er angeblich schwor: »Der Teufel soll mich holen, wenn ich jemals wieder vor der Front des Saufregiments den Degen ziehe.« Den erbetenen Abschied erhielt von Schwerin nicht, er durfte sich aber auf seine Güter zurückziehen. 1756 ließ sich der General zwar dazu bewegen, im Dritten Schlesischen Krieg wieder für Preußen in die Schlacht zu ziehen, aber mit der Reitgerte in der Hand. In der Schlacht bei Lowositz führte er seine Dragoner zweimal ungestüm gegen den Feind.

Wegen »körperlicher Leiden« zog sich Otto Martin von Schwerin 1757 nach Dargibell zurück, 1771 starb der Vater von dreizehn Kindern in Busow nach einem Schlaganfall. Der Überlieferung zufolge trieb er in seinem Ruhestand philosophische und theologische Studien und versuchte sich in gründlichen Weinproben. Für seine Gelage hatte sich von Schwerin im Dargibeller Park auf einem frühdeutschen Turmhügel ein »Saufhaus« erbauen lassen. Hier empfing er seine früheren Offiziere aus Pasewalker Zeiten und die Herren der Umgebung zum Zechen, Reiten und Jagen.

Angeblich wurde der Kriegsheld in der Dorfkirche Dargibell beerdigt. Als das Grab 1915 geöffnet wurde, fand man allerdings nicht Otto Martin von Schwerin, sondern ein Fräulein von Eichstedt, also einen Spross der vorherigen Besitzer des Gutes. Seitdem ist immer wieder vermutet worden, dass sich der Alte Fritz nicht von seinem Helden trennen wollte und ihn heimlich in Potsdam bestatten ließ.

Im früheren Kreis Anklam stehen wie hier in Kagendorf viele schöne Fachwerkhäuser

pen am Giebel des Herrenhauses. 1906 zog die Familie nach dem Tode des Großvaters Bernhard nach Ducherow. Bis zur Enteignung 1945 wurde das Dargibeller Herrenhaus vermietet, verpachtet bzw. diente leitenden Beamten als Wohnung. 1934 zog die Kreisschule der NSDAP ein. Zunächst Unterkunft für Flüchtlinge und Vertriebene, wurde das Schloss ab 1958 unter anderem von der LPG genutzt. Nach 1990 zogen die letzten Familien aus.

Die Kapelle

Unweit des Herrenhauses steht die kleine, schmucklose Kapelle. Sie stürzte 1941 ein, so dass heute nur noch wenig darauf hinweist, dass das Kirchlein zumindest in Teilen schon im Mittelalter entstand. Jahrzehntelang legten in der Nähe, am angeblichen Grab Otto Martin von Schwerins, Offiziere seines Regiments Kränze nieder. Allerdings ist der »Hohenfriedberger« nicht hier bestattet worden.

Neu Kosenow

Auf der B 109 zurück geht es nun Richtung Pasewalk. Neu Kosenow gehört zu jenen Dörfern, die in der Mitte des 18. Jahrhunderts mit zunächst 14 Kolonisten aus dem Mecklenburgischen und der Pfalz besiedelt wurden. In diesem Fall auf Anklamer Besitz.

Alt Kosenow

Alt Kosenow wurde jahrhundertelang von einigen Bauernhöfen und vor allem dem Anklamer Stadtgut am Ende des Dorfes geprägt.

Gotik, Barock, Gründerzeit und Jugendstil prägen die heutige Alt Kosenower **Kirche**, ein Stück von der B 109 entfernt. Der um 1308 errichtete Bau wurde 1780 durch einen Anbau vergrößert, 1878 folgte der 27,5 Meter hohe Turm. Aus dieser Zeit stammt auch die einheitliche neugotische Ausstattung mit Kanzelaltar und Gestühl. 16 Jahre früher baute die Firma Kaltschmidt die Orgel mit dem

immer noch von Hand zu bedienenden sehenswerten Blasebalg. Die einzige Glocke wurde 1879 bei Voss in Stettin gegossen.
Etwas wirklich Besonderes ist die kunstvolle Ausmalung aus dem Jahre 1904, für die der Berliner Otto Bartelt verantwortlich zeichnete. Jugendstil – das ist selten in unserem Raum. Vollständig im **Jugendstil** errichtet und komplett ausgestattet wurde im Bereich der Pommerschen Evangelischen Kirche nur Wilhelmshof bei Löcknitz. Die beiden 1910 geweihten Fenster im Alt Kosenower Chor stellte die Kunstanstalt für Glasmalerei, Paul Förster in Berlin, her. Fünf Leuchter mit brennenden Kerzen stehen vor einem lichtdurchwirkten Teppich. Schriftbänder wie »Dein Wort ist meines Fußes Leuchte und ein Licht auf meinem Wege« illustrieren diese Symbolik.
An der Chorwand sind die Erzengel Michael (mit Schwert) und Gabriel (mit Lilie) dargestellt, an der Decke Evangelisten. Blumen, Kreuze und geometrische Muster ergänzen das Bild. Ältestes Ausstattungsstück der Alt Kosenower Kirche ist ein 2001 restauriertes **Tafelbild** vom Anfang des 16. Jahrhunderts, das die Kreuzigung darstellt. Ein Landwirt aus Hinterpommern hatte es bei seiner Flucht 1945 mitgebracht und dem Kagendorfer Pfarrer Becker übergeben, der das Bild der Kirche Alt Kosenow, die zu seinem Bereich gehörte, übereignete.

Bugewitz

Unsere Tour geht weiter Richtung Haff, in eine einsame, aber sehr schöne Gegend.
Bis 1900 führte der Weg der Reisenden von Anklam nach Ueckermünde über Bugewitz, zunächst klösterlicher und dann Landesbesitz. Bis zum Abriss vor etwa 40 Jahren hatte der Ort eine im 18. Jahrhundert errichtete **Wassermühle**, die in keinem Reiseführer fehlte. Sie wurde 1796 von der Stadt Anklam, zu der Bugewitz gehörte, auf Wunsch des Feldmarschalls Curd Christoph von Schwerin von dem Ort Heidemühl bei Ducherow hierher verlegt. Angeblich war sie zu laut. Bis 1934 wurde die Anlage genutzt. Im Ort steht eine Reihe gut erhaltener Bauernhöfe inklusive Stall und Scheune. Darunter sind Wohnhäuser, die kleinen Gutshäusern zum Verwechseln ähnlich sehen.
Der mittelalterliche Feldsteinbau der Kirche erhielt 1718 seine heutige Gestalt und bekam 1784 das kleine Fachwerktürmchen. Ältestes Ausstattungsstück ist eine Glocke von 1472. Die Orgel des Stettiners Grüneberg stammt von 1886. Sie gehört zu der einheitlichen **neugotischen Ausstattung** des 19. Jahrhunderts mit Kanzelaltar. In der Bugewitzer Kirche wurden früher die Orden des Freiheitskämpfers Moritz Peters (1788–1862) verwahrt. Für seinen Einsatz in den antinapoleonischen Kriegen hatte er das Eiserne Kreuz, den russischen St.Georgs-Orden und die Kriegsgedenkmünze erhalten. Moritz Peters entstammte einer Försterdynastie. Sein Großvater soll in der Nähe von Bugewitz den letzten Bären im Regierungsbezirk Stettin erschossen haben.

Rosenhagen

Der Weg zurück und dann nach Rosenhagen, eine der ältesten Siedlungen des Anklamer Raumes, führt durch eine eindrucksvolle Naturlandschaft. Neben der Straße auf dem Deich lädt ein Beobachtungsturm ein, sich die unterschiedlichsten Vogelarten genauer anzusehen.
Eine Reihe stattlicher Häuser bzw. Gehöfte erinnert daran, dass Rosenhagen ein Bauerndorf war. Dass es so ist, verdankt der Ort der planmäßigen **Siedlungstätigkeit** des preußischen Königs Friedrich II. Mitte des 18. Jahrhunderts. Ein Jahrhundert später werden zehn Vollbauernstellen genannt.
Am Anger steht die schlichte, verputzte Kapelle mit Fachwerkkern, wohl Nachfolger eines älteren Bauwerkes. Möglicherweise

Der Anklamer Stadtbruch bietet viele Möglichkeiten für Naturbeobachtungen

stammt der Saalbau aus der Zeit der Aufsiedlung. 1965 wurde der schadhafte ältere, wesentlich größere Fachwerkdachreiter durch den jetzigen ersetzt. Das Innere wird durch eine geradezu jugendstilhaft wirkende neugotische Ausstattung bestimmt. Dem Geschichtsbewusstsein der Handwerker, die eine kleine Inschrift hinterließen, verdanken wir die genaue Datierung: 1835. Zur Ausstattung gehören Kanzelaltar, Gestühl und die verglaste Westempore, geschmückt mit Vierpässen und Spitzbogenblenden, alles in hellem Grau.

Aus dem üblichen Rahmen fällt hier die Gedenktafel für die Gefallenen des Ersten Weltkrieges. Sie stellt einen Sturmangriff und Kampf auf See sowie den Einsatz von Kanonen dar.

Anklamer Stadtbruch

In der Nähe von Rosenhagen entstand nach der Sturmflut vom November 1995 ein 2000 Hektar großes Feuchtbiotop entlang des Stettiner Haffs. Der marode Deich aus den 1960er Jahren war den Wassermassen nicht länger gewachsen, Wald und Weiden wurden geflutet. Damit begann quasi die Wiedergeburt des Anklamer Stadtbruches in ganzer Schönheit.

Das Areal erstreckt sich zwischen Kamp, Rosenhagen und Bugewitz. Vor allem seit 1750 wurde hier auf Veranlassung Friedrich II. verstärkt Torf abgebaut, 1850 legte man drei Kanäle an. Die **Eindeichung** folgte 1932, die Entwässerung durch Schöpfwerke sowie die folgende Aufforstung schädigten die Natur nachhaltig. Jetzt wird wieder alles anders. Für Wasservögel – mehr als 80 Arten wurden hier gezählt – ist das Gebiet ein idealer Lebensraum. Gerühmt wird auch die Schmetterlingsfauna. Es ist ein Eldorado für Naturliebhaber. Nur Rosenhagen selbst wird mit einem Deich 800 Meter vor dem Ort noch geschützt. Der Stadtbruch kann von zwei Radwegen aus genossen werden. Allerdings bedauern viele Einheimische auch schlechter gewordene Wandermöglichkeiten und das durch das höher stehende Wasser bedingte

Absterben von Bäumen. Weitere Polderflutungen gemäß des EU-Moorschutzprogrammes sind jedoch bereits vorgesehen.

Kamp

Nächste bewohnte Station ist Kamp. Vor 70 Jahren kannte wohl jeder Anklamer den Krug am Wasser und die Wirte, die ihre Gäste mit Mundharmonika und Gesang unterhielten. Auch heute ist der kleine Ort mit Wasserwanderrastplatz und rührigem Hafenverein vor allem wegen seiner schönen Lage am Wasser und der Ruine der Karniner Brücke einen Besuch wert. Bei niedrigem Wasserstand bietet sich eine Wanderung in den Anklamer Stadtbruch an.

Im Bruch

Anklamer Fähre

Von Kamp geht es ein Stück zurück, ehe die Straße nach Anklamer Fähre abbiegt. Erst 1972 entstand durch die Verlegung von Betonplatten eine beständig befahrbare Verbindung. Nur etwa einen Hektar groß war die Insel Alte Fähre (olde vir), die 1285 zu Anklam gehörte. Hier wurde der lukrative Fährzoll (Wasserzoll) erhoben, den jeder Schiffer zahlen musste. 1392 entstand sogar eine Kapelle. Die **Nachbarinsel Werder** diente dagegen seit der zweiten Hälfte des 17. Jahrhunderts nur noch als Gartenland.

Nach der Aufteilung Vorpommerns in Folge des Nordischen Krieges stationierte man Soldaten auf der Insel, legte eine Batterie an.

Ende des 18. Jahrhunderts entwickelte sich Anklamer Fähre auch noch zum Schiffbaustandort. Der Mönchower Pastor Hintze meinte 1811, dass die Camper (Bewohner des Nachbarorts Kamp) und Fährschen wohlhabend seien und glaubten, dass sie etwas Besseres als die Bauern seien. Während sein Vorgänger zwei Scheffel-Sack geräucherter Aale bekam, gab 1811 jeder nur zwei Stück. Hintze merkt noch den zu hohen Branntweinkonsum an. Die sechs Fischer erwarben 1885 sogar die **Große Fischerei**. Neben den sechs Fischern lebten Fischhändler, Kolonialwarenhändler und Gastwirte auf der Insel. Landwirtschaft wurde ebenfalls betrieben.

Nach dem Bau der Eisenbahn und der Chausseen verlor Anklamer Fähre für den Verkehr an Bedeutung, der Schiffbau hatte seine große Zeit hinter sich.

Als 1939/40 mit Hilfe von französischen Kriegsgefangenen 420.000 Kubikmeter Baggergut für den Damm zur Insel verbaut wurden, galten die Fischer als arme Leute. Ende April 1945 zerstörten eine Sprengladung und das anschließende Feuer alle Baulichkeiten bis auf zwei Schuppen.

Bis 1961 war auch die etwa 100 Hektar große Peeneinsel Schadefähre bewohnt. Dann

Kamp liegt malerisch am Wasser. Im Hintergrund ist die Karniner Brücke zu sehen

wurde sie von der letzten Familie verlassen. Das gleiche Schicksal ereilte die Halbinseln Ribnitz und Neu Helgoland.

Bargischow

Unser Weg führt wieder Richtung Anklam. Der Teufelsstein bei Bargischow, ein Kilometer östlich vor Gnevezin, ist ein sehr schönes Exemplar eines Schälchensteins. Auf dem 22 Kubikmeter großen Granitblock sind 64 solcher Schälchen und eine kurze Rinne zu finden. Die Steine sollen in der Bronzezeit kultischen Zwecken gedient haben, als Depot für die Opfergaben. Das beim Ausbohren der Schälchen entstehende Pulver wurde möglicherweise gar als Heilmittel verwandt.
Laut Sage sind die Schälchen **Fingerabdrücke des Teufels**. Luzifer wohnte auf Usedom und wollte per Steinwurf den Bau der Bargischower Kirche verhindern. Allerdings traf er nicht, der Stein landete am heutigen Ort.
Auf bzw. am Bargischower Friedhof auf dem Dorfanger steht ein **imposantes Naturdenkmal**. Im Hohlraum der großen Linde sollen Franzosen während der Napoleonischen Kriege Bier ausgeschenkt haben.
Die Feldsteinkirche hat wahrscheinlich sieben Jahrhunderte auf dem Buckel. Das obere Fachwerkgeschoss des Turmes stammt aus dem 17. Jahrhundert. Erst 1862 wurden Korbbogenfenster und Westportal in dieser Form fertig gestellt. Damals übermalte man die aus dem 17. Jahrhundert stammende Kanzel. Sicher datiert, und zwar auf 1706, ist ein Gemälde des Gekreuzigten. 1877 baute Barnim Grüneberg die Orgel ein.

Gnevezin

Über Gnevezin geht es zurück nach Anklam. Die Gneveziner Kapelle ist ein kleiner, von der Dorfstraße des kleinen Bauernortes umflossener Backsteinbau, der im Mittelalter erbaut worden sein soll. Aus dem 18. Jahrhundert stammen der Fachwerkgiebel und das wertvollste Stück der Inneneinrichtung, ein geschnitztes Leuchterpaar.

Im Land der Schwerine

Ausgangspunkt dieser Reise ist Ducherow. Fährt man auf der B 109 von Anklam Richtung Süden, kommt man in der Nähe von Woserow an einer alten preußischen **Postmeilensäule** vorbei. Sie wurde wahrscheinlich 1837 nach dem Ausbau der Chaussee als Richtungsanzeiger und Meilenzähler aufgestellt.

Ducherow

Die Hauptstraße von Ducherow führt Richtung Leopoldshagen. Hier stehen mit der Kirche und dem Bugenhagenstift am Ortsrand historisch bedeutsame Gebäude. Auch die 1904 erbaute alte Schule, ein stattlicher Backsteinbau, in dem sich heute das Heimatmuseum befindet, sowie das 1996 gegründete **Motorradmuseum** liegen an der Hauptstraße. Hier sind etwa 70 Maschinen zu sehen. An die große Zeit des Ortes erinnern Neostilbauten.

In Ducherow gab es zu Kaisers Zeiten fünf Ziegeleien. Der Bahnanschluss nach Swinemünde erfolgte 1876, nachdem 1863 bereits die Strecke Berlin-Stralsund vollendet worden war. Ein Jahr vor Ausbruch des Ersten Weltkrieges galt das Dorf mit 1213 Bürgern als das größte im Kreis Anklam. Zwei Bauern, 13 Kossaten und 368 Gutsleute unterstanden dem Gutsbezirk, der erst 1928 aufgelöst wurde.

Gut erhalten ist der historische **Pfarrhof** mit Stall und Scheune. Eine Gedenktafel erinnert an den hier geborenen Historienmaler Otto Heyden (1820-1897), der unter anderem die Gründung der Greifswalder Universität darstellte. Er war Greifswalder Ehrendoktor, Professor an der Berliner Kunstakademie und Hofmaler. Mehr über ihn und den in Kagendorf geborenen Bildhauer Ludwig Manzel erfährt man im Heimatmuseum von Ducherow.

Das Land der Schwerine ist auch ein Land der Alleen. Diese führt nach Sophienhof

Das verputzte Gotteshaus mit dem von einer welschen Haube gedeckten Westturm wirkt barock, Zeugnis des Wiederaufbaus 1718 bis 1744 nach der Zerstörung von 1657/58. Die Bauleitung lag in den Händen von Andreas Christoph Neumann, der auch für Schloss Schwerinsburg verantwortlich zeichnete. Der Ostgiebel stammt schon aus dem 13. Jahrhundert, das Schiff laut Wetterfahne von 1744. An der Kirche weisen **Gedenktafeln** auf Georg Adolph Christoph von Schwerin und seine Frau Charlotte hin. Seit 2002 erinnert eine weitere Tafel an neun Schwerine bis zum letzten Ducherower Grafen Ulrich (1865-1946).

Größter Schmuck der Kirche ist der Kanzelaltar, der 1860 unter Verwendung der barocken Kanzel gestaltet wurde. Zu sehen sind u.a. ein Bild des Abendmahls, aufwändiges Rankenwerk sowie Schnitzfiguren von Christus und den Evangelisten. Ebenfalls 1860 wurde die Gruft unter dem Altar verschlossen. Das

Das Innere der Kirche prägt die Umgestaltung von 1860

Mord in Ducherow

Der Ducherower Pastor Gustav Kappel (1871–1930) wurde bei einem Diebstahl erschossen, was seinerzeit für gehöriges Aufsehen sorgte. Die Berliner Illustrierte meldete am 2. Juli 1930 in ihrer Nachtausgabe: »In der letzten Nacht wurde im Dorfe Ducherow bei Friedland der Ortsgeistliche, Pastor Kappel, das Opfer eines Verbrechens. Man fand ihn heute morgen erschossen in seinem Arbeitszimmer vor ... Der 58 Jahre alte Pastor Kappel wirkte seit etwa 30 Jahren in Ducherow und erfreute sich allgemeiner Beliebtheit. Vor einigen Jahren war seine Frau gestorben, und der Witwer bewohnte seitdem mit seiner Tochter, seiner über 80 Jahre alten Schwiegermutter und einem Dienstmädchen das in der Mitte des Dorfes liegende Pfarrhaus. Bis Ende vorigen Jahres war der Geistliche nebenamtlich Verwalter der ländlichen Spar- und Darlehenskasse in Ducherow. In der vergangenen Nacht gegen zwei Uhr hörte die Tochter des Pfarrers Hilferufe, die aus dem Arbeitszimmer des Vaters kamen. Sie eilte aus ihrem Schlafzimmer die Treppe hinunter und fand den Vater schwerverletzt, aber noch bei Bewußtsein auf. Er flüsterte seiner Tochter noch einige Worte zu und verschied dann. Der im Ort wohnende Oberlandjäger stellte sofort fest, daß der Geistliche Opfer eines Verbrechens geworden war. Er benachrichtigte die Landeskriminalpolizei in Stettin und die Staatsanwaltschaft in Greifswald, die sofort Beamte nach Ducherow entsandten. Der Landjäger selbst nahm mit mehreren anderen Beamten die Suche nach den Mördern auf. Es handelt sich um zwei Täter, die es vermutlich auf den Geldschrank im Arbeitszimmer des Pfarrers abgesehen hatten.«
Die Zeitung rekonstruierte sogar die Tat. Demnach hatte der Pastor die Räuber bemerkt. Bei der tätlichen Auseinandersetzung gab einer der Einbrecher drei Schüsse ab, darunter einen in den Kopf von Pastor Kappel. Die Anklamer Zeitung verfolgte den Fall weiter. Ein Greifswalder Medizinprofessor fuhr nach Ducherow und sezierte den Toten. Zeugen berichteten, dass die Mörder über Löwitz und Sophienhof mit Rädern ins Mecklenburgische geflüchtet seien. Ein Landjäger verfolgte dann per Motorrad zwei Verdächtige, die er auf der Swinemünder Fähre traf, und nahm sie in Cammin fest. Am 8. Juli widmete die Anklamer Zeitung dem Beerdigungsgottesdienst mit dem pommerschen Generalsuperintendenten Kähler eine ganze Seite. Kappels Grab befindet sich auf dem Friedhof.

1990 grün gestrichene Gestühl mit Notsitzen und die alten Liedertafeln wurden zur selben Zeit angeschafft. Ortspfarrer Wilhelm Quistorp, der Initiator der Veränderungen von 1860, zog auch an »normalen« Sonntagen mehr Leute mit seinen Predigten an, als der Raum fasste. Im Altarraum steht rechts das **Grafengestühl**. Direkt daneben befand sich die in den 1980er Jahren zugemauerte Tür der Herrschaft.
Einmalig in Vorpommern dürfte das **Glockenspiel** auf dem Kirchhof sein. Es wurde 1914 von Ulrich von Schwerin zur Konfirmation seiner Tochter gestiftet. Als Vorbild wählte er das Glockenspiel der Potsdamer Garnisonkirche, das Ulrich von Schwerin von seiner Militärzeit kannte. Die Glocken wurden im Zweiten Weltkrieg dem Kriegsgott Mars geopfert, nur ein Klangkörper von 1472 blieb verschont. Dank des Engagements der Bürger erklingt das Glockenspiel seit 1997 wieder.
Auf dem Kirchhof befindet sich das Grab des Gründers des **Bugenhagenstiftes**, Wilhelm Quistorp (1824–1887), Pfarrer in Ducherow von 1852 bis 1882. Sein zu Stein gewordenes Vermächtnis steht in Richtung Mönkebude. Quistorp war auch Vorsitzender des pommerschen Lehrerbundes. Seine beiden Kinder Margarethe und Johannes starben früh. Ihre Sparbücher sowie die Hilfe der Ziegeleien, die bis zum Ersten Weltkrieg zwei Prozent des Erlöses jeder Ringofenbrennung gaben, bildeten die Grundlage für die Gründung des Bugenhagenstiftes für Waisenkinder im Jahre 1866. Schon 1867 wurde das Hauptgebäude eingeweiht. An dem stattlichen neugotischen Backsteingebäude fallen die Skulpturen zweier Kinder auf. Sie stellen Margarethe und Johannes Quistorp dar. Allerdings erwies es

sich selbst für einen so engagierten Mann wie Wilhelm Quistorp als unmöglich, das nötige Geld für die Linderung all der damaligen Not aufzutreiben. 1869 trat Wilhelm Quistorp in die zweite Reihe. In seiner Geschichte diente das Gebäude dann als **Präparandenanstalt**, wurde im ersten Weltkrieg Lazarett. 1927 erfolgte der Neustart als Kinderheim in Regie der Diakonissen des Hauses Bethanien aus Stettin-Neutorney, übrigens einer Gründung von Wilhelm Quistorps Bruder Johannes. 1960 begann die Pflege- und Fördertätigkeit für geistig behinderte Kinder. Zwanzig Jahre später fusionierten Bugenhagenstift und Diakonieanstalt.

Weiter in Richtung Ueckermünde steht die in den 1920er Jahren beim früheren Forsthaus eingerichtete Gaststätte **Heidemühl**. Sie wurde nach Jahren des Verfalls durch die Familie Bartikowski bis 1995 wieder in ein Schmuckstück verwandelt. Die einst so bedeutenden Ziegeleien an der Chaussee Ducherow - Ueckermünde bezogen ihren Rohstoff aus der Grube Heidberg, ab 1960 aus Rosenhagen und ab 1972 von der Grube Bugewitz. 1992 erfolgte die Stilllegung, ab 1993 wurde das Feldbahnschienennetz abgebaut, bis 2000 zog sich der Abbruch hin.

Schloss Ducherow

Das stattliche Schloss Ducherow, es steht Richtung Busow, wurde laut Angaben von Mitgliedern der Schwerinschen Familie 1873 fertig gestellt, als Bernhard Graf von Schwerin und seine Frau Wally hier einzogen. Zum Besitz der Schwerine gehörte es jedoch bereits seit dem 15. Jahrhundert und wurde lange Zeit von den Verwaltern bewohnt. Erster alleiniger Besitzer, Patron und Gerichtsherr war ab 1730 Curd Christoph von Schwerin. 1945 gehörten über 1100 Hektar zum Gut.

Nach dem Zweiten Weltkrieg lagerte zunächst die Sowjetarmee mit bis zu 300 Mann im Schloss. Wegen der hohen Zahl von Patienten mit infektiösen Krankheiten wurde es Seuchenkrankenhaus, dann allgemeines Krankenhaus, ab 1950 Tbc-Krankenhaus und schließlich Klinik für chronisch Kranke, ab 1977 bis Mitte der 1990er Jahre Pflegeheim. Leider wurde die Fassade des Gutshauses zu DDR-Zeiten entstellt.

Im Innern des Schlosses ist noch ein wenig von dem **Prunk** der alten Zeiten spürbar. In der Eingangshalle kann man u.a. Deckenstuck im Zopfstil bewundern, und auch die Treppe wirkt barock. Die daraus abgeleitete Datierung des Kernbaus in das 18. Jahrhundert stimmt allerdings nicht mit der Familiengeschichte überein. Andererseits wiesen bautechnische Untersuchungen zu DDR-Zeiten auf eine Entstehung des Dachstuhls um 1800 oder früher hin. Das Herrenhaus ist von einem Park und verschiedenen alten Gebäuden umgeben. Zur Ducherower Gutsanlage gehört außerdem eine ganze Reihe von Tagelöhnerhäusern sowie anderen Wohn- und Wirtschaftsgebäuden in Fachwerk, Backstein, auch verputzt. Ein großer Teil stammt laut Inschriften aus den Jahren 1918 bis 1935 und trägt die Initialen Ulrich Graf von Schwerins.

Busow

Von Ducherow führt uns ein Abstecher nach Busow. Leider wurde das Gutshaus, das unter Einbeziehung älterer Teile 1786 seine letzte Gestalt erhielt, 1996 abgerissen. Verschiedene, z.T. recht schmuckreiche verputzte Wohnhäuser mit der Schwerinschen Raute aus den Jahren 1912 und 1913 erinnern noch an die Gutsherrenzeit. Der letzte Busower Herr, **Karl Josef Graf von Schwerin**, beschritt neue

Wege. Er führte eine Art Gewinnbeteiligung für einen Teil seiner Leute ein. Der Graf fiel im Zweiten Weltkrieg in der Sowjetunion.
Geblieben ist der kleine Putzbau der mittelalterlichen Kirche mit der Wetterfahne von 1769 auf dem Dachreiter am Dorfteich. Wichtigstes Ausstattungsstück ist der Kanzelaltar, der im 19. Jahrhundert aus im 17. Jahrhundert entstandenen Teilen zusammengesetzt wurde. Den Korb zieren vier Bilder der Evangelisten. Ferner gibt es noch ein Ölbild des Apostels Paulus sowie Leuchter, die Lüdenscheider Christen 1993 spendeten.
Eine Urkunde erinnert an eine Ehrung des Tagelöhners Johann Karl Friedrich Rose aus Busow. Der Anklamer Landrat hatte ihm 1898 eine Gedächtnismedaille Kaiser Wilhelm I. aus erbeuteter Kanonenbronze des Deutsch-Französischen Krieges verliehen.
Auf dem Friedhof blieb eine Reihe von Gräbern der **Gutsherrenfamilie** aus dem 19. Jahrhundert erhalten. Die Anlage entstand für Hermann Heinrich Karl Kurt Graf von Schwerin (1807–1846) und seine 1848 gestorbene Schwester Mathilde.
Bekanntester Busower Schwerin ist Otto Martin, der »Hohenfriedberger«, dem wir in Dargibell begegneten. An ihn erinnert eine Gedenktafel, die ein Nachfahre 2004 stiftete.

Das im Kern im 14. Jahrhundert errichtete Gotteshaus hatten polnische Truppen mitsamt dem Dorf 1657 eingeäschert. Der Wiederaufbau soll erst 1690 erfolgt sein. Noch aus dem Mittelalter stammt die **Kopfmaske** an der Südwand. Eine solche Plastik soll das Böse fernhalten. Kopfmasken kamen aus Skandinavien zu uns und sind oft an Taufen zu finden. Steckt so ein Kopf die Zunge heraus, wird das auch als Phallussymbol, als Symbol von Stärke, gedeutet.
Dass sich der Gottesdienstbesuch lohnt, bescheinigt die Inschrift über der Tür: »Wer in dieser Thür hingehet und Gottes Wort Anhört und Gott im Herzen fürt der wird zu der Himmelsthür auch eintreten.« Zu den interessanten Ausstattungsstücken gehört das Bild des Pastors Jacob Gottlieb Häger, der von 1753 bis 1782 amtierte. Der **Kanzelaltar** stammt aus der ersten Hälfte des 18. Jahrhunderts. Darüber hängt ein von H. Eisfeld 1699 gemaltes Ölbild. Es zeigt Christus, neben ihm auf der Passionssäule sitzt der Hahn, der daran erinnert, dass Petrus entgegen seinem Versprechen Christus verleugnete, ehe der Hahn dreimal krähte. Rechts steht Malchus, sein Symbol, das abgehauene Ohr, liegt auf dem Schild. Der Blick aufs Detail - z.B. Silberlinge und Marterwerkzeuge - lohnt.

Rathebur

Nach Ducherow zurückgekehrt, fahren wir auf der B 109 weiter Richtung Pasewalk, und zwar bis Rathebur.
Seit Jahrhunderten umgibt die dortige Kirche eine Feldsteinmauer. Ihren hölzernen Turm büßte die Kirche 1953 ein. Am 29. April 1945 wäre fast ihr Ende gekommen. Damals sprengte die Wehrmacht in der benachbarten **Gutsscheune** Fahrzeuge, damit sie nicht in die Hände der Sowjetarmee fielen. Das folgende Feuer geriet außer Kontrolle und vernichtete Teile des Gutshofes sowie des Pfarrhauses.

Schmuggerow

Alleen, eine Felder- und Wiesenlandschaft liegen am Weg von Rathebur Richtung Löwitz mit Abzweig nach Schmuggerow, unserer nächsten Station. Das lange zum Köppernschen Besitz gehörende Schmuggerow erwarb 1856 Maximilian **Graf von Schwerin-Putzar** für 120.000 Taler. Neun Jahre später schenkte er das Gut seiner Tochter Luise zu ihrer Hochzeit mit Rudolf von Kanitz. Bereits 1872 wurde das Schloss, das die vergleichsweise einfache Formensprache des norddeutschen Barock aufgreift, fertig gestellt. An der Fassade über der Treppe sind die Wappen der Familien zu bewundern.

Schloss Schmuggerow ist heute eine gastliche Stätte. Das Haus wurde nach der Wende ansprechend saniert

1994 wollte die unter 41 Bewerbern ausgewählte Bremerin Ulrike Schlostock das verfallende Herrenhaus sanieren und es in ein Künstlerdomizil umbauen. Sie verfügte aber nicht über die nötigen Mittel. Zu diesem Zeitpunkt lebte der letzte Schmuggerower Schwerin, Manfred (geboren 1895), noch. Er bekam 1921 das Gut von seiner Mutter Clara von Kanitz aus Anlass seiner Hochzeit mit Hertha von Nostiz. 1932 zog die Familie aus finanziellen Gründen in das Gutsverwalterhaus um. Nur Luise, die Schwester von Clara, blieb im Schloss, das ab 1933 vom Freiwilligen Arbeitsdienst genutzt wurde. Weil es wirtschaftlich wieder aufwärts ging, gab es sogar nicht verwirklichte Pläne zur Aufstockung und dem Wiedereinzug ins Schloss.

Manfred Graf von Schwerin, der 102-jährig starb, hat den Verkauf an Bernd Brenke 1996 noch erlebt. 1999 eröffnete das »Familienschloss mit Ferienwohnungen«, im Jahr 2000 das Restaurant. Nach einer Insolvenz wirbt das Haus unter neuer Leitung heute wieder um Gäste. Hochinteressant ist ein Gang in den Park, der um 1870 nach Plänen des Berliners Lange erweitert und gestaltet wurde. Hier erinnert ein Stein an die Malerin **Erna Raabe** (1882–1939) und Max Falk Raabe (1875–1910). Im Kulturhistorischen Museum Stralsund werden 29 Ölbilder der geborenen Freifrau von Holzhausen verwahrt, die ursprünglich im Gutshaus gelagert wurden. Ihr Mann war schon bei ihrer Hochzeit tuberkulosekrank, sein Tod stürzte Erna Raabe in tiefe Depressionen. Ihr Thema war das Leiden der Menschen. So richtig bekannt wurde sie 1930 durch eine Sonderausstellung in Berlin. Ihre Freundin, die jüdische Landschaftsmalerin Käthe Löwenthal, wurde von den Nazis ermordet. Erna Raabe, die in Greifswald verstarb, zog sich in den 30er Jahren nach Schmuggerow zu ihrer Freundin Hertha Gräfin von Schwerin (1894–1965) zurück. Ab 1935 hat sie nicht mehr ausgestellt.

In der Nachbarschaft des Schlosses steht das Gutsverwalterhaus. Unweit davon ist die Trasse der Mecklenburg-Pommerschen Schmalspurbahn noch gut erkennbar. Eisenbahnfreunde haben die Haltestelle schön herausgeputzt.

Ein Stück entfernt liegt das eigentliche Dorf. In Schmuggerow gab es immer auch Bauern. Eine ganze Reihe der Gutsarbeiterhäuser wurde nach einem Brand von 1920 neu erbaut. Daran erinnern Inschriften und die Initialen »M Gr v Sch« für Manfred Graf von Schwerin.

Inmitten einer Trockensteinmauer liegt am Dorfanger die **romanisierende Kirche** von Schmuggerow, die am 30. Mai 1889 eingeweiht wurde. An diesem Tag heirateten die Gutsbesitzertochter Clara von Kanitz und Ulrich Graf von Schwerin-Ducherow sowie die Schmuggerower Bauernfamilie Brand. Der Putzbau mit schmalem Westturm verfügt über eine geschlossene, beeindruckende Innenausstattung. Vierpässe, Kreuze, Weinlaub finden sich überall, ob nun auf den Altarschranken, der Holzdecke, den Säulen, sogar den Liedertafeln. Das Herrschaftsgestühl im Altarraum ist mit den Wappen der Patrone verziert. Malereien mit geometrischen Mustern und Bibelsprüche gehören ebenfalls zur Ausstattung. Örtliche Handwerker, so der Tischler Schierbaum, der die Kanzel schuf, vollbrachten Bemerkenswertes. Der Name Schierbaum (Gardejäger Erich Schierbaum) ist auch auf der ordengeschmückten Gedenktafel für die Gefallenen des Ersten Weltkrieges zu finden.

Den Kronleuchter stiftete zur **Kircheneinweihung** die badische Großherzogin, in deren Haus Gräfin Luise als Freundin und Ehrendame gelebt hatte. Bertel Thorvaldsens segnender Christus in der Kopenhagener Frauenkirche ist das Vorbild der Glasmalerei aus der Bauzeit im Ostfenster. Das Harmonium schenkten Hans Graf von Schwerin-Löwitz und seine Frau Weihnachten 1891 der Kirche. Weit älter ist der Altaraufsatz mit Abendmahlsbild und zwei Apostelfiguren an der Seite. Laut Inschrift haben ihn 1710 der Commissarius Hauptmann Hans-Jürgen von Köppern und seine Frau Catharina Adelheid von Hoppen geborene von Levzowen (Lewetzow) gestiftet. 15 Jahre später wurde er zu Ehren der 1722 in der Kirche begrabenen »Frau Oberstleutnant von Gammen geborene von Glöden« »angemalt und ausgeziert«. Auf dem Friedhof befinden sich auch Gräber, die mit dem Kirchenbau zusammenhängen. Kreuze erinnern an den Bauherrn, den Generalleutnant à la suite der Armee Rudolf Graf von Kanitz und seine Frau Luise. Eine Tafel ist Gräfin Rose Kanitz (1868–1912) gewidmet.

Schloss Löwitz von der Parkseite

Löwitz

Von Schmuggerow geht es weiter Richtung Süden nach Löwitz. 1533 belehnte Pommernherzog Philipp I. die Spantekower Schwerine mit Löwitz und Sophienhof. In der Dorfmitte sind alte Landarbeiterhäuser, die historische Gaststätte und der frühere Volksbildungskomplex, also Schule und Lehrerhaus, zu finden. Im Zentrum steht das Gotteshaus am Rande des Gutsparks. 1620 ließ Margarethe von Krassow, Witwe Klaus von Schwerins, die Kirche als verputzten Feldsteinbau neu errichten. Das

Das Löwitzer Schloss war ein eindrucksvoller Bau, der von der ökonomischen Leistungskraft der Güter in der Kaiserzeit Zeugnis ablegt

heutige Bild der Anlage mit der neugotischen Leichenhalle und dem Friedhof inmitten der mit der Schwerinschen Raute geschmückten Umfassungsmauer geht auf Marie Gräfin von Schwerin-Löwitz, geborene von Gerstenberg (1858–1932) und **Hans Axel Tammo Graf von Schwerin-Löwitz** (1847–1918) zurück. 1890 wurde mit dem Bau ihrer imposanten Grabanlage, die in die Mauer eingepasst ist, begonnen. Auf den Wangen sind Engelreliefs zu sehen.

Prägend wirkt die Figur des auferstandenen Christus, die in der Nachfolge Berthel Thorvaldsens steht. Erinnert wird auch an Margarethe Gräfin von Schwerin, geborene von Heynitz (1884–1954). Über sie schrieb der Chef der KPD-Ortsgruppe am 2. Oktober 1945: »Hiermit wird der Gräfin Schwerin-Sophienhof bescheinigt, daß sie sich politisch nicht betätigt hat und als Antifaschistin bekannt ist. Frau von Schwerin behandelte ihre Belegschaft stets im Sinn demokratischer Richtung. Ich wünsche Ihnen das Beste und bedaure, Frau Gräfin ihren Hof aufteilen zu müssen.« Margarethe von Schwerin ist die Mutter des Hans Graf von Schwerin-Gerstenberg (geboren 1921). Der Adoptivsohn des kinderlosen Stifterpaares ließ nach der Wende die Grabplatten vom zerstörten **Sophienhofer Erbbegräbnis** hier anbringen. Sie sind Luise Gräfin von Schwerin (1857–1916) und Gerd Graf von Schwerin-Sophienhof (1857–1916, starb zwei Monate nach seiner Frau) gewidmet. Die Inschrift erzählt, dass Gerd von Schwerin Kammerherr seiner Majestät des Kaisers und Königs und Inhaber des Eisernen Kreuzes Zweiter Klasse war. Der Wirkliche Geheime Rat Hans Axel Tammo von Schwerin, der übrigens am 9. November 1918 beigesetzt wurde, ließ auf seinem Grabstein erwähnen, dass er Präsident des preußischen Abgeordnetenhauses, des deutschen Landwirtschaftsrates und des Preußischen Landes-Oekonomie-Collegiums war. Nicht für erwähnenswert hielt der Träger von vierzehn deutschen Orden, dass er 1910/11 Reichstagspräsident und Ehrendoktor der Universitäten Berlin und Greifswald war.

Der Löwitzer Kirchhof wird durch eine Mauer vom Ende des 19. Jahrhunderts abgegrenzt

Die Schmalspurbahn

Hans Axel von Schwerin und sein auf Sophienhof residierender Bruder Gerd waren entscheidend am Bau der Mecklenburg-Pommerschen Schmalspurbahn beteiligt. Unter Leitung von Viktor Schweder begannen 1888 die Arbeiten für die Strecke mit einer Spurweite von 600 mm. 1891 wurde der öffentliche Güterverkehr aufgenommen, 1894 der Personenverkehr. Nach einer Einschätzung des Jahres 1912 handelte es sich um die **modernste Kleinbahn** Deutschlands. Sie stellte die Verbindung zu den Häfen Anklam und Jarmen sowie den Zuckerfabriken dieser beiden Städte und Friedlands her. 214 Kilometer Länge erreichte das Streckennetz. Die Sowjetunion ließ 1945 alle Gleise bis auf die von Anklam über Dennin nach Friedland demontieren. Eine Lok »Graf von Schwerin-Löwitz« soll heute noch in einem englischen Freizeitpark fahren. Die Sand-Deck-Kulturen der Brüder galten als beispielgebend. Mit Hilfe von Feldbahnschienen »übersandeten« sie Moor.

Der Park des Gutshauses

Nicht weit von der Kirche steht eines der Wirtschaftsgebäude, zwei Pferdeköpfe weisen auf seine frühere Bestimmung hin. Hans Axel von Schwerin wurde mehrfach für seine Rinder- und Pferdezucht ausgezeichnet. Sehenswert ist der angrenzende Park. 1881 ließ der Graf das **prachtvolle Schloss** bauen. 1910 folgte der Nordflügel. Das Gebäude, das nach 1945 unter anderem als Behelfskrankenhaus und Kreisparteischule der SED diente, wurde 1985 bis auf einen Rest gesprengt, nachdem es schon lange Zeit leer gestanden hatte. Nach der Wende folgte der Rest, ABM-Kräfte beräumten die Trümmer. Geblieben ist der schöne Park, der von einer Mauer umgeben ist.

Sophienhof

Von Löwitz führt uns die Tour weiter Richtung Sarnow. Nicht weit hinter Löwitz biegt eine Straße nach Sophienhof ab. Ab 1885 wurde das dortige Herrenhaus für den Grafen Gerd von Schwerin gebaut. Auch das ein Zeichen der hohen Prosperität, denn es entstand eine aufwändige Anlage mit mehreren Türmen und Erkern. Nach einem Großfeuer 1933 wurde das Schloss in schlichteren Formen wieder hergestellt. In dem nach der Schwester des Feldmarschalls Curd Christoph, Sophie Juliane, benannten Ort bestand die **staatliche Hengststation des pommerschen Warmbluts**. Graf Gerd von Schwerin ließ nicht nur das Herrenhaus bauen. Seine Initialen

G.G.v.S. und Jahreszahlen der Erbauung befinden sich an Wirtschafts- und Wohngebäuden. Nach der Wende hatte ein Bauunternehmer mit der Schlosssanierung begonnen, das Haus aber weiterverkauft. Jetzt steht es leer.
Im während der Bodenreform aufgeteilten Park erinnert ein Findling mit Kreuz an das zerstörte Erbbegräbnis.

Schwerinsburg

Unser Weg Richtung Sarnow führt uns weiter zunächst nach Schwerinsburg. Bis zum Ende des Zweiten Weltkriegs stand in dem kleinen Ort das **größte Barockschloss Vorpommerns** mit 100 Zimmern und 200 Fenstern. Bauherr war kein Geringerer als Curd Christoph von Schwerin (1684–1757), der Generalfeldmarschall des Alten Fritz. Er ließ Schloss Schwerinsburg 1720 bis 1733 erbauen. Seinen heutigen Namen erhielt der Ort bei der Einweihung, zu der König Friedrich Wilhelm I. kam. Die Ausstattung des Schlosses, zu der viele Gemälde des preußischen Hofmalers Antoine Pesne gehörten, ist viel gerühmt worden. Ein Schlosstheater und die durch beide Etagen reichende Kapelle gehörten zur Inneneinrichtung. Für die nachfolgenden Generationen erwies sich das gewaltige Bauwerk als große Last.
Am 29. April 1945 brannte das Schloss ab, wahrscheinlich hatten es plündernde Fremdarbeiter und Kriegsgefangene in Brand gesteckt. Heute erinnern nur noch ein Schutthügel und einige Mauerreste an das Schloss, die meisten Steine haben Neubauern für den Bau ihrer Häuser abtransportiert. Geblieben sind Reste des Mitte des 19. Jahrhunderts »englisch« umgestalteten **Parks**. 1815 entstand hier auf Wunsch Graf Heinrich von Schwerins der erste **Turnplatz** in Pommern. Am großen Kuhstall erinnern die Schwerinschen Initialen und die Jahreszahl 1941 an einen Umbau. Erst 1939 war Graf Eberhard von Schwerin

Graf Gerd von Schwerin war der Bauherr des Sophienhofer Herrenhauses

von 1,5 Millionen Mark durch den Verkauf von Grundstücken entschuldet worden. 13 Siedlerstellen entstanden.
Das von Graf Heinrich Bogislaf Detlof von Schwerin 1790 für seinen Onkel gestiftete Denkmal, das Curd Christoph als Landmann mit einem Pflug zeigt, schuf der Berliner Heinrich Bettkober. Es überstand das Flammeninferno. Nach dem Krieg sollte das Denkmal zunächst nach Wusseken umgesetzt werden. Um 1950 kamen jedoch Anklamer FDJ-ler per Lkw nach Schwerinsburg, die trotz Widerstandes der Dorfbevölkerung das **Denkmal des Feldmarschalls** schwer beschädigten. Es wurde schließlich 1952 nach Greifswald abgefahren, wo es bis 2005 im Museumsgarten stand. Nach der Restaurierung soll es im Deutschen Historischen Museum in Berlin einen neuen Platz finden. Die Schwerine und der Kreis Ostvorpommern befürworteten nach der Wende eine Umsetzung nach Anklam. Die

Das gewaltige Schwerinsburger Schloss ließ Curd Christoph von Schwerin im 18. Jahrhundert errichten

Aufstellung in der Kreisstadt oder im Raum Ducherow scheiterte an fehlenden Mitteln. Das Amt zur Regelung offener Vermögensfragen entschied in Sachen Eigentum am Denkmal 2004 zugunsten des in Potsdam lebenden Mathias von Schwerin.

Rossin

Unsere Fahrt geht von Schwerinsburg weiter nach Norden in das Örtchen Rossin. 1834 erwarb Theodor Kolbe (1804–1876) das über 300 Hektar große Anwesen von der Familie Köppern, die über 500 Jahre Besitzer des Gutes war. Zeitgenossen schrieben, dass »seine Intelligenz und Tüchtigkeit Rossin zu einem der **schönsten Güter** des Anklamer Kreises umgestalteten«. Er ließ für sich und seine Frau Adelheid Ferdinande (1815-1881) das Gutshaus, einen kastigen Zweckbau mit Putzquadern, errichten.

Die Kolbes, bis 1945 Besitzer Rossins, waren vor allem als Pferdezüchter bekannt. Ihre Gräber blieben im Park erhalten. Leider haben Rowdys die unweit des Weges stehenden Steine umgestürzt. Nur die Inschrift für den Rittergutsbesitzer Friedrich Maximilian Kolbe (1845–1929) ist noch lesbar. Ein Turmhügel im Südwesten erinnert daran, dass schon die frühen deutschen Siedler Befestigungsanlagen errichteten.

Die Rossiner Kirche ist ein einfacher Feldsteinbau des 15. Jahrhunderts mit einem verbretterten Dachreiter von 1678. Damals wurden auch die Fenster in dieser Form hergestellt. Sie ähneln den Wietstockern. Der einfache Kanzelaltar, die Westempore und das Gestühl stammen aus dem 18. Jahrhundert.

Besonderes Interesse darf das steinerne Epitaph mit Putten und Wappen der Köpperns und Gammens beanspruchen. Clara Agnese von Cammen (Gammen) geborene von Gloeden hat es für ihre Tochter Carolina Gustava von Cammen geborene von Köppern gestiftet. Sie heiratete mit 13 und starb mit 14 bei der Geburt von Zwillingen.

Nach der Wende wurde ein aufwändiges, mit zahlreichen kriegerischen Symbolen geschmücktes Epitaph restauriert. Die Inschrift ist verloren. Es zeigt das **Köppernsche Wappen** mit den drei jungen Eichen, die auf rotem Schild aus grünem Rasen herauswachsen. So wird es 1740 aus Anlass der Verleihung des Grafendiploms an den Hauptmann Hanns Heinrich Ludwig von Köppern »nach 16-jährigem Verdienst« beschrieben. Sein Bruder, der Hauptmann Hans-Jürgen von Köppern, erbte 1729 Rossin von seinem Vater, ihm ist das Epitaph wahrscheinlich gewidmet. Er oder sein Sohn Curt Wilhelm, Regierungsreferendar a.D., dürften als Patrone für die Neuausstattung Ende des 18. Jahrhunderts verantwortlich sein.

Der Rossiner Kanzelaltar stammt aus der Barockzeit

Die Geschichte vom Teufelstein

Am Weg von Rossin nach Charlottenhof steht unmittelbar an der Straße der Teufelstein, einer der Rillensteine, die in der Gegend relativ häufig sind. Um ihn ranken sich diverse Sagen. So soll ein **Raubritter** hier einen Schlagbaum errichtet haben. Variante zwei gibt dem Teufel die Schuld, der seine Großmutter per Kette an den Stein spannte, um die Wiese zu pflügen. Die alte Dame sprang in ihrer Wut hin und her. So entstand der mäandrierende Verlauf der Peene und die Kette schnitt sich in den Stein ein.

Diese Steine sind als **Phallussymbole**, die reiche Ernten und Nachwuchs beim Vieh verhießen, gedeutet worden. Die mit flächigen Rillen heißen Rinnensteine. Sie könnten bei Flüssigkeitsopfern verwandt worden sein. Jüngste Untersuchungen haben diese Thesen zur Interpretation der Rillensteine stark angezweifelt. Demnach wären die Rillen höchstwahrscheinlich in der Neuzeit bei der Steinbearbeitung entstanden.

Ein Stück vom Teufelstein entfernt, an einer Kreuzung, haben die Freunde der **Mecklenburg-Pommerschen Schmalspurbahn** die Erinnerung an die 1895 eröffnete Strecke Uhlenhorst-Anklam gestaltet. Hier konnten die in Rossin erzeugten Güter - eine private Anschlussbahn dorthin bestand bereits - auf MSPB-Wagen umgeladen werden. Nur wenige hundert Meter Richtung Dargibell zweigte eine weitere Bahn nach Ducherow ab, von dem nun wieder erreichten Ducherow geht es wieder auf der B 109 Richtung Pasewalk an die Grenze des Kreises.

Wietstock

Die Gutsanlage

Von der B 109 führt die Straße zu dem gepflegten Ort Wietstock. Das große Gut des Ortes musste 1925 bis auf ein Restgut von 125 Hektar aufgesiedelt werden, da der Gutsherr Paul Hartsch 400.000 Mark Schulden hatte. Es entstanden eine große Stelle für einen Bauern von etwa 50 Hektar, 26 für Mittelbauern (ca. zehn bis 20 Hektar) und zwei für Arbeiter (fünf Hektar). Dazu kamen die Schmiede sowie ein Kolonialwarenhandel mit Gastwirtschaft. Un-

Das Wietstocker Herrenhaus entstand um 1920

ter den Siedlern waren acht Oldenburger, die ihre Erfahrungen in der **Schweinemast** mitbrachten.
Wie die Familie Hartsch haben auch die neuen Bewohner das Dorf mit ihren Bauten entscheidend geprägt. Darauf weisen die Initialen P.H. mit Jahreszahlen wie 1922 oder 1924, aber auch 1937 an Wohn- und Wirtschaftsbauten hin. Der überwiegende Teil der Gebäude, sogar die **Schnitterkaserne**, befindet sich in gutem Zustand. Neben dem Verwalterhaus steht leicht erhöht das um 1920 von Paul Hartsch auf einem stattlichen Gewölbekeller errichtete Herrenhaus. Seine Fassade wird durch zwei Säulen und das Giebeldreieck über dem Eingang geprägt. Ebenso wie die äußere Gestalt blieben die Raumaufteilung, viele Türen und Fenster erhalten. Das Gebäude ist allerdings sanierungsbedürftig. Im Dachgeschoss, wo sich eine kleine Heimatstube befindet, wohnten die Bediensteten.

Kirche und Friedhof

Vom Herrenhaus ist es nicht weit zur Kirche. Auf dem Friedhof stehen die Grabsteine des

Das Wietstocker Gotteshaus

Aus dem 18. Jahrhundert stammen Kanzelaltar und Gestühl

Rittergutsbesitzers und Rittmeisters a.D. Hermann Hartsch (1831-1901) und seiner Frau Marie (1844-1937). Sie hatten das Gut Wietstock von den Schwerinen gekauft.
Die verputzte Kirche soll im 16. Jahrhundert ihre heutige Gestalt erhalten haben. Innen bestimmt die Ausstattung des 18. Jahrhunderts - Gestühl, Kanzelaltar mit Gehege, Westempore - das Bild. Sie zeigte früher viel Gold, wie sich ohne weiteres unter dem heutigen grauen Anstrich erkennen lässt. Möglicherweise gibt die Taufschale von 1767 einen Hinweis auf die genauere Datierung. Die heutige Ausmalung einschließlich der Schablonenmalerei spendierte ein Wietstocker Ehepaar Anfang der 1950er Jahre anlässlich der Hochzeit ihres Kindes.
Die Gutsherrenfamilie saß vom Altar aus gesehen rechts im Chor, auf der anderen Seite nahm die Pastorenfamilie Platz. Neogotisch sind Leuchter und Altarkreuz. Wohl im 19. Jahrhundert fanden Büsten **Luthers und Melanchthons** ihren Platz zunächst auf dem Altar und verschwanden mit der Zeit aus der Kirche. Seit sieben Jahren stehen die beiden Reformatoren nun wieder im Chor. Wietstocker sind ehrliche Leute. Als der Opferstock vor einiger Zeit geöffnet wurde, fand man Münzen und Scheine von 1920.

Unterm Dach erinnern Haken zum Tabaktrocknen daran, dass in der Gegend früher in erheblichem Umfang Tabak angebaut wurde. Dafür holte der preußische König die »Tabakfranzosen«. 1763 wird z.B. für Wietstock ein Tabakplanteur Joh. Tussien genannt.

Neuendorf A

Zurück auf der B 109, fahren wir noch ein kleines Stück Richtung Pasewalk und biegen dann nach Neuendorf A ab. Neuendorf bei Kurtshagen und Neuendorf bei Janow werden schon seit zwei Jahrhunderten auch als A und B im Kreis Anklam unterschieden.
In Ostvorpommern gibt es dank der Fusion Anklams mit Greifswald und Wolgast 1994 noch drei weitere Neuendorfs, nämlich das bei Breechen und das bei Kemnitz (früher Akademisches Gut Neuendorf) sowie Neuendorf auf Usedom.
Die größte Sehenswürdigkeit des Ortes ist die Kirche. Der **neogotische Backsteinbau** bietet ein sehr geschlossenes Bild. Im Jahr 1881 erbte Erich von Borcke (1843-1933) Neuendorf A von Rudolf von Schwerin. Borcke hatte 1878 in Berlin die vierzehn Jahre jüngere Agnes Freiin von Klot-Trautvetter geheiratet, die schon neun Jahre später verstarb. Er soll sie sehr geliebt haben, und zu ihrem Andenken ließ der Rittmeister 1891/92 die Kirche ausführen. Er stiftete nicht nur Inventar, sondern auch 10.000 Reichsmark für die Innere und Äußere Mission. Die Orgel stammt vom Stettiner Grüneberg, ältere Ausstattungsstücke sind zwei Leuchter sowie die letztlich von Curd Christoph von Schwerin bezahlte Glocke des Gießers Johann Heinrich Scheel von 1743. Vom Gestühl bis zur Sakristei blieb die unter Verwendung gotischer Formen verzierte Ausstattung erhalten. Auch die Stühle der Herrschaft sind noch da. Agnes und Erich von Borcke sowie Rudolf von Schwerin sind Marmortafeln gewidmet. An den im Oktober 1918 im Alter von 38 Jahren gefallenen Albert von Borcke wird zweimal erinnert: einmal auf der allgemeinen Erinnerungstafel und dann noch auf einem Epitaph im Chor, wo sein Vater beim Gottesdienst saß. Säbel, Pickelhaube und zwei Eiserne Kreuze zieren die Holztafel des »Schwadrons-Chefs im Kürassier-Regiment Königin und Bataillonskommandeurs im Reserveinfanterieregiment 336«. Ein weiterer Anziehungspunkt ist der ehemalige Gutspark mit einer Fläche von über drei Hektar.

Die Kirche von Neuendorf A ließ Erich von Borcke zum Andenken an seine verstorbene Frau errichten

Kurtshagen

Über Kurtshagen - hier lädt die Töpferei Schade seit 2000 in ein gepflegtes Fachwerkhaus in Blau-Weiß ein - führt der Weg vorbei an Wiesen und Wäldern nach Ducherow zurück.

EISKELLER
erbaut 1886

Auf den Spuren des Generalfeldmarschalls

Stretense

Von Anklam führt unsere Reise Richtung Süden auf der B 197 zunächst nach **Pelsin**. Direkt an der Straße in Pelsin steht die turmlose spätgotische Kapelle, in deren Innern nach den Zerstörungen 1945 nur Reste der neugotischen Ausstattung blieben. Statt einer Orgel gibt es seitdem einen - wie es auf der Rückseite heißt - unveräußerlichen Leihsack der Flockenfabrik Anklam mit aufgemalten Orgelpfeifen. Nahe der Kirche stehen zwei schöne Bauernhöfe mit rohrgedeckten, jahrhundertealten Wohnhäusern. Brüder haben sie errichtet, und auch die heutigen Besitzer sind verwandt.

Eine Allee, an der einige Häuser der Deputatarbeiter stehen, führt von der Bundesstraße in den eigentlichen Ort **Stretense** mit der weitläufigen Guts- und Parkanlage derer von Heyden-Linden. 1840 hatte August von **Heyden-Linden** das Gut von dem Bankier Samuel Nathan Ascher aus Prenzlau erworben, dem es nur sechs Jahre gehörte. Zuvor war es Schwerinscher Besitz. Der königliche Rittmeister Carl von Heyden-Linden (1851–1919) war der erste seiner Familie, der selbst auf dem 1400-Hektar-Gut Stretense wirtschaftete. Die Inschrift »C.H.H.L. 1886« am Inspektorhaus neben der Kapelle erinnert an ihn. In jenem Jahr erhielt auch das Herrenhaus seine heutige Gestalt nach Plänen des Architekten Thor, der ebenfalls in Müggenburg tätig war.

Sohn Bogislav (1895–1960), der Erbe Carl von Heyden-Lindens, heiratete 1920 Margot Kujaht. Zwei Jahre später wurde Sohn Konrad geboren, einen weiteren Jungen adoptierten sie. Eine Tochter starb mit zwei Jahren. Beide Jungen fielen als Kriegsfreiwillige 1942, nur eine heute in der Schweiz lebende Adoptivtochter überlebte den Krieg. Im weitläufigen Landschaftspark mit Verwalter- und Gärtnerhaus stehen neben dem Grab Carl von Heyden-Lindens Erinnerungssteine für seine Söhne.

Das Herrenhaus

Großzügig präsentiert sich das im Stil des Historismus errichtete Herrenhaus. Auf unregelmäßigem Grundriss bildet es einen großen Komplex mit Türmchen, Erkern, Treppengiebeln und Fachwerk. Im Innern blieben eine schöne Treppe, Teile von Vertäfelungen, Reste von Wandmalereien und Stuck in zwei Sälen der Beletage erhalten. 1952 zog die Verwaltung des Volkseigenen Gutes ein, sieben Jahre nach der Wiedervereinigung wurde das Schloss privatisiert.

Ein Durchgang mit »Schlüssellöchern« führt zum Park. Auf dieser Seite befand sich eine große Terrasse mit Speisesaal und langer Freitreppe. Der **Wappenbaum**, die Linde, wuchs in der Mitte. 1959 wurde dieser Teil samt Baum abgerissen. An den Durchgang zum Park schließen sich weitere Gebäude oder besser gesagt Räume an. Hier befand sich u.a. die Waschküche. Auf der rechten Seite des großen Platzes liegen noch heute die Reitbahn und der 1905 errichtete Kutschenstall. Links blieben z.B. Scheunen, der Stall für Ackerpferde, Schafstall und Stellmacherei des Gutes erhalten. Am alten Kuhstall stehen die Jahreszahlen 1852 und 1920 mit »B v. HL« (Bogislav von Heyden-Linden). Auf der anderen Straßenseite befindet sich der 1886 in dieser Form hergestellte Eiskeller mit Strohdach. Es war wohl früher ein frühdeutscher Turmhügel.

Der 1886 in dieser Form errichtete Eiskeller von Stretense

Oben: Carl von Heyden-Linden ließ dem Herrenhaus von Stretense im 19. Jahrhundert die heutige Gestalt geben; rechts: Die Kapelle entstand 1909 aus Anlass einer Hochzeit

Die Kapelle

Die Kapelle wurde 1909 aus Anlass der Hochzeit von Irmgard von Heyden-Linden mit Leopold von Gerlach errichtet, die 1948 in Südwestafrika starben. Es ist ein verputzter Zentralbau mit Fachwerkturm, von der Romanik inspiriert. Das ist auch im Innern mit seiner blau und mit Sternen bemalten Apsis und der einheitlichen Ausstattung inklusive Kanzel mit den Engelköpfen zu spüren.

An den Wänden sind der **Einzug Christi** in Jerusalem und die Geburt dargestellt. Nach dem Zeugnis der Adoptivtochter Sigrid haben sich Margot und Bogislav von Heyden-Linden hier selbst als stehende, anbetende Könige sowie der Vater als Jesus auf dem Esel darstellen lassen. Maler war Johannes Sass im Geburtsjahr von Sohn Konrad 1922. Ferner gehören u.a. zwei Wappentafeln der Stifterfamilie zur Ausstattung.

Wusseken

Um nach Wusseken zu gelangen, fahren wir auf der B 197 weiter Richtung Friedland. Eine Stichstraße führt in einen Ort, dem die Zeit wenig anhaben konnte. Sieht man von der Straße Richtung Pfarrhaus ab, dann gruppiert sich das gesamte, gepflegte Dorf um den weitläufigen Anger.

Eine Feldsteinmauer umgibt den Friedhof und die im 13. Jahrhundert errichtete, außergewöhnlich breite Feldsteinkirche mit dem Giebelreiter aus Fachwerk. Sie besaß ursprünglich einen 75 Meter hohen Turm, eine **Wegmarke für die Haff-Schifffahrt**. 1742 ließ Curd Christoph von Schwerin das Gotteshaus wieder aufbauen, nachdem der Turm 1659 eingestürzt war und Teile des Kirchenschiffes verschüttet hatte.

An der Außenseite fallen zwei Köpfe auf, wohl Abweiser des Bösen wie in Rathebur. Die Sage will wissen, dass hier zwei Schweri-

ne dargestellt sind, die sich in einem Duell gegenseitig töteten. Ihnen gehörte die Burg Wusseken (Uhlenschrei) bzw. der Borgward nördlich Schwerinsburg. Nach einer anderen Geschichte soll der **Herr von Uhlenschrei** dem von Borgward die eigene Tochter zum Essen vorgesetzt haben. Wieder andere wollen wissen, dass es sich um zwei wendische (slawische) Edle handelt.
Im Jahre 1968 brannte die Kirche nach einem Blitzschlag ab. Die Anklamer Freiwillige Feuerwehr kam erst nach zwei Stunden. Die barocke Ausstattung wurde ein Raub der Flammen. Seitdem ist das Schiff flach gedeckt. Im beschädigten Gewölbe des Chores fand man bei der Sanierung ein Kinderskelett. War es ein Unfall, ein Verbrechen oder ein Bauopfer?
Unter dem Chor liegt die **dreischiffige Gruft** von 1742, die unter Einbeziehung der alten Kapelle errichtet wurde. Hier standen 21 Särge. Eine Leiche war unverwest und wurde mehrmals von Pathologen wegen der zu Leder gewordenen Haut untersucht. Der Sarg des hier beigesetzten Generalfeldmarschalls Curd Christoph von Schwerin wurde 1907, aus Anlass seines 150. Todestages, erstmals vor Kadetten der Anklamer Kriegsschule geöffnet, die einige Knöpfe der Uniform mitgehen ließen. Nach 1945 sollen sowjetische Soldaten diesen Sarg und den einer seiner Frauen geplündert haben. Nach dem Zeugnis älterer Bürger wirkte die Gruft allerdings in den 1950er Jahren noch unversehrt. Sogar an **ausgestopfte Haustiere** des Feldmarschalls neben dessen Sarg können sie sich erinnern. Erst in den 1960er Jahren ließen Bischof, Superintendent und Ortspfarrer den Sarg der zweiten Frau öffnen. Sie wirkte, als ob sie gerade erst verstorben war. Gesicht, Rüschenhaube, Kleid, alles schien gut erhalten, zerfiel aber dann in wenigen Sekunden zu Staub. Schon nach dem Brand von 1968 kam es zur Zerstörung von Särgen und Skeletten. Immer wieder wurde in die Kirchenruine eingebrochen, Totenköpfe und Knochen verstreut. Bauleute sollen mit Sargbeschlägen, Waffen und anderen Ausstattungsstücken gehandelt haben. Daher entschloss sich der Pfarrer mit Genehmigung des Generalkonservators der DDR zur Beisetzung der Schwerine. Einen Grabstein bekamen sie nicht. Dem Antrag auf Umsetzung des Denkmals Curd Christoph von Schwerins von Greifswald nach Wusseken stimmte der Generalkonservator übrigens nicht zu, weil er darin eine Verherrlichung des Adels sah. Erst nach der Wende stifteten Nachfahren eine Erinnerungstafel. Der Findling, an dem sie befestigt ist, stammt erst von 1993 und wurde in der Kieskuhle nahe dem Dorf gefunden.
Seit 1934 wird hier Kies abgebaut, der dadurch entstandene See ist derzeit ein beliebtes Naherholungsgebiet.

Die Feldsteinkirche von Wusseken

Sarnow

Nächster Ort an der Bundesstraße 197 ist Sarnow. Einige historische Wirtschaftsgebäude, mehrere recht gut erhaltene Bauernhöfe, ein Gutshof mit dem wohl 200 Jahre alten Verwalterhaus Richtung Schwerinsburg – das ist nur ein Teil des früheren Angerdorfes.

Ein schönes Bauernhaus mit Rohrdach steht am Friedhof, ein kleines Stück entfernt von einer für Deutschland **einmaligen Sehenswürdigkeit**: Kirche, Spital und Schule unter einem Dach. 1752–55 wurde der Bau durch den Feldmarschall Curd Christoph von Schwerin errichtet, d.h. eigentlich durch seine Schwester Juliane (Julchen). Sie verwaltete von Putzar aus seine Güter. Ein Bauwerk in »gottgefälliger Bescheidenheit«, das vom Typ an das Stralsunder Heiliggeistspital erinnert. Neben dem DDR-Schulbau mit Kindergarten steht das lang gestreckte zweigeschossige Gebäude. Der Kirchenteil mit Turm nimmt drei der insgesamt acht Achsen des verputzten Backsteinbaus ein.
Im Spital richtete Juliane von Schwerin 17 Kammern von etwa fünf bis sechs Quadratmeter Größe ein. Bett, Tisch und Stuhl, viel mehr hatte hier nicht Platz. Zwei dieser Kammern mit ihren kleinen Fenstern zeigen noch das ursprüngliche Bild.
1810 nahm die Schule in einer Stube des Spitals den Unterricht auf. Neunzig Jahre später schenkte Viktor Graf von Schwerin der politischen Gemeinde den Schulteil. Die heutige Gestaltung stammt aus dem Jahre 1928. Aufs Wohnen wurde nun verzichtet, Schulräume und später auch Lehrerwohnung erweitert, indem die Decke höher gelegt und größere Fenster im Erdgeschoss geschaffen wurden.
Damit auch Kinder umliegender Gemeinden in Sarnow zur Schule gehen konnten, baute man in den 1960er Jahren den erwähnten Pavillon. In der **Küsterwohnung** entstanden 1965 Schulküche und Speiseraum. Bis 2001 wurde hier selbst gekocht.
Die Kirche musste 1967 wegen Baufälligkeit gesperrt werden, sie verfiel trotz Denkmalschutz weitgehend. Kurz vor der Wende beriet der Gemeinderat über eine Sanierung. Mit dem Pfarrer war man sich einig, auch weltliche Bestattungen zuzulassen. Material wurde gesammelt. 1993 begann die bis heute nicht vollendete Sanierung. Dazu gehört auch die Wiederherstellung der plastischen Gliederung der Fassade am Kapellenteil. Die alte Tür der Kirche zeigt übrigens die Schwerinsche Raute.

Kirche, Spital und Schule sind in Sarnow unter einem Dach vereint

Peene-Südkanal

Die Fahrt geht weiter an der ehemaligen Kaiserlichen Post an der Anklamer Straße vorbei auf der B 197 Richtung mecklenburgische Grenze. Gleich hinter Sarnow queren wir den Peene-Südkanal, der zu den prägenden Landschaftsbestandteilen im Altkreis Anklam gehört. Den Wasserhaushalt beherrschen, die Erträge steigern, das war das Ziel. 26,8 Kilometer lang ist er, reicht von etwa 1,5 Kilometer vor Drewitz bis zum Landgraben bei Kavelpaß. Für den 1977 bis 1979 gebauten Kanal wurden 1,2 Millionen

Kubikmeter Boden bewegt, zehn Brücken gebaut. Mit dem Wasser konnten fast 21.000 Hektar beregnet werden.
Ein Stück weiter führt die Fahrt durch die Sarnow-Boldekower Heide, die auf dem Hellberg auf stattliche 54 Meter ansteigt.

Boldekow

Am Haus 76 in Boldekow erinnert eine Gedenktafel an den in Kagendorf geborenen **Bildhauer Ludwig Manzel** (1858–1936), der hier seine Kindheit und Jugend verbrachte. Der Professor, Mitglied der Akademie der Künste, war unter anderem für die Siegesallee in Berlin tätig. Das von ihm für den Anklamer Markt geschaffene Kaiser-Wilhelm-Denkmal gibt es allerdings nicht mehr.
Im Boldekower Pfarrhaus wurde übrigens der seinerzeit bekannte Professor der Medizin und Botanik, Kurt Sprengel (1766–1833), geboren.
Schlicht ist die Kirche, ein flach gedeckter, verputzter Feldsteinbau des 15. Jahrhunderts, dessen Chor wohl noch älter ist. Der umfassenden Erneuerung von 1728 verdanken wir den zweigeschossigen Fachwerkturm mit Haube über dem Westgiebel sowie den einfachen Kanzelaltar und das Predigergestühl. Von einem mittelalterlichen Taufstein blieb nur der Fuß.

Putzar

Von Boldekow führt eine Straße zu einem der historisch interessantesten Orte der Gegend. Bis zum See erstreckt sich der große Landschaftspark von Putzar. Für seine heutige Größe und die Umgestaltung nach 1840 ist Max von Schwerin mit verantwortlich. Zum Teil wurden auf seine Veranlassung hin Sümpfe trocken gelegt sowie Felder, Obst- und Gemüsegarten in einen Landschaftspark verwandelt. Gartenbaudirektor Ferdinand von Jühlke legte 1862 den Platz vor dem Schloss und die Vorfahrt neu an. 1870 wurden die Kastanien an der Einfahrt gepflanzt. Zwei Jahre später folgten der Bau der Mauer und eine Erneuerung nach Plänen des Kolberger Garteninspektors Bongo. Bis 1899 registriert die Chronik weitere Veränderungen wie den Bau der Stein- statt einer Zugbrücke.
Die Putzarer Herren gingen mit der Zeit. 1885 schafften sie die **erste Drillmaschine** des Kreises Anklam an. Als 1912 der Anschluss an das Schmalspurbahnnetz erfolgte, legten sich die Putzarer Schwerine ein eigenes Netz zu, das aus zehn Kilometer festen und vier Kilometer fließenden Gleisen bestand.
Statt eines gräflichen Schlosses stehen im Park derzeit nur Ruinen. Um 1550 begann Großhofmeister Ulrich von Schwerin (1500–1575) mit dem Bau eines **Renaissanceschlosses** (Ulrichshaus) mit Stabwerkportal und Vorhangbogenfenstern. Im 18. Jahrhundert verfiel der Bau, doch wurde die Ruine bis 1930 gepflegt. 1577 bis 1580 errichtete Joachim von Schwerin im rechten Winkel zu dem stehenden Dreigeschosser einen weiteren Bau, damit für beide Brüder Joachim und Ludolf (der wurde auf Reisen geschickt) Platz war. Im Gegensatz zum Altbau, für den vor allem Feldsteine verwendet wurden, standen den Bauleuten hier Backsteine zur Verfügung. Da die Ludolfsche Linie ausstarb, wurde nur noch der Joachimbau genutzt. 1753 erhielt er die dritte Etage, die Pächter Heinrich Christoph Schröder 1785 abbrechen ließ. Nach 1849 veranlasste Max von Schwerin unter anderem den Einbau eines Wirtschaftsbereiches.

Schwerine wohnten bis 1923 im Schloss, dann war nur noch ein Verwalter hier. 1945 zogen Vertriebene in das gräfliche Wohnhaus ein. Bei Kriegsende sollen die siegreichen sowjetischen Truppen Meißner Porzellan und Bücher zum Fenster hinausgeworfen haben. Putzarer sammelten heile Stücke heraus. Das Schloss diente dann als Lager,

wurde vernachlässigt und nach dem Dachstuhleinsturz 1971 Ruine. Seit 1991 müht man sich um eine Wiedergeburt. Der Park wurde schon vor der Wiedervereinigung von der LPG aufgeräumt.
Neben dem Park stehen die Kirche und ein Stück entfernt das erste Schulhaus von 1566. Ulrich von Schwerin ließ dieses Fachwerkhaus errichten.

Die Kirche

Auf keinen Fall sollte man einen Besuch der Kirche versäumen, die von 1993 bis 2000 umfassend erneuert wurde. Es ist weniger der Baukörper als die reiche Innenausstattung, die den Besuch lohnt. Ulrich von Schwerin, dessen Familie Putzar von 1408 bis 1945 besaß, ließ das Gotteshaus 1560 errichten.
Vor der Kirche findet der Besucher eine Reihe von Grabdenkmalen, die zur Gutsherrenfamilie gehören. Auf dem Friedhof wurden 1991 die Gebeine derer, die bis 1945 im Erbbegräbnis in der Kirche bestattet wurden, beigesetzt, nachdem Soldaten der sowjetischen Armee 1945 in der Gruft geplündert hatten.

In Putzar liegen mehrere **bekannte Schwerine**. Der »rote Graf« Maximilian Heinrich von Schwerin (1804–1872) war u.a. Staats- und Kultusminister 1848, Mitglied des preußischen Abgeordnetenhauses (1849) und 1859 bis 1862 Geheimer Staatsminister und Minister des Innern. Berühmt ist seine Erwiderung auf Bismarcks »Macht geht vor Recht« mit »Recht geht vor Macht«. Er war mit Hildegard, Tochter des bedeutenden Berliner Theologen Friedrich Schleiermacher, verheiratet.
Auch Maximilians Sohn Heinrich liegt hier begraben. Seine Frau war die Tochter von Staatsminister Heinrich von Mühlen, der durch das Studentenlied »Gerad aus dem Wirtshaus ...« unsterblich wurde.
Im Innern, gleich unter der Empore, gibt es **ungewöhnliche Kunstwerke** zu betrachten. Sie zeigen vier individuell ausgeformte Gesichter von Schwarzen. Es gibt unterschiedliche Erklärungen für diese Kunstwerke. Die wahrscheinlichste ist die, dass Detlof von Schwerin, der in holländischen Diensten stand, die vier Männer mit nach Putzar brachte. Sie sollen den Prunksarg des Generalleutnants vom Schloss in die Kirche getragen haben und bekamen 1721 als Emporenträger ihren Platz. Der Prunksarg befindet sich mit einigen Holzsärgen noch in der Gruft. Wahrscheinlich stand er früher auf den Trauerfiguren, kleinen Engeln, die jetzt im Chor zu sehen sind. Das barocke Patronatsgestühl sowie der Grabstein mit der Relieffigur des Jürgen Christoph von Schwerin aus dem Jahre 1706 sind weitere Erinnerungen an die gräfliche Familie. Die Altarschranken sind mit Ölgemälden geschmückt. Kunsthistoriker rühmen besonders die bemalte Holzdecke. Auf ihr ist das Te Deum, der große Lobgesang, dargestellt, die Spruchbänder werden von Engeln gehalten.
In der kleinen Winterkirche harrt noch ein besonderer Schatz einer besseren Aufstellung. Es sind Bretter aus dem 18. und der ersten Hälfte des 19. Jahrhunderts, auf denen so genannte **Totenkronen** abgelegt wurden. Diese wurden gestiftet, wenn ein Mädchen oder auch ein Junge unverheiratet verstarb. Das tote Mädchen sah man als Braut Christi an. Darauf bezieht sich auch die Inschrift für die 1837 im Alter von nur neun Jahren verstorbene Elisabeth Wöhr.

Der Blick aufs Detail lohnt auch in der Putzarer Kirche

Das Mausoleum

In dem Mausoleum unterhalb des Friedhofs Richtung Park lagen bis in die DDR-Zeit Charlotte Friederike Luise Gräfin Schwerin geb. von Berg (1783–1826) und Carl Wilhelm Ludwig Heinrich Graf von Schwerin Putzar-Schwerinsburg (1776–1839) in der blauen preußischen Uniform bzw. im Brautkleid. Er führte die preußische Landwehr in den Befreiungskriegen, war bis 1834 Anklamer Landrat. Dem **erfolgreichen Landwirt** gelang es, Spantekow wiederzubekommen. Er war untröstlich über den Tod seiner Frau und ließ daher das Mausoleum bauen, um ihr immer nahe zu sein. Graf Heinrich wollte eigentlich nicht zum Militär, aber weil seine Mutter das Geld fürs Internat nach dem Tod des Vaters nicht mehr aufbringen konnte, musste er diese Laufbahn einschlagen. Erst nach mehreren Anläufen konnte er wieder Zivilist werden. Vermutlich ließ er sich aus Sparsamkeitsgründen in der Uniform bestatten, weil sie sonst nicht weiter verwendbar war. Seine restliche Kleidung hat der Graf vererbt.

Zum Putzarer See

Vom Dorf ist es nicht weit zu einem Naturreservat. Der 360 Hektar große Putzarer See ist eines der größten Wasservogelbrutgebiete der Gegend. Hier sind auch Seeadler und Kraniche zu Hause. Das zugehörige Naturschutzgebiet wurde unter Einbeziehung von Wiesen östlich des Sees auf 516 Hektar erweitert. Am Nordufer des ansonsten unzugänglichen Sees gibt es eine Aussichtsplattform.

Kavelpaß

Von Putzar geht es zurück nach Boldekow und von dort zum Kavelpaß, der historischen Grenze zu Mecklenburg. Das Zollhäuschen steht nicht mehr. Nicht weit entfernt steht der Kavelberg, mit seinen 47 Metern immerhin die drittgrößte Erhebung des Altkreises Anklam. Am Wege nach Kavelpaß liegt auf einem frühdeutschen Turmhügel der **Grafenstuhl**, ein 1833 errichteter kleiner Ausguck mit Gedenktafel. Sie erinnert daran, dass der erwähnte Heinrich Graf von Schwerin-Putzar das Land für den Bau der Chaussee nach Friedland, der heutigen B 197, zur Verfügung stellte.

Nahe Kavelpaß liegt ein großer Findling, der so genannte Blücherstein. Mit 38 Kubikmetern ist er der größte der 25 Findlinge, die in Ostvorpommern unter Schutz stehen. Größter Findling Mecklenburg-Vorpommerns ist der Buskam auf Rügen mit 600 Kubikmetern, gefolgt vom Großen Stein im früheren Kreis Altentreptow.

Der **Blücherstein** hat seinen Namen von einer Auseinandersetzung des Jahres 1760. Am 29. August jenes Jahres kam es zu einem Scharmützel zwischen Preußen und Schweden. Seinerzeit wurde ein achtzehnjähriger schwedischer Junker nach erbittertem Widerstand von den Mannen des Alten Fritz gefangen. Es war kein anderer als Leberecht Blücher, dem es bei den Preußen so gut gefiel, dass er bei ihnen blieb. Später, so diese Überlieferung, kamen viele Veteranen zu Blücher. Sie behaupteten, den Feldherrn gefangen zu haben. Der General soll alle freundlich empfangen und mit einem Trinkgeld entlassen haben.

Zinzow

Von hier führt eine Pflasterstraße nach Zinzow. 1998 zog Jost Vielhaber von Westfalen hierher. Er hat das 1908/09 im Stil des Neobarocks von Maximilian von Schwerin errichtete Herrenhaus mit Mittelrisalit und Freitreppe vor dem Verfall gerettet, bietet Reit- und Fahrtourismus sowie Gästebetten an. Das Treppenhaus mit ionischen Säulen, die Rundbögen tragen, erinnert neben Resten der Gestaltung im Saal an Kaisers Zeiten.

Zinzow hatte zum von der **Schwedenkönigin Christine** dem Grafen Steenbock übergebenen Schwerinschen Besitz gehört. Erst Graf Heinrich, seinerzeit Anklamer Landrat, erwarb Zinzow zurück.

Das zweigeschossige Gutshaus wird durch einen dreiachsigen Mittelrisalit mit großen, rundbogigen Fenstern geprägt. Das von Einhorn und Löwe gehaltene Schwerinsche Wappen erinnert an die Bauherren.

Vielhaber hat sich auch des Stalles und der stattlichen Gutsbrennerei angenommen, die Mitte des 19. Jahrhunderts errichtet wurde.

Sehenswert ist der gepflegte Landschaftspark. Er ist etwa zehn Hektar groß. Maximilian von Schwerin ließ ihn von einem schwedischen Gartenbaumeister anlegen. Colorado-Tanne und Hickory-Nuss gehören zu den wenigen exotischen Arten des sonst stärker von einheimischen Arten geprägten Parkes. Drei große Sichtachsen lassen ihn größer erscheinen, ihn natürlich in die Landschaft übergehen.

Ein Stück entfernt vom Schloss liegt die **Grabanlage der Schwerine** vor einem Kreuz auf Mauerblock. Außer dem Schlosserbauer Maximilian Graf von Schwerin (1872–1934), laut Grabstein Rittmeister, Träger des Eisernen Kreuzes I. Klasse und Rechtsritter des Johanniterordens, erinnern Marmortafeln an später verstorbene Mitglieder der Grafenfamilie.

Der Raum Zinzow muss zur Bronzezeit recht große Anziehungskraft besessen haben. In der Nähe des Ortes blieben etwa 15 Hügelgräber jener Epoche erhalten.

Keine 100 Jahre alt ist das Zinzower Schloss

Mächtige Burgen und unversehrte Dörfer

Lüskow

Von der Kreisstadt führt unser Weg Richtung Spantekow über Butzow zunächst nach Lüskow.

Die Gräber der Familie Mass

Eine Feldsteinmauer umgibt den Friedhof mit dem im Kern im Mittelalter errichteten, verputzten Gotteshaus in der Mitte. Der Weg dorthin führt an dem mit dem Eisernen Kreuz geschmückten Kriegerdenkmal für die Toten des Ersten Weltkrieges vorbei. Der Feldstein wurde laut Inschrift zum Totenfest, also dem Ewigkeitssonntag, 1920 eingeweiht. Daneben befindet sich die Grabstätte für den Sanitätsrat und Kreisphysikus Dr. Heinrich Mass und seine Frau Henriette (gestorben 1868 bzw. 1890), einer geborenen Kolbe aus der **Blesewitzer Gutsbesitzerfamilie**. Sie ließ 1878 als Patronin in Stettin eine erhaltene alte Glocke umgießen. Die Massens (Maßens) waren ab 1842 die Lüskower Besitzer. An sie erinnern im hinteren Bereich noch die Gräber für den Amtsgerichtsrat Richard Mass (1837 bis 1917), den einzigen Sohn von Henriette und Richard Mass, und seine beiden Frauen. Es waren Schwestern. Marie Mass starb 1888, Elise 1929. Ein Steinkreuz wurde für den Butzower Rittergutsbesitzer Karl von Schütz (1857 bis 1930) gesetzt, der Else Maß geheiratet hatte. Sie starb 79-jährig am 5. Januar 1945 in Anklam.

Die Kirche

Der Weg ins Innere der Kirche führt durch den mittelalterlichen Turm mit Fachwerkaufsatz von 1789. Die ehemals sehr kleine Kirche

Die Kirche von Lüskow liegt inmitten des Friedhofs

wurde 1934 um einen Anbau in Richtung Osten erweitert. In jenem Jahr entstanden aus dem relativ kleinen Gut durch Aufsiedlung 40 Wirtschaften, die Einwohnerzahl verdreifachte sich. Aus dieser Zeit dürfte die **Schablonenmalerei an der Empore** – es ist das gleiche Bildprogramm wie in Blesewitz – stammen.

Liturgiehistorisch interessant ist die alte Liedertafel mit dem Auge Gottes. Sie sah nur drei Lieder vor: vor der Predigt, nach der Predigt sowie zur Konfirmation.

Im Chor wurden die Wände mit Malereien verziert, die frühestens 1934 entstanden sein können. Sie zeigen Kreuze und Inschriften wie »Ich bin das Licht der Welt«, die sich auf Christus beziehen.

Das Alter des Kruzifixes ist umstritten, die Datierung reicht von 1500 bis ins 18. Jahrhundert. Der Korpus, den möglicherweise früher eine Perücke zierte, drückt großes Leid aus, eine außerordentlich intensive Darstellung. Das Kunstwerk am T-Kreuz mit der modern wirkenden Fassung könnte auch aus dem 20. Jahrhundert stammen. Die Kanzel mit den gemalten Darstellungen der vier Evangelisten wird in das 18. Jahrhundert datiert.

Ungewöhnliche Ausstattungsstücke sind die auf Kupfer getrimmten, **eisernen Gedenktafeln** für Hans und Gerhard Recke, beide mit Eichenlaub und Eisernem Kreuz geschmückt. Leutnant Hans Recke starb 37-jährig 1914 in Langyoon den »sel'gen Tod auf grüner Heid dem Vaterland zugute«. Gerhard Recke wurde nur 27 Jahre alt, war Oberleutnant der Kolonial-Schutztruppen für Deutsch-Ostafrika. Er fiel 1915 am Victoriasee. Ein Freund bzw. die Eltern stifteten die Tafeln der in Westpreußen geborenen

Männer. Vermutlich nahmen die in Lüskow siedelnden Eltern die Erinnerungsstücke in die neue Heimat mit.
Neben der Kirche steht das Inspektorhaus, ein Gebäude im Heimatstil. Laut Inschrift 1906 von R(ichard) M(aß) erbaut.

Das Herrenhaus

Der Weg auf der anderen Straßenseite führt an Wirtschaftsgebäuden aus der Zeit des Kaiserreiches vorbei zu einem der interessantesten Herrenhäuser Ostvorpommerns. Das so genannte Parkhaus ist ein Fachwerkbau aus dem Jahre 1749. Um 1800 wurden die Fledermausgauben im Dach eingebaut. Im Innern blieben die alte Treppe sowie Türen aus der Erbauungszeit erhalten. Bauherren waren die von Lüskow, die bis 1773, als die Schwerine auf Auerose das Gut erwarben, Eigentümer des Gutes waren. Hinter dem Herrenhaus liegt der etwa drei Hektar große Park. Die **Lindenallee** z.B. soll noch aus dem 18. Jahrhundert stammen. Heinrich Mass ließ Mitte des 19. Jahrhunderts umfangreiche Veränderungen im Stil englischer Landschaftsparks vornehmen. Nach der Aufsiedelung des Gutes 1934 infolge eines Bankrotts zog der Gastwirt Alwin Neumann im Parkhaus ein, der nebenher ein Kolonialwarengeschäft betrieb. Er ließ für die neuen Zwecke einiges im Innern ändern. In dieser Zeit kamen per Kleinbahn besonders Anklamer als Naherholer hierher. 1945 enteignete die sowjetische Besatzungsmacht Alwin Neumann. Er kam im Internierungslager Fünfeichen um. 1978 wurde die Gaststätte endgültig geschlossen, die Verkaufsstelle war schon früher verlegt worden. Fünfzehn Jahre stand das Parkhaus leer. Seit 1994 liefen umfangreiche Sicherungs- und Instandsetzungsarbeiten durch den Verein Denkmalpflegezentrum am und im Parkhaus, das sich noch im Gemeindebesitz befand. 1996 erfolgte die Rückübertragung an die Neumannschen Erben, die 2003 das Gebäude und den Park an den Verein verkauften. Seitdem wird wieder saniert und behutsam instand gesetzt. Das Parkhaus soll Gästehaus des Vorpommerschen Künstlerhauses werden.

Alt Teterin

Einsam in der Weite Pommerns liegt Alt Teterin, die nächste Station dieser Reise. Im Großen und Ganzen wirkt der Ort noch so, wie ihn die schwedischen Landvermesser Ende des 17. Jahrhunderts angetroffen haben. Historische Gehöfte bestimmen das Bild, z.T. mit Stall und Scheune. Von Lüskow kommend liegt an der Kreuzung Richtung Stretense links das gepflegte Gelände der früheren **Schmiede**, die schon 1554 erstmals erwähnt wird. Ein Stück weiter steht rechts das Pfarrwitwenhaus. Ein Hingucker ist das frühere Pfarrhaus, ein wohl 1751 unter Leitung des Spantekower Landbaumeisters Knüppel vollendeter Fachwerkbau. Der heutige Sitz des Pastors ist die 1913 erbaute historische Schule. Davor liegt der Friedhof. Noch heute werden die Müggenburger auf der einen und die Teteriner auf der anderen Seite bestattet. Einige Grabsteine erzählen Geschichten des Jahres 1945. Mütter und Töchter konnten Gewalt und Vergewaltigung nicht ertragen. Kleine Jungen mussten sie lange vor der Zeit zu Grabe tragen.
Auf dem Friedhof steht das etwa 1850 erbaute Mausoleum der Müggenburger Gutsbesitzerfamilie Gless. Der Erste dieses Namens, Carl Joachim, starb 1854, sein Sohn Carl 1891. Noch bis in die 1950er Jahre standen im Innern sieben Särge. Carl Gless war schwer rheumakrank und soll immer dann, wenn es ihm besser ging, gestiftet haben.

Die Kirche

Der neugotische, 1863 vollendete und von Carl Gless spendierte Turm steht vor einem Putzbau. Der Außenputz im Osten stammt noch aus dem Jahre 1778. Auf den ersten Blick ist die Kirche eine schlichte barocke

Nur der Bergfried stammt aus dem Mittelalter, ansonsten wurden die Baulichkeiten der Müggenburg erst Ende des 19. Jahrhunderts errichtet

Halle, die aber einen mittelalterlichen Backsteinbau in sich birgt.

Im Turm steht das **Wappenepitaph** des Philipp Bogislaw von Eickstedt (1719). Ein Kunstwerk von hoher Qualität, in dem allerdings die Holzwürmer schon vor langer Zeit ihren Wohnsitz genommen haben. Im Kirchenschiff hängen Tafeln für Gefallene der Befreiungskriege und des Ersten Weltkrieges. Zwei kleine blumengeschmückte Kränze erinnern an die Toten des letzten Völkermordens.

Teile des Gestühls und die durch den Einbau der Sauer-Orgel 1858 verkürzte Westempore stammen wohl aus dem 17. Jahrhundert. Interessant sind die eingeschnitzten Namen an der Empore und an zwei Gestühlwangen am Mittelgang. Wahrscheinlich ein sehr frühes Beispiel für Stammplätze. Die wurden nach der Reformation - nun wurde verstärkt auf regelmäßigen Besuch geachtet - wichtiger, erleichterten sie doch die Anwesenheitskontrolle. Auf der Empore saßen »der Presterknecht Balser Heim«, Claus Niefind, Martin Niefind und Johann Schnicker. Die Niefinds waren die örtlichen Schmiede. Das **Gestühl** insgesamt wurde in der Barockzeit unter Verwendung älterer Teile neu getischlert. Auf den zweiten Blick fällt auf, dass die Sitzbänke und Rückenlehnen auf der Südseite höher sind. Hier saßen die Männer (!). Weil Frauen deutlich in der Überzahl waren, stehen auf der Nordseite zwei Bankreihen mehr, und die Bänke sind länger.

Aus der Zeit um 1700 verfügt die Kirche noch über ein zweites seltenes Ausstattungsstück, eine zweisitzige Hochzeitsbank. Von 1778 bis 1949 war die heutige Kanzel Bestandteil eines Kanzelaltars. Hier im Chor steht das älteste Stück, der schlichte - das war Mitte des 13. Jahrhunderts modern - Taufstein von der Insel Gotland. An der Nordseite befindet sich heute die um 1720/30 entstandene Altarretabel. Der schlichte Mittelteil mit Alpha und Omega stammt erst von 1949. An derselben Seite zeigt eine Grabplatte das Lepelsche Wappenschild mit den steigenden Balken, darüber ein Schnabelhelm der Zeit um 1400 inklusive Strauß aus neun Löffeln. Er ist Wedege Lepel und Frau Jutta sowie einem weiteren Paar gewidmet. Der zweite Grabstein erinnert an Alexander von Eickstedt (1586). Ein spätgotisches Kruzifix vervollständigt die Ausstattung.

Müggenburg

Von Alt Teterin ist es nicht weit zu einem prachtvollen Backsteingebäude, nach Müggenburg. Die Erhaltung eines der sehenswertesten Schlösser der ganzen Gegend ist untrennbar mit dem Namen Erhard Bohses verknüpft, der die seit Anfang der 1980er Jahre leer stehende Burg übernahm. Schon 1988 erhielten Bohse und die VdgB-Ortsgruppe für ihren Einsatz eine Ehrenmedaille zum Tag der Denkmalpflege. Im selben Jahr wurde hier der Defa-Film »Einer trage des anderen Last« gedreht.
Neben dem Gutshaus blieben noch einige andere aus Feld- bzw. einer Mischung aus Back- und Hausteinen errichtete Gebäude erhalten. Beeindruckend ist der 25 Meter hohe Bergfried, der an die historische **Wasserburg** erinnert. Sie wird 1355 als castrum des Geschlechts von Nienkerken (Neuenkirchen) erwähnt. Wahrscheinlich 1434 wurde die alte Burg von Anklamer Bürgern zerstört. Nur der Fangelturm überdauerte die Zeiten. Erst 1889 bis 1891 entstand dann das neogotische Schloss aus rotem Backstein nach Plänen des Architekten Thor, in das der mittelalterliche Bergfried einbezogen wurde. Bauherrin war Hedwig Gless, die 1885 den Rittergutspächter Carl Holtz aus Boldekow geheiratet hatte. Im Innern des Schlosses blieb z.B. die gotisierende Eingangshalle mit Kreuzrippengewölbe und Deckenmalereien erhalten. Letzter Besitzer des 701 Hektar großen Gutes war von 1916 bis 1945 Karl Friedrich Holtz. Er ließ übrigens keine Stromleitungen installieren, man nutzte weiter Petroleumlampen und Kohleherde.

Drewelow

Weiter geht es von Müggenburg nach Drewelow. In der Abgeschiedenheit des Ortes blieben viele komplette Dreiseithöfe mit Wohnhaus, Stall und Scheune erhalten, so dass das **Angerdorf** viel von seinem ursprünglichen Charakter bewahrt hat. Ein bevorzugter Baustoff waren behauene Feldsteine, sogar das Spritzenhaus wurde daraus gebaut. Neostilbauten zeugen vom Wohlstand einiger Bauern der Kaiserzeit, zu Nr. 29 gehört eine elektrische Mühle. Die schöne Kulisse gab zu DDR-Zeiten den Rahmen für den DEFA-Film »Rotfuchs« mit Angelika Waller ab.
Am Anger steht inmitten einer Feldsteinmauer die im Kern im 15. Jahrhundert erbaute kleine **Kirche**. Ursprünglich aus Fachwerk, wurde sie mit Feldsteinen stabilisiert. Am Südportal wurde eine Fünte eingemauert. 1952 entstand der westliche Anbau. Unter der Balkendecke sind vor allem die Empore und natürlich der Kanzelaltar, beide aus dem 18. Jahrhundert, bemerkenswert. Schnitzereien, so das plastische Vorhangprospekt, zieren den Predigtstuhl. Er wird von einem Engel gekrönt. Wenn der Pastor zur Predigt hinaufsteigt, steht er zwischen zwei Damen, exakter gesagt weiblichen allegorischen Figuren, und zwar Glaube und Hoffnung. Möglicherweise war Pfarrer Paul Adelung (gest. 1759) der Auftraggeber. Auf ihn gehen der Dachreiter und die Glocke von 1729 zurück. Bezahlt wurde übrigens nur das Läutezubehör, weil der Gießer aus Friedland den Fertigstellungstermin nicht einhielt.

Spantekow

Auf dem Weg nach Spantekow »streifen« wir den Spantekower Forst.

Das Gut Spantekow

Zunächst geht es Richtung Anklam. Dort liegt die beeindruckende Festungsanlage des Dorfes, die schon um 1900 als am **besten erhaltene Burg Norddeutschlands** gerühmt wurde. Ulrich von Schwerin ließ die seinerzeit modernste Geschützfestung Pommerns durch den Wallbaumeister Jost Spangenberg nach italienischen Vorbildern 1558 bis 1567 inmitten einer ausgedehnten Moorniederung errichten. Zuvor stand hier eine mittelalterliche Burg, die 1338 erwähnt wird. Schon seit 1178 lebten die Schwerine in Spantekow.

Bedeutende Reste der mittelalterlichen Anlage sind noch auf dem Gelände innerhalb der Grabenanlage zu finden. Im Nordosten blieben Teile des Mauerrings der mittelalterlichen Burg erhalten, der einen Durchmesser von 40 Metern hatte. Insgesamt umfasst das Areal rund fünf Hektar. An der Südwestseite erhielten die Bastionen Ecktürme und wurden mit bombenfesten **Kasematten** unterkellert. Hier befindet sich der heutige Landeingang zur Burg mit der originalen Tür aus Eichenholz; von der einstigen Zugbrücke ist noch ein eisernes Lager erhalten. Über dem Tor ist ein Relief der Bauherren der Renaissanceburg, Ulrich von Schwerin mit seiner Frau Anna von Arnim, zu sehen. Es ist eine Kopie, das Original befindet sich im Schloss. Ulrich von Schwerin, übrigens auch Bauherr in Putzar, war herzoglicher Rat und Hofmarschall. Er hatte bedeutenden Anteil an der Einführung der Reformation durch Philipp I. Nach dessen Tod war Ulrich von Schwerin Vorsitzender des Kollegiums, das für die unmündigen Söhne des Herzogs regierte.

Bei Belagerungen wohnten in den Kasematten die Soldaten. Von hier aus konnten sie durch Schießscharten auf den Gegner feuern. Die enorme Festigkeit des Mauerwerkes wurde

Auf dem Hof der Burg von Spantekow

durch Beimischung von Eiweiß zum Kalkmörtel erreicht. Als der Große Kurfürst 1677 im Krieg gegen die Schweden die Burg eroberte, ließ er die Kasematten bis auf die Gewölbe schleifen, sie gehören dennoch bis heute zum Beeindruckendsten der Anlage.

Bei der Spantekower Eroberung 1677 war ein Graf von Steenbock, der als Liebling der Königin Christine galt, Herr auf Spantekow. Die Burg ging 1637 bei der Heirat mit Catharina von Schwerin in den Besitz derer von Steenbock über, weil Jürgen und Curd Detloff von Schwerin nicht bereit waren, die geforderten 141.000 Taler Ehesteuer zu bezahlen. Obwohl Catharina schon 1655 starb und der Graf 1659 bei Kopenhagen fiel, blieb Spantekow Steenbocksches Eigentum. 1715 zog der preußische König Friedrich Wilhelm I. die Burg ein. Nach mehrjährigen Verhand-

Der Sprachmeister Adelung

Am 8. August 1732 wurde dem Spantekower Pfarrer Johann Paul Adelung sein erster Sohn Johann Christoph geboren. 1744 zog die Familie mit ihren sechs Kindern nach Boldekow. Johann Christoph Adelung besuchte die Lateinschule Anklam und dann das Gymnasium in Klosterbergen bei Magdeburg.

Nach dem Studium der Theologie und Philosophie in Halle wurde er mit 27 Professor am evangelischen Gymnasium Erfurt. Schon drei Jahre später musste der aufrechte Kämpfer für die evangelische Sache wegen religiöser Streitereien die Stadt verlassen. In Leipzig schlug er sich als Korrektor und Übersetzer durch, erwarb jedoch durch seine wissenschaftliche Arbeit solches Ansehen, dass er 1787 zum kurfürstlich-sächsischen Hofrat und Oberbibliothekar berufen wurde. Dort wirkte Adelung noch 29 Jahre.

Er soll ein Workaholic gewesen sein, der am liebsten am Schreibtisch saß. Ein paar Vögel, die er selbst fütterte, waren sein Naturersatz. Trotzdem galt Adelung als guter Gesellschafter, den König Friedrich August jede Woche zum Plaudern kommen ließ.

Bei der Enthüllung der Gedenktafel am Spantekower Pfarrhaus am 24. August 1910 meinte Oberlehrer Dr. Bäumer, dass seine Bücher übereinander gelegt die Höhe dieses Gebäudes erreichen würden. Adelung übersetzte aus dem Französischen und Englischen, schrieb über Handschriftenkunde, Erdkunde, Mineralogie und Chemie. Er gab die erste deutsche Kinderzeitung heraus, verfasste ein militärisches Taschenbuch und eine siebenbändige Geschichte der menschlichen Narrheit.

Berühmt wurde Adelung aber durch seine sprachwissenschaftlichen Werke. Vor allem sein vierbändiges »Grammatisch-kritisches Wörterbuch der hochdeutschen Mundart« und seine deutsche Grammatik (Umständliches Lehrgebäude der deutschen Sprache) erregten großes Aufsehen. Adelung ist ein Mitschöpfer der neuen deutschen Schriftsprache. Dass er Mundarten wie das Plattdeutsche verwarf und die obersächsische Sprache, wie im Raum Leipzig/Dresden gesprochen, zur einzig wahren erhob, rief später Kritiker auf den Plan.

lungen mit der schwedischen Krone wurde Spantekow gegen Zahlung von 67.000 Talern Abfindung **Landesdomäne**. Die Schwerine stritten immer wieder vergeblich vor Gericht um die Wiedererlangung. Selbst der Generalfeldmarschall Curd Christoph von Schwerin hatte 1738 mit seiner Klage keinen Erfolg, erst 1833 ging der Besitz wieder an die Familie. Zu DDR-Zeiten wurden hier Szenen für die Verfilmung des Romans »Marie Gubbe« von Helmut Sakowski gedreht, der im 17. Jahrhundert spielt. Spantekow bot eine so originale Kulisse, dass keine Veränderungen notwendig waren. Passiert man das Tor, ist das Innere nicht sofort sichtbar. Der »Tunnel« ist krumm, damit man nicht direkt hindurchschießen konnte. Auf dem Hof wurden zu Weihnachten und Ostern die Kinder der Mitarbeiter empfangen. Links liegen die Wirtschaftsgebäude, auf der rechten Seite das Haupthaus.
In dem Flachbau befanden sich Pulverkammer, Back- und Brauhaus sowie der Marstall. Wie das Renaissanceschloss ist auch er vollständig unterkellert. Da rund 950 Hektar des Besitzes bewaldet waren, gehörten zum Gut auch ein Sägewerk und eine Brennerei. Der letzte Besitzer vor der Bodenreform, Hans Bone von Schwerin (1868 bis 1945), veranlasste einen Umbau. Er ließ in dem lang gestreckten Gebäude Pferdestall, Remise, Sattelkammer, Garage und Waschküche einrichten und eine Kapelle anbauen. Die historische Schlosskirche befand sich bis zum Brand von 1748 vor dem Haus. Bei Arbeiten nach der Wende kam es zu einem Einbruch in das erhaltene Gewölbe.
Rechts neben dem Schloss befand sich das ca. fünf Meter tiefe **Verlies mit dem Angstloch**. Das ursprüngliche Wohnhaus der Schwerine reichte nur bis zu den Faschen. Erst 1903 wurde der »Aufsatz« inklusive der barockisierenden Haube errichtet. 17 Jahre später wurde ein Anbau ausgeführt, der Graben entschlammt und von Karl Melle eine Holzbrücke zur Straße hin gebaut.
Hans Bone von Schwerin war kein Freund der Nationalsozialisten. Er kam sogar ins Gefängnis. Seine letzten Tage verbrachte er nach dem Einmarsch der Sowjetarmee 1945 im Pfarrhaus. Nach dem Zweiten Weltkrieg diente das Haus bis 1990 als Pflegeheim, im Mai 2002 zog der letzte Bewohner aus. Nach der Wende war die Burg zunächst aus der Oberhoheit der Gemeinde in die des Bundesvermögensamtes gelangt, ehe wieder die Gemeinde Besitzer wurde. Seit einigen Jahren ist **Kaspar von Harnier**, Nachfahre des Hans Bone von Schwerin, Eigentümer. 2003 zog er nach Spantekow, die Besichtigung ist aber immer noch möglich.
Im Innern des Schlosses ist der Festsaal mit seinem schönen Gewölbe und dem Kamin aus dem Jahre 1576 besonders sehenswert. 1945 wurde er zum Getreidelager umfunktioniert, später wurde hier Tabak angenommen und schließlich wurde der Saal als Turnhalle genutzt. Die alten hölzernen Wappenscheiben sind seit dem Schneewinter 1978/79 verschollen.
Über die Holzbrücke gelangten die letzten Schwerine Richtung **Kaiserkoppel**. Im Wald gab es Badeteich, Tennisplätze, Teehäuser und einen Backofen. Wegweiser führen zur Schwerinschen Grabanlage mit dem großen Findling, der 1928 aus Anlass des 750. Familienjubiläums hier aufgestellt wurde. Hans Bone von Schwerin ließ die Anlage für seine promovierte Lieblingstochter Conny, die eigentlich seine Nachfolgerin werden sollte, errichten. Sie starb 1933. Außer ihr wurde unter anderem der 1941 gefallene Mann der Mutter des heutigen Besitzers hier beerdigt. 1945 fand dann Hans Bone selbst in der Anlage seine letzte Ruhestätte. 1997 wurde nach einigem Hin und Her auch die Tochter Hans Bones von Schwerin, Margarete von Harnier, Freifrau von Regendorf, hier bestattet. Statt Blumen hatte sie testamentarisch um Spenden für den Kirchturm gebeten, so kamen 16.500 Mark zusammen.

Das Dorf

Das Spantekower Pfarrhaus soll Anfang des 18. Jahrhunderts gebaut worden sein. Allerdings hat der weit jüngere Putz das Aussehen entscheidend verändert. Auffällig ist die schöne Haustür. Zum Ensemble gehören noch Pfarrscheune und -stall, beide erst im 20. Jahrhundert errichtet.
Sicher ist, dass die Witwe des sehr belesenen Pfarrers Lemmin Geld für die Renovierung des Pfarrwitwenhauses gab. Auch das Pfarrhaus musste später renoviert werden, sonst wäre kein neuer Pastor gekommen. Es war Paul Adelung (1703–1759), der Vater des Sprachforschers Johann Christoph Adelung (1732–1806). An ihn erinnert eine Gedenktafel. In unmittelbarer Nähe des Pfarrgehöftes steht die alte Schule.
Die **Dorfkirche** ist ein rechteckiger Backsteinbau des 15. Jahrhunderts mit Fachwerkturm von 1754. Die Wetterfahne mit dem Morgenstern zeigt diese Zahl. Chor und Seitenkapellen entstanden erst 1857. Im Turm wird der barocke **Taufengel** verwahrt. Die Kanzel vom Anfang des 17. Jahrhunderts schmückt reiches Beschlagwerk. Gekrönt wird sie von einem Pelikan, der sich mit eigenem Blut ernährt, Symbol der Auferstehung. Die Herrschaftsloge ist rund 200 Jahre alt, wird vom Schwerinschen Wappen geziert. Der Altar mit reichen Akanthusschnitzereien und einer figürlichen Kreuzigungsgruppe soll aus der zweiten Hälfte des 18. Jahrhunderts stammen. Weit jünger sind die Grüneberg-Orgel, der hölzerne »Taufstein«, wohl von 1857, sowie die Apsis und die Empore, beide Zutaten von 1913. Neben figürlichen **Kabinettscheiben** von 1635 sind noch einige Grabsteine wie jener für Mühlenmeister Pieper und Frau (gestorben 1721 und 1737) erwähnenswert.
Auf dem Friedhof blieben Kalksteinstelen der Zeit um 1800 erhalten. Sie sind z.B. mit Kreuz, Palmwedel oder Schmetterling dekoriert. Eben dieses Auferstehungssymbol schmückt gemeinsam mit Preußenadler und römischer Helmzier auch den steinernen Sarg für den 1790 geborenen preußischen Leutnant Carl von Tümpling, der 1811 fiel. Angeblich wurde er mit seinem Pferd bestattet. Der »Blitzstein« erzählt eine eigene Geschichte.
Gewissermaßen verstreut über den Ort gibt es eine Reihe weiterer interessanter Bauten in Spantekow. So die 1998 zu Wohnzwecken umgebaute Mühle von 1900, einen Fachwerkspeicher aus der Zeit um 1700, die alte Brennerei, aber auch gepflegte Häuser, z.T. mit Bauerngärten.

Das Schicksal der Familie Froelck

Ein Stein auf dem Spantekower Friedhof wird von einem eisernen Band zusammengehalten. »Allhier ruht Christian Froelck mit seiner Frau und drei Kindern in einem Sarg. Der Blitz entzündete den 1. August 1802 ihre Wohnung. Sie wurde ein Raub der Flammen«, hieß es in der nicht mehr lesbaren Inschrift des von der Gemeinde Rebelow gestifteten Steines. Der Legende nach hatte ein Sohn Froelck nach der Roggenmahd seinen Vater mit den Worten »Vadder, Mudder hät sik wedder mit Nawersch utrackt« begrüßt. Der Vater kommentierte: »Wi! Wul ik doch dat'n Dunnerwedder inschlög!« Daraufhin schlug der Blitz in die Sense ein. Am Tage der Fertigstellung des Steins und noch einmal 1928 schlug der Blitz in dem beim ersten Anlass gespaltenen Stein ein. So sagt es die Überlieferung.

Rebelow

Nach Rebelow führt eine Stichstraße Richtung Landgrabental. Rebelow ist ein in DDR-Zeiten wenig verändertes Angerdorf. Neben der Kirche befindet sich die frühere Schule, ein Backsteinbau. Die 1897 errichtete Kirche mit der Holztonne im Innern ist sehr einheitlich bis hin zur Glasmalerei ausgestattet. Sechs Engel, die aus Blumen aufsteigen, weitere Blumen und Wein zieren Kanzel, Altar und auch den Triumphbogen. Am Gestühl findet man

Rosetten. Es ist Neugotik mit einem Schuss Jugendstil. Von Rebelow lohnt sich ein Abstecher zum Landgraben. Hier gibt's in schöner Hügellandschaft Einsamkeit pur, leben Kraniche, Fasane, Rebhühner. Über den **Hausberg** - bevorzugte österliche Eiertrudelstelle der Einheimischen - geht es zurück.

Am Rebelower Hausberg befindet sich eine alte Grenzbefestigung der Pommern. Sie gehörte den Schwerinen und wurde wahrscheinlich im 16. Jahrhundert aufgegeben. Was blieb, inklusive vorgelagertem Wall und Graben zum Landgraben, wurde 2003 im Rahmen einer ABM freigelegt. Auch der ehemalige Damm der Kleinbahn ist wieder erkennbar.

Die Rebelower erinnern sich noch an die Schmugglerpfade, als nächtens Kaffee und Branntwein von Mecklenburg nach Pommern gebracht wurden. Gendarmen gingen Patrouille zwischen Japenzin und Rebelow. Mit halbstündiger Pause im Japenziner Krug.

Japenzin

Von hier geht es zurück ins Landgrabental und auf der nächsten Stichstraße nach Japenzin/Rehberg. Japenzin ist ein kleiner, recht idyllischer Ort mit Kopfsteinpflasterstraße. Historisch gesehen ist es ein **Bauern- und Handwerkerdorf** mit sieben alten Höfen. Dem Grafen von Zieten-Schwerin aus der Rehberger Linie als Erwerber des Jahres 1874 gehörten nur Straßen, Plätze sowie Schul- und Kirchenpatronat. Am Dorfanger steht neben der alten Küsterei die Feldsteinkirche. Wie eine Zipfelmütze mit zwei Augen wirkt der Bretterturm mit der Schindeldeckung.

Im Turm blieb ein beeindruckendes mittelalterliches Geläut mit drei Glocken erhalten. Zwei stammen von 1366, die jüngere von 1400. Es soll das älteste Ensemble dieser Art in Mecklenburg-Vorpommern sein. Vor der Sanierung wackelte der Turm, wenn geläutet wurde. Schablonenmalereien, z.B. Weinlaub, gehören in das 19. Jahrhundert, ebenso wie

Der Holzturm prägt die Japenziner Kirche

die mit Sternen geschmückte, mit Leinen bespannte Flachdecke. Eine Kabinettscheibe von 1612 erinnert an einen Andreas Möller, der Pastor in Japenzin war, er ist mit seiner Gemeinde dargestellt. Weit älter sind ein Opferstock (um 1500) und der gotische Schnitzaltar mit Maria, Katharina sowie den Aposteln.

Dennin

Auf dem Weg zurück biegt kurz vor Spantekow die Straße nach Dennin ab. Der Ort war vor dem Zweiten Weltkrieg ein **Eisenbahnknotenpunkt**, bis 1968 fuhr eine Kleinbahn auf der letzten verbliebenen Linie. Jetzt erinnert nur noch das Bahnhofsgebäude an

Das Gutsverwalterhaus von Dennin

diese Zeiten. Daneben steht die frühere Molkerei, die der Anliegerstraße den Namen gab. Recht aufgeräumt präsentieren sich die Reste des von der Kaiserzeit geprägten Gutsareals. Am alten Speicher von 1906 hängt noch die Glocke, die zur Arbeit rief. Aus schlichtem Fachwerk errichteten die Bauleute das Haus des Verwalters, zeitweise auch nur eines Administrators. Dennin gehörte zur **Gräflich Schwerin-Zietenschen Fideikommissstiftung**. Nach 1945 wurde es ein Volksgut. Ein dänischer Landwirt erwarb es nach der Wende, sanierte grundlegend und sorgte für das schmucke Aussehen. Neben dem Speicher steht das aus DDR-Zeiten stammende Kulturhaus.

Zwischen Unterdorf und Gutsareal (Am Gut) steht inmitten einer Feldsteinmauer die kleine verputzte Kirche mit ihrem Bretterturm. Es ist ein flach gedeckter Backsteinbau, wohl aus dem 15. Jahrhundert. Das Friedhofsportal stammt aus dem 16. Jahrhundert.

Das heutige Gesicht der Kirche wurde im 18. Jahrhundert geprägt. Der Putz stammt aus dem Jahre 1982 - damals konnten die Bürger wegen des Ausbruchs der Maul- und Klauenseuche den Ort nicht verlassen und nutzten die Zeit für die Renovierung der Kirche.

Ein kleines Denkmal neben einem Lebensbaum erinnert an sowjetische Soldaten. Im Innern präsentiert sich das Gotteshaus in Blau und Braun in einer wesentlich von sparsamem Barock geprägten Fassung. Vom einst weit regeren Kirchenbesuch zeugen die Notsitze an den Bänken. Glanzstück ist der **Rokokoaltar** mit reichem Schmuck wie Quasten, Blumen, Akanthusschnitzereien und korinthischen Säulen. Dennin besitzt eine alte Glocke mit der mahnenden Inschrift: »Wenn dich diese Glocke ruft, denk an Gott und deine Gruft.«

Im Unterdorf stehen Häuser der Landarbeiter und schließlich am Ende die Schnitterkaserne. An einigen der teilweise noch sehr gut das historische Bild repräsentierenden Gebäuden sind Jahreszahlen wie 1918 und 1920 zu sehen.

Nerdin

Über Wegezin und Albinshof geht es zur B 198. Von dort zweigt eine Straße nach Nerdin ab. Der Weg führt durch eine Wiesenlandschaft. Ein Schild weist zu einem großen Findling, einem der zahlreichen Steine in der Gegend, die mit dem Teufel in Verbindung gebracht wurden.

Nicht nur um den Nerdiner Dorfteich stehen vergleichsweise viele stattliche Gehöfte mit zum Teil großen Wirtschaftsgebäuden aus der Kaiserzeit, für deren Errichtung Back- und Feldsteine verwendet wurden. Auch die 1880 fertig gestellte Kapelle wurde aus diesem Materialgemisch errichtet. In Nerdin gab es sowohl eine Domäne als auch Bauern. Im Zuge der Binnenkolonisation seit 1748 waren hier vier Siedlerstellen entstanden.

Blesewitz

Nächste Station ist Blesewitz. Wer ins alte Blesewitz will, der muss von der Straße Anklam -Spantekow abbiegen. In dem kleinen Ort blieben nicht nur einige Wirtschaftsgebäude des früheren Gutes erhalten. Das heute leer stehende Gutshaus soll schon um 1700 entstanden sein, wurde aber nach 1835 durch Albert Ferdinand Leopold Kolbe stark verändert. Zu DDR-Zeiten erfolgten Vereinfachungen.

Im früheren Anwesen des Pfarrers, einem gut erhaltenen **Dreiseithof**, befindet sich ein Gemeindezentrum. Die Kirche, ein verputzter Feldsteinbau mit älteren Teilen und einem Fachwerkturm des 18. Jahrhunderts, steht inmitten des parkartigen Friedhofes mit prächtigen Bäumen, der seinerseits von einer Feldsteinmauer umgeben ist. Zu den interessantesten Grabdenkmalen gehört die »Golgata-Gruppe«, Eisenkreuze flankieren ein Steinkreuz. An die **Gutsbesitzerfamilie Kolbe** erinnern mehrere Gräber. So an den Anklamer Gerichtsdirektor Friedrich Kolbe (1772–1831), dessen Frau Elfriede aus dem bedeutenden Anklamer Bürgergeschlecht von Stavenhagen stammte, und deren Enkel. Bis 1792 waren die von Lüskow Besitzer von Blesewitz. Dann wurde das Rittergut allodifiziert, d.h. von »Staats-« in Privateigentum überführt. Die aus Stettin stammenden Kolbes erwarben Blesewitz 1821 von den Kretschmers »für 84000 Thaler, einschließlich 25000 Thaler in Golde«. Ein Findling inmitten einer mit einem aufwändigen Metallgitter begrenzten Anlage ist dem Major Ludwig Kolbe (1863–1933) gewidmet. Der letzte Gutsbesitzer, Paul Kolbe, wurde bei Kriegsende von Blesewitzern versteckt, dann aber doch von sowjetischen Soldaten gefunden und nach Fünfeichen gebracht. Er starb 1947 in Estland.

Die Ausstattung der **Kirche** wirkt sehr geschlossen. Von 1613 stammt die Kanzel, als laut nicht erhaltenen Inschriften Petrus Stamwedel Pastor und Johannes Weidemann Custos war. In der angrenzenden Sakristei steht eine Bank. Das kann darauf hindeuten, dass Pfarrer früherer Jahre hier seelsorgerische Gespräche führten. Etwas durchaus Übliches in der evangelischen Kirche. Ein Engelkopf schmückt den Kanzelkorb. In den Fächern sind heute ebenso wie an der Empore **Schablonenmalereien** aus dem Jahre 1949 zu finden. Sie zeigen christliche Symbole wie Alpha und Omega, die Krippe der Geburt, drei Kreuze als Golgata, ein geöffnetes Grab für die Auferstehung und anderes mehr. Die Taufschüssel stiftete Michael Heidtmann 1717.

Zu den Zutaten des 19. Jahrhunderts gehören die Spitztonne, die das Innere deckt, und die neugotische Tür im Süden. Beides dürfte nach 1877 entstanden sein. Denn bis zu diesem Jahr sind die Pfarrer auf einer Tafel aufgeführt, übrigens in lateinischer Sprache.

Im Chor steht das frühere Patronatsgestühl. Um 1700 wird der Altaraufsatz mit den Gemälden von Abendmahl, Kreuzigung und Grablegung datiert.

Von Blesewitz aus ist es nicht mehr weit bis Anklam, unserem Ausgangspunkt.

Betreten
verboten

Zum Saaleck des Nordens

Görke

Von der Anklamer Ortsumgehung ist es nur ein kleines Stück bis Görke, einem der wenigen richtigen Bauerndörfer im Anklamer Bereich. Stattliche Bauernhäuser, die den Vergleich mit kleinen Gutshäusern nicht scheuen müssen, zeugen davon, dass Landwirte zu Kaisers Zeiten ein gutes Auskommen hatten. Richtung Butzow steht z.B. eine Art »Ritterschloss« mit Turm. Auch diverse Ställe und Scheunen blieben erhalten.

Dank Friedrich II. blieb Görke ein reines Bauerndorf. Der Alte Fritz ließ in den 1750er Jahren das Ackerwerk aufteilen und **acht Neubauernstellen** mit »Ausländern« wie Mecklenburgern und Leuten aus Schwedisch-Pommern besetzen. Dazu kamen Schulze und Pastor sowie der Priesterbauer.

Die Mitte des 14. Jahrhunderts gebaute Kirche wird durch den neugotischen Backsteinturm geprägt, der früher von einem Kreuz gekrönt war. Mittelalterliches blieb wenig, da polnische Truppen unter General Czarnecky 1657 Dorf und Kirche zerstörten.

Die Innenausstattung wirkt wie aus einem Guss, stammt von 1861/62 bis hin zur Grüneberg-Orgel. Auch hier schmückt eine neuere Schablonenmalerei ähnlich der in Blesewitz und Lüskow die Empore und die Kanzel. Eine Ausnahme ist die Taufschale, die Pastor J.M. Becker 1825 nach Reparatur von Kirche und Turm stiftete. Originell sind die offenen Schranken zum Chor mit den kreuzblumengeschmückten »Türmen« an den Seiten.

Im Innern der Ruine von Landskron

Iven

Nächste Station dieser Fahrt auf der B 199 Richtung Klempenow ist Iven.

Die Kirche

Die Feldsteinkirche des kleinen Ortes, die im Kern bis in den Anfang des 14. Jahrhunderts datiert werden kann, gehört dank ihrer hervorragenden, vorwiegend aus Eichenholz geschnitzten Ausstattung zu den sehenswertesten Gotteshäusern Ostvorpommerns. 1989/90 erfolgte eine durchgreifende Renovierung, an der sich auch die LPG Tierproduktion Iven und Pflanzenproduktion Krien beteiligten.

Die Westseite der Kirche wird durch einen verbretterten achteckigen Turm betont.

Im Innern fällt zunächst die **ornamental bemalte Balkendecke** - vergleichbar mit Putzar - aus dem 17. Jahrhundert auf. Auch die Emporen, die auf ähnlich gedrehten Säulen wie der 1606 datierte Opferstock ruhen, stammen aus dieser Zeit. Der Altaraufsatz mit dem Gethsemanerelief in der Mitte, die Kanzel sowie das Predigergestühl wurden Mitte des 18. Jahrhunderts geschnitzt. Aus derselben Zeit stammt die Bemalung der Wände. Der Künstler mochte **Engel und Quasten**. Selbst die Kanzel ruht auf einem Engel. Eine vielleicht einmalige Besonderheit ist der Holzbogen, den die Zimmerleute für die Herstellung des Türbogens des Priestereingangs (Südseite) nutzten. Er wurde in Iven mit eingemauert.

Die Herrschaft - die Familie der Schwerine - hatte einen eigenen Eingang. Ihr Wappen befindet sich am erhaltenen Herrengestühl. Die übrige Bestuhlung stammt von 1890, musste aber bei der letzten Sanierung wegen Schwammbefalls verkürzt werden. Da-

bei wurde auch die alte Gruft verschlossen. Man fand noch Sporen, Knochen und Reste von Stiefeln.
Einem Assessor am Wismarer Tribunal, der höchsten Instanz für die schwedischen Besitzungen in Deutschland, ist eine steinerne Grabplatte mit Wappen gewidmet. Felix Friedrich von Fleming (1661–1738) war nicht nur des Heiligen Römischen Reiches Graf, er war laut Inschrift auch ein »lieber Mann«. Der Erblandmarschall von Hinterpommern hatte 1697 das Gut Iven erworben.

Der Friedhof

Auf dem Friedhof findet man eine ganze Reihe gusseiserner Grabkreuze, darunter viele für die Familie Krüger, die nebenan ihren Bauernhof hat. Ein Stein am Eingang erinnert an den Gutsförster. Auf dem Gottesacker wurde ferner am 20. April 1848 Georg Fritz Helfritz bestattet, ein **Freund des Dichters Theodor Körner**. Der königliche Amtmann in Iven und Meister der Freimaurerloge in Anklam kaufte die Grabstelle für 150 Jahre. Es wird erzählt, dass das nahe dem Eingang gelegene gusseiserne Kreuz zerbrach, als die Zeit um war.

Die Kanzel in der Ivener Kirche ruht auf einem Engel

Das Gutshaus

Das Ivener Gutshaus lag nahe der Kirche, es brannte 1945 ab. Angeblich war Eifersucht der Grund, dass das Haus mit Leuchtspurmunition beschossen wurde.
Der letzte Gutsherr, der Ritterkreuzträger Albert von Schwerin aus der Janower Linie, fiel als Pilot im Zweiten Weltkrieg. Der mehr als zwei Meter große Mann war ein **begeisterter Flieger**, für seinen Wagemut schon vor 1939 bekannt. Mit dem Geld soll er nicht so gut klargekommen sein. Angeblich borgte er beim Kaufmann. An seine Frau Ilse erinnern sich viele Ivener mit Hochachtung, auch, weil sie Schwangeren und jungen Müttern ein besonderes Essen reichen ließ. Ilse von Schwerin starb im Oktober 1945 in Schleswig-Holstein. Seit einigen Jahren erinnert ein kleiner Findling auf dem Ivener Friedhof an sie.
Nahe Iven, in Rhädenholz und im »Hohen Holz«, liegen fünf bzw. zwei Schälchensteine. Das ist die größte Konzentration im Kreis.

Janow

Von Iven führt eine geschützte Stieleichenallee nach Janow. Der Ort gehörte ab 1579 zum Besitz derer von Schwerin. Lohnend ist ein Rundgang durch das recht gut erhaltene Gutsdorf.
Neben dem Pferdestall mit dem Reitplatz liegt die frühere Schrotmühle. Es folgen der große Kuhstall mit einer Grundfläche von 700 Quadratmetern auf zwei Etagen und der lange Schafstall. Direkt neben dem Schloss steht der Putzbau des so genannten Wirtschaftsgebäudes, in dem unter anderem ein großer Teil des Personals wohnte. Dahinter liegen die zum Teil durch Umbauten völ-

lig veränderten Landarbeiterhäuser. 1972 wurde die Außenstelle des Redefiner Landesgestütes eingerichtet, schon die Grafen von Schwerin zuchteten Pferde in Janow. Vor dem einstigen Technikstützpunkt aus DDR-Zeiten wurde über ABM eine kleine **Freiluftausstellung** mit landwirtschaftlichen Geräten aufgebaut.
Janow kann ferner auf ein altes Postgebäude sowie auf dem Weg nach Rehberg auf das Empfangsgebäude der Mecklenburgisch-Pommerschen Schmalspurbahn (Strecke Dennin-Janow) verweisen, das aussieht wie ein Lagerschuppen. Nicht zu vergessen die Feldbahnschienen, die heute noch im Pflaster zu sehen sind.

Das Gutshaus

Nach einem Brand im Jahre 1811 wurde 1814 bis 1816 ein neues herrschaftliches Wohnhaus durch Carl August Bogislav von Schwerin gebaut. Albert Julius von Schwerin erwarb 34-jährig 1869 Janow und kaufte 1874 Spantekow, Rebelow, Drewelow und Strippow sowie nach dem Tod seines älteren Bruders Wustrau bei Neuruppin. Jetzt durfte er sich **Graf von Zieten-Schwerin** nennen.
Albert Julius hatte als Landwirt Erfolg, konnte es sich leisten, das Janower Herrenhaus bis 1877 umzubauen. Er nutzte es vor allem als Sommerresidenz. Das Schloss wurde zum elfachsigen Putzbau mit großen Fenstern und übergiebeltem Mittelrisalit mit Säulen am Eingang. 1920 gehörten 1082 Hektar zum Gut. Letzter Schlossherr war Hans Albert von Schwerin, der 1946 in Greifswald starb.
Die ursprüngliche Fassade des Baues war vom Klassizismus inspiriert, der Turm wirkte fast wie ein Fremdkörper. Die alte Haustür, einige Fenster, Treppen und Innentüren blieben erhalten. Auch »hölzerne Gardinen«, also nach innen öffnende Fensterläden, gibt es noch. In einem Saal mit einer Holzdecke mit geometrischem Muster steht ein Schrank der Zieten-Schwerins. Zu besichtigen ist auch der große Saal im Erdgeschoss mit Säulen vor der Bühne. Im Schloss befindet sich seit 1997 eine **Heimatstube** mit der Sammlung von allerlei Hinterlassenschaften namentlich aus dem 19. und 20. Jahrhundert.

Das Schloss von Janow auf einer historischen Abbildung

1966 wurde der Turm abgerissen, die Fassade vereinfacht. Im Haus hatten Schule, Kindergarten, Laden und Gemeinde ihren Sitz. Die PDS-Landtagsabgeordnete Alexa Wien plant die Umgestaltung zum »Kräuterhotel«, das 2006 eröffnen soll. Im Zuge der Umsetzung dieser Investition ist ein neuer Turm geplant.

Das Parkgelände

Graf Albert Julius und seine Frau sorgten für das heutige Gesicht des Parks. An das Paar erinnert ein Gedenkstein im Nordteil des Parks unter drei Linden. Sehr lohnend ist ein Spaziergang in dem zehn Hektar großen Gelände, das zum Teil noch aus der ersten Hälfte des 18. Jahrhunderts stammen soll.

Anziehungspunkte sind die **Hainbuchenallee**, ein Rondell mit sieben Rotbuchen sowie ein Oval aus 15 alten Sommerlinden zwischen Gutshaus und Teich. Neben einheimischen Gehölzen gibt es wenige Exoten wie den amerikanischen Wacholder. Stattlich ist der frühdeutsche Turmhügel, der in späteren Zeiten als Eiskeller diente. Am Parkende erinnert ein Denkmal an den am 6. Oktober 1919 während der Nachkriegsauseinandersetzungen bei Posen gefallenen Joachim von Schwerin.

Etwa einen Kilometer östlich von Janow blieb die 2,2 Kilometer lange und bis zu 1,30 Meter hohe Feldsteinmauer der Birkenkoppel erhalten. 65 Stieleichen mit einem Durchmesser von bis zu über vier Metern stehen an dieser Mauer.

Landskron

Die inmitten sumpfiger Wiesen auf einer Insel im Landgrabental gelegene Ruine Landskron (Lanzkron) gilt als das **Saaleck des Nordens**. Caspar David Friedrich, der große Maler der Romantik, hat ihr mit dem Bild »Rast bei der Heuernte« ein Denkmal gesetzt. Ulrich II. von Schwerin ließ das Schloss in den Jahren 1576 bis 1579 errichten. Sein Bild und das seiner Gemahlin Katharina von Waldenfels zierten früher den Eingang. Vor allem Findlinge, z.T. gespalten, wurden für den Bau verwendet. Von Schwerins Baumeister griff auf Gestaltungselemente des Mittelalters zurück, wobei romantische Vorstellungen vergangenen Rittertums eine Rolle gespielt haben dürften. Dafür spricht auch die Namenswahl. Angeblich erregte sie am herzoglichen Hof Ärger, so dass Ulrich II. sein Schloss offiziell in Lanzkron umbenannte, weil er das Geld für den Bau mit der Lanze erobert hatte. Im Dreißigjährigen Krieg verödete das Land rings um die Feste, die militärstrategisch ohnehin keine große Bedeutung hatte.

Nach dem Tode von Ulrich II. erbte sein dritter Sohn Georg Ernst Landskron, zu dem ebenfalls die Ortschaften Janow, Rehberg, Neuendorf B und später Bartow gehörten. Über Enkel Ulrich Wigand von Schwerin, der 1651 ohne männliche Erben starb, kam Landskron zunächst an seine Schwester Anna, eine verheiratete Anrieppe. Deren Tochter Agnes ehelichte Jürgen von Pentz. Er gab die hoch verschuldete und baulich vernachlässigte Anlage schließlich auf. 1699 löste Oberstleutnant Julius von Schwerin/Altwigshagen die Schulden ab, nahm seinen Sitz aber in Rehberg, wo er für sich einen zweigeschossigen Fachwerkbau errichten ließ, und begründete die Schwerin/Rehbergsche Linie.

Erst die **»Ritterromantik«**, der frühe Fremdenverkehr, brachten die Ruine wieder in Erinnerung. Auf den Grundmauern der einstigen Küche entstand 1852 ein Lokal. Der Graf von Zieten-Schwerin-Wustrau, seit 1865 Besitzer Landskrons, ließ auf einem Eckturm einen Balkon bauen, damit die Gäste die weite Sicht genießen konnten. Parkwege wurden angelegt, ab 1882 fanden hier bis zum Zweiten Weltkrieg bis auf wenige Jahre im Ersten Weltkrieg **Missionsfeste** statt. Hugo Lemcke, der Verfasser des Inventars der Bau- und Kunstdenkmäler des Regierungsbezirkes Stettin, nannte Landskron 1898 die sehenswerteste aller pommerschen Burgruinen. Im 20. Jahrhundert verfiel die Anlage erneut, die Bäume wuchsen immer höher.

Nach 1990 erwachte die Burg aus ihrem Dornröschenschlaf, und es erfolgten dringend notwendige Sicherungsarbeiten. Seit 1995 kümmert sich ein Verein um die Anlage. Von einst vier Gebäuden blieben unter anderem die Ruinen des Torhauses mit Wachstube und Pferdestall sowie die Kapelle erhalten.

Westlich von Landskron, in einer Entfernung von etwa einem Kilometer, liegt der **»Schäferstein«**, ein weiterer Schälchenstein, malerisch unter einer Eiche.

Die Ruine Landskron hat schon viele Maler und Fotografen inspiriert

In den Landgrabenwiesen finden botanisch Interessierte unter anderem Knabenkraut und Wiesenknöterich. Etwa einen halben Kilometer östlich von Landskron liegt die Radung mit dem Radungsbruch. In der Wiesenlandschaft sind 25 Steinhügelgräber zu finden.

Neuendorf B

Zurück geht es nach Janow und von hier aus nach Neuendorf B, das malerisch am Landgrabental liegt. Die Gaststätte Rost feierte 2002 ihren 90. Geburtstag. Noch älter ist die Grabanlage der hiesigen Schwerine rund um die Kirche. So erinnern drei gusseiserne Kreuze an Louise Karoline, Laura Albertine und Klara, die 1832 bis 1847 als Kinder starben, ein Stein erinnert an Karl August Bogislav von Schwerin (1775-1830). Das Gotteshaus, ein Backsteinbau im »Rundbogenstil«, entstand unter Nutzung älterer Teile 1868. Die Ziegel stammen laut Inschrift von der Firma Olwig aus Ueckermünde. Zu DDR-Zeiten erhielt die Kirche die heutige Raumaufteilung mit der Winterkirche im Osten. Hier wurde der zuvor vor dem Altar liegende Grabstein für Wilhelm Ludwig von Schwerin (1801 bis 1863), den »Erbherren der Lanzkronschen Güter, auf Hohen Brünzow, **schlossgesessener Herr auf Spantekow** nebst seiner Frau Albertine« (1806 bis 1853) eingelassen.

Etwas Besonderes ist die Decke. Auf der blauen Stoffbespannung wurden Sterne aufgemalt. Überall in der Kirche sind Bibelsprüche und vegetabilische Malereien zu finden. An der Nordseite wurde die Kanzel, Teil eines früheren Kanzelaltars, eingelassen. Sie stammt aus dem 18. Jahrhundert. Der Bildhauer sparte nicht mit Engeln. Der Predigtstuhl wird über einen Anbau erreicht. Am Eingang befindet sich der Grabstein für Ernst Conrad Hoefler, »Ökonom und Inspektor der Lanzkronischen Güter« (1735 bis 1772). Auf der Südseite wird die Herrschaftsempore im gleichen Stil ebenfalls über einen eigenen Eingang erreicht. Hinter der

Kirche von Krien (oben) und die Decke der Kirche von Neuendorf B (unten)

Wand im Osten, in der Winterkirche, befinden sich Glasmalereien mit Eisenrahmen aus der Erbauungszeit, die u.a. die Kreuzigung zeigen. Nach der Wende wurde der Ende des 16. Jahrhunderts geschnitzte Altaraufsatz restauriert. Das Steinrelief an der Ostwand zeigt die Dreieinigkeit und soll aus dem 17. Jahrhundert stammen.

Krien

Von Neuendorf B fährt man auf der B 199 zurück Richtung Anklam bis zum Abzweig Krien.

An der Kreuzung kurz nach der Einfahrt ins Dorf stehen das frühere Grundstück des Müllers, der auch eine Landwirtschaft betrieb, sowie das alte **Forstgebäude**. Hier wurde am 17. November 1791 Karl von Keffenbrinck, der jüngste Schillsche Offizier, geboren. Er wurde am 16. September 1809 in Wesel hingerichtet. Die 1934 angebrachte Gedenktafel ist verschollen.

Der Ort selbst war früher vor allem ein Handwerkerdorf. Über 30 Schmiede, Fleischer, Tischler usw. gingen hier ihrem Gewerbe nach. Daneben war Krien auch eine Domäne und ein Bauerndorf mit mehreren Gaststätten. Der Ort ist noch heute als geradezu **klassisches Runddorf** erkennbar. Das große Backsteinpfarrhaus wurde 1882/83 im gleichen Stil wie das Medower Pfarrhaus errichtet. Die Ausstattung der Kirche erinnert an Zeiten, als dieser Landstrich nicht zu den wirtschaftlich schwächsten in Deutschland gehörte. Das wertvollste Stück, die Kriener Madonna, befindet sich aus Sicherheitsgründen im Pfarrhaus. Sie entstand um 1320, der Künstler scheint in Lübeck gewirkt oder zumindest von dort Anregungen erhalten zu haben.

Die Madonna war 1637 - dem Jahr der Zerstörung des Klosters Stolpe, das ursprünglich über das Patronat für Krien verfügte - eingemauert worden. Erst 1955 fanden sie Kinder bei Dacharbeiten an der Sakristei.

Durch ein verputztes, mittelalterliches Backsteinportal mit fünf krönenden Fialpfeilern auf der Durchfahrt gelangt man auf den Friedhof, der den Backsteinbau des 14. Jahrhunderts umgibt. Wahrscheinlich stand hier früher ein **slawisches Heiligtum**. Der Chor soll ca. 1280 entstanden sein. An eine spätere Sanierung erinnert die Jahreszahl 1791, möglicherweise erfolgte die Turmkrönung in diesem Jahr. Der Fachwerkaufsatz wurde nach 1960 mit Brettern verkleidet.

Der Altaraufsatz stammt aus der zweiten Hälfte des 18. Jahrhunderts. Eine bäuerliche Arbeit mit der klassischen Bildfolge von Abendmahl, Kreuzigung und Auferstehung. Moses und Aaron stehen an den Seiten. Hinter der Kreuzigung ist eine barockisierende Stadtsilhouette zu sehen. Eine Restaurierung könnte zeigen, ob dieses »Jerusalem« mit einer Kirche mit welscher Haube regionale Vorbilder hat. Im Chor hat man mittelalterliche Wandmalereien aufgedeckt. Darunter ein **geflügeltes Fabelwesen** mit Krallenfüßen und aufgerissenem Rachen.

Die Kanzel mit Evangelisten, der Taufe im Jordan und der Ausgießung des Heiligen Geistes und viel Beschlagwerk stammt laut Inschrift von 1602. Darüber blieben Glasmalereien des 17. Jahrhunderts erhalten, z.B. für den Kriener Pastor Joachim Teschendorp (1615). Der Taufstein, wahrscheinlich früher Weihwasserbecken, wurde 1936 bei Schachtarbeiten für den Einbau einer Heizung im Fundament entdeckt. Möglicherweise handelt es sich ursprünglich um einen

Caspar David Friedrich

Der bekannte Maler der Romantik wurde am 5. September 1774 als Sohn eines Seifensieders und Lichtgießers in Greifswald geboren. Zwischen 1794 und 1798 besuchte Friedrich die Kunstakademie in Kopenhagen, nachdem sein Lehrer, der Architekt und Universitätszeichner Johann Gottfried Quistorp, ihm bereits in jungen Jahren künstlerisches Talent bescheinigt hatte.

Nach seinem Studium zog es ihn nach Dresden, das zu jener Zeit als Mittelpunkt der romantischen Bewegung galt. Dort fand der Maler schnell zu einem Stil, der seine Bilder auf ganz eigene melancholische Art prägt. Seinen Lebensunterhalt musste er sich jedoch als Prospektmaler verdienen, die Schönheit seiner Kunst wusste zu Friedrichs Lebzeiten kaum einer zu schätzen. 1816 wurde er in die Dresdener Akademie aufgenommen, 1824 auf eine außerordentliche Professur berufen. 1835 durch einen Schlaganfall geschwächt, malte er in den nächsten Jahren nur noch wenig. Er starb am 7. Mai 1840. In seinen Bildern entdeckt man viele Motive aus Pommern - die Heimat des Malers - die er auf zahlreichen Wanderungen studiert hat, darunter auch die Ruine des Klosters Eldena. Aus dem Kreis Ostvorpommern hat Friedrich beispielsweise die Ruine Landskron und ein Großsteingrab bei Gützkow dargestellt.

Schälchenstein bei Krien an der Straße nach Krusenfelde

heidnischen Opferstein. Darauf weist ein Opfertier, ein Hahn, hin. Nach dieser These wertete ein Steinmetz des Klosters Stolpe mit christlichen Symbolen wie Kreuz (Christuszeichen), Lilie (Auferstehung, Hinweis auf Jungfräulichkeit Marias) und Weinreben den Stein zum Weihwasserbecken auf, und zwar so, dass optisch das Christentum über den alten Glauben triumphierte. Allerdings ist diese These in neuerer Zeit bezweifelt worden, denn Hähne stehen auch für die reuigen Sünder und Wachsamkeit. Deshalb sind sie vielfach auf Kirchtürmen zu finden. Bei der Errichtung des Chorraumes baute man den Taufstein so ein, dass er z.T. im Fundament stand. Ein weiteres ungewöhnliches Kunstwerk ist die Glocke. Am unteren Rand sind Abdrücke von Brakteaten (Geldstücken), z.B. Demmins und Stralsunds, zu sehen.

Moderne Ausstattungsstücke sind die Orgel mit neugotischem Prospekt und die wohl aus dem 19. Jahrhundert stammenden Hochzeitsstühle.

Am Ortsausgang von Krien Richtung Krusenkrien liegt inmitten einer eigens geschaffenen Anlage ein **Schälchenstein**, ein Findling mit diversen Vertiefungen, die mit kultischen Handlungen wie Opferungen zusammenhängen sollen.

Medow

Der Weg führt uns an der stillgelegten Molkerei und den Orten Neu Krien und Brenkenhof vorbei, die im Zuge der Binnenkolonisation von Friedrich II. entstanden waren. Kurz vor Medow wird der zu DDR-Zeiten gebaute **Peene-Süd-Kanal** gequert. Auch wenn mit dem Ort derzeit nicht viel Staat zu machen ist, hat Krien doch schöne Ecken wie den Bereich um das 1883 errichtete Pfarrhaus, einen Klinkerbau auf Feldsteinsockel mit rohrgedeckten Häusern in der Nachbarschaft. Zum Gehöft des Seelenhirten gehört ein sehr großes Grundstück.

Die Kirche ist ein lang gestreckter, verputzter Bau. Im 15. Jahrhundert entstan-

den, wurde sie 1695 nach Süden erweitert. Das heutige Erscheinungsbild wird durch neugotische Veränderungen vom Ende des 19. Jahrhunderts geprägt. Damals wurde der Turm angebaut. Bei einer Renovierung in den 1970er Jahren erfolgte innen eine Umgestaltung, so wurde der eigentliche Gottesdienstraum zugunsten der Schaffung weiterer Räume verkleinert.
Vor dem Rundgang ins Innere sollte man sich das nach der Reformation in der Außenwand eingemauerte **Tauf- und/oder Weihwasserbecken** sowie das große Holzkreuz auf dem Friedhof anschauen, das früher Mittelpunkt bei Andachten zum Totensonntag war. Einige wertvolle Ausstattungsstücke hat Medow Stolpe zu verdanken. So wurden 1776 zwei Glocken aus dem 15. Jahrhundert hierher gebracht. Ferner befinden sich in den Fenstern acht von ehemals zwanzig **Votivscheiben** von 1599 mit biblischen Szenen. Einmal ist möglicherweise das Kloster Stolpe dargestellt.
Medow ist reich an Gedenktafeln für Kriegstote, nämlich für 1813, 1866, 1870/71, 1914 bis 1918 und 1939 bis 1945. Zwei Fahnenhalter sind wohl Erinnerungen an die NS-Zeit. In den Nebenräumen wird ein **Nagelkreuz** für die »Nationalgabe zu Gunsten der Nationalstiftung für die Hinterbliebenen der im [Ersten] Weltkrieg Gefallenen« verwahrt. Der Hammer zum Treiben der Nägel und das Spendenbuch sind noch da. Pfarrer und Gutsbesitzer gingen mit sechs bzw. neun Mark mit gutem Beispiel voran. Eine Tafel zählt die Pastoren seit der Reformation auf. So die Gorschows, seit 1625 drei Generationen lang in Medow, den Langzeitpastor Belting (Pfarrer von 1836 bis 1880) oder Erdmann Friedrich Braun, der Pfarrhaus und Turm baute und mit der Sammlung für die Stolper Wartislawkirche begann.
Pfarrer Büttner (1946–1955) war im Zweiten Weltkrieg U-Boot-Kommandant. Er wurde über hundert Jahre alt.

Das Medower Gutshaus ist ein eingeschossiger Putzbau des 19. Jahrhunderts mit einigen neugotischen Schmuckelementen. Es stand lange leer, hat jetzt aber einen neuen Besitzer. Bauherr war die Familie Holtz, die 1870 Medow erwarb. Hildegard Holtz als letzte Eigentümerin bewirtschaftete knapp 460 Hektar.

Tramstow

Nächste Station ist Tramstow, das man über eine Nebenstraße erreicht. Seit 2003 präsentiert sich das Fachwerkgutshaus, heute Gemeindezentrum, wieder in einem sehr ansehnlichen Zustand.
Der kleine Saalbau der Kirche, im 15. Jahrhundert unter Verwendung von Findlingen und Ziegeln errichtet, wirkt gemütlich liebenswert. Vielleicht auch deshalb haben sehr viele Bürger bei der Sanierung von 1988 bis 1990 mitgemacht.

Rechts neben dem Altar wurde Anfang der 1990er Jahre ein kleines Schmuckstück wieder freigelegt. Die Wandmalerei zeigt einen **Christophorus**, jenen Riesen, der Christus durch den Fluss getragen hat. Die Schnitzfiguren Marias, Johannes des Täufers und der Anna Selbdritt stammen wohl aus der Bauzeit der Kirche.
Außen findet der Besucher Ritzungen in den Steinen, wie es sie z.B. auch in Gramzow gibt. Sie zeigen Sonnenuhren oder stellen angebliche kultische Zeichnungen dar.
Von Tramstow ist es nur ein kleines Stück zur B 199 und von dort zurück nach Anklam.

Unterwegs zu den Anfängen pommerscher Geschichte

Diese Tour führt uns ins Peenetal und erfasst wie die nächste Fahrt Teile des Fremdenverkehrsprojektes »Vorpommersche Dorfstraße«.

Stolpe

Rast an der Peene

Stolpe an der Peene gehört zu jenen Orten im Hinterland der Ostsee, die man sich nicht entgehen lassen darf. Der 2001 fertig gestellte Wasserwanderrastplatz, die wiederbelebte Fähre Richtung Stolpmühl - von 1720 bis 1815 Verbindung zwischen Preußen und Schwedisch-Pommern - und die angebotenen Ausflugsfahrten auf dem »Amazonas des Nordens« gehören zu den Fremdenverkehrsangeboten.

Von 1546 an gab es hier bis in die Zeit des Dreißigjährigen Krieges eine **hölzerne Zugbrücke** über die Peene. Sie wurde nur vom Herzog, seinem Gefolge und den Amtsleuten genutzt. Die Preußen errichteten nach 1720 sogar eine Militärstellung, um das schwedische Nordufer zu kontrollieren.

Am Anfang des historischen Ortes steht ein rohrgedecktes Wohnhaus. Eine Pflasterstraße führt an den Häusern der Landarbeiter vorbei zur Peene, zum **Fährkrug**, dem Gasthaus mit dem Hecht in der Wetterfahne. Mit dem Besitz des Grundstücks waren Krug- und Fährgerechtigkeit sowie die Zolleinnehmerei verbunden. Die Fischereigeschichte geht bis auf die Slawenzeit zurück. Stolze 300 Jahre alt soll das heutige, ab 1997 detailgetreu sanierte und 2000 offiziell eingeweihte Gebäude sein. Der Saalanbau stammt aus Kaisers Zeiten. Im Gastraum saß einst Fritz Reuter bei seinen längeren Aufenthalten zwischen 1853 und 1863 in Stolpe. Er erzählt davon in seiner »Urgeschicht von Meckelnborg«. Reuter besuchte Fritz Peters, der Stolpe von 1853 bis 1880 gepachtet hatte.

Zum 850. Geburtstag von Stolpe wurden Volkstänze aufgeführt

Für das Fundament des Fährkruges wurden Feldsteine des Klosters Stolpe verwendet, genau wie beim Bau der backsteinernen Landarbeiterhäuser, die auf der anderen Seite der Straße hochwassersicher oberhalb des Hohlweges stehen. Am Wasser weist die Zahl 1908 auf die Bauzeit eines der Häuser hin. Ein Stück weiter steht die noch voll funktionsfähige **Schmiede** mit Vorlaube auf hölzernen Stützen und verbrettertem Giebel. Sie ist keine 200 Jahre alt, vor 1817 gab es im Dorf keine Schmiede. Das technische Denkmal wurde schon 1986 vom Volkseigenen Gut (VEG) auf Vordermann gebracht. Ein Stück entfernt wurde ein Berliner Kunstschmied tätig: »Erster Hühnerwanderrastplatz der Welt« nannte er sein Werk.

Die Reste des Klosters

An der Dorfstraße steht der letzte Rest des von Pommernherzog Ratibor I. 1153 gestifteten Benediktinerklosters. Es ist nur der untere Teil des Westturms mit Rundbogenöffnungen zum Schiff und Tonnengewölbe, seine Reste gelten heute als **ältester pommerscher Steinbau**. Allein das Kirchenschiff des 1637 von vereinigten Brandenburger und kaiserlichen Truppen zerstörten Klosters war 128 Meter lang. Die Umrisse des großen Klosterkomplexes wurden zum 850. Geburtstag z.T. im Boden mit Steinen nachgezeichnet. Wegen der außerordentlichen Bedeutung des Klosters für Pommern wurde der letzte Rest des 1304 von den Zis-

Gutshaus von Stolpe

terziensern übernommenen Klosters nach der Wende gesichert und mit einem Zelt gegen Witterungsunbilden geschützt. Die daneben stehende schlichte Kapelle von 1637 diente bis zum Bau der Wartislawkirche als Gotteshaus.

Das Gutshaus

Ein Stück zurück ins Dorf liegt die Einfahrt zum Gutsgelände. Auf beiden Seiten stehen stilistisch im Wesentlichen einheitliche Wirtschaftsgebäude aus Feld- und Backsteinen, links die **Haferscheune** und der Pferdestall sowie die Werkstatt mit integriertem Schlachthaus, Futterdiele und Stellmacherei. Auf der rechten Seite findet man den Kuhstall, Kälberstall und Kornspeicher mit Schweinestall im Untergeschoss. Vor dem gepflegten Park befindet sich das eingeschossige Gutshaus mit Säulenportal. Das zerstörte Gutshaus wurde um 1950 in historischen Formen, aber etwas versetzt, wieder aufgebaut, die Säulen wurden nach 1990 hinzugefügt. Zu DDR-Zeiten war es Lehrlingswohnheim. Das durch die Reformation in Landesbesitz überführte Stolpe wurde im Dreißigjährigen Krieg von Königin Christine einem ihrer Favoriten, dem General von Steenbok, verliehen. Nach dem Übergang an Preußen erhielt Stolpe den Status einer **persönlichen Domäne** des Soldatenkönigs Friedrich Wilhelm I. Nachdem der König 1807 nach dem Frieden von Tilsit seine Domäne dem preußischen Staat verkauft hatte, folgten auf mehrere andere Herren nach 1850 schließlich die von Bülow als Besitzer. Sie bewirtschafteten Stolpe nicht selbst. Die Pächter wiederum stellten in der Regel Inspektoren (Verwalter) ein. In ihrer Zeit entstanden Wirtschaftsge-

Ein Stall in Stolpe

Der Fährkrug verkörpert eine lange Tradition

Bülowsches Wappen in der Wartislawkirche

bäude und Landarbeiterkaten. Weil Hans von Bülow und seine Frau Sophie, geborene von Maltzahn, Freiin zu Wartenberg und Penzlin, keine Kinder hatten, adoptierte Hans von Bülow ein Jahr nach dem Tod seiner Frau 1920 seine Nichte, die siebzehnjährige Ursula von Maltzahn. Sie heiratete fünf Jahre später den Kaufmannssohn Kurt Stürken, der das verschuldete Gut sanierte und neue Wirtschaftsgebäude baute. Sein zweiter Sohn Kurt erwarb 1994 das Gutsgrundstück von der Treuhand zurück. Ihm ist die beispielhafte Wiederherstellung der Anlage inklusive des Fährkrugs zu verdanken. Frühere Wirtschaftsgebäude wie der Pferdestall (Konferenzzentrum), der Schweinestall und der Kornspeicher (Zimmer) werden heute für ein Hotel genutzt.

Die Wartislawkirche

Auf der anderen Seite der Dorfstraße führt eine Lindenallee zu der 1891 bis 1893 gebauten Wartislawkirche, einem neugotischen Backsteinbau. Das Grundstück stellten die Gutsherren zur Verfügung, die im Gegenzug eine **Grabstätte** auf dem Kirchenvorplatz erhielten. Kreuze erinnern an den königlich-preußischen Oberstleutnant Hans von Bülow (1860 bis 1931) und seine Frau Sophie (1860 bis 1920).

Das Gotteshaus ist ein Denkmal pommerscher Geschichte. 1875 betonte der Oberstleutnant von der Dollen in seinem Buch »Streifzüge durch Pommern« die Bedeutung Stolpes für die Christianisierung Pommerns. Schließlich wurde hier der erste historisch greifbare Herzog Pommerns, der 1128 von Otto von Bamberg getaufte Wartislaw I., ermordet. Die Angaben zu seinem Todesjahr reichen von 1129/30 bis 1148. Nachdem der Pastor Blume zu Hohen Bollentin diese Geschichte gelesen hatte, besuchte er mit dem Medower Pastor Braun zu Ostern 1886 Stolpe. Sie waren dermaßen inspiriert, dass sie spontan begannen, Geld für einen **Kirchenbau** zu sammeln. Braun als Vorsitzender der Kreissynode gewann den Grafen von Schwerin-Zieten für die Idee eines Kirchenbaus, und 1886 wurde unter dem Vorsitz des Grafen Kanitz-Schmuggerow eine Stiftung gegründet.

Über dem Eingang der 1893 errichteten Kirche sind die Reliefs Otto von Bambergs und der Herzogbrüder Wartislaw (mit Schwert) und Ratibor (mit Kirchenmodell) zu sehen. Architekt des im **Stile eines Doms** in Kreuzform errichteten Gotteshauses war der in Pommern häufig beschäftigte Berliner Theodor Prüfer, Sohn eines Wusterhusener Pfarrers. Prüfer spendete 1900 das Kreuz. Ulrich Graf Behr-Negendank auf Semlow, seinerzeit Oberpräsident Pommerns, die Familie von Osten-Jannewitz und die Maltzahns stifteten von Prüfer entworfene Glasmalereien mit Wappen und Darstellungen von Christus, Petrus und Paulus. Das Bülowsche Wappen mit den 14 goldenen Kugeln auf blauem Grund ist auch als Glasmalerei im rechts neben dem Chorraum liegenden Gutsherrenstuhl zu sehen. Weitere Wappenscheiben stifteten die Schwerine. Die Orgel der Firma Völkmer aus Dünnow in Pommern spendierte der Kaiser höchstselbst. Als eigenständige Schöpfung kann die Kanzel mit den Intarsien gelten.

Die Taufschale stiftete Graf Bismarck-Bohlen auf Karlsburg, einen der Kronleuchter Friedrich Felix von Behr-Schmoldow, der letzte seines Namens.

Spaziergang durchs Dorf

Lohnend ist ein Spaziergang vom Fährkrug Richtung Friedhof. Auffällig das rohrgedeckte Fachwerkhaus auf Feldsteinsockel mit neuzeitlichen Pommern- und Wartislaw-Wappen. Unweit des Dorfteichs steht der Backsteinbau der alten Schule. Auf dem höher gelegenen Friedhofsteil locken zwei **gusseiserne Grabkreuze** mit Dreipässen und Sternen Reuter-Fans an. Sie erinnern an den von dem Schriftsteller verewigten Gutsadministrator Friedrich Christian Ferdinand Knitschky (1799 bis 1868) und an Caroline Johanne Sophie Neukirch (1819 bis 1877), einer, glaubt man »De Urgeschicht von Meckelnborg«, wortgewaltigen und allgegenwärtigen Mamsell.

Der Weg führt weiter über den Wassersteig »nach oben«. Er wird von Feldsteinmauern gesäumt, dessen Material wohl vom Kloster stammt. Am Wartislawring steht der letzte erhaltene Dreiseitenhof von Stolpe. Von der früheren Meierei (Nr. 39) ist es nicht mehr weit zum Dörphus und letztendlich über die Dorfstraße zum Fährkrug.

Wer gern wandert, sollte das Flächennaturdenkmal »Trollblumenwiese bei Stolpe« besuchen. Es kann über einen Plattenweg Richtung Westen erreicht werden.

Grüttow

Richtung Jarmen führt der Weg am Abzweig Grüttow vorbei. Hier steht der so genannte

Christianisierung des Oder- und Peeneraumes

Die Schlüsselrolle bei der Christianisierung spielte der wahrscheinlich aus dem niederen schwäbischen Adel stammende, um 1160/62 geborene Otto von Bamberg. Er stand in polnischen Diensten, arbeitete dann im Dienste des Kaisers, wurde Kanzler Heinrich IV. und 1102 Bamberger Bischof. Otto vermittelte bei den Auseinandersetzungen zwischen Kaiser und Papst, die im Abschluss des Wormser Konkordates endeten. Dieser Mann wurde der Apostel Pommerns.

»Gott will nicht erzwungenen, sondern freiwilligen Dienst«, so heißt es auf dem Gedenkstein auf dem Usedomer Schlossberg. Tatsächlich hat es der Bamberger Bischof Otto geschafft, die lutizischen Stammesvertreter Ostern 1128 zur Annahme des christlichen Glaubens zu bewegen. Seine Mission verlief im Großen und Ganzen friedlich. Otto von Bamberg unternahm zwei Missionsreisen. Fürst Wartislaw I. hatte sich schon 1121 dem polnischen Fürsten Boleslaw III. Schiefmund bei dessen Heereszug unterwerfen und sich zur Annahme des Christentums verpflichten müssen. Er war schon als Kind einmal in Sachsen getauft worden. Allerdings hatte das noch keine nachhaltige Wirkung. 1124/25 reiste Otto von Bamberg erstmals im Auftrage Boleslaw Schiefmunds nach Pommern. Er gründete elf Kirchen, taufte Tausende, namentlich im Oderraum und westlich davon. 1128 reiste er erneut, diesmal in den Peeneraum, unter ausdrücklichem Schutz des deutschen Königs Lothar, der Ansprüche auf dieses Gebiet erhob. Herzog Wartislaw I. und dem Bischof gelang es dann auf dem Landtag, die Großen des Landes vom Christentum zu überzeugen. Otto von Bamberg gründete neue Kirchen und festigte das wieder ins Wanken geratene Christentum im Oderraum. Wartislaw unterwarf sich wieder dem polnischen Herrscher. Erst 1140 wurde Adalbert der erste Bischof der Pomoranen mit Sitz in Wollin. Neun Jahre später, ein Jahrzehnt nach seinem Tod, wurde Otto heilig gesprochen.

Wartislawstein. Er zeigt vorn Kreuz und Trinkhorn, hinten die Ritzzeichnung eines Mannes. Der slawische Bildstein stammt wahrscheinlich wie vergleichbare Werke in Bergen, Altenkirchen und Wolgast aus dem 12. Jahrhundert. Dem Pommernherzog wird er erst im 19. Jahrhundert zugeschrieben. Wissenschaftler haben vermutet, dass Horn und Kreuz den Findling als Grenzstein zwischen Kloster- und Herzogsbesitz ausweisen. Das Bildnis wäre dann eine spätere Zutat.
Östlich Stolpes liegt **Neuhof**, das auch Reuter schon besuchte, um den Blick über die Peene zu genießen. Ein unbefestigter Weg zwischen Feldern und Wiesen, an Torfkuhlen und Bruchwald vorbei, führt dorthin.
Wer mag, kann von der B 110 nach Grüttow abbiegen, um die 1882 errichtete Kapelle zu besuchen. Nach langem Verfall wurde sie 1993 bis 1997 auf Initiative eines Freundeskreises saniert. Ältestes Ausstattungsstück des aus Feld- und Backsteinen errichteten Kirchleins ohne Turm ist die Glocke im Dachreiter, der auf dem Westrand steht. Sie stammt von 1708, also noch von einem Vorgängerbau. Ansonsten ist die Kapelle nicht nur in der äußeren Form, sondern auch innen mit Kanzel und Bänken aus Eichenholz und dem Holzkreuz, ein schlichtes, aber stimmiges Werk der Neugotik.

Der erntende Landmann von Steinmocker wurde 1934 gemalt

Preetzen

Auf der B 110 geht es weiter Richtung Jarmen. Kurz vor Liepen machen wir einen Abstecher nach Preetzen. Recht gut erhalten präsentiert sich die im Wesentlichen zwischen 1890 und 1910 errichtete **Gutsanlage** mit dem verputzten Herrenhaus. In Teilen blieb die Umgebungsmauer erhalten. Die Gebäude gruppieren sich um einen Anger mit zwei Teichen. Ein Speicher und ein Taubenhaus vermitteln den Eindruck eines Eingangstores. Ob in Putz oder mit Backsteinen, an allen mit Feld- und Backsteinen errichteten Gebäuden bemühten sich die Architekten mit sparsamem Zierrat um Abwechslung. An einem Wirtschaftsgebäude (O.D. 1892) und an einem der Mehrfamilien-Landarbeiterhäuser nahe dem früheren **Mausoleum** (HD 1906) erinnern Inschriften an Gutsbesitzer Otto Dudy und seinen Sohn.
Die Fachwerkkapelle von Preetzen wurde in den 1960er Jahren wegen Baufälligkeit abgerissen. Seitdem nutzt die Kirche das einstige Erbbegräbnis der Gutsbesitzerfamilie Dudy, die auf über 500 Hektar wirtschaftete, für die Gottesdienste.

Steinmocker

Wer sein Auto nicht zu sehr liebt, der fährt von hier aus direkt nach Steinmocker. Alternative wäre die auch nicht sehr bequeme Fahrt über die Pflasterstraße vor Neetzow.
Steinmocker – das ist Einsamkeit pur. Kopfweiden, Sölle, Gebüsche und Findlinge geben

der Landschaft das Gepräge. Ein schönes, rohrgedecktes Fachwerkhaus des 18. Jahrhunderts steht gegenüber der Kirche. Eigentlich ein **Feldsteinsaal** des 15. Jahrhunderts, wurde das Gotteshaus zu DDR-Zeiten größtenteils verputzt. Die Fachwerkgiebel stammen aus der zweiten Hälfte des 19. Jahrhunderts. Prägend wirkt der verbretterte, sehr schlanke Turm.

Am Eingang zum Friedhof befindet sich die 1934 errichtete Grabanlage für die Toten des Ersten Weltkrieges. Jedem Gefallenen wurde ein Findling gewidmet. »Sie starben, damit wir leben«, steht auf dem großen Stein, der mit einer Lorenbahn aus dem Wald geholt worden war.

Aus dem Jahre 1934 stammen auch die Malereien des **säenden und erntenden Landmannes** an der Altarwand der Kirche. Natürlich sind die Landwirte blond, Modell stand ein Bauer aus Steinmocker. Der damalige Pastor tendierte zur Hitlerbewegung, der Maler kam aus Greifswald.

Im Innern bietet die Kirche ein recht einheitliches Bild. Am blau gestrichenen Gestühl befanden sich früher Federn, die Helmzier der beiden Wappen, die an der Kanzel zu sehen sind. Sie stammt aus der ersten Hälfte des 17. Jahrhunderts, ist mit Darstellungen der Evangelisten, dem renaissancetypischen Beschlagwerk sowie doppelköpfigen Adlern verziert. Moses trägt den Predigtstuhl, ein Christus krönt den Schalldeckel. Das hölzerne Gehege des Altars stammt aus der gleichen Zeit.

Kein Wetterhahn krönt den Turm, sondern ein **Wolf**. Er erinnert an die Gutsherren, die von Winterfeldt, deren Wappen an der Kanzel zu finden ist. Angeblich kamen eines Tages Wölfe aus dem Wald, als von Winterfeldt auf dem Feld war. Er versteckte sich in einer Roggenhocke, die Tiere liefen vorbei. Deshalb nahmen die Winterfeldts einen Wolf, der über zwei Roggengarben springt, in ihr Wappen auf. Sie hatten Steinmocker seit dem 14. Jahrhundert als Lehen, ehe es Friedrich Wilhelm I. dem Generalmajor Georg Lein von Winterfeldt »erb- und eigenthümlich« verlieh. Steinmocker war damit ein Allodium, ein freies Gut. Der letzte Winterfeldt bis 1764 war Philipp Otto. 1805 kamen die Ramins, 1842 Holz, und schließlich erwarb Wilhelm von Kruse das Gut für 228.000 Taler.

Sonnenuhr an der Gramzower Kirche

Spätestens aus seiner Zeit stammt das **Herrenhaus**, zu dem ein großer Park gehört. Flankiert wird es von Wirtschaftsgebäuden, die die Weissenborns (seit 1890 Pächter) errichten ließen. 1931/32 erwarb Conrad Weissenborn das Gut, der u.a. etwa 50 Tagelöhnerfamilien, einen Ober- und acht Unterschweizer, Stellmacher, Gärtner, Maurer und drei Statthalter beschäftigte.

Krusenfelde und Gramzow

Auf wenig befahrenen Straßen, die nach der Wende asphaltiert wurden, geht die Reise zum nächsten von Kruseschen Gut, Krusenfelde. Das Verwalterhaus ist ein recht stattlicher Putzbau mit einem Rondell an der Auffahrt, zu dem eine Allee führt. Wilhelm von Kruse baute Anfang des 19. Jahrhunderts Krusenfelde, nachdem er Gramzower Bauernstellen erworben hatte.

Heute hat Gramzow noch etwa 50 Einwohner. Im 19. Jahrhundert wanderten viele **Bauern nach Amerika** aus, um dem »Vergüterungsdruck« in der Kaiserzeit zu entgehen. Durch die Separation des Allodialgutes im Jahre 1823 waren die zwölf leibeigenen Bauern zwar frei geworden, erhielten für 2317 Taler 464 freie Morgen, aber die Abfindungszahlungen waren zu hoch. 1880 war der letzte der bei der Separation entstandenen Höfe verkauft. Daneben gab es immer Bauern und Pfarrland.

Die Baulichkeiten des Gutes ließ schon Wilhelm von Kruse abreißen. Aus einem Teil der Gramzower Stellen entstand **Krusenkrien**. Einige schöne Gehöfte und auch der von den von Kruses finanzierte Schulbau von 1885 erinnern an bessere Zeiten. 1795 wurde das Obergeschoss des Turmes der Gramzower Kirche abgebrochen. Seitdem präsentiert sich das Gotteshaus als großer Backsteinsaal, z.T. wurden für den Bau auch Feldsteine verwandt. Im Turmrumpf befindet sich die Grabplatte des Matthias Budde aus dem Jahre 1591, die den Verstorbenen im Relief zeigt. U.a. ist er laut Inschrift mit den Wappen der Bude, Ruske, Grothus und Bere geschmückt. Er war nicht nur »erbseßen zu Netzow«, sondern auch Statthalter auf der heute zu Estland gehörenden **Ostseeinsel Ösel**. 1862 entstanden das Portal und die Fenster in ihrer heutigen Gestalt, wurden die ursprünglichen Gewölbe durch hölzerne ersetzt. Aus dieser Zeit stammt die geschlossene neugotische Ausstattung mit Altarwand inklusive Kanzel, den 26 nummerierten Bankreihen, der Orgelempore und wohl auch den Messingkronleuchtern. Im Altarraum steht der Taufstein aus Granit, er soll aus dem 13. Jahrhundert stammen.

Die schlichte Backsteinkirche von Gramzow

Hügelgräber liegen an der Straße von Gramzow nach Neetzow

Sehr interessant ist die Außenwand, d.h. die **Ritzzeichnungen** auf den Ziegeln, denen häufig eine allerdings sehr umstrittene kultische Bedeutung zugeschrieben wird. Dazu gehören Pfeile, Hakenkreuze und diverse Sonnenuhren. Vorhandene Löcher würden die Befestigung eines Stabes ermöglichen. Offensichtlich gibt es im unteren Bereich auch Nachahmungen.

Neetzow

Von Gramzow geht es nun nach Neetzow. Bei Klein Below weist ein Schild auf zwei bronzezeitliche Hügelgräber unweit der Straße hin.

Das Schloss

2004 erhielt das Schloss Neetzow als Hotel ein neues Leben. Eine gute Wahl für Urlauber, denn das Neetzower Schloss aus gelbem Backstein - die Gutsbesitzerfamilie besaß eine eigene Ziegelei - auf asymmetrischem Grundriss gehört zu den schönsten Herrenhäusern Ostvorpommerns. Dazu kommt die acht Hektar große Parkanlage mit kleinem See und Grotte, an deren Gestaltung wohl Peter Joseph Lenné mitwirkte. Für die Ausführung zeichnete Friederica von Kruse (1800 bis 1861), die Mutter des Bauherrn, verantwortlich. Sumpfzypresse, Tulpenbaum, Orientalische Fichte, Kaukasische Flügelnuss, Edelkastanie, Amur-Korkbaum und diverse Eichenarten gehören zur Gehölzausstattung.

Baumeister des 1846 bis 1851 im Stil der **Tudorgotik** errichteten Schlosses war mit dem Berliner Friedrich Hitzig einer der bedeutendsten Architekten seiner Zeit. Bezahlt hat ihn der erfolgreiche Landwirt **Wilhelm von Kruse** (1823 bis 1866). Sowohl das Allodial- als auch das Lehngut hatte Friedrich von Kruse 1803 erworben. 1852 gehörten sechs Rittergüter zum Kruseschen Besitz; Nummer sieben, Krusenkrien, kam noch hinzu.

Ein dreiachsiger Mittelrisalit mit einer Säulenvorhalle dominiert die Ostseite. Eindrucksvoll das Bild von der Parkseite mit vorgebauter Terrasse und Ecktürmen. Terrakottafries, Ziersteine und Säulenkapitelle schuf die Berliner Firma Feilner. Über dem Eingang ist das von Adlerschwingen gerahmte Krusesche Wappen zu sehen. Die beiden

Greifen der Berliner Firma Schulz und Holdefeiss, die sogar zur Weltausstellung reisten, sind derzeit nicht am Platz. Als kunsthistorisch besonders wertvoll gelten die Stuckarbeiten der Westobrunner Schule.
Im Inneren blieb trotz Plünderung 1945 bemerkenswert viel von der neoklassizistischen Innenarchitektur erhalten, z.B. der Festsaal mit Kassettendecke, das Kaminzimmer mit Wand- und Deckenstuck und anderes mehr. Dass der Eingriff in die Innenräume vergleichsweise moderat ausfiel, liegt sicher auch an der Nutzung. 1952 bis 1962 war das Schloss **Sitz des Staatlichen Dorfensembles** der DDR. Die Künstler, die die ganze Welt bereisten, lebten hier, ehe das Ensemble nach Neustrelitz umzog. Für deren Auftritte wurden ein Tanzsaal am Schloss angebaut und vier Doppelhäuser hinterm Schloss errichtet. Für Ensemblebusse und Fundusfahrzeuge entstanden Garagen an der Auffahrt. 1962 zog bis 1991 ein Institut der **Akademie der Landwirtschaftswissenschaften** ein. Daran erinnern auch die Garagen im Park. In Neetzow wurden unter anderem Prognosen für die Entwicklung der Landwirtschaft im Dienste des Zentralkomitees der SED erstellt. Das Vorhandensein der historischen Innenräume führte dazu, dass auch in Neetzow zu DDR-Zeiten für einen Bismarck-Film gedreht wurde.
Fährt man von Krusenfelde zum Schloss, dann stehen rechts der Gutsspeicher von 1892 und links der Milchviehstall von 1912. Der Weg führt zunächst auf den wie das Schloss gelb verklinkerten **Marstall** von 1886 zu, den die LPG zu DDR-Zeiten für Verwaltung und Kultur nutzte. Auch die alte Schmiede aus den 1880er Jahren gibt es noch. Einer der großen Schafställe - im 19. Jahrhundert war die Wollproduktion lukrativ - ist noch vorhanden. 1945 begannen 70 Neubauern ein neues Leben in Neetzow.
Das frühere Allodialgut blieb bis zur Bodenreform von Kruseschen Besitz. Wolf-Eginhard von Kruse (1887 bis 1950) hatte mit der Landwirtschaft wenig im Sinn, bestellte aber stets tüchtige Verwalter. Seinem Sohn und Erben Joachim (1912 bis 1993) ließ er eine gediegene landwirtschaftliche Ausbildung angedeihen. Wolf-Eginhard von Kruse sympathisierte schon vor 1933 mit den Nazis, glaubte wie viele Konservative, sie zähmen zu können. Das Verhältnis kühlte sich später ab, ging sogar in Hass über. Nach der **Bodenreform** wohnte er noch bis Oktober 1945 in einem Zimmer des Schlosses. Dann blieb dem Rittmeister eine Stunde, um zu packen. Mit Rucksack ging von Kruse nach Bayern, starb bei einem früheren Hausdiener.
An der Dorfstraße steht das verputzte Inspektorhaus, heute von Vereinen und Organisationen genutzt. Die Kastanienallee führt auf das alte Gutshaus zu, in das die Kapelle der Neetzower Herrschaft integriert war.

Der Park

Im Park führt rechts ein Weg zu den Teichen und zu einem Turmhügel, der von einem Graben umgeben ist. Hier befand sich die Mitte des 19. Jahrhunderts errichtete und nach 1945 von Sowjetsoldaten und Einheimischen geplünderte und teilweise zerstörte Gruft der Familie mit **sieben Sarkophagen**. Der 1892 verstorbene August von Kruse (Sohn des unverheirateten Wilhelm von Kruse mit einem Dorfmädchen, der auf Antrag des Landrates 1868 in den Adelsstand erhoben wurde) wurde aufgrund seiner außerehelichen Geburt in einer eigens für ihn gemauerten Gruft beigesetzt. Ein Grabstein erinnerte an ihn. Die Familie pflegte auch seine Grabanlage. Um 1970 entdeckten spielende Kinder die Grabkammer und verschafften sich Zugang. Eine Glasscheibe ermöglichte den Blick ins Innere des Metallsarges auf den fast unversehrten Leichnam. Die Kinder zerschlugen die Scheibe, der Körper zerfiel schnell und die Kammer wurde verfüllt. Der letzte männliche Spross des Geschlechts, Joachim von Kruse,

Das Peenetal

Vor etwa 100.000 Jahren entstand in der letzten Phase der Weichsel-Kaltzeit das ursprüngliche Flusstal der Peene. Durch das Abtauen des Eises wurden gewaltige Wassermassen frei, die sich im Tal sammelten.

Im Lauf der nächsten Jahrhunderte entstand das Moor. Der Boden war fruchtbar und bot vielen Pflanzen optimale Lebensbedingungen. Zum Winter ging die Vegetation ein, die Pflanzen gerieten unter Wasser, wurden konserviert und Torf entstand. Diese Schichten sind heute bis zu acht Meter mächtig. Torf wurde schon in der Bronzezeit als Brennstoff genutzt, im großen Stil erfolgte der Torfabbau aber erst im 19. Jahrhundert. Die meisten Torfstiche, vor allem im Umfeld der Städte, entstanden in den Jahren 1840 bis 1890.

Durch großflächige Entwässerungen im 20. Jahrhundert, massenhaften Biozid- und Düngereinsatz und die Bodenverdichtung durch die Benutzung schwerer Maschinen wurde das Flusstalmoor an einigen Stellen schwer geschädigt. Unter den gegenwärtigen EU-Förderbedingungen ist die Bewirtschaftung zudem längst nicht mehr rentabel.

Mit über einhundert Kilometern Länge und ein bis zwei Kilometern Breite ist das Peenetal das größte Niedermoor Deutschlands und das größte Fließgewässersystem Mecklenburg-Vorpommerns. Entwässert werden 5500 km². Der Fluss fließt wegen des Gefälles von 20 cm auf 80 Kilometer Länge sehr langsam. Da nicht das gesamte Tal eingepoldert wurde und viele Meliorationsmaßnahmen im Planungsstadium stecken blieben, hat die Peenelandschaft viel von ihrem ursprünglichen Reichtum an Pflanzen und Tieren bewahren können. Hier findet man etwa 350 Tiere und 170 Pflanzen, die auf der Roten Liste stehen. 156 Vogelarten gehören zu den Brutvogelarten. Dazu blieb der ursprüngliche Verlauf des Gewässers weitgehend unangetastet. Die sieben Naturschutzgebiete des Peenetals umfassen 3900 Hektar. Der gesamte Bereich ist Landschaftsschutz- und EU-Vogelschutzgebiet. Seit 1992 wurden und werden etwa 28 Millionen Euro in das Naturschutzprojekt Peenetal-Landschaft gesteckt, Deiche zurückgebaut, Schöpfwerke abgestellt, Polder aufgegeben. Regie führt der Zweckverband »Peenetal-Landschaft«. 2008 sollen die Arbeiten abgeschlossen sein. Wenn es nach den Landräten der betroffenen Kreise geht, wird das Peenetal der vierte Nationalpark Mecklenburg-Vorpommerns. Das Großschutzgebiet umfasst dann eine Fläche von etwa 45.000 Hektar.

Zu den Markenzeichen des Gebietes gehören die Orchideenvorkommen, die Lebensräume für Biber und Fischotter. 1770 waren die letzten Biber auf dem Gebiet des heutigen Mecklenburg-Vorpommerns erlegt worden. 1975 und 1976 wurden 23 Tiere von der Elbe im Naturschutzgebiet »Peenewiesen bis Gützkow« ausgesetzt. Eine Erfolgsgeschichte: Heute gibt es im Peenetal weit mehr als 100 Biberansiedlungen. Eine weitere Besonderheit ist der Fischreichtum mit 37 Arten. Darunter sind die europaweit gefährdeten Rapfen, Steinbeißer, Fluss- und Bachneunaugen, Schlammpeitzger, Bitterlinge und der Lachs. Bemerkenswert ist auch der Bestand an Insekten (802 Arten) und Spinnen (216 Arten).

Das Neetzower Schloss gehört zu den beeindruckendsten Profanbauten im Kreis Ostvorpommern und wurde nach 2000 saniert

starb 2003 in München. Er ließ 1991 einen Gedenkstein auf dem Friedhof setzen.

Das Dorf

Im Ort lohnt sich ein genauerer Blick auf die historischen Landarbeiterhäuser. Bei jedem dieser Häuser wurde Fachwerk verwendet, aber nie in der gleichen Ausführung. Nach dem Zeugnis Joachim von Kruses waren die meisten der 30 Landarbeiterfamilien seit Generationen beim Gutsherrn. Freie Wohnung, Kartoffel- und Gartenland, Brennholz, Briketts, freie Haltung einer Kuh nebst Nachzucht und Ställe für Schweine und Kleinvieh reichten für ein bescheidenes, aber sicheres Leben.

Kagenow

Von Neetzow aus machen wir einen Abstecher in Richtung Peene. Hier liegt das bei Naherholern wegen seines Baggersees beliebte Kagenow.

Die Kirche, ein verputzter Backsteinbau, gilt als eines der ältesten Gotteshäuser des Gebiets. Der Turm ist jünger und trägt eine barocke Haube. Malerisch liegt das Gotteshaus inmitten des Friedhofs am Rande des Ortes. Das Innere ist heute schmucklos, der große **Barockaltar** wurde 1945 verfeuert. Der Sandsteintaufstein des 19. Jahrhunderts stammt aus Liepen. Im Durchgang wurde ein alter Taufstein oder ein Weihwasserbecken eingelassen.

Interessant ist ein Gang über den Friedhof. In den 60er Jahren wurden hierher mehrere Soldaten umgebettet, die am 30. Mai 1945 bei einer Schießerei umgekommen waren. Ursprünglich hatte man die 23 Deutschen am Wegrand bestattet. »Sie fielen im Kampf bei Kagenow« steht auf dem Grabstein. Es sollen Angehörige der Waffen-SS gewesen sein.

In einen Baum eingewachsen ist das gusseiserne Kreuz für Sophie von Neetzow geborene von Eichstädt. Seit 2002 erinnert auch eine

Grabplatte an den letzten Rittergutsbesitzer Paul Kutschke, dessen Familie das Land von den von Kruses erworben hatte.
Ein Gutshaus gibt es nicht mehr, nur noch einige Wirtschaftsgebäude und Landarbeiterhäuser. Nicht weit von der Kirche blieb ein frühdeutscher Turmhügel erhalten.

Priemen

Von Kagenow aus geht es jetzt auf kürzestem Weg nach Priemen. Wer lieber auf »richtigen« Straßen fährt, nimmt den Weg über Neetzow und Liepen.
Zwar gibt es noch einige Landarbeiterhäuser, das Wirtschaftsgebäude und ein verputztes Gutshaus mit Mittelrisalit, von der Baltischen Baugenossenschaft 1908 errichtete Häuser, aber das eigentlich Schöne am heutigen Priemen ist die Lage an der Peene. Ein kleines Stück vom Ort entfernt liegt auf einem Hügel mit bestem Blick aufs Flusstal **Antonie von Rudnow** begraben. Eine kleine Gedenktafel erinnert an die letzte Frau, die im Priemener Gutshaus residierte. 1945 ging sie nach Krien, um sich bei der Kommandantur zu beschweren, weil sie ihre Pferde nicht zurückbekam. Antonie von Rudnow kehrte nicht zurück. Man fand sie tot im Kriener Holz.

Liepen

Von Priemen kehren wir an die Bundesstraße zurück. Unmittelbar an der Straße, gegenüber dem schmucken **Pfarrgehöft**, steht inmitten des Friedhofs die Liepener Kirche. Der Turm nach einem Entwurf von Fritz Adler wurde 1885 hinzugefügt. 2003 wurden zwei Uhren angebracht.
Mit dem Bau des Gotteshauses begann man vor 1300. Glanzstück der Ausstattung ist der 1998 restaurierte Altaraufsatz vom Anfang des 16. Jahrhunderts. Er zeigt Nikolaus, Maria und Barbara sowie darüber die Nothelfer. Allerdings nur acht, nämlich Georg in Landsknechtstracht, Cyriakus mit Leuchter, Achatius mit Schild, Schwert und Kreuz sowie Christophorus, Margaretha, Katharina, Barbara und Jakobus. Eigentlich müssten es 14 sein. Die mit reichlich Beschlagwerk verzierte Kanzel ist ein rundes Jahrhundert jünger als der Altar. In Rundbögen sind die vier Evangelisten dargestellt. Erwähnenswert sind auch die Tugenden wie Glaube, Liebe und Hoffnung an der Orgelempore aus dem 19. Jahrhundert. Der an die Wand **gemalte Frosch** gibt Rätsel auf. Es gibt keine Legende und bisher auch keinen Deutungsversuch für diese Malerei. Petrus mit dem Himmelsschlüssel ist dagegen leicht identifizierbar.
Das verputzte Haus des Pächters – letzter war Paul Denkmann – der Domäne Liepen entstand 1906. Nach der Wende wurde es saniert, präsentiert sich heute anders als vor 100 Jahren. Im einstigen Pferdestall des Ensembles aus behauenen Feldsteinen entstand eine Gaststätte.
Neben der Domäne gibt es drei alte Bauernhöfe. Ihre Inhaber sorgten im Zweiten Weltkrieg für eine Glockenrettung der besonderen Art. Um diese nicht der Kriegsmaschinerie opfern zu müssen, ließen sie sie fallen; besser kaputt als eingeschmolzen. Bis 2000 wurde mit einer aus Preetzen geborgten Glocke geläutet.

Padderow

Vor der Rückkehr auf direktem Weg über die B 110 lohnt noch ein Abstecher an die Kreisgrenze. Im September 2003 eröffnete in Padderow auf einer Fläche von 700 Quadratmetern in einer früheren Ausbildungshalle das **Modellbahnland**.
Gezeigt werden z.B. rund 5000 verschiedene Modellautos sowie fünf Anlagen, die verschiedene Epochen der Eisenbahngeschichte illustrieren.
2004 ist die Außenanlage gestaltet worden. Es ist die einzige Ausstellung dieser Art in Mecklenburg-Vorpommern.

Wikinger und Hünen an der Vorpommerschen Dorfstraße

Unsere Tour führt zu einem großen Teil entlang der »Vorpommerschen Dorfstraße«, dem wohl interessantesten Projekt zur Erschließung des Küstenvorlandes.

Ziethen

Erste Station ist Ziethen, an der B 109 von Anklam Richtung Greifswald gelegen.
Zu den sehenswerten Gebäuden des 1903 zum großen Teil abgebrannten Dorfes gehört die heute u.a. von der Raiffeisenbank genutzte **Wassermühle** an der Bundesstraße. Im Jahr 1822 übernahm Müller John die Mühle. In jener Zeit dürfte das oberirdische Gebäude sein heutiges Aussehen erhalten haben.
Eine von Bäumen gerahmte Kopfsteinpflasterstraße führt an einem großen Rondell vorbei auf das Gutshaus zu. An dem lang gestreckten, heute weitgehend schmucklosen Herrenhaus flankieren die Jahreszahlen 1818 und 1922 das von **Einhorn und Löwe** gehaltene Schwerinsche Wappen. Gebaut wurde dieses Haus in den Jahren 1918 bis 1922. Die erste Zahl, also 1818, bezieht sich wohl auf den Vorgänger an gleicher Stelle.
Eine Reihe von Wirtschaftsgebäuden erinnert an die Gutszeiten. Sie wurden zum Teil von Curt Detloff von Schwerin, der 1882 Ziethen erbte, hauptsächlich aber von Bernhard Graf von Schwerin (ab 1908 Gutsherr), errichtet. Er war Landrat des Kreises Usedom-Wollin.
Entspannend ist ein Spaziergang durch den weitläufigen Landschaftspark mit großem Teich, der sich bis zur B 109 erstreckt.

Die Schiffsgräber von Menzlin sind einmalig in Norddeutschland

Die Kirche

Die Kirche bietet in ihrem Innern ein ganz anderes Bild, als man es von außen in einem Feldsteinbau des 13. Jahrhunderts erwartet hätte. 1937 erfolgte zur Amtszeit von Probst Dr. Hübner eine grundlegende Umgestaltung, die dem Gebäude innen glatte Putzwände bescherte. In der Flachdecke wurden »Sauerkrautplatten« verarbeitet.

Der hier tätige Stettiner Architekt Ostermaier baute auch die Bansiner Kirche. Umgestaltet wurde 1937 ebenso der Chorraum mit gemauerter Kanzel, dem großen Kreuz und dem **Klinker-Altar**.
Ein besonderer Schatz sind die zehn Glasscheiben mit den Wappen der Herren der Güter der Umgebung, so der von Hertell, von Bornstaedt, der Grafen von Schwerin, des Freiherrn Malchus, der von Below, Owstin usw. Vermutlich stammen sie von 1937.
Kunsthistorisch wertvollstes Ausstattungsstück ist der mit Bögen verzierte Taufstein, der vielleicht schon seit dem Bau des Gotteshauses hier steht. Die Messingtaufschale ist mit Fabelwesen verziert. Gestühl und Orgelprospekt sind neugotisch.

Der Friedhof

Nicht versäumen sollten Besucher einen Gang über den Friedhof, der eine Reihe historisch interessanter Grabstätten von

Gutsherren aufweist, wie z.B. das gusseiserne Kreuz für den Rittmeister von Bornstaedt (Relzow, gestorben 1929). An der Ostseite wird des Königlichen **Regierungsrates von Köslin** (Hinterpommern, polnisch Koszalin) und Ziethener Rittergutsbesitzers Curt Detloff Graf von Schwerin (1853–1908) und seiner 1945 im Alter von 85 Jahren verstorbenen Frau gedacht. Auf einem schwarzen Steinkreuz steht oben »Heimkehr«. Die 1998 verstorbene Christa-Elisabeth Gräfin von Schwerin ließ sich in Ziethen beisetzen.

Archäologische Funde bei Menzlin

In Ziethen biegen wir auf die Straße Richtung Gützkow und von dieser nach Menzlin ab. Das 1856 von Magnus von Wedell, dem Pächter des damals der Klosterkammer Hannover gehörenden Gutes, erbaute Herrenhaus wurde 1987 abgerissen. Zuvor waren die Quilower Owsti(e)ne die Besitzer Menzlins. Immerhin stehen noch einige historische Wirtschaftsgebäude.

Richtung Peene führt ein ausgeschilderter Weg zu einer der bekanntesten archäologischen Stätten in Mecklenburg-Vorpommern. Der Tannenberg ist eine in ihren Ausmaßen in der Region wohl **einzigartige Binnendüne**, die auf die Weichsel-Eiszeit zurückgeht. Pflanzenfreunde kommen wegen des Vorkommens der Wiesenkuhschelle und Gemeinen Kuhschelle auf dem blütenreichen Halbtrockenrasen hierher. Allerdings hat der Bestand stark abgenommen, wahrscheinlich, weil die Beweidung durch Schafe fehlt.

Nahe der in diesem Bereich nur 15 Meter breiten Peene siedelten vom späten 8. bis zum frühen 10. Jahrhundert Skandinavier gemeinsam mit Slawen. Die Bezeichnung **»Altes Lager«** erinnert daran, dass 1676 brandenburgische Truppen Anklam einnehmen wollten, dessen Silhouette von hier bestens zu sehen ist. Sie richteten nahe dem Fluss wohl ein Heerlager ein.

Erste slawische und bronzezeitliche Gegenstände wurden ab 1905 gefunden. Spätere Ausgrabungen von 1965 bis 1969 förderten auf den knapp drei Hektar sensationelle Hinterlassenschaften zutage.

Für den Besucher besitzen die sieben **schiffsförmigen Steinsetzungen** mit Steinkreisen den größten Schauwert. Selbst in Skandinavien trifft man selten auf so viele nahe beieinander liegende »Schiffsgräber«.

Funde bis hin zu Spielsteinen, Luxusgütern und Schmuck zeugen von der Bedeutung Menzlins als frühstädtischem Zentrum. Neben Händlern muss es viele Handwerker gegeben haben. Andere Hinterlassenschaften legen die Ausübung des Thorkultes nahe. Die hier lebenden Slawen haben nicht nur bei der Versorgung der Händler und Handwerker eine wichtige Rolle gespielt. Sie waren auch am Handel beteiligt. Funde von Münzen in der Umgebung legen Handelsbeziehungen bis in die arabische Welt nahe.

Sogar eine **gepflasterte Straße** fanden die Archäologen. Seit 2000 ist bekannt, dass die Furt durch die Peene befestigt war. Ein etwa ein Kilometer langer Pflasterweg auf Eichenbohlen wurde mittels geophysikalischer Methoden ohne Grabung nachgewiesen. Eine anschließende Grabung ergab, dass diese Pflasterung im frühen 9. Jahrhundert entstanden ist. Im Rahmen des Fremdenver-

Großsteingrab im Garten des Bauers Schnelle

kehrsprojektes Vorpommersche Dorfstraße wird jetzt darüber nachgedacht, die Siedlung und den Hafen nachzuempfinden und die Wikingerstraße, die derzeit meistens unter Wasser steht, anzuheben.
Am Fluss wurden in den 1890er Jahren im Auftrag der Klosterkammer Hannover **Hafenkanal**, Leinpfadsteg und ein Bohlenweg angelegt. Von hier aus wurden u.a. Zuckerrüben verschifft. 1931 entstand an gleicher Stelle ein 80 Meter langer Stichkanal. Sehr zu empfehlen ist ein Spaziergang im Bereich des heutigen Bootshafens, um die durch die Rücknahme der Melioration noch großartiger gewordene Pflanzen- und Tierwelt zu genießen. Auch ein Rundkurs ist vorhanden.

Klein Polzin

Die Tour führt weiter von Menzlin Richtung Gützkow. Direkt an der Abfahrt Klein Polzin befindet sich das Gehöft des Bauern Karl Schnelle. Der Großvater des heutigen Besitzers, Paul Schnelle, hatte 1927 die Stelle bei der Aufsiedelung des Gutes erworben. Auf der anderen Seite der Straße liegen Reste eines so genannten **Hünengrabes**, ein weiteres auf dem Feld wurde angeblich zu DDR-Zeiten auf Veranlassung des LPG-Vorsitzenden gesprengt.
Errichtet wurden die Großsteingräber durch Ackerbauern und Viehzüchter der Jungsteinzeit. Im Schnelleschen Garten stehen zwei weitere, darunter das einzige Großsteingrab des Kreises, das noch einen von wohl einst drei Decksteinen besitzt. Elf stehende Blöcke sind auf sechs Meter Länge verteilt. Die Grabkammer ist etwa acht Quadratmeter groß. Errichtet wurden die Hünengräber vor etwa 5000 Jahren mit Hebeltechniken und vielleicht auch mit Zugtieren. Sie zeugen vom großen technischen Können unserer Vorfahren. Dass es die Klein Polziner Großsteingräber noch gibt, verdanken wir Paul Schnelle, der ihren Wert nach Übernahme der Siedlerstelle erkannte, obwohl die Anlagen unter großen Steinhaufen versteckt waren. Der Landwirt informierte die Denkmalbehörde, woraufhin um die beiden Gräber ein **Mustergarten mit Eiben** angelegt wurde. Zu sehen sind auch zwei steinerne Mahlmühlen (ca. 4000 bzw. 2000 Jahre alt), die Karl Schnelle gefunden hat.

Kanal an der Peene bei Menzlin

Groß Polzin

Die Bebauung des Angers von Groß Polzin ist einen Abstecher wert. 1860 ließ die Familie Westphal-Rewoldt das Herrenhaus errichten. Vier Pfeiler und ein Giebeldreieck betonen die Mitte des Eingeschossers. Die Putzquaderung ist teilweise noch erkennbar. Ein Anbau verbindet das Herrenhaus mit Wirtschaftsgebäuden, d.h. den Wohnungen der Bediensteten. Auch Ställe und Scheunen des 19. Jahrhunderts sind in dem von einer Mauer umfriedeten **Gutsareal** erhalten. 1923 sind eine weitere Scheune und 1939 ein Schweinestall datiert. Im Kopfsteinpflaster erinnern Schienen an die Zeit, als die Bahn entscheidend für den Transport in der Landwirtschaft sorgte.

Quilow

Der nächste Ort Richtung Gützkow ist Quilow, das schon Wilhelm Busch kannte.

Schuld daran ist ein Vogel: »So wurde denn aus Pommernland mir endlich Quilow auch bekannt durch einen Vogel, gut und schön, den will ich recht genau besehn. Zuerst von außen, dann von innen und bei dem letzteren Beginnen da sei ein volles Glas geleert, zu Ehren dem, der ihn beschert.«

Das Gutshaus

Mehr noch als durch den gebratenen Vogel sollte Quilow durch sein Herrenhaus bekannt sein. Dank des Status als **Denkmal von nationaler Bedeutung** floss viel Geld in das Schloss, seit der Wende immerhin 1,5 Millionen Euro. Über die Güte der durchgeführten Arbeiten kann man angesichts von »Stahlwäldern« zur Sicherung im Innern geteilter Meinung sein.

Errichtet wurde das Schloss im Stil der norddeutschen Renaissance 1573 bis spätestens 1578 durch Rolof von Owstin. Sein Vater stand der Herzogsfamilie sehr nahe. Christoph von Owstin war herzoglich pommerscher Landrat und wurde 1606 Vormund des minderjährigen späteren Herzogs Philipp Julius. Der hohe Wert des Schlosses ergibt sich auch aus der Ähnlichkeit mit dem Wolgaster Schloss. Der Baumeister kannte die römische **Residenzarchitektur** und ihre Besonderheiten.

Prägend wirkt der achteckige Turm des verputzten Baus. Neuere Untersuchungen zeigen, dass es sich um einen einheitlichen Bau handelte, der erst in den 1960er Jahren durch die Herunternahme des Westgiebels und dessen Erneuerung nach dem Vorbild des Ostgiebels verändert wurde. Etwas Besonderes ist die durchgehende zweischiffige Gewölbehalle im Erdgeschoss.

Der letzte Quilower Owstin, August Friedrich Gustav Bernhard (1779-1855), ließ das Schloss 1803 umfassend renovieren und den Speisesaal mit italienischen Landschaften ausmalen. Von den klassizistischen Malereien sind nach Zerstörungen in den 1960er Jahren nur noch Reste im Kulturraum erhalten. Nach dem Tod des letzten Owstin stellte die Familie Ploetz für die nächsten 90 Jahre die Gutsherren, da Sophia, eine seiner vier Töchter, den Landschaftsrat Carl von Ploetz geheiratet hatte.

Ab 1895 stand das Quilower Schloss leer, bis es ein Berliner Innenarchitekt 1920 für den aus dem Militärdienst ausscheidenden **Carl von Ploetz** renovierte und für den unverheirateten Mann Zimmer einrichtete, die unterschiedliche Stilepochen repräsentierten.

Letzter Besitzer des 750 Hektar großen Rittergutes vor 1945 war Claus von Ploetz.

Um das Schloss Quilow haben sich nach dem Auszug des letzten Bewohners im Jahre 1996 viele beworben. Darunter waren der Förderverein Peenetal-Quilow mit einem Nachfahren des früheren Schlossherrn, Karl-Friedrich von Flemming, eine Filmproduktionsfirma, die 1995 mehrere Millionen bot, sowie der Berliner Modellbauer Michael Krüger. Er wollte ein Zentrum für therapeutisches Reiten errichten, erhielt den Zuschlag, sprang aber wieder ab. 2005 kündigte die Stiftung Kulturerbe ländlicher Raum an, dass sie das Schloss retten will.

Im Dorf

Nur ein kleines Stück vom Schloss entfernt, am Weg ins **Quilower Holz**, liegt ein Findling, auf dem ein Kreuz eingetieft ist. Vermutet wird, dass es sich um einen alten Grenzstein oder einen Gedenkstein handelt.

An das Quilower Holz schließt sich eine Gruppe von elf Stieleichen an, die 300 bis 500 Jahre alt sein sollen. Möglicherweise befand sich hier früher eine Koppel für die Schweinemast.

Im Ort erinnern sehr viele Backsteinhäuser an die von Ploetzschen Zeiten. Zum Beispiel blieben der Pferdestall, der Kuhstall, die frühere Schrotmühle mit Speicher, die Schule von 1860 und eine Reihe von Landarbeiterhäusern, z.T. mit historischen Fenstern und

Türen, erhalten. Das Verwalterhaus stammt laut Inschrift von 1872. Ein neuer Anziehungspunkt könnte das geplante Trabant-Museum in der »Sandhalle« werden.

Die Kirche

Die neugotische Kirche von 1887 präsentiert sich dem Besucher sehr harmonisch. Integriert wurden ältere Ausstattungsstücke wie die Kronleuchter mit Weinlaub und Weintrauben aus dem 18. Jahrhundert. In den Altar wurde eine Kreuzigung Christi eingearbeitet, eine Arbeit des Dersekower Pfarrers Becker aus dem 20. Jahrhundert. Wohl aus dem Vorgängerbau der heutigen Kirche stammen die Bildnisse von Martin Luther und Philipp Melanchthon im Kirchenschiff, die laut Inschriften im Jahre 1598 entstanden. Es sollen die ältesten **Bildnisse** der beiden Reformatoren im norddeutschen Raum sein.

Jüngere Erinnerungsmale entstanden für Friederike Louise von Borcke, eine geborene von Owstin (1784-1848) und Sophie Elisabeth Wilhelmine von Borcke (1812-1826). Darunter gedenken drei Töchter ihrer Eltern, nämlich des letzten Quilower Owstins und seiner Frau Wilhelmine Caroline Ulrike, einer geborenen von Wolffradt, die nur 36 Jahre alt wurde. Zwei der Töchter, Louise und Wilhelmine, haben einen von Wedell geheiratet.

Die historisch interessantesten Kunstgegenstände befinden sich auf der Empore mit der Orgel des Stettiners Barnim Grüneberg von 1887. Es sind zwei **Epitaphien**, auf den ersten Blick sehr ähnlich, auf den zweiten gibt es aber in den Accessoires eine Reihe von Unterschieden. Messer, Trommeln, Pfauenfedern, Kette, Helme, Beil, Morgenstern und Engel gibt es hier unter anderem zu entdecken.

Das eine Epitaph gehört zu dem »Wohlgeborenen Herrn Capitain Heinrich von Owstin«. Er »ist am 10. Septembris Anno 1641 gebohren, nachdem er sich in Franckreich von Jugend auf in Krieges Actionen geübet und nachgehendes Ihrer Königlichen Mayestät zu Schweden und seinem Vaterlande getreuwe Dienste geleistet in der Schlacht auf Rügen den 7. Februaryi 1677 tötlich verwundet und den 17. desselben seelig im Herrn entschlaffen. Seines Alters 39 Jahr«. Ein Jahr zuvor hatte sein Bruder, der Quilower »Erbherr« Christian Gustaff von Owstin, das Zeitliche gesegnet. Er wurde 43 Jahre alt. Ihm bescheinigt die Inschrift des Epitaphs, dass er dem schwedischen König »beydes zu Hofe und zu Kriegsdiensten seine Untertänigste Pflicht erwiesen«.

Von Stolpmühl kann man nach Stolpe übersetzen

Über Land

Südlich von Quilow erreicht man nach einer Fahrt durch die malerische Landschaft die Fußgänger- und Radlerfähre nach Stolpe. Hier lag Stolpmühl. Das Mühlengut geht auf die Mönche des Klosters zurück.

Lüssows Kirche mit dem Anbau des Erbbegräbnisses für die Herrschaft

In Richtung Gützkow, zwei Kilometer westlich von Vitense, befindet sich auf großen Eichen eine der größten **Graureiherbrutkolonien** unseres Bundeslandes (Reiherkolonie Fuchsberg). Die Zahl der Vögel steigt von Jahr zu Jahr, schon 2002 wurden im Quilower Holz über 300 Brutpaare gezählt.

Pätschow

Von der Straße nach Gützkow biegen wir noch einmal nach Pätschow ab. Im Dorf beginnt das Kopfsteinpflaster. Erinnerungen an vergangene Zeiten, die im weitläufigen Pätschow mit zwei Teichen und viel Wiese noch an vielen Stellen erkennbar sind. Ställe und Speicher, die Schnitterkaserne und Landarbeiterhäuser sind noch da. Das Gutshaus ist ein Putzbau mit Mittelrisalit und Rundbogenfenstern, der 1935 durch Gutsbesitzer Hecker grundlegend erneuert wurde. Im Kern soll es drei Jahrhunderte auf dem Buckel haben.

Lüssow

Der nächste Ort Richtung Gützkow ist Lüssow. Schon heute ist ein alter Speicher ein kulturelles Zentrum, in dem unter anderem Ausstellungen stattfinden. Er wird das Informationszentrum der »Vorpommerschen Dorfstraße«. Das traditionelle **Vorpommersche Landgut** Lüssow, dessen erste Teile 2004 öffneten, wird ein erlebbarer landwirtschaftlicher Betrieb mit Backofen, Schmiede, Nutzgarten, Streichelzoo, der Möglichkeit einen Traktor zu fahren etc. Genutzt werden alte Ställe und ein großes Freigelände. Schon jetzt gibt es unter anderem eine sehenswerte Ausstellung land- und hauswirtschaftlicher Geräte. Hausschlachten, Tabakherstellung, Imkerei, Kartoffelwirtschaft, Milch- und Getreideverarbeitung gehören zu den Bereichen, über die man sich bereits informieren kann. In einem 1892 neu errichteten Stall blieben übrigens Inschriften russischer Kriegsgefangener aus dem Zweiten Weltkrieg erhalten.

Das Gutshaus

Die Chancen für eine Rettung des 1869 im Auftrage von Achim von Voß-Wolffradt errichteten Neorenaissanceschlosses stehen nicht schlecht. 1996 wurde ein Förderverein gegründet, und 2003 flossen endlich bedeutende Fördermittel zur Restaurierung des zweigeschossigen verputzten Gebäudes mit elf Achsen. Seit 1984 hatte es leer gestanden, wurde als »Baumarkt« missbraucht. Achim von Voß erbte Lüssow 1841 von seinem Vetter Hermann von Wolffradt, dessen Familie zwei Jahrhunderte das Gut besaß. Der neue Besitzer hieß nun von Voß-Wolffradt, wie es die Bestimmungen des Fideikommisses vorsahen. Im Innern blieb noch Stuck erhalten, sehenswert sind auch die Tonnen- und Kreuzgratgewölbe.

In dem knapp neun Hektar großen **Gutspark** haben Botaniker in jüngster Zeit 36 dendrologische Besonderheiten von Gingko über die Amerikanische Linde bis zum Abendländischen Lebensbaum festgestellt. Im Wald bei Lüssow liegt die Grabstätte des letzten Gutsherrn Vicco von Voß-Wolffradt. Er hatte am 30. April 1945 zunächst seine Frau, die Tochter, den zweijährigen Sohn sowie die Sekretärin und dann sich selbst erschossen.

Im Wald liegt auch ein gewaltiger Schälchenstein, der Riesenstein, den der Sage nach ein Riese aus Zarnekow nach dem Liepener Kirchturm warf. Er fiel aber schon vor der Peene an dieser Stelle nieder.

Die Kirche

1878 wurde die wohl im 15. Jahrhundert entstandene Kirche nach einer grundlegenden Renovierung wieder eingeweiht. Gestühl, **Glasmalereien mit Teppichornamentik**, Deckentäfelung und Fliesen erinnern u.a. an diese durchgreifende Erneuerung. 1878 steht auch an der Kanzel und der Orgel. An vergangene Beerdigungsriten erinnern zehn Konsolen für Totenkränze aus den Jahren 1749–1812. Achim von Voß ließ 1843 das Erbbegräbnis an der Kirche bauen, das heute als Gemeinderaum dient.

Der Predigtstuhl stammt aus mehreren Jahrhunderten. Während der Korb in der ersten Hälfte des 17. Jahrhunderts entstand, werden Aufgang und Schalldeckel den Jahren 1724/25 zugeordnet, als der bedeutende Stralsunder Bildschnitzer Elias Keßler den Altar und die zugehörige Schranke mit dem aufrecht stehenden Taufengel fertigte. Damals war General Carl-Gustav von Wolffradt Besitzer Lüssows. Seine Initialen sowie sein Wappen und das seiner Frau gehören zum Altarschmuck.

Pentin

Gützkow bleibt auch nach Lüssow zunächst unsere Richtung, vorher machen wir noch einen Abstecher zum Ortsteil Pentin. Das Gut gehörte ab 1724 zum Besitz der Familie von Corswandt und wurde vor etwa 130 Jahren von den Lüssower Voß-Wolffradts übernommen. 1930 erwarb Rittmeister Lehmann das Anwesen. An dem eingeschossigen verputzten Pächterhaus mit dem großen Mansarddach – es wurde wohl Anfang des 20. Jahrhunderts errichtet – führt der Weg zum **Moorlehrpfad** Richtung Peene, der über ein von der EU gefördertes ABM-Projekt eingerichtet wurde. Immerhin ist das Peenetalmoor das größte zusammenhängende Niedermoorgebiet Mittel- und Westeuropas. Das untere Peenetal, d.h. der Bereich von Anklam bis zum Peenestrom, ist ein Versumpfungsmoor. Tief greifend melioriert wurde hier 1923 bis 1925. Arbeiter errichteten Deiche und zogen eine Vielzahl

Den Taufengel schnitzte Elias Kessler

Der Anschluss ans Eisenbahnnetz war auch für Gribow im 19. Jahrhundert ein Garant für den Aufschwung

von Entwässerungsgräben. Vor allem von 1930 bis 1945 wurde in bemerkenswertem Umfang Brennstoff gewonnen. Die zurückgebliebenen Torfstiche sind hoch interessante Rückzugsgebiete für Tiere und Pflanzen. In den 1980er Jahren erfolgte eine weitere, tief greifende Melioration.
Die Wende brachte auch die Wende in Richtung Naturschutz. Seit 1993 erfolgt nur noch zum Teil eine extensive **Weidenutzung**. Dank eines Deichbruchs im Winter 1997/98 ist die Verbindung Polder/Fluss wieder frei, die Flächen werden periodisch überflutet. Eine Nutzung mit Zukunft kann der Schilfanbau sein.
Beeindruckend ist die Tier- und Pflanzenwelt. Hier leben Biber und Fischotter, brüten rund 70 Vogelarten. Während des Vogelzuges rasten u.a. Hunderte Bekassinen und Große Brachvögel.
Der Lehrpfad endet an der Peene an einem kleinen Bootsanleger, einer Art Badestelle.

Owstin

Ebenfalls Gützkower Ortsteil ist das auf der anderen Seite der Landesstraße gelegene Owstin, das damit den großen Namen des Adelsgeschlechtes trägt. Hier hat sich auf dem Gutsgelände eine erfolgreiche **Straußenzucht** mit eigener Schlachtung und Hofladen etabliert. Ein Café folgt 2006.

Gribow

Weiter auf der B 111 nehmen wir den Abzweig Richtung Züssow. »AB 1892« heißt es an einem Giebel des Pferdestalls an der Einfahrt zum ummauerten Gutsgelände von Gribow, Erinnerung an Axel Bunge, dessen Familie für das vergleichsweise wohlerhaltene **Ensemble** verantwortlich zeichnet. Hinter dem Pferdestall stehen Kuh- und Bullenstall. Dann ist das 1888 erbaute backsteinsichtige Herrenhaus erreicht. Im selben Jahr entstand die Schmiede, das Tagelöhnerhaus mit anschließender Stellmacherei stammt von 1907. Am Teich steht eine große Fachwerkscheune (1889), die in die Tiefe geht und durchfahren werden kann. Integriert war eine Mühle, leider wurde das Innenleben nach 1990 »entsorgt«. Dank des Wirkens eines Fördervereins präsentiert sich der Gutshof heute aber wieder sehr ansehnlich. 2004 wurde ein Guts-Café eröffnet.
Im Foyer, im Blauen Salon und im Esszimmer des Gutshauses wurden **Malereien** aus der Kaiserzeit entdeckt und restauriert. Das Bungesche Wappen ist hier zu sehen. Es zeigt im Schild eine Reuse, Hinweis auf die Fischerei der Familie, aus der Helmzier wachsen Ähren. Erhalten blieb eine große Zahl originaler Türen. Der Stuck im Gartensaal stammt von 1905. Originell ist das Kellergeschoss. Hunderte Holzpantinen hinterließen eine richtige Spur im Ziegelfußboden Richtung Küche.
Im Park krönt ein Findling von 1922 einen kleinen Hügel, der an **Axel Bunge** (1847–1921) und seine fünfzigjährige erfolgreiche Arbeit auf dem Gut erinnert. Die Bunges waren für ihre moderne Landwirtschaft bekannt, spielten eine wichtige Rolle beim Bau der Kleinbahn und der Züssower Molkerei. Gleich neben dem Hügel stehen Grabstei-

ne der Gutsherren. Der erste ist Gustav von Gloeden gewidmet, der 1733 im Ort geboren wurde: »Bestimmt diesen Platz zu seinem und den Seinen Begräbnis. Anno 1800«. Durch Heirat kam Gribow 1863 in den Besitz von Adam Friedrich Bunge. Der letzte Stein erinnert an die am 20. Mai 1945 verstorbene Auguste Bunge (geboren 1869).

Ranzin

Nun verlassen wir die B 111 und fahren nach Ranzin.

Das Gut

Das Bild des Gutes haben die Wolgaster Getreidehändler Homeyer geprägt. Sie erwarben 1845 Ranzin von den Horns, die Jahrhunderte hier und in Oldenburg saßen. Friedrich Homeyer (1824–1898), ab 1850 Gutsherr, studierte u.a. in Schottland und profitierte von den fortschrittlichen Methoden der Insulaner. Er drainierte die nassen Fluren, begann mit dem Drillen des Saatgutes und setzte - vorbildlich für Pommern - Kunstdünger ein. Homeyer war für seine **Hochleistungsrinder** bekannt; von ihm gezüchtete, weit über Deutschlands Grenzen bis nach Südafrika und Amerika hinaus geschätzte Schafe wurden als Homeyer-Typ bezeichnet.

1864 wurde er geadelt, drei Jahre später ließ er den großen, schmuckreichen Schafstall bauen. Ebenso wie der Schweinestall ist er mit Tierköpfen verziert. Gleich daneben steht das säulengeschmückte Haus des Administrators, in dem ab 1900 der Pächter Albert Ruge wohnte.

Adelheid von Homeyer (gestorben 1922), die dritte Frau des Gutsherrn, der zweimal Witwer wurde und den Tod all seiner fünf Kinder miterleben musste, bewirtschaftete Ranzin nur zwei Jahre selbst. Ein Stück vom **Pächterhaus** entfernt steht das 1877 nach einem Brand errichtete so genannte Schloss, ein Dreigeschosser, der heute Ferienzimmer und -wohnungen birgt. Es war früher schmuckreicher. Im Innern blieb eine weiße Marmortreppe erhalten.

Letzter Besitzer des Ranziner Gutes vor der Bodenreform war Karz von Kameke.

Ranzin wurde 1945 Landesgut, das Schloss zum Altersheim. 1952 bis 1984 zog ein Lehrlingswohnheim mit integrierter Berufsschule ein. Heutzutage ist Ranzin für seine Erhaltungszucht von neuen Kartoffelsorten bekannt.

Auf dem Weg zur Kirche

Ein interessantes Gebäude ist die fast vollständig aus Feldsteinen errichtete »Villa granito« unweit der Kirche. Die Bezeichnung stammt schon aus Friedrich von Homeyers Zeiten. Zeitweilig diente das Haus als **Brennerei**.

Ein »Fels des Glaubens« steht im Ranziner Gotteshaus. Ein ungewöhnlicher Kirchenschmuck ist diese Kupfertreibarbeit aus dem Jahre 1926. Gestiftet haben sie die Brüder Paul, Walter und Friedrich Becker, die 1888, 1892 und 1895 von ihrem Vater konfirmiert wurden. Dieser hat als Ranziner Seelenhirte 1891 die Tradition eingeführt,

Wappen der Familie Bunge im Herrenhaus

dass die Konfirmanden Eichen pflanzten. Das sollte jährlich erfolgen und der zugehörige Weg auf dem Kirchhof wurde zum »Confirmanden-Weg«.
Konfirmationen wird in der mittelalterlichen, einschiffigen Kirche noch auf andere Art gedacht. So stifteten Hermann und Lucie Runge 1907 zur Konfirmation ihres ältesten Sohnes Hermann am 24. März des Jahres eine der kaiserzeitlichen **Glasmalereien** im Chor. Die Schmatziner Rittergutsbesitzer waren, ab 1862, Patrone der Kirche. Darauf weist eine Tafel im Eingangsbereich hin. Runges sorgten übrigens auch für einen neuen Schulbau.
Dr. Johannes Runge, Neffe Hermann Runges, kehrte 1991 zurück. Er pachtete das Gut seines Vaters. Runge war 40 Jahre Banker in Hamburg, sein Freundeskreis spendete für das Gotteshaus. Die **neugotische Marmortaufe** spendete Weihnachten 1872 Pauline von Homeyer geborene von Wedell. Sie finanzierte ebenso eine Orgel, die jetzige stammt von 1911. Auch die umfassende Renovierung und Ausstattung im neugotischen Stil im Jahre 1851 und der Bau eines massiven Turmes 1861 wurden durch Homeyers bezahlt.
1998 schufen die Wrangelsburgerin Kristine Kautz und der Däne Hanns Karlewski aus handgeschöpftem Papier »Eiserne Kreuze« und ein Totenbuch. Zerbrechlichkeit und Vergänglichkeit lassen sich kaum besser darstellen.

Der Friedhof

Auf dem Friedhof blieben einige sehenswerte Grabdenkmale erhalten. So die Stele für den achtfachen Vater und Pächter von Glödenhof, Carl Christian Prützmann (gestorben 1824), mit Getreidegarbe und Sense. Eine andere Stele in gleicher Ausfertigung erinnert an den Ranziner Pächter Michael Andreas Prützmann, der sieben Kinder hatte. Dazu gehört eine mit Steinplatten bedeckte Gruft an der Ostseite. An die früheren Besitzer des Gutes Oldenburg erinnert der Findling für **Ernst Freiherr von Hammerstein-Loseten**, der 1937 starb. Eine Gedenkanlage für vier 1941/42 verstorbene Kriegsgefangene entstand 1955 auf Veranlassung der Gemeindeverwaltung.
Am Rande des Friedhofs steht das 1837 errichtete Pfarrhaus mit großem Obstgarten und zugehörigem Stall. Die ehemalige Küsterei (Dorfstraße 11) ist ein Ziegelfachwerkbau.

Glasmalerei in der Ranziner Kirche

Schmatzin

Von Ranzin ist es nicht weit nach Schmatzin. In der Dorfstraße stehen Mehrfamilien-Landarbeiterhäuser aus Backstein und die 1894 eingeweihte Schule. Putzplaketten mit Eichenlaub, den Initialen H.R. für Hermann Runge, der 1890 Schmatzin von der Familie von Wolffradt erworben hatte, und Jahreszahlen von 1893 bis 1904 erinnern an die Gutsherrenfamilie. Auf dem Gutshof stehen noch ein Speicher von 1935/36 sowie ein Taubenhaus. **Feldbahnschienen** in der Dorfstraße erinnern an vergangene landwirtschaftliche Transportsysteme. Es ist das längste erhaltene Stück in ganz Vorpommern. 1907 verfügte Schmatzin über acht Kilometer Gleis und 21 Wagen. Ein Andenken ist auch das Ziegel-Abc für die vergangenen Schulzeiten.
Ermöglicht hat das kleine Kunstwerk 2002 der schon erwähnte Dr. Johannes Runge. Er ist der einzige Überlebende einer tragischen Geschichte am Ende des Zweiten Weltkrieges, an die eine schlichte Grabanlage am Ortsrand erinnert. Acht Steine sind im Halbkreis angeordnet. »Ik kann ut Schmatzin nich rut. 30.4.1945« beschreibt die Inschrift des Steins in der Mitte die Situation am Ende des Krieges, der fast die gesamte Familie zum Opfer fiel.

Ein Rillenstein steht im Gutspark von Wolfradtshof

Ebenfalls 2002 wurde im Gutspark ein Rondell mit 16 Linden wieder vervollständigt.
Ein 34 Tonnen schwerer Findling auf dem Dorfplatz erinnert an die Gefallenen des Ersten Weltkrieges.

Schlatkow

Schmatzin liegt nur ein Stück von Schlatkow entfernt. 1934 wurde im Ort die einzige **Melkerschule** Pommerns in einem 1768 errichteten Fachwerkbau eröffnet. Hier und in der Lehrwirtschaft wurden bis zu 25 Männer ausgebildet. Das 1992 bis 1996 wiederhergestellte Gebäude birgt auch eine kleine Gedenkstätte. In Schlatkow unterzeichneten am 18. April 1807 der französische Marschall Mortier und der schwedische General von Essen ein Waffenstillstandsabkommen. Um dies zu verlängern, kamen Schwedenkönig Gustav IV. Adolf und der französische Marschall Brune am 4. Juni zu Verhandlungen nach Schlatkow.
Zum Ensemble gehören ein zweites Fachwerkhaus, ein »Radlerhotel«, und das Wirtschaftsgebäude, ein eingeschossiger Putzbau sowie eine Feldscheune von 1941. Das Gutshaus steht nicht mehr.
Größte Sehenswürdigkeit Schlatkows ist die 1280 bis 1350 errichtete **Feldsteinkirche**. Das Gotteshaus war am 11. Dezember 1985 eingestürzt, Diakon Eckhard Buntrock sorgte dafür, dass die Ausstattung gerettet wurde. 1987/88 erfolgte der Wiederaufbau.
Im Chor der Kirche gibt es mittelalterliche Wandmalereien zu sehen, so einen Christophorus, das Jüngste Gericht, ein Andreaskreuz und zwei Engel an den Sakramentsnischen. Eine Figur mit zwei Fischschwänzen trägt zwei Glocken in der Hand.
Der mit einer Fülle von Schnitzwerk verzierte Altaraufsatz und die Kanzel, die auch Gemälde von Kirchenvätern und Evangelisten sowie Aaron, Salomo und David zeigt, stammen von 1692. Auf der Kanzel ist Christus dargestellt. Des Erzengels Michael Lanze steht auf einer bärtigen Gestalt. Es ist, so belegen die beiden Hörner, der Teufel. Den Schalldeckel krönen ein musizierender Engel und der Heilige Geist (Taube). Im Chor stehen die Hochzeitsstühle. Der schlanke, förmlich in die Höhe strebende **Taufengel** von etwa 1692 ist der älteste erhaltene im Bereich der Pommerschen Evangelischen Kirche. Dass er nicht schwebt, sondern steht und mit einer Inschriftentafel auf dem Rücken versehen ist, besitzt Seltenheitswert. Von 1865 stammt die Orgel des Stettiners Barnim Grüneberg. Auf dem Friedhof steht der Glockenstuhl, das Geläut stammt von 1446 und 1817.
Gegenüber der Kirche befindet sich das 1848 erbaute Pfarrhaus, das Ende der 1920er Jahre durch Rittergutsbesitzer Fritz Mönnich grundlegend erneuert wurde. Seit 1997 gehört es zum farbenfrohen Gebäudeensemble des Kinderheims Mattisburg.

Den Dorfplatz schmückt eine Steinskulptur des Relzowers Peter Pautz mit dem einladenden Titel »Treff«.

Wolfradtshof

Eine Stichstraße führt nach Wolfradtshof. Das klassizistische, eingeschossige Gutshaus mit Krüppelwalmdach wurde nach der Wende von Privatleuten saniert. Das Vorwerk wurde erst 1848/49 von Ernst Hermann Samuel von Wolffradt angelegt. Aus dieser Zeit stammt auch das **Herrenhaus** des später zum eigenständigen Rittergut aufgestiegenen Ortes. Zu ihm gehörten über 400 Hektar Land.
Erhalten blieben noch einige alte Wirtschaftsgebäude, eines inschriftlich von 1879.
Schön ist der Park. Innerhalb eines Kreises von zwölf Winterlinden, den zwölf Aposteln, steht ein Rillenstein.

Groß Jasedow

Über Schlatkow geht es jetzt nach Groß Jasedow. Das alte Schweizerhaus (Dorfstraße 16) macht seinem Namen alle Ehre. Mit seinem Fachwerkgiebel erinnert der Sitz des Chefs der Milchwirtschaft des Karlsburger Vorwerks an ein Haus am Alpenrand. In der Nähe steht der Zweigeschosser, der früher als Schnitterkaserne diente. F.v.B.B. 1906 - die Inschrift erinnert an die Karlsburger Gutsbesitzer, die von Bismarck-Bohlen.
Ein Stück entfernt steht das so genannte **weiße Haus** (Nr. 27) aus dem Jahre 1806. In dem einfachen Putzbau mit Gauben wohnte der Verwalter. Der letzte wurde von der sowjetischen Armee verschleppt, die Rinder nach Berlin getrieben. Im Umfeld stehen Wirtschaftsgebäude. Den früheren Pferdestall von 1889 ziert der Kopf eines Vierbeiners. Zehn Jahre später wurde der Schweinestall mit Speicher im Obergeschoss errichtet. Blumengirlanden umgeben die Tafeln mit den Jahreszahlen. Rechts vom Verwalterhaus steht die frühere **Tabakscheune**, die über den Umweg Schafstall, Schmiede und Stellmacherei zu Wohnzwecken umgebaut wurde. Der Betrieb war für seine Landschweine, Edelschweine und Berkshireschweine bekannt.

Klein Bünzow

Von Groß Jasedow führt die Reise nach Klein Bünzow. Bevor es in den Ort geht, quert man die Eisenbahn, die 1862/63 für die Einwohner das Tor zur Welt öffnete. Das alte Bahnhofsgebäude stammt von 1903, das Bahnbeamtenhaus von 1898. Anders als heute war der Schienentransport ein Arbeitsplatzbeschaffer. Zwölf Stellen gab es, vier der Familien wohnten im Bahnbeamtenhaus. Klein Bünzow besaß große Bedeutung als **Knotenpunkt der Feldbahnen**, mit denen 16 Dörfer an die große Eisenbahn »angebunden« wurden.
Im Dorf ist die turmlose verputzte Feldsteinkapelle die größte Sehenswürdigkeit. Ein Grabstein an der Außenwand erinnert an die Demoiselle Charlotte Regine Schumacher, die von 1742 bis 1803 lebte. Im Innern gibt es u.a. einen Kanzelaltar des 18. Jahrhunderts zu sehen.
Von Klein Bünzow geht es über die B 109 zum Ausgangspunkt Anklam zurück.

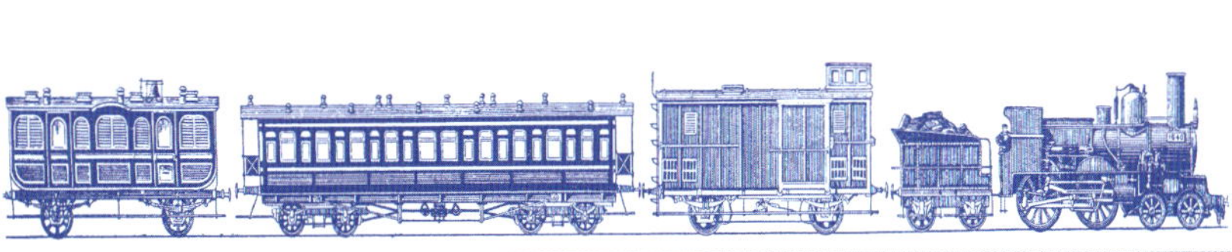

Wo Bismarck etwas lernte

Diese Tour führt auf der B 109 von Anklam in Richtung Greifswald.
Hinter Ziethen kommen wir an zwölf einheitlich wirkenden Gehöften vorbei, die zu Salchow gehören. Sie entstanden nach der Aufsiedlung des Gutes Salchow durch die pommersche Landgesellschaft 1926/27. Es handelt sich um eine **Streusiedlung**, die bis etwa 1932 typische Form eines solchen neuen Ortes. Unter einem Dach befanden sich Wohnung und Stall, die Scheune ist ein eigenes Gebäude. Um in das eigentliche Dorf zu gelangen, muss man von der Bundesstraße abbiegen.

Salchow

1804 »erheiratete« der Generalleutnant Carl Heinrich von Below das Rittergut Salchow. Sein Grab befindet sich auf dem Ziethener Friedhof. Mit dem Bau des Herrenhauses begründete Eduard von Below (1815-1894) den Salchower Zweig der Familie. 1890 wurde das Gut an Eduard von Lengerke verpachtet. Sohn Wilhelm bewirtschaftete nach der erwähnten **Aufsiedelung** den 150 Hektar Resthof. Das Gutshaus wurde zu NS-Zeiten vom Reichsarbeitsdienst genutzt. Wilhelm von Lengerke fiel in der Schlacht von Stalingrad und wurde posthum zum Generalmajor befördert. Wer aufmerksam durch den Park streift, kann noch heute jene Buche finden, in die er und seine Frau 1924 ihre Initialen schnitzten.

Fritz-Ulrich von Bismarck-Bohlen war der Letzte seines Geschlechts auf Karlsburg

Groß Bünzow

Aus Salchow zurück auf der Bundesstraße, gelangt man an Siedlergehöften vorbei nach Groß Bünzow.
Eine Lindenallee führt zu dem eingeschossigen, schlicht verputzten Gutshaus. Im Wesentlichen geht es auf die Erneuerung durch Graf Wilhelm Philipp Carl von Schwerin aus dem Hause Busow zurück, der 1846 Groß Bünzow erwarb. Schon vier Jahre später verkaufte er an Ferdinand von Ottenstedt, der einen Anbau errichten ließ und den Garten vergrößerte. Bis zur Aufsiedelung war Oskar von Suchodoletz Gutsherr, der 1907 das Rittergut erworben hatte. Große Backsteinställe mit umlaufenden Bändern, die Schnitterkaserne und die backsteinsichtigen Landarbeiterhäuser erinnern an vergangene Zeiten.
Malerisch am Teich liegt das 1906 gebaute Pfarrhaus. Immerhin 80 Hektar umfasste das Kirchengut. Der vielleicht originellste Kunstschatz der Gemeinde ist die **Predigeruhr**. Sie entstand um 1700. Es ist eine schmiedeeiserne Sanduhr. Dank unterschiedlicher Halsweiten lassen sich Viertel- bis ganze Stunden messen. Früher Standard, ist der Groß Bünzower Zeitmesser heute eine Rarität. Wegen der oft sehr langen und nicht selten polemischen Predigten hatte übrigens der preußische König Friedrich Wilhelm I. 1717 bei Strafe von zwei Talern verfügt, dass der Herr Pastor nicht länger als zwei Stunden reden durfte.
Die schlichte **Feldsteinkirche** wird 1257 erstmals erwähnt. Sie war früher reicher ausgestattet. Angeblich wegen Holzwurmbefalls wurden Teile der barocken Ausstattung in den 1950er und 60er Jahren entfernt. Im Gegensatz zu vielen anderen Kirchen hat die Groß Bünzower aber noch den alten Innen-

Das Bömitzer Herrenhaus wurde nach der Wende ansprechend saniert

putz. Die beiden Kronleuchter aus Messing hingen früher im Stettiner Offizierskasino. Im Fußboden liegt im Chor der Grabstein des Ernst-Wilhelm Völschow (1730–1809), Teil einer ganzen Dynastie von Pastoren. Erhalten blieben Teile des Kanzelaltars von 1769. Er entstand vier Jahre nach der Übernahme des Patronats durch Baron Hans Gotthilf von Kirbach. Seine Frau Euphemie war eine geborene Freiin von Fürstenberg. Ihr Vater, Andreas von Fürstenberg, **schwedisch-pommerscher Generalmajor** und Kanzler der Universität Greifswald, erwarb 1692 das Gut. Euphemie starb 1778 als Letzte ihres Geschlechts. An die Kirbachs und Fürstenbergs erinnert eine Inschrift an der Tür, die zu der historischen, bis 1873 genutzten Gruft der Familie führt.

Bömitz

Unsere nächste Station ist Bömitz. Die Grundmauern des heutigen Landhotels stammen noch aus dem 14. Jahrhundert, heute präsentiert sich die Dreiflügelanlage dank Sanierung nach der Wende wieder in dem schlichten, freundlichen Barock Norddeutschlands der zweiten Hälfte des 18. Jahrhunderts. Vieles spricht dafür, dass die gesamte terrassenförmige Anlage aus jener Zeit stammt. Der Bauherr kam aus der Familie von Hertell, die 1751 in die schwedische Ritterschaftsmatrikel aufgenommen wurde. Ihr Wappen mit den **Kanonen auf Lafetten** erinnert an die militärischen Dienste, die sie ihrem König leisteten. Nach eigenem Zeugnis wurde die Familie aus Glaubensgründen aus Österreich vertrieben, doch fanden die Archivare der Alpenrepublik dafür keinen Beleg.

Bekanntester Bömitzer Besitzer des 19. Jahrhunderts war Johann Jacob Finelius, dessen Bruder Fritz im Konzilsaal der Uni Greifswald zu sehen ist.

1907 erwarb Erich Siegel für 360.000 Mark das Gut. An ihn erinnern die Mauern, die den Gutshof umgeben, die bemalten Eisenpfosten tragen seine Initialen.
Letzter Gutsbesitzer war Dr. Grunert, der Besitzer einer Lederfabrik in Frankfurt/Main. Er verkaufte 1924 an die Pommersche Landgesellschaft, die Bömitz aufsiedelte. Das Herrenhaus erwarb 1929 der Kreis Greifswald, fortan diente es unter Julius Bröckel als Altersheim und nahm nach dem Zweiten Weltkrieg zeitweise Flüchtlinge auf. Schließlich erwarb 1987 der VEB Elektromechanik Berlin das durch fehlende Instandsetzung verschlissene Haus. Aus dem geplanten **Ferienheim** wurde nichts, der Verfall beschleunigte sich.
Daher ist vom alten Inventar außer Türen und einigen Fenstern nichts erhalten. Die neue Ausstattung des Landhotels stammt teilweise aus dem Familienbesitz der Käufer Adelheid Neumann und des Kanada-Rückkehrers Sean Backmann, darunter viele Jagdtrophäen und die Felle zweier Eisbären.
Alte Bäume, beispielsweise fünf über 200-jährige Stieleichen sowie Krimlinden, geben der Umgebung ebenso ein Gesicht wie weitere historische Gebäude, darunter Ställe, das Gesindehaus und die Mühle, in der noch zu DDR-Zeiten Getreide zerkleinert wurde. Diese Bauwerke dürften aus der Kaiserzeit stammen.

Wahlendow

Über Wahlendow fahren wir weiter Richtung Buddenhagen. An der Ringstraße steht ein altes, backsteinernes Trafohaus. Eine Feldsteinmauer grenzt das frühere **Gutsgelände** ab, das Herrenhaus wurde schon Mitte der 1930er Jahre abgerissen. Der Ort war 1915 durch Leo von Caprivi (1873 bis 1921), einem Großneffen des Nachfolgers von Bismarck als Reichskanzler, erworben worden. Das 638 Hektar umfassende Rittergut wurde 1930 aufgesiedelt. Etwa zwei Kilometer vom Ort entfernt schlug im Zweiten Weltkrieg eine V2 ein und schuf einen großen Krater.

Buddenhagen

Durch einen schönen Wald führt der Weg weiter nach Buddenhagen. Hier hat der Naturschutzbund Deutschland ein altes Trafohaus als Tierhotel gekennzeichnet. Hingucker auf der Strecke sind historische **Wegesteine**. Insgesamt 37 Wegesteine aus dem 19. Jahrhundert und 115 Jagensteine (Markierungen für die Forstwirtschaft, die die preußische Verwaltung einführte) wurden nach der Wende allein in den Forstrevieren Jägerhof und Jagdkrug aufgefunden. Sie wurden aufgerichtet, zum Teil an den alten Platz zurückgebracht und häufig neu beschriftet.

Buddenhagener Moor

Rund 111 Hektar groß ist das Naturschutzgebiet Buddenhagener Moor, das südlich der Bahnlinie Züssow-Wolgast zwischen Buddenhagen und der Straße Zemitz-Hohendorf liegt. Forst- und andere Wege ab Buddenhagen ermöglichen den Zugang zu einzelnen Bereichen des Naturschutzgebietes. 2001 wurde ein 230 Hektar großer Wald bei Buddenhagen auf den Namen **Spechtwald** getauft, gut 50 Spechte leben hier. Ein Paar versucht seit 1998, seinen persönlichen Traum vom rentablen Ökowald zu realisieren.

Lühmannsdorf

Weiter geht es nach Lühmannsdorf, das erst 1826 gegründet wurde. Damals erwarb der Alt-Brüssower Friedrich von Lühmann Schafweiden, die er vor allem an Handwerker verpachtete. Sie betrieben nebenbei eine Landwirtschaft. 1925 gab es allein 50 Bauhandwerker, vier Gaststätten, vier Kolonialwarenläden und zwei Tankstellen. Rohrgedeckte Häuser an der Bundesstraße erinnern an die ersten Siedler des **klassischen Straßendorfes**. Erwähnenswert ist auch der Forsthof aus den 1920er Jahren. Richtung Wolgast steht der Jagdkrug. Das erste Sägewerk wurde dort bereits 1850 gegründet.

Zarnekow

An der Kreuzung Möckowberg biegen wir wieder Richtung Anklam ab und erreichen nach kurzer Zeit den Abzweig nach Zarnekow. Malerisch liegt die Feldsteinkirche des Ortes inmitten des von einer Lesesteinmauer umgrenzten Friedhofes. Sie soll um 1290 entstanden sein.

Den heutigen Turm finanzierte der Karlsburger Kastellan Holz. Sein Vermächtnis ermöglichte den Neubau im Jahre 1892. Hier wird die 1901 von Helene Gräfin von Bismarck-Bohlen gestiftete Uhr aufbewahrt.

Die älteste Glocke von Gottlieb Metzger stammt von 1765, die jüngste von 1936. Damit keine Glocke im Zweiten Weltkrieg zu Kanonen umgeschmolzen wurde, wies der Pastor den Küster an, nur noch eine zu läuten.

Der Turm war zwanzig Jahre lang Pfarrwohnung. Das alte, rohrgedeckte Wohngebäude des Seelenhirten brannte durch Fliegerbeschuss 1945 ab. Der neue Seelenhirte Hugo Lembcke (1913–1975) kam 1946 ins Dorf und richtete zwei Zimmer und eine kleine Küche ein. Sogar Hühner wurden im **Turm** gehalten. Lembckes Grabstein steht in der »Pastorenecke« auf dem Friedhof. Daneben erinnert ein Denkmal an Pastor Paul Mass (1863–1922). Es erzählt eine traurige Geschichte. Der Briefträger brachte ihm im Ersten Weltkrieg die Nachricht vom Tod zweier Söhne. Leutnant Paul und Fähnrich Gerhard Mass fielen am 8. Mai 1916 als Mitglieder eines Grenadierregiments bei Donaumont.

Das Innere der Kirche betritt man über die in den Boden eingelassenen Grabplatten des Pastors Christian Froner, der von 1764 bis 1796 amtierte, und seiner aus Berlin stammenden »Frau Pastorin«. Hier, im Turmuntergeschoss, hängen auch die nach dem Zweiten Weltkrieg entstandenen Gedenktafeln für die Gefallenen von 1870/71, von 1914 bis 1918 und von 1939 bis 1945.

Das Wappen derer von Bismarck-Bohlen

Eine Allee führt von der Bundesstraße nach Karlsburg

Das Kirchenschiff wird durch die Neugestaltung der Jahre von 1960 bis 1971 bestimmt. Von der neugotischen Kanzel blieb nur der Korb. Zugleich wurde die Empore der Grüneberg-Orgel aus dem Jahre 1861 vergrößert. **Totenschilde**, namentlich die der Karlsburger Grafen von Bismarck-Bohlen, werden heute im Turm aufbewahrt. Eines ist dem Kavalleriegeneral Friedrich-Alexander von Bismarck-Bohlen (1818–1894) und seiner Frau Pauline gewidmet. Obwohl nicht die Karlsburger, sondern die Wrangelsburger Herren Patrone von Zarnekow waren, hat er in großem Umfang zur Ausstattung beigetragen. Ein sichtbares Zeugnis ist das 1890 in Charlottenburg aus Anlass des Todes seiner Frau Pauline, einer geborenen von Below, gestiftete Chorfenster. Es zeigt – nach einem im Vatikan aufbewahrten Gemälde Raffaels – die Verklärung Jesu auf dem Berg Tabor. Im unteren Teil des Glasfensters sind die Namen und Wappen der fünf Kinder und ihrer vier Partner zu finden. Die Bismarck-Bohlens wurden bis 1858 in Zarnekow beerdigt. Auch der **Sandsteinaltar** mit dem Abendmahlsrelief wurde von Besitzern Karlsburgs im Jahre 1622 gestiftet, und zwar von Ernst Normann und seiner Frau Eva Tribbesehs. Wappen und Namen sind im oberen Teil zu finden. Erinnerung an die Wrangelsburger Homeyers (jetzt im pommerschen Landesmuseum) ist ein Antependium (Altartuch). Das Kreuz stammt von einer Kasel, laut späterer Inschrift 1613 von Normann, der auch Wrangelsburg besaß, gestiftet. Der Rest, wie der untergelegte Samt und der Jesus auf dem Kreuz, entstand wohl 1890 (Inschrift Homeyer).

Steinfurth

Die Tour führt zurück an die Bundesstraße Richtung Anklam. Kurz vor Karlsburg führt eine lang gestreckte Allee nach Steinfurth hinein. Leicht erhöht steht das verputzte Verwalterhaus, das laut erhaltener Initialen 1911 von Fritz-Ulrich von Bismarck-Bohlen errichtet

Gräfin »Lenchen«

wurde. An einigen rohrgedeckten Landarbeiterhäusern vorbei gelangt man zur Ruine der mittelalterlichen Kirche inmitten eines malerischen Geländes mit alten Grabsteinen.
Prägend wirkt jedoch die **Grabkapelle**. 1858 starb Caroline von Bismarck-Bohlen in Venedig, wo sie Linderung von ihrem Lungenleiden suchte. Sie wurde in der Lagunenstadt beigesetzt, aber später von ihrem jüngeren Sohn Carl in die Heimat zurückgeholt. Im Frühjahr 1858 begann der Gützkower Maurermeister Weidner mit dem Bau der von keinem Geringeren als Friedrich August Stüler entworfenen Grabkapelle. Hierhin wurde Caroline von Bismarck-Bohlens Leiche an ihrem Geburtstag, dem 24. Juli 1859, gebracht. Fünfzehn Jahre später folgte der Generalleutnant a.D. Graf Theodor von Bismarck-Bohlen. Sein Sarg wurde aus den gleichen Eichenstämmen gefertigt, wie sie für den Sarg seiner Frau verwendet worden waren.
Auf Verfügung des Grafen setzte man nicht nur Mitglieder der Gutsherrenfamilie wie den **preußischen Kavalleriegeneral** Eugen von Falkenhayn (1853-1934), sondern auch treue Angestellte auf dem Gelände bei. So ist auf einem Grabstein zu lesen, dass der 84 Jahre alt gewordene Julius Worpitzky (1808-1892) »dreien Generationen über 72 Jahre in Pflichttreue und Geschicklichkeit« diente. Er war Koch. Seine Ehefrau Sophie (1823-1906), die ebenfalls 72 Jahre im Dienst der Familie stand und lange Kammerjungfer der Gräfin Caroline war, liegt ebenfalls hier. Angehörige der Gutsherrenfamilie, zuletzt 2001 eine von Rosenberg, werden bis heute in Steinfurth beerdigt.
Die Kapelle mit dem Marmoraltar wirkt innen sehr harmonisch. Kreuze erinnern an die Gefallenen der Weltkriege, darunter den Sohn des letzten Grafen (Theodor, gefallen 1941), dessen Tod dazu führte, dass sich **Fritz-Ulrich von Bismarck-Bohlen** noch mehr zurückzog. Eine Tafel verweist im Chor auf die Erbauer. Graf Theodor preist ein letztes Mal seine vortreffliche Frau Caroline, die zärtlichste, innig geliebte Mutter ihrer Kinder.
In den Jahren 1910 bis 1914 wurden neun Fenster mit Glasmalereien ausgestattet, die an Konfirmationen und Hochzeiten der Jahre 1901 bis 1914 erinnern, unter anderem an die des letzten Karlsburger Bismarck-Bohlen, Fritz-Ulrich, im August 1914. Im Zentrum steht ein jugendlicher Christus mit dem Wappen derer von Bismarck-Bohlen sowie deren Wahlspruch »Vom Flecke zum Zwecke«. In das Muster aus Weinstöcken mit Reben und Blättern sind Elemente des Wappens eingestreut wie drei pommersche Greifen (von Bohlen), drei Schildblätter mit herzförmigem dreiblättrigem Klee und drei Eichenblätter (von Bismarck). In der Gruft stehen derzeit fünf holzummantelte Zinksärge für Erwachsene, darunter für Theodor und Caroline.

Auf dem Totenmöbel ihrer Schwiegertochter Pauline geborene von Below (1825–1889) steht der Sarg einer Enkelin.

Karlsburger Wald

Wer nach so viel Geschichte jetzt ein wenig mehr Grün genießen möchte, der ist im Karlsburger Wald richtig. Dank dessen Artenvielfalt lohnt sich der Besuch besonders, denn die Gutsherren legten viel Wert auf eine, wie wir heute sagen, nachhaltige Forstwirtschaft. Ein guter Ausgangspunkt ist die »Spinne«, die man bequem vom Ortsteil Nepzin auf dem über die Bahnstrecke führenden Weg erreicht. Hier wurden in den letzten Jahren übrigens alle »Bäume des Jahres« und der **Jahrtausendbaum**, der Ginkgo, gepflanzt. Von der »Spinne« mit Rasthütte und Feuerstelle gehen wie Spinnenbeine Wege ab.
Zu den Sehenswürdigkeiten gehören ein Duellstein von 1846, der für den Oldenburger Ernst Freiherr von Hammerstein gesetzt wurde, die Königseiche, das Kesselmoor und der Ulanenberg. Dieser schon auf alten Flurkarten so bezeichnete Hügel ist seit 1975 Treff einer Männergruppe, der Ulanen. Eine Art Gipfelbuch erinnert an ihre Märsche.

Karlsburg

Die Familie von Bismarck-Bohlen

Der Ort Karlsburg ist vor allem wegen der Schlossanlage besuchenswert. Karlsburgs Geschichte ist untrennbar mit dem uradligen Geschlecht derer von Bohlen verbunden. 1700 wurde der schwedisch-pommersche Landrat und Regierungsrat Arend Christoph von Bohlen (gestorben 1729) mit Gnatzkow, dem späteren Karlsburg, belehnt. Er erwarb den adligen Teil Zarnekows und das Gut Groß Jasedow. Sein Sohn, der schwedische Kammerherr **Carl Heinrich von Bohlen** (1705–1757), wurde 1745 in den Reichsgrafenstand erhoben. Er ist der Bauherr des ab 1731 errichteten heutigen Schlosses, für das von Bohlen über die Grenzen seiner finanziellen Möglichkeiten hinausging.
Der geplante westliche Flügel mit Galerie wurde nie gebaut, da der Sohn und Erbe Carl Julius Bernhard von Bohlen (1738–1813) das Schloss zu groß fand. Ihm zu Ehren wurde übrigens aus Anlass eines Besuches von König Gustav III. im Jahre 1771 Gnatzkow in Carlsburg umbenannt.
Viel gebaut im Ort hat der schon erwähnte Theodor von Bismarck (1780–1873). Er war ein Vetter **Otto von Bismarcks**. Der spätere Reichskanzler kam schon 1838/39 als Einjährig-Freiwilliger zu Greifswald mehrfach nach Karlsburg. Sein Vetter heiratete 1817 Caroline von Bohlen, wurde mit der Eheschließung Graf und führte den Namen von Bismarck-Bohlen. Elf Jahre später starb der letzte männliche Bohlen, Friedrich Ludwig, der sich große Verdienste um die Güter erworben hatte. Nachfolger Theodor von Bismarck-Bohlen erweiterte den Schafbestand, kaufte Zuchttiere aus England und Schottland zur Verbesserung des Rinderbestandes. Er war eine Zeit lang Vorsitzender des Vereins zur Förderung des Gartenbaus und ließ im Treibhaus z.B. **Blumen und Ananas** züchten und baute Wein an. Viel Geld brachte ab 1830 für einige Jahre die Herstellung von Kartoffelschnaps in der eigenen Brennerei.
Wie sein Vater Theodor war Friedrich Alexander von Bismarck-Bohlen (1818–1894) preußischer General, Träger vieler Orden. Er pflegte enge Beziehungen zu den Hohenzollern. Sei-

ne Schwiegertochter Helene, geborene Freiin von Tiele-Winckler, hat sich nicht nur durch ihren Einsatz für sozial Benachteiligte durch Versorgungskassen und das Gründen von Kindereinrichtungen einen Namen gemacht. Sie selbst blieb kinderlos. **»Gräfin Lenchen«**, wie sie liebevoll genannt wurde, entstammte einer schwerreichen schlesischen Bergwerksbesitzerfamilie. Das eröffnete 1895/96 auch die Möglichkeiten für einen Umbau des Schlosses. Helene von Bismarck-Bohlen ließ eine direkte Verbindung zwischen Corps de logis und dem Flügel über der Galerie durch Aufsetzung eines Mansardenstockwerkes herstellen.

Letzter von Bismarck-Bohlen war Graf Fritz-Ulrich (geboren 1884), ein promovierter Jurist. Trotz außerordentlicher Erfolge in der Schweinezucht musste auch der Karlsburger Gutsherr den wirtschaftlich schlechten Zeiten Tribut zollen. Zwischenzeitlich wohnte die Grafenfamilie mit dem Schäfermeister unter einem Dach, 1934 wurden Teile Steinfurths aufgesiedelt.

Wie seine Vorfahren war Fritz-Ulrich überzeugter Monarchist. 1933 legte der Ehrensenator der Greifswalder Universität, der Präsident der Deutschen Gesellschaft zum Studium Finnlands, unter ausdrücklichem Protest alle Ehrenämter nieder. Der Hohen Schule blieb er verbunden. In Karlsburg wurde umfangreicher Kunstbesitz der Universität verwahrt. Während der größte Teil noch vor Kriegsende Richtung Westen abtransportiert wurde, blieb die **Grafiksammlung** da. Nach dem Einmarsch der sowjetischen Truppen wurden große Teile verbrannt oder anderweitig zerstört. Graf Fritz-Ulrich hat die Zerstörungen nicht mehr erlebt. Am 28. April 1945 erschoss er sich noch vor dem Eintreffen der Sowjetarmee.

Rundgang durch das Schloss

Die Nachkriegszeit hat der gesamten Innenausstattung des Schlosses schwer zugesetzt. Vieles wurde zerstört, einfach verheizt, verwüstet. Sogar Vieh hielt man in den Räumen. Trotzdem ist das Schloss auch von innen noch bemerkenswert, wie jeder, der hier einmal ein Konzert besucht hat, bestätigen wird.

Beeindruckend ist der Rest der einst mehr als 100 Stücke umfassenden **Gemäldesammlung** im Gartensaal. Dazu gehören Porträts der Gutsherrenfamilie, z.B. des Schlosserbauers Carl Heinrich Berend Graf von Bohlen, von Caroline Gräfin von Bismarck-Bohlen und von »Gräfin Lenchen«. Hinter dem Gemälde Carolines wurde vor einigen Jahren ein Zettel gefunden, der von ihrem Mann stammt. Ein Zeugnis der Liebe, denn der Graf meint, dass seine liebe Frau in all den 38 Jahren ihrer Ehe viel besser aussah, als auf dem Gemälde dargestellt.

Auch andere Größen können in Karlsburg bewundert werden. So ein Gemälde von Antoine Pesne, das Curd Christoph von Schwerin zeigt. Der preußische Feldmarschall war mit den von Bohlens verschwägert. Antoine Pesne hat auch das Bildnis der schwedischen **Königin Luise Ulrike von Preußen** geschaffen. Es ist vermutlich eine Schenkung der Gemahlin Adolf Friedrichs, die den 1772 als Generalleutnant und Reichsherr wieder in schwedische Dienste getretenen Carl Julius von Bohlen sehr geschätzt haben soll. Sie hat 1744 Gnatzkow besucht, wo der gesamte schwedische Hof zu ihrem Empfang versammelt war. Wahrscheinlich war der Schwedenkönig Friedrich I. ebenfalls in Gnatzkow. Von ihm gibt es ein großes Porträt im **Barocksaal** mit dem prachtvollen Stuck. Hier sind ferner die Wappen der von Normanns und von Bohlens zu finden. Über Maria Lucretia von Normann war Karlsburg durch Heirat in den Besitz derer von Bohlens gelangt.

Sehenswert ist das Jagdzimmer, und Fans von Otto Niemeyer-Holstein suchen Karlsburg wegen zweier früher Werke des Künstlers auf. Er hatte der Universität Greifswald 1953 bzw.

Carl-Heinrich von Bohlen ließ ab 1731 das heutige Karlsburger Schloss bauen

1954 Gemälde der Wiecker Brücke und von Fischern geschenkt.
Im Spielzimmer gibt es eine Büste von Adele Paasch, der Frau des Greifswalder Medizinprofessors Gerhardt Katsch, zu sehen, von dem noch die Rede sein wird. Die auf Caroline von Bismarck-Bohlen zurückgehende Ausstattung mit den historischen Fenstern und der schönen Wandtäfelung kam in DDR-Zeiten in dem Fünfteiler »Bebel und Bismarck« zu Ehren, und zwar als **Amtszimmer des Reichskanzlers**. Der Chor Karlsburg und der Kirchenchor spielten mit und sangen »Ich bin ein Preuße, kennt ihr meine Farben«.

Der Park

Südlich des Schlosses erstreckt sich der weitläufige Park. Zwischen 1750 und 1780 angelegt, wurde er ab 1790 im englischen Stil umgestaltet. Dem Gutshof geben Lindenalleen das Gepräge. »Gräfin Lenchen« ließ vor 1900 Veränderungen wie die Verbreiterung des Kanals und weitere Anpflanzungen vornehmen. Aus dieser Zeit stammt das Wappenrelief der Grafen von Bismarck-Bohlen an der Schlossterrasse. Die Gräfin entwarf ebenfalls das prachtvolle **Neu-Rokoko-Tor**, das heute zu den eindrucksvollsten Kunstwerken gehört und noch zu DDR-Zeiten an seinen heutigen Standort vor dem Schlosszugang versetzt wurde.

Das Forschungszentrum für Diabetes

Apropos Schlosszugang. Hier stehen die nach Totenmasken geschaffenen Büsten von Gerhard Mohnike und Gerhardt Katsch. Denn nach dem Krieg zog neues Leben in Karlsburg ein. 1945 erhielt der bedeutende **Diabetesforscher Gerhardt Katsch** die Zusage für die Errichtung eines Diabetikerheimes. Als Direktor der Medizinischen Klinik der Ernst-Moritz-Arndt-Universität war er an der kampflosen Übergabe Greifswalds an die sowjetische Armee beteiligt und 1956 Rektor der 500-Jahr-Feier der pommerschen Alma Mater. Gerhard Mohnike war von Anfang an am Aufbau des späteren Zentralinstitutes für Diabetes »Gerhardt Katsch« beteiligt. Als Eigentümer von 18 Hektar Land war das Diabetikerheim ein Neubauer und musste Landwirtschaft betreiben, Produkte abliefern. Trotz vieler weiterer Widerstände konnten 1947 die ersten Patienten aufgenommen werden. Großen Anteil an der Verwirklichung der Pläne hatte der **Generalmajor Iwan Matwejewitsch Jessin**, der Hochschulreferent der Sowjetischen Militäradministration in Deutschland für Mecklenburg-Vorpommern.

Neu- und Umbauten folgten schon in den 1950er Jahren. Nach Katsch, der 1961 starb, wurde Mohnike, selbst Diabetiker, Direktor des Instituts mit weltweit gutem Ruf. Die große Tradition der Diabetes-Forschung setzt heute die Universität Greifswald, der auch das Schloss gehört, fort. In den größten Teil der Klinikgebäude zog eine private und sehr erfolgreiche Herzklinik ein.

Pamitz

Wir fahren von Karlsburg auf der B 109 weiter Richtung Anklam, biegen schließlich nach links Richtung Pamitz ab. Im Wald vor dem Ort (links Richtung Norden abbiegen und dann unter Fichten entlang) liegt einer der im Kreis Ostvorpommern relativ häufig zu findenden Rillensteine. Solche Steine wurden z.B. auch bei Gramzow, Pölschow und Rossin gefunden.

1835 oder 1836 erwarb Carl Felix Bernhard von Buggenhagen Pamitz für 21.000 Taler von Hans Julius von Kirchbach. Das neue, d.h. das jetzige **Gutshaus** wurde für seinen Sohn Leopold gebaut, der mit seiner Frau, einer Berliner Bankierstochter, nach Pamitz zog. Bereits 1847 erfolgte der Weiterverkauf an Carl Friedrich Leopold von Oertzen. Dieser hat 36 Jahre als Landrat in Anklam amtiert. Weil das Gut überschuldet war, fiel es 1892 an einen Grafen Baudissin. 1928 wurde Pamitz bis auf einen Resthof aufgesiedelt.

Das nach 1945 vereinfachte Gutshaus ist ein eingeschossiger Putzbau mit Mittelrisalit. Im rückwärtigen Bereich sind noch Reste des alten »gequaderten« Putzes und von Fensterüberdachungen erhalten. Sehr schön sind die alten Linden.

Besitzer sind seit 1993 Nachfahren der Buggenhagens.

Büsten von
Gerhard Mohnike (links)
und Gerhardt Katsch (rechts)

Curd Christoph von Schwerin

Curd Christoph von Schwerin, der Sohn des schwedischen Regierungsrates und Erbküchenmeisters des Herzogtums Pommern, Ulrich von Schwerin auf Wusseken und Ducherow, war einer der bedeutendsten preußischen Feldherren.
Der 1684 geborene Curd Christoph studierte in Leiden, Greifswald und Rostock. 1701 in holländische Dienste als Fähnrich eingetreten, wurde er schon 1705 Kapitän und kam ein Jahr später in mecklenburgische Dienste. Hier stieg Curd Christoph von Schwerin zum Generalleutnant auf, war u.a. auch mehrere Monate als mecklenburgischer Diplomat in Bender beim Schwedenkönig Karl XII. 1719 besiegten die Mecklenburger unter seinem Kommando bei Walsmühlen die Truppen, die die Reichsexekution über seinen Herzog vollstrecken sollten.
Ab 1720 stand er, zunächst als Generalmajor, in Diensten des Preußenkönigs Friedrich Wilhelm I. 1739 wurde er General en Chef der preußischen Infanterie. Friedrich II. erhob ihn 1740 samt näherer Verwandtschaft in den Grafenstand und machte den 56-Jährigen zum Generalfeldmarschall.
Sein Sieg bei Mollwitz im Jahr 1741, nachdem der junge König das Schlachtfeld bereits verlassen hatte, erhöhte seinen Ruhm. Möglicherweise entschied der Stratege so den ersten Schlesischen Krieg.
Im Zweiten Schlesischen Krieg entzweiten sich der König und sein General, ab 1744 widmete sich der Graf von Schwerin daher seinen 14 Gütern, baute Kirchen und Pfarrhäuser. Erst 1747 söhnten sich König und Feldherr aus. Als 1756 der Siebenjährige Krieg begann, zog von Schwerin ein letztes Mal für Preußen in den Krieg. Vor Prag, so hat es die offizielle Geschichtsschreibung erzählt, fand er den Tod, als er mit der Fahne eines seiner Bataillone in der Hand die sich zum Rückzug wendenden Soldaten beispielhaft wieder in den Kampf führen wollte. Zwar fiel der Generalfeldmarschall, die preußischen Truppen brachte er jedoch durch sein Handeln wieder in die Offensive. Seine Leiche wurde unter vielen Ehren nach Wusseken überführt, sein heldenhafter Tod in Liedern besungen. 1912 wurde ein Denkmal mit Fahne und Degen vor dem Löwitzer Schloss aufgestellt. Zwischen 1948 und 1950 wurde es jedoch zerstört.
Der Privatmann Curd Christoph von Schwerin war ein guter Fechter und Tänzer, der fließend Französisch sprach sowie Latein und Griechisch beherrschte. Er war theologisch interessiert, spielte gern Schach. 1708 heiratete er Ulrike Leonore von Krassow, zweite Tochter eines schwedischen Generalleutnants. Ihre drei Kinder starben jung. Vier Monate nach dem Tod seiner ersten Frau ehelichte der Witwer 1754 Philippe Luise, die Äbtissin des adligen Stifts Barth, Tochter des schwedischen Landhauptmanns Philipp von Wakenitz auf Boltenhagen. Sie galt in ihrer Jugend als eine der schönsten Frauen bei Hof. Von Schwerin hatte mit ihr schon mehrere Jahre ein Verhältnis, aus dem auch eine Tochter hervorgegangen war. Als er schon Generalfeldmarschall war, drohte ihm angeblich die 1745 mit 92 Jahren verstorbene Mutter ihn »durchzubläuen«, wenn er nicht von der Wakenitz ließe. Auch nach der Heirat gestattete der Alte Fritz nicht, dass der Graf seine Frau bei Hofe vorstellte.
Die durch die Hochzeit legitimierte Tochter Christine Charlotte ehelichte seinen Adjutanten Christian Adam von Stedingk. Die beiden aus dieser Ehe hervorgegangenen Enkel des Generalfeldmarschalls brachten es in schwedischen Diensten zum Admiral und Feldmarschall.

In der Heimat des Generalgouverneurs der Schweden

Diese Fahrt führt von der Hansestadt Greifswald Richtung Anklam.

Groß Kiesow

Hinter Diedrichshagen biegen wir nach Groß Kiesow ab. Vom historischen Dorf haben die Veränderungen zu DDR-Zeiten nicht viel übrig gelassen. Umso schöner ist das Ensemble von Fachwerk-Pfarrhaus, Friedhof und Kirche.
Hier gibt es zum Beispiel den klassizistischen Grabstein des 1830 im Alter von 76 Jahren verstorbenen Herrn Carl Felix Bernhard von Behr auf Schlagtow und Bestland zu sehen, auf dem es heißt: »Ach, es entschwindet so schnell, des Lebens Freude hiernieden! Doch nur getrost und hoffe! Der Weg, er führet zu Gott.« Der Grabstein Jakob Lindes erzählt eine Leidensgeschichte. Der Mann, übrigens ein Verwandter des Dichters Kosegarten, wurde 1807 von französischen **Soldaten** erschlagen, obwohl er krank in seinem Bett lag.
Das Grab des Sanzer Künstlers Horst Leifer (1939–2001) schmückt eine von ihm selbst geschaffene Ganzkörperplastik. Einige seiner Werke befinden sich heute in der ständigen Ausstellung der Galerie Neue Meister in Dresden. Unter den vielen interessanten Erinnerungsmalen wie 20 **Kalksteinstelen** der Zeit um 1800 und eisernen Kreuzen für Handwerker sei noch das Kreuz für Elisabeth Schmidt (1761–1843) besonders erwähnt, das in eine Linde eingewachsen ist.
Im Innern des bis auf das Turmobergeschoss wohl vor 1300 entstandenen Baus erblickt der Besucher einen interessanten Mix aus alter und neuer Kunst. Zum alten Bestand gehören Wandmalereien aus der zweiten Hälfte des 16. Jahrhunderts, die die Verkündigung, die Geburt Christi und die Anbetung der Könige auf der Südseite sowie Opferung Isaaks, Taufe Christi und eine Kreuzigungsgruppe auf der Nordseite darstellen. Dazu kommen zwei Frauenfiguren, die historisch-modisch gekleidet sind. Vier Kabinettscheiben, darunter für Maria Katarina Horn (1603) und den Pastor Zacharias Ahrens, beide mit Wappen, schmücken das nordöstliche Fenster. Ins 19. Jahrhundert gehören der **Taufstein aus schlesischem Marmor** (1859) und die Orgel (1862). 1920 ließ die Kirchgemeinde ein Glasfenster »Den gefallenen Kriegern zum Gedächtnis« gestalten.
Prägend wirken die Kunstwerke, die der Dresdner Volker Mixsa vor wenigen Jahren schuf. Dazu gehören der Altartisch mit zwei schmiedeeisernen Leuchtern sowie ein Kriegerdenkmal des Zweiten Weltkriegs, das wenig mit Heldenverehrung zu tun hat und einen interessanten Kontrast zum Fenster von 1920 bildet. Im Rahmen der Aktion Neue Kunst für alte Kirchen kam eine Taufe mit fließendem Wasser, auf ihre Weise an die Taufe im Jordanfluss erinnernd, hinzu.

Klein Kiesow

Weiter geht es jetzt von Groß nach Klein Kiesow. Das Gut gehörte lange zum weit verzweigten Besitz der Bandeliner Behrs. 1903 wurde das Herrenhaus bei einem Brand größtenteils zerstört. Das Gebäude war schlecht versichert, so dass sich Günter Felix von Behr zum Verkauf entschloss.
1916 erwarb die Familie Wakentin das Gut, die nach Ende des Ersten Weltkrieges sehr viel in das Herrenhaus investierte, ihm seine

Auf dem Groß Kiesower Friedhof

heutige Gestalt gab. Es wurde eine richtige **Luxusvilla** mit viel Marmor im Innern. Offensichtlich stimmten Einnahmen und Ausgaben nicht überein, Wakentins mussten Konkurs anmelden. Das Gut wechselte seitdem noch zweimal den Besitzer. Geblieben ist eine an sich schöne Gutsanlage mit Teich, Backsteinspeichern, Feldsteinstall und Landarbeiterkaten. Das Herrenhaus ist ein zwölfachsiger Putzbau mit Knüppelwalmdach mit Gauben und zweigeschossigem Mittelrisalit. Prägend wirkt hier das barocke Fenster.

Strellin

Unsere Fahrt geht weiter Richtung Dambeck. Eine Stichstraße führt zum nahezu komplett erhaltenen Gützkower **Kirchengut** Strellin, das im Wesentlichen nach einem Brand in den 1870er Jahren errichtet wurde, als die Bunges Pächter waren. Außer dem kleinen, verputzten Wohngebäude von 1876 stehen an der Kopfsteinpflasterstraße noch Ställe für Schafe, Schweine, Rinder und Pferde, die Scheune sowie die Schmiede – wohl aus Gründen des Brandschutzes etwas abseits gelegen. Neben Feld- wurden auch Backsteine für die Bauten verwendet. Erst 1723 hatte die Gützkower Kirche das Land durch Tausch mit Bandeliner Besitz von den Behrs erworben. Der Gützkower Vicepleban hatte beispielsweise Anspruch auf Lieferung von 30 Gerichten Karauschen und zwei von zehn Mastschweinen durch den Pächter.

Dambeck

Von Strellin ist es nicht mehr weit bis Dambeck. Vor dem Ort liegt rechts im Wald der Friedhof. Im hinteren Teil befindet sich die Grabanlage mit neugotischer Andachtsstätte für die Dambecker Buggenhagens. Sie ist völlig einheitlich gestaltet.
Linden umgeben das Dambecker Herrenhaus, einen Eingeschosser mit Souterraingeschoss. Der Putz ist durch Fugenschnitte gequadert. Eine große Freitreppe führt zu der etwas jüngeren Veranda in klassizierenden Formen. Das Zwerchhaus in der Mitte wird von einem Dreieckgiebel gekrönt.
Dass sich das Dambecker Gutshaus heute wieder recht stattlich präsentiert, verdankt es Udo Mau, Sohn des letzten Besitzers vor der Bodenreform. Gebaut wurde es, zumindest im Kern, schon Anfang des 17. Jahrhunderts. Damals besaßen die Owstine Dambeck. Seine heutige Gestalt dürfte das Gutshaus 1865 erhalten haben, als die prägende Veranda und der Anbau entstanden. Damals war **Degen von Buggenhagen** (1817 bis 1886) Dambecker Gutsherr. Ein erfolgreicher Mann, Kammerherr, Mitglied des Landesökonomiekollegiums Berlin und ab 1865 auch Vorsteher des landwirtschaftlichen Vereins Greifswald. Er ließ den leichten Boden mergeln, tat viel für die Melioration. Als sehr gut wurde übrigens der Torf bezeichnet.
Von Buggenhagen kaufte auf der einen Seite den letzten Bauernhof, bezahlte aber andererseits für die etwa 20 Dambecker den Arzt inklusive Arznei. Sein Großvater Ernst Felix Bernhard war von ganz anderer Natur. Er schied 1823 59-jährig nach zwanzigjähriger Gutsherrenschaft hoch verschuldet aus dem Leben, so dass sein Besitz versteigert wurde. Seine dritte Frau gebar ihm, wie es offiziell hieß, 17 Monate nach dem Tod noch einen Sohn ...
Der in Willerswalde geborene Degen von Buggenhagen der Zweite (1818–1910) verpachtete 1904 das Gut an August Mau für eine sehr niedrige Summe für 42 Jahre. Im Fall seines Todes sollte sich die Pachtzahlung halbieren. Ganz offensichtlich gönnte er seinem Neffen, dem Kammerherrn Hugo von Behr, keine Gewinne. Als die von Behrs 1930 finanzielle Probleme hatten, erwarb **Hermann Mau** Dambeck.
Vom früheren Gutshof sind noch der Kuhstall sowie der Schafstall mit Kornboden erhalten. Küchen und Ställe der Deputantenhäuser ließ erst Hermann Mau bauen.

Das Dambecker Herrenhaus wird durch Umbauten von 1865 geprägt

Zwei Rinder waren gestattet, das war viel, ein Ausgleich fürs Verbot der Gänsemast durch die Deputatarbeiter, da der Kot des Federviehs nicht gut für die Weiden ist. Allerdings hat die Zeit die Deputantenhäuser mehr oder weniger bis zur Unkenntlichkeit verändert.

Züssow

Von Dambeck geht es Richtung B 111 und dann nach Züssow. Das Bahnhofsgebäude stammt von 1863. Züssower Landwirte sind weit über die Grenzen der Region als Produzenten verschiedener Sorten von Pflanzkartoffeln bekannt, haben die Wende überlebt und liefern die Knollen in über zehn Länder. Der Geschäftsführer der Kartoffellager & Handelszentrale GmbH, Hans-Jürgen Mausolf, ist auch der Gründer der beeindruckenden Sammlungen des **Vorpommerschen Landwirtschaftsmuseums**. Dazu gehören über 50 alte Traktoren, mehrere Kutschen und viele, viele Geräte aus den unterschiedlichen Bereichen der Landwirtschaft und des Lebens der Bauern. Die Ausstellung platzt aus allen Nähten. Zu den ältesten Stücken gehören ein Futtertrog von 1786 mit einem Loblied auf den Krug zum grünen Kranze sowie ein Holzpflug von 1850 als ältestes Stück einer kompletten Sammlung von Ackerbearbeitungsgeräten. Die gesamte **Flachsverarbeitung** mit Schlagen, Brechen etc. ist nachvollziehbar. Noch in den 1950er Jahren mussten die hiesigen Bauern festgelegte Mengen der Faserpflanze abliefern.
An der Bundesstraße fallen außerdem die 1889 errichteten Gebäude der Züssower Molkerei auf.

Fahrt durchs Dorf

Wer in das eigentliche, seit dem Ende das Zweiten Weltkrieges maßgeblich von der Diakonie geprägte Dorf will, muss von der B 111 abbiegen. In dem relativ kleinen, 1883 errichteten Pächterhaus des Rittergutes hat heute die Amtsverwaltung Züssow ihren Sitz. Das Gut gehörte von 1830 bis 1935 den Buggenhagens, ehe es durch die Pommersche Landgesellschaft aufgesiedelt

Seit dem Siebenjährigen Krieg hat die Züssower Kirche keinen Turm mehr

wurde. Das 50 Hektar große Restgut erwarb Heinrich Pieper, der sich als Schweinezüchter für die Karlsburger Herrschaft einen Namen gemacht hatte.

Interessanteste Sehenswürdigkeit ist der Komplex um die Kirche. Historisch besonders wichtig ist das Grab von Katharina und Walter Liesenhoff, der 1946 bis 1976 **Vorsteher des Brüderhauses** und ab 1945 Vorsteher der Diakonie war. Es befindet sich in der Nähe der Kirche. Am Ende des Zweiten Weltkrieges kamen sehr viele Flüchtlinge auf dem noch intakten Bahnhof des Ortes an. Das Elend war groß, Hilfe wurde dringend benötigt. Dazu kam, dass die aus Stettin stammenden **Züllchower Diakone** auch eine neue Heimat suchten. Bauern halfen ebenfalls, die Kirchengemeinde gab Acker. Die Züllchow-Züssower Diakone setzten sich das Ziel, vor allem für ältere und behinderte Menschen ein besseres Leben zu ermöglichen. Nach der Wende wurde die Diakonie selbstständig.

An das Elend der Kriegs- und Nachkriegszeit erinnert auf dem Friedhof ein Gräberfeld für Soldaten und Flüchtlinge. Viele Namen sind unbekannt. An der Kirche befindet sich auch das Ehrenmal für diejenigen, die für »König und Vaterland« 1914 bis 1918 den »Heldentod« starben. Kulturhistorisch besonders interessant sind einige **Kalksteinstelen** und die große Zahl guss- und schmiedeeiserner Kreuze. Auffällig eines für einen Schmied mit »Zubehör«, nämlich Anker, Hufeisen, Hammer und Zange. Andere weisen schriftlich auf ihre Berufe hin. 1885 starb der Weichensteller Carl Nehls und 1896 der Thurower Mühlenbesitzer Carl Felix Ernst Leesch.

Die Kirche

Im 14. Jahrhundert, so heißt es aus moderner kunsthistorischer Sicht, sei die im Wesentlichen aus Feldsteinen gefügte Kirche entstanden. Ihren Turm verlor sie im Siebenjährigen Krieg (1756 bis 1763), als die Schweden hier ihre Artillerie einsetzten. An der Südwand sind zwei der **Kanonenkugeln** eingemauert, die dieses Zerstörungswerk vollbracht haben sollen.

Das Innere wird durch die Umgestaltung des Jahres 1946 mitbestimmt. Der Kirchenmaler Gustav Hoffmann hat damals Altar, Kanzel und Emporen relativ frei einer früheren Farbgebung angepasst. Außerdem bemalte er die Felder der Emporen mit Evangelistensymbolen, Sprüchen und Ornamenten. Schon 1887 wurde die Darstellung eines Kreuzweges Christi mit zehn Stationen aus dem 18. Jahrhundert auf die Empore verlegt. Auch eine Malerei des Christophorus an der Nordwand trägt Hoffmanns Handschrift.

Ein großer Schatz ist der Altar aus dem 15. Jahrhundert mit den Schnitzfiguren der **zwölf Apostel** in den Seitenflügeln. Im Mittelschrein befindet sich seit 1947 ein Kalvarienberg des Greifswalder Bildhauers Uecker. Er hat auch eine Mutter mit Kind für den Taufaltar geschnitzt. Auf der Rückseite des Altars blieben nur Reste der einstigen Bemalung erhalten. Sie zeigen die Heilige Familie und die Ankündigung der Geburt Jesu durch einen Engel. Im Altarraum befinden sich eine Sakramentsnische mit Holztür und der Sakristeiverschlag mit 16 Kabinettscheiben des 17. Jahrhunderts. Wappen, drei Hundeköpfe bzw. drei Ähren, hinterließen die Stifter der Kanzel aus dem Jahre 1687, und zwar Troschkow und Reimers. Der Aufgang zum Predigtstuhl gehört zu den engsten und steilsten seiner Art.

Krebsow

Die Straße an der Züssower Kirche führt nach Krebsow. Der Ort ist wegen des Gutsensembles besuchenswert. Den Eisenbahnanschluss an die Staatsbahnstrecke Greifswald-Züssow erhielt der Ort 1897/98. **»Station O«** war der Hof des der Klosterkammer Hannover gehörenden Gutes. Von hier ging es 2,6 Kilometer über das Universitätsgut Kessin zur Staatsbahn. Bis zur Aufsiedelung Krebsows 1929 wurde die Strecke voll genutzt. Noch heute erinnern 50 Meter frei gelegter und befahrbarer Schienen und eine funktionstüchtige Weiche an dieses Verkehrsmittel.

1902 pachtete Alfred Kujath das 513 Hektar große Gut. Er ließ wahrscheinlich das **Herrenhaus** errichten. Tafeln mit den Jahreszahlen 1903 und 1904 an einigen Häusern aus Backsteinen und Findlingen erinnern an seine umfängliche Bautätigkeit. Fünf historische Wirtschaftsgebäude stehen heute noch. Entlang der Dorfstraße entstanden neun Katen, jeweils für mehrere Tagelöhnerfamilien. Sogar eine **Brennerei** wurde hinter dem Gutshaus noch vor dem Ersten Weltkrieg errichtet. Bis 1938 produzierte man hier Hochprozentiges.

Das ganz Besondere an Krebsow verkörpert eine lang gestreckte Stallscheune aus behauenen Feldsteinen. 1829 steht »in Eisen« am Giebel. Die Steine sollen aus dem Wolgaster Herzogsschloss stammen. Auf einem anderen Giebel steht »in Eisen« Laug, ebenso wie an der Ruine einer Scheune von 1834. Diese Inschriften erinnern an Carl Friedrich Laug, dem seinerzeit Wrangelsburg und Krebsow gehörten.

Schlagtow

Nächster Ort Richtung Groß Kiesow ist Schlagtow. Von außen sieht das Gutshaus, zu dem eine Kastanienallee führt, nicht gerade einladend aus. Aber die drei **Gipsreliefs** im Innern, die Sommer, Herbst und Winter symbolisieren, stammen von Bertel Thorvaldsen. Wahrscheinlich sind es Abgüsse. Vieles spricht dafür, dass sie Günter Felix von Behr, der hier residierte, anbringen ließ. An ihn erinnern die Initialen G.v.B. und die Jahreszahl 1905 an einem Backsteinstall. Er heiratete 1898 die Witwe von Levetzow. Sie

So präsentiert sich das Wrangelsburger Herrenhaus heutigen Besuchern

starb 1908 bei einem Jagdunfall und liegt in Groß Kiesow begraben. Von Behr ehelichte später noch einmal eine erst 28-jährige Witwe. Beide Ehen blieben kinderlos.

Kurz vor seinem Tode 1934 verkaufte von Behr Schlagtow. Das Gut wurde **zwangsweise aufgesiedelt**. Hinter Groß Kiesow, Richtung B 109, gibt es eine architektonische Erinnerung an dieses Jahr. **Schlagtow Meierei**, das man über eine Nebenstraße erreicht, vermittelt noch ein geschlossenes Bild einer kleinen ländlichen Siedlung in Form eines Weilers der frühen NS-Zeit. Die Gebäude Pappelweg 1 bis 8 wurden auf L-förmigem Grundriss errichtet, man spricht von **Winkelhöfen**. Sehr schön sind die Nr. 6 und 7 mit ihrem Ziegelfachwerk. An der Pappelallee 7 ließ der Siedler die Inschrift »Schaffen und streben ist Gottes Gebot, 1934. Arbeit ist Leben. Nichtstun der Tod« anbringen. Jedes Haus sollte nach den Vorstellungen des Reichsnährstandes auf eigenem Acker stehen.

Wrangelsburg

Wir fahren jetzt zur B 109 zurück und ein Stück Richtung Anklam, um dann nach Wrangelsburg abzubiegen.

Das Schloss

Das Herrenhaus mit den Treppengiebeln, dem Spitzbogenfries unter der Traufe und den drei Spitzbogenfenstern im Mittelbau wurde wohl 1878 gebaut. Durch die Vereinfachung der Fassade wirkt das Gebäude etwas kastig.

Die Decke im Festsaal entstand in dieser Form erst kurz vor dem Ersten Weltkrieg oder wurde 1912 restauriert. Bei Renovierungsarbeiten im Jahre 2002 fand man eine Zeitung aus dem Februar jenes Jahres unter dem Putz.

Seit dem 19. September 1653 führt das frühere (Hohen) **Vorwerk** den Namen der Familie Wrangel, die 1643 in den Besitz des Dorfes kam. Der schwedische Feldmarschall und Generalgouverneur für Schwedisch-Pommern,

Carl Gustav Wrangel, ließ das nicht sonderlich gut erhaltene »feste Haus« der 1641 ausgestorbenen Vorbesitzer, der Neuenkirchens (Nienkerken), sanieren und in den Formen des Barocks umbauen. Architekt war der Erfurter Caspar Vogel, der auch Schloss Friedenstein in Gotha baute. Der Stuck wurde von Antonius Lahr, demselben Künstler, der im Schloss Spyker auf Rügen arbeitete, gefertigt. Zum Besitz des 1651 in den Grafenstand erhobenen Carl Gustav Wrangel gehörte seit 1652 auch das Gut Nonnendorf mit den Dörfern Latzow, Lubmin und Vierow, seit 1653 das Gut Pritzier mit den Dörfern Buddenhagen, Gisekenhagen, Hohendorf, Hohensee, Katzow, Netzeband und Brüssow. Letztere waren **ehemalige Tafelgüter**, mit denen die schwedische Krone ersatzweise Offiziere entlohnte. Wrangel, 1664 zum Reichsfeldherrn erhoben, starb 1673 ohne männliche Erben. Das weitere Schicksal gestaltete sich recht kompliziert, Wrangelsburg geriet in die Mühlen der Reduktion, der Wiedereinziehung von Gütern, die in Kriegszeiten vergeben worden waren. 1695 bekam Enkelin Mariana Margareta von Ascheberg Wrangelsburg als **Tertialgut**. Bei dieser Besitzform wird ein Drittel der festgelegten Pachtsumme erlassen und der Besitz weitervererbt. Eingeführt wurde das Tertialrecht zuerst in Livland bei der dortigen Güterreduktion. Da die von Aschebergs 1720/22 ausstarben, ging das Lehngut Wrangelsburg mit Krebsow und Kessin gemäß den Bestimmungen des Lehnbriefes in den Besitz der Familie Brahe über. Die neuen Herren verkauften 1769 an Malte Friedrich zu Putbus. Er soll Teile der »Dekoration« nach Putbus geschafft haben. 1796 war das Wrangelschloss nur noch Ruine. Über die Norman(n)s, die in Krebsow wohnten, gelangte Wrangelsburg schließlich im 19. Jahrhundert an die Laugs.

Das prächtige Schloss der Familie Wrangel, es stand näher am See als das heutige, ist nicht mehr. Die »Scheune« mit dem kaputten Dach neben der Zufahrt soll im Kern noch Teil des Wirtschaftshofes des Rüdiger von Neuenkirchen sein. Auch die heutige **Papiermanufaktur** scheint zum Teil auf diese Zeit zurückzugehen. Von der Kapelle des 17. Jahrhunderts, die Caspar David Friedrich als Ruine gemalt hat, blieben die Grundmauern. Sie befinden sich auf dem heutigen Friedhof. Eine Erinnerung an den Barockbau sind Betonkopien der Darstellung von **Hoffnung und Treue** aus den 1960er Jahren, deren Originale zum Fundus des Greifswalder Museums gehören. Sie stehen am 1819 vom seinerzeitigen Wrangelsburger Besitzer Carl Friedrich Laug umgebauten Torhaus der Wrangelschen Anlage, neben dem jetzigen Schloss.

Historische Aufnahme mit Turm

Dass die zweite große Scheune von den Laugs errichtet wurde, wird vermutet. Die großenteils erhaltene Mauer und die kleine, verputzte Grabkapelle auf dem Friedhof dürften aber auf jeden Fall auf sie zurückgehen. Letztere wurde wohl 1842 errichtet.

1862 erwarb die Wolgaster Getreidehändlerfamilie Homeyer Wrangelsburg mit Krebsow und ließ das jetzige **Herrenhaus** bauen. Ihr Wappen mit den Getreideähren schmückt den oberen Teil des mittleren Fensters im Obergeschoss. 1893 heiratete Margarete von Homeyer Albrecht von Kameke. Ihr Sohn, Karz von Kameke, war der letzte Besitzer bis 1945. Das Güteradressbuch von 1939 nennt einen Einheitswert von knapp 500.000 Reichsmark und eine Größe von alles in allem 773 Hektar. In dem großen **Landschaftspark am See**, der in den Homeyerschen Zeiten seine heutige Gestalt erhielt, gibt es einen bemerkenswerten alten Baumbestand. Derzeit bemüht sich die Gemeinde Wrangelsburg, die das Schloss vom Kreis erwarb, mit viel Engagement um die Wiederherstellung des historischen Zustandes. Außer dem Schlosssee existieren nahe Wrangelsburg im Nordosten der Schwarze See und der Kleine Schwarze See.

Der Burgwall

Von diesem Gewässer ist es nicht weit bis zum Burgwall. Es ist eine beeindruckende Anlage, die da im Wald bei Wrangelsburg verborgen fern jeder Siedlung liegt. Kaum zu glauben, dass sich in der Einsamkeit, inmitten unberührt wirkender Natur, vor 1000 Jahren eine slawische Burg befand, die Menschen und Vieh Schutz gegen Überfälle bot. Etwa 45 Minuten Fußweg sind es bis dorthin.

Eine systematische Grabung neuerer Zeit steht noch aus, im 19. Jahrhundert wurden Herdstellen und Keramikscherben gefunden. Auch eine Besiedlung der späten Bronze- und frühen Eisenzeit ist in diesem Bereich nachweisbar. Die lang gestreckten Walle von bis zu fünf Metern Höhe liegen auf einem Sporn, der sich in die **sumpfige Niederung** schiebt. Die »Burg« ist von drei Seiten natürlich geschützt. Schlechte Bedingungen für Reiter und Belagerungsgerät, zumal ein flacher Graben zusätzlich den Angriff erschwert. In solchem Gelände ließ sich am ehesten im Winter Krieg führen, und das war vor 1000 Jahren durchaus üblich.

Die Wälle stammen – bis auf den Rundwall im rückwärtigen Bereich – aus einer Zeit wirtschaftlicher Blüte der **frühen Slawenzeit** in der zweiten Hälfte des 8. Jahrhunderts. Die von diesen produzierte hochwertige Keramik vom so genannten Feldbergtyp war ein wahrer Exportschlager im Ostseeraum. Größere Herrschaften bildeten sich heraus, umfängliche Burganlagen entstanden zwischen Ostholstein und Pomerellen. Sie gewannen nur drei Generationen nach den ersten slawischen Siedlern eine solche Bedeutung, dass Karl der Große höchstselbst ein Heer in unseren Raum führte.

Die Wälle bauten die Slawen unter Verwendung von etwa zwölf bis 20 Quadratmeter großen **Holzkästen** von wohl bis zu sieben Metern Höhe, die sie mit Erde auffüllten. Asthaken und Spannbalken sorgten für Stabilität. Vorgelagert war die so genannte Bermensektion, ein niedriges Stück Wall. Für das heutige Mecklenburg-Vorpommern war die Belegung mit Feldsteinen typisch. Das Holz war allerdings nicht sichtbar, wurde mit Lehm abgedeckt.

So eine Burganlage musste häufig erneuert werden. Alle fünf bis 40 Jahre,

Im Tal des Bachs, der durch Hanshagen fließt

so schätzt man. Mensch und Vieh lebten im geräumigen Innern. Die Durchschnittsfamilie wohnte in einem zwölf bis 25 Quadratmeter großen Raum. Und es gab viele Brunnen - zur Feuerbekämpfung und bei Angriffen mit Brandpfeilen.

Auf die Zeit der großen Burgwallanlagen folgte in der zweiten Hälfte des 9. Jahrhunderts die der kleinen **Rundwälle**. Ein solcher mit etwa 80 Meter Durchmesser wurde im rückwärtigen Bereich der ersten Anlagen im Auftrag der slawischen Oberschicht angelegt. Daneben gab es die wenigen großen Kastellanburgen, wie wir sie z.B. in Gützkow und bei Usedom finden. Die Wrangelsburger Anlage wurde bis ins 11. Jahrhundert genutzt. Seitdem wohnt niemand mehr im Wrangelsburger Wald. Die einwandernden Deutschen errichteten anderenorts Turmhügel als Befestigungswerke.

Hanshagen

Unsere Tour führt zumindest die Autofahrer vom Ort - man könnte auch durch den Wald wandern - über die B 109 nach Hanshagen. An der Chaussee steht in Höhe des Ortes ein 1834 errichtetes, lang gestrecktes früheres Wirtshaus mit Saal.

Wer Hanshagen richtig erleben will, fährt von der B 109 über die Kopfsteinpflasterstraße ins Dorf. Die malerische Lage an einem **windungsreichen Bachlauf** mit zum Teil sehr steilen Hängen gibt Hanshagen das besondere Gepräge. Der Wasserlauf schlängelt sich von der Bundesstraße durch den Ort vom Priesterberg zum Mühlenteich. An der Brücke sorgen Fachwerkhäuser für erste Hingucker.

Historisch gesehen gehörte der Ort ab 1634 der Universität Greifswald. Der Sandboden ist wenig ertragreich, daher wurde Hanshagen durch Handwerker geprägt. Besonders eindrucksvoll ist die Bebauung am **Fliederberg** mit rohrgedeckten Fachwerkbauten, die ab 1825 errichtet wurden.

Die Kirche

Hinter der Brücke bestimmt aber erst einmal die auf dem höchsten Punkt gelegene Kirche das Bild. Der Feldsteinchor stammt aus dem 13., das Schiff wohl aus dem 15. Jahrhundert. Für den Turm zeichnete 1885 der Berliner Theodor Prüfer verantwortlich. Hier befindet sich die Winterkirche, steht die Grabplatte des Pastors der Gemeinde zu Hanshagen, Peter Henning Möller (1696–1780). Vom Sterben und Vermodern des Leichnams des Mannes, der über 36 Jahre hiesiger Seelenhirte war, ist in der Inschrift die Rede. Das Innere der Kirche wird von neugotischen Ausstattungsstücken wie dem Kastengestühl und dem Gestühl des Gemeindekirchenrates im Chor bestimmt. Die Buchholz-Orgel von 1839 wurde 1860 von Mehmel erweitert. An der Ostwand dominiert der von dem Greifswalder Johann Quistorp 1798 entworfene **Kanzelaltar** mit seinen repräsentativen Säulen.

Quistorp schuf in der Stadt am Ryck sehr viele Wohnhäuser, aber auch das Gebäude der Gemäldegalerie des heutigen Pommerschen Landesmuseums. Die **Altarschranken** mit den Blendarkaden sollen vor 1798 entstanden sein. Bei der Restaurierung 1950 hat der Maler Leitz die gotischen Malereien im Gewölbe erneuert, weitere an der Orgelempore und im Triumphbogen - mit Taube in der Mitte - hinzugefügt. Anstelle des nach 1945 zerstörten Kriegerdenkmals für den Ersten Weltkrieg malte Leitz an der Nordwand einen heiligen Michael. Daneben steht: »Allen Toten der Weltkriege und daheim zum Gedächtnis«. Erst 2003 wurde die neue Taufschale von einem Handwerker aus Grubenhagen hergestellt und der Ständer aufgearbeitet.

Die Kirche von Hanshagen

Der Friedhof

Lohnend ist ein Gang über den Friedhof. Hier befinden sich z.B. die Grabplatten für Carl Johann und Michael Gudke (gestorben 1818). Unter den Steinen stehen allerdings keine Särge. **Pastorenfamilien** hinterließen mehrere Grabanlagen. Tragisch, wenn wie im Fall des Pastors Ballke vier Brüder im Zweiten Weltkrieg fielen. Historisch interessant ist dass gusseiserne Kreuz für Dr. Theodor Ziemssen (1777 bis 1843), Pastor zu Hanshagen, Superintendent und Gründer einer **Erziehungsanstalt** im Ort. Eine Aufstellung von 1818 nennt bereits für Hanshagen einen **Turnplatz** für die elf Zöglinge. Das gab es damals in Greifswald noch nicht. Ein Stück entfernt liegt der Grabstein, auf dem die laut Inschrift »zu früh verwaisten Söhne« Ferdinand, Ernst und Gustav um ihren Vater

Die Mühle von Hanshagen wurde als Papiermühle der Greifswalder Universität errichtet

Gustav Adolf Plath (1799–1837) trauern. Er war Besitzer des nahen Gutes Karbow, mitten im Wald gelegen. Plath soll ein großer Schlingel gewesen sein. Kutsche samt Kutscher, so wird erzählt, verspielte er in Wolgast samt der Hälfte des Herrenhauses. Ein bei seinen Leuten beliebter Spaßvogel, auch wenn's manchmal derb zuging. So soll Plath »Arbeiterdenkmalen« die stützende Hacke entzweigeschossen haben.

Der Ortskern

Hinter der Kirche entwickelt sich allmählich so etwas wie ein Ortszentrum. Im Kreisverkehr stehen **Don Quichote**, ein weiblicher Torso und ein Vogel – sie entstanden 2002 im Rahmen eines Workshops der Heimvolkshochschule Lubmin. 2004 kamen Sirene, Fischerfrau und Blasentang hinzu. Die Schule mit dem Ortswappen am Giebel wurde saniert und ist heute Feuerwehrhaus. Gegenüber erinnert das Thälmann-Denkmal aus dem Jahre 1972 an die DDR.

Die Hanshäger Mühle

Ein Stück entfernt, im Tal, steht die einzige erhaltene Wassermühle Vorpommerns, das letzte Papiermühlengebäude in Deutschland nördlich Berlins. Das Bauwerk, und zwar der später als Gaststätte genutzte Teil, wurde als **Papiermühle** auf den Grundmauern einer Kornmühle im Jahre 1750 erbaut. Ein Verein bemüht sich um die Anlage und ermöglicht Führungen.

Mehl war spätestens seit 1320 in Hanshagen produziert worden. 1524 hatte Claus Dreger vom Besitzer des Dorfes, dem Kloster Krummin, die Erlaubnis zum Wassermühlenbau erhalten. Die Nonnen ließen auch den Damm für den **Mühlenteich** errichten.

Als die Papiermühle nach einem Entwurf des Greifswalder Mathematikprofessors Andreas Mayer gebaut wurde, befand sich Hanshagen bereits über 100 Jahre im Besitz der pommerschen Alma Mater. Jeder einzelne Bogen wurde mit der Hand geschöpft. Da nicht Holzschliff, sondern Lumpen den Grundstoff der

Herstellung bildeten, war das Papier sehr haltbar. Produziert wurde für die Universität, jeder Bogen trug ihr Wappen bzw. das Wasserzeichen »Academia Gryphiswaldensis«.
1798 pachtete Papiermachermeister Siegfried Budach für 100 Jahre die Hanshäger Mühle. Er ließ zwei Jahre später den Fachwerkbau der jetzigen Mühle errichten und das Gefälle des Bachs verändern. Der mehrgeschossige Trockenboden dieses Gebäudes erinnert an den historischen Verwendungszweck. Ein einziges **Mühlrad** - seit 1998 gibt es übrigens ein neues - trieb die modernen Maschinen an. Da sich Budach beim Bau finanziell übernahm, trat der Greifswalder Apotheker Gildemeister in den Vertrag ein, und der Papiermachermeister arbeitete bei ihm als Geselle.
Schon nach 1840 stand das Wasserrad still. Die Verwendung von Holz als Grundstoff der Papierproduktion machte die Produktion aus Lumpen unrentabel. 1855 wurde daher eine **Kornmühle** eingerichtet. Ihre Ausstattung blieb weitgehend erhalten.
1875 wurde eine Gastwirtschaft im Mayer-Bau eröffnet. Kneipier Zilesch ließ zwanzig Jahre später den Saal anbauen. 1898 erwarb die Universität das Mühlengebäude ohne Saal. 20 Jahre später wurden die Strübings Besitzer. Mitte der 1950er Jahre brach die Welle des Wasserrades und wurde nicht mehr erneuert. Die Landwirtschaftliche Produktionsgenossenschaft nutzte die Mühle zunächst als Getreidelager und baute eine elektrische **Schrotmühle** ein. Der letzte Müller, er verstarb 1987, hatte das Haus nach der zwischenzeitlichen Nutzung durch die LPG abgeschlossen. So blieb die Einrichtung unverändert. 1991 kam das Ende der Gaststätte, in der Hanshäger zu DDR-Zeiten noch eine Jäger- und Bauernstube eingebaut hatten.

Durch den Wald

Von der Mühle ist es nicht weit zum Wald. Sowohl Richtung Diedrichshagen als auch Richtung Wrangelsburg, Kühlenhagen bieten sich Wanderungen an. Ein Naturdenkmal sind über 20 Lärchen nordwestlich des Ortes. Sie sind zum Teil über 30 Meter hoch und wurden schon 1775 gepflanzt. Viele Besucher zieht es zur **Königskiefer**, dem ältesten Exemplar weit und breit. Der etwa 30 Meter hohe Baum steht in der Abteilung 4 des Reviers Hanshagen.
Unser Tourweg nach Rappenhagen führt durch den Wald auf unbefestigtem Weg über das im Wald gelegene Örtchen **Karbow** (slawisch Hamster), in dem der erwähnte Gustav Plath im nicht mehr vorhandenen Gutshaus residierte. Im Ort haben seit DDR-Zeiten viele Kleingärtner ihre Freizeitheimat gefunden.

Kemnitz

Von Rappenhagen ist es nur noch ein kurzes Stück bis Kemnitz. Parallel zur Straße verlief die 1907 eröffnete Kleinbahnstrecke Kemnitz-Kühlenhagen, die von der Linie Greifswald-Wolgast abzweigte.
Kemnitz gehörte lange zum Universitätsbesitz, wurde aber 1922 von der Hohen Schule zu Siedlungszwecken an die Pommersche Landgesellschaft verkauft. Größte Sehenswürdigkeit ist die Kirche mit dem 1842 von **Universitätsbaumeister Menzel**, dem Architekten der Alt Pansower Kirche, entworfenen Westturm. Eine ganze Reihe von Kalksteinstelen aus der ersten Hälfte des 19. Jahrhunderts umgibt das Gotteshaus. Manches regt heute zum Schmunzeln an, so wenn es dort heißt: »Seine Laufbahn war geschwinde. Er ward des Todes Beute.« Engelköpfe, Urnen, Schlüssel und anderes mehr verzieren die Stelen.
Wenn man die Kirche durch die spätgotische, südliche Vorhalle betritt, kommt man an den beiden ältesten **Grabplatten** vorbei. Auf dem linken ist nur die Hausmarke erkennbar, in der die Wolfsangel quasi durch das Kreuz

Häuserzeile am Hanshäger Fliederberg

christianisiert wurde. Aus dem Jahre 1368 stammt die Platte rechts mit einem Rad mit sechs Speichen.

Das Innere der nach 1300 errichteten spätgotischen Hallenkirche wird durch die umfassende Instandsetzung im Jahre 1743 bestimmt. Dafür zeichnete Universitätsprofessor **Andreas Mayer** verantwortlich, denn die Hochschule hatte das Kirchenpatronat. Er ließ unter anderem neue Gewölbe einziehen.

Auch ein Teil des Gestühls und der Emporen sowie der Taufständer und der Kanzelaltar stammen aus dieser Zeit. Es wird angenommen, dass Andreas Mayer den Kanzelaltar schuf. Reliefs mit Taufkanne, Taufschale, Kelch, Patene und Wolkenglorie symbolisieren auf ihre Art die Aufnahme in die Kirche, das Abendmahl und die Hoffnung auf Auferstehung. Im Chor steht das **Patronatsgestühl**, auf dem auch die Pächter von Kemnitzerhagen saßen. An die ältere Ausstattung erinnert ein Brüstungsfragment aus der ersten Hälfte des 17. Jahrhunderts, das Christus und Petrus zeigt. Die jüngste Zeit ist in Kemnitz z.B. durch den früheren Dersekower Pfarrer Becker vertreten. Er schnitzte unter anderem ein Kruzifix. Karl-Siegesmund Stötzer, dessen Vater in Kemnitz 1934 bis 1947 Pfarrer war, stiftete 1990 das neue Geläut, die Friedensglocke.

Auf die Vorüberfahrenden wirkt das Kirchengelände mit Pfarrhaus von 1746 und Scheune von 1818 auch durch die **malerische Lage** an einem **Bach**. Auffällig sind zwei Inschriften. In den 1960er Jahren ließ die Kirchengemeinde »Jesus Christus lebt« an das Portal schreiben. In den 70er Jahren folgte »Gott ist unsere Zuversicht und Stärke« am Giebel. In der Nähe ist die Schule, und man wollte hiermit »Flagge zeigen«.

Von Kemnitz kehren wir zu unserem Ausgangsort Greifswald zurück, nicht ohne den phantastischen Blick auf die Dänische Wiek genossen zu haben.

Baugeschäft &
Dachdeckerei

Am Achterwasser – Rund um Lassan

Lassan

Die Lassaner Wassermühle beherbergt seit 1988 das Heimatmuseum des kleinen Ortes am Achterwasser, wo wir unseren Stadtrundgang beginnen. Auch wenn es heute keine 1500 Einwohner mehr zählt, Lassan erhielt bereits 1274 Stadtrecht.

Die Wassermühle

Ein halbes Jahrtausend, bis 1976, wurde hier Korn gemahlen. Das heutige Gebäude ist Mitte des 19. Jahrhunderts errichtet worden. Vor dem sanierten Gebäude an der Bäk erinnern **Trogmühlen** und ein Mühlenstein an vergangene Produktionsinstrumente. Im Haus selbst kann man sich unter anderem über das Mühlenhandwerk, die Stadtgeschichte, tragende Erwerbszweige und bedeutende Persönlichkeiten informieren. So auch über Bernt Notke (gestorben 1509), den wohl wichtigsten Meister der Spätgotik in Norddeutschland. Er besaß eine Werkstatt in Lübeck, seine Werke finden sich aber auch in Dänemark, Schweden und dem heutigen Estland. Gegenüber der Mühle richteten die rührigen Lassaner Heimatfreunde eine Ausstellung von Exponaten aus Lassan und Umgebung über die **Entwicklung der Landwirtschaft** ein. Sie wurde 2003 eröffnet. Auch diverse Schlitten und eine komplette Küche gibt es zu sehen. Die Halle wurde nach Friedrich von Lösewitz benannt. Der Lentschower Gutsherr war Mitglied des Reichstages, engagierte sich für die Anklamer Zuckerfabrik, den Kleinbahnbau und die industrielle Weiterverarbeitung landwirtschaftlicher Produkte.

Die Lassaner Wassermühle beherbergt das Heimatmuseum des Städtchens

Am Marktplatz

Unser Rundgang führt uns durch die Mühlenstraße Richtung Markt. Die gute Stube ist relativ groß – Zeichen einst größerer Bedeutung des Ortes, in dem zu Beginn des 20. Jahrhunderts etwa 200 Tischler, Holzbildschnitzer, Drechsler und Stellmacher arbeiteten. An diese Zeit erinnert eine große Zahl schmuckreicher Haustüren. Die zahlreichen **Neostilfassaden** entstanden zu Kaisers Zeiten. Auf dem 2005 sanierten Markt steht neben dem 1732 errichteten Rathaus ein größerer Gebäudekomplex. Ein verschlungenes T und R erinnern an den Bauherrn Theodor Roloff, einen führenden Geschäftsmann Lassans. Typisch für den

Bernt Notke

Der in Lassan um 1436 geborene Bildschnitzer und Maler gilt als einer der einflussreichsten mittelalterlichen Künstler des Ostseeraumes. Sein frühestes Werk, den Totentanzfries, schuf er bereits 1466 für die Marienkirche in Lübeck. Es wurde im Zweiten Weltkrieg zerstört, eine Kopie des Frieses ist in Reval, St. Nikolaus, erhalten. Nach einigen Lehrjahren in Schweden kehrte Notke 1498 zurück nach Lübeck und eröffnete eine große Werkstatt, die in das gesamte Ostseegebiet lieferte.
Als sein Hauptwerk gilt die holzgeschnitzte Gruppe des ›Heiligen Georg mit dem Drachen‹ in der Nikolaikirche in Stockholm.

Fassadenschmuck in der Ackerbürgerstadt sind die Putzgirlanden.

Zum Hafen

Die Lange Straße führt zum Hafen. Das Haus Nr. 17 mit seinem Neorenaissanceschmuck wurde von einem Bildhauer errichtet. Lassantypisch sind die kleinen Fenster unterm Dach für die Böden, z.B. in der Nr. 57, Nr. 59 und 60. Haus Nr. 11 ist eine frühere **Fischräucherei**, Nr. 59 wurde von einem Bootseigner errichtet. Am Ende der Straße steht das frühere Hafenamt (Nr. 66), bei dem sich der Baumeister bei der Gestaltung der Fensteröffnungen der Gotik bediente.

Der Hafen wurde nach der Wende zum Wasserwanderrastplatz mit schönem Blick nach Usedom. 2005 wählte die »Ernestine«, eine der letzten erhaltenen »Wolliner Quatzen« (Zweimastschoner) Lassan als Heimathafen. Sogar eine kleine **Bootswerft** konnte sich behaupten. Sie ist seit 1920 im Besitz der Familie Menge. Das Fachwerkhaus in Wassernähe ließ der Kahnschiffer und Hauptmann der Schützengilde, Senator Johann Rosse, Ende des 19. Jahrhunderts errichten. Der kinderlose Mann wurde durch den Transport von Bahnschwellen für den Eisenbahnbau reich, machte sich vielfach um Lassan verdient. Er soll auch ein Frauenheld gewesen sein. Als er 1898 starb, hatten nicht wenige Damen den gleichen Verlobungsring, den ihnen Rosse geschenkt hatte.

In der Altstadt

In der Altstadt

Lassans Altstadt hat den Grundriss eines Fischs. Vom »Schwanzende«, dem Hafenbereich, führt der Weg zurück zum Markt durch die **Wendenstraße**. Der Name erinnert an die slawischen Bewohner der Frühzeit. Bauherren vieler Häuser waren Tischler, so z.B der Nr. 9, in den 1920er Jahren Möbelfabrik »Vorwärts«. Bauherr Wilhelm Görendt gehörte zu den Mitbegründern der hiesigen Genossenschaft. Auch Fischer und Ackerbürger wohnten in dieser Straße. Die Nr. 57 gehörte dem Bildhauer Paul Teske, der Beziehungen zu dem Freester Teppichkünstler Rudolf Stundl unterhielt. Seine Werkstatt blieb erhalten. In dem großen Neostilhaus mit der Nr. 19 wohnte Anfang des 20. Jahrhunderts der reichste Mann Lassans. Der Viehhändler und Fleischermeister Ludwig Rosse war Nachfolger seines Onkels Johann als Hauptmann der Schützengilde.

In der Wendenstraße 47 wurde Johann Dettloff Prochnow (1814 bis 1888) geboren. Der Schumachersohn saß wegen seiner Teilnahme an der verbotenen burschenschaftlichen Bewegung während seines Theologiestudiums neun Monate im Gefängnis, d.h. dem Lassaner Rathaus. Einen Namen machte er sich als **Missionar in Indien**, war dann Pastor in Berlin. Das letzte Stück des Weges zur Kirche führt am alten Schulgebäude (errichtet 1835) und der früheren Feuerwehr mit dem hölzernen Schlauchturm vorbei. Nr. 32 ist ein vorbildlich restauriertes, unverputztes Fachwerkgebäude, das 1743/44 für den zweiten Pfarrer bzw. die Pfarrwitwen errichtet worden war. Ein Stück dahinter steht, leicht erhöht, das eigentliche Pfarrhaus (Nr. 31) aus dem Jahre 1749.

Die Kirche

Die Johanneskirche vermittelt den Eindruck einstiger Größe. Viele Epochen haben den Backsteinbau aus dem 13. Jahrhundert geprägt. Der 57 Meter hohe Westturm, gekrönt

Die kleine Stadt erhebt sich über den Wiesen

von geschweifter Haube mit **achteckigem Helm,** stammt aus dem Jahr 1721. Noch zu DDR-Zeiten krönte ihn ein Hakenkreuz als Teil des Wetterhahns. Aktive Nationalsozialisten hatten diesen »Schmuck« in einer Nacht-und-Nebel-Aktion angebracht. Ihn nach 1945 herunterzuholen, fehlten die materiellen Mittel. Zum Glück stimmte die Qualität nicht - Mitte der 1950er Jahre fiel der Hahn herunter.

Im Turm fällt ein benageltes Kreuz aus dem Ersten Weltkrieg auf. Jede Spende wurde mit einem Nagel geehrt. Im Innern wurde das Gotteshaus 1870 bei einer neugotischen Umgestaltung stark verändert. Aus dieser Zeit stammen z.B. Taufstein, Leuchter und Gestühl im Altarraum. Das Gestühl der Gutsbesitzerfamilien wurde 1970 entfernt. Selten für eine vorpommersche Kirche sind die Medaillons an der Decke. Sie stammen aus dem Jahre 1922 und zeigen unter anderem die vier Evangelisten. Ungewöhnlich ist auch ein Wandteppich, der die **Schicksalsgöttinnen** zeigt. Eine spinnt den Lebensfaden, die andere wartet mit der Uhr darauf, dass die Zeit abgelaufen ist, ehe dieser Lebensfaden abgeschnitten wird. Mittels griechischer Mythologie wird so gezeigt, dass Jesus den Tod besiegt. Ferner erinnert im Chor ein Gemälde an den bedeutenden Aufklärer **Johann Joachim Spalding** (1714-1804). Der Sohn eines Tribseer Schuldirektors war 1749 bis 1757 Prediger in Lassan. Seit etwa 30 Jahren hängt die Kreuzigungsgruppe aus dem 15. Jahrhundert an ihrem heutigen Platz im Triumphbogen. Das Lesepult stammt aus dem Barock. Kanzel und Altaraufsatz mit den Evangelistendarstellungen entstanden um 1727 in der Werkstatt des erfolgreichen Stralsunder Schnitzers Elias Keßler. Der Predigtstuhl ruht auf einem Engel, Putti tragen den Korb.

Weiter durch die Stadt

Wieder an der Langen Straße angelangt, beginnt die Hohenthorstraße, Erinnerung an eine nicht mehr vorhandene Anlage. Durch die Schütt geht es zunächst zum etwa 1900 errichteten Gesellschaftshaus, einst dem ersten Haus am Platze. Auf dem Weg dorthin kommt man an einem sehr interessanten **Schulkomplex** vorbei. Bereits 1901 wurde hier eine **Haushaltungsschule** eingeweiht, eine Einrichtung der Pommerschen Landwirtschaftskammer. Für die je 30 Mädchen gab es neben Schule und Internat einen großen Obst- und Gemüsegarten sowie für den praktischen Unterricht ein Gebäude mit Schweine- und Geflügelstall mit Wasch- und Plättküchen und Räumen für Milchverarbeitung und Obstverwertung. Ein Kurs dauerte ein halbes Jahr. In der Weimarer Republik aufgelöst, war die Haushaltungsschule später u.a. Altenheim und Hort, seit 1991 beherbergt das Gebäude eine Grundschule. Zum Komplex der drei Backsteingebäude gehören ferner das **Jünglingsstift**, also eine mit Vermögen ausgestattete Anstalt zur Erziehung und Bildung, sowie die eigentliche Schule aus dem Jahre 1906.

Wanderungen durch die Natur

Für alle, die Richtung Jamitzow weiterreisen, bietet sich eine Wanderung über den Plattenweg, der hinter dem Wäldchen beginnt, zum Deich an. Auf dem Rückweg empfiehlt sich ein Abstecher über einen nach links abbiegenden Plattenweg durch die Große Heide und das **Große Moorholz** nach Jamitzow, der Naturfreaks sehr viel bietet. Auf dem Deich des Jamitzower Kanals, der den Buggenhagener Schlosssee mit dem Peenestrom verbindet, erreicht der Wanderer Jamitzow.

Buggenhagen

Mit dem Auto reisen wir aber zunächst nach Buggenhagen. Eine schöne Allee führt zum Stammsitz der Buggenhagens, die schon 1260 im Gefolge des Pommernherzogs erwähnt werden. Der letzte männliche Spross, Hans-Bernd von Buggenhagen, fiel 25-jährig 1941 in Russland. Der Träger des Eisernen Kreuzes I. und II. Klasse hinterließ einen sehr patriotischen Abschiedsbrief, in dem er davon sprach, als pommerscher Edelmann für die Größe seines Vaterlandes zu sterben. Sein Wunsch, nach Buggenhagen überführt zu werden, wurde trotz vielerlei Interventionen nicht erfüllt.
1995 erwarb ein Bauunternehmer aus Friesland das **Schloss**. Er hat das heruntergekommene Gebäude saniert, eine nicht unumstrittene Aktion. Nach einer kurzen Phase als Hotel wird derzeit ein neuer Nutzungszweck gesucht. Errichtet wurde das Schloss nach Auffassung von Kunsthistorikern in der ersten Hälfte des 19. Jahrhunderts. Es war früher schmuckreicher und hatte einen Turm. Trotzdem ist der Bau mit Zwerchhaus, Freitreppe und Mittelrisalit an der Gartenseite immer noch ansehenswert. Auch im Innern erinnert einiges an die Buggenhagens, insbesondere im Treppenhaus. Zum Herrenhaus gehört ein baumreicher Park. Den Schlosssee erreicht man über einen schmalen, neben dem Gebäude verlaufenden Pfad, der etwa 200 Meter durch das Große Moorholz führt.
Vergleichsweise prächtig ist der frühere **Pferdestall** auf dem Gutshof. Der rohrgedeckte Fachwerkbau, dessen Gefache z.T. mit Laubsägearbeiten gefüllt wurden, wird auf 1850 datiert. Ebenfalls aus dem 19. Jahrhundert stammt die in zwei Etappen errichtete Schule, die zum Teil aus Backsteinfachwerk besteht.
B. v. B. – Berendt von Buggenhagen – die Initialen an einem 1901 fertig gestellten **Ackerpferdestall** und einem 1902 errichteten Wohngebäude erinnern an den Bruder des letzten Gutsherrn, den Rittmeister Hans-Detlof, der außer dem gefallenen Sohn noch vier Töchter hatte und auf 742 Hektar wirtschaftete.
Ein Hohlweg vorbei am Friedhof führt in den naturnahen Wald. Hier liegt der Waldfriedhof, der in dieser Form 1996 angelegt wurde. Die Inschrift auf dem fünf Tonnen schweren Findling erinnert an die fast 700 Jahre, die die Buggenhagens hier wohnten. An gleicher Stelle stand früher der **Gedenkstein** für Hans-Bernd von Buggenhagen, der

Das Schloss von Buggenhagen stammt aus dem 19. Jahrhundert

sich gewünscht hatte, dass über seinem Grab der Wald seines Heimatortes rausche.

Jamitzow

Die Weiterfahrt von Buggenhagen nach Jamitzow lohnt schon wegen der interessanten Gutsanlage, die aus Backsteinen im Stil früher **Reformarchitektur** errichtet wurde. Besitzer des 818 Hektar großen Rittergutes war damals der 1843 geborene Franz Frischen, Sohn eines Bremer Börsenmaklers. Er hatte in der südrussischen Hafenstadt Nikolajew, in der er 1874 sein erstes Geschäft gründete, mehrere Millionen Reichsmark namentlich im Getreidehandel verdient. Frischen bekam für seine Verdienste diverse Orden, war nicht nur deutscher, sondern auch türkischer, niederländischer Vizekonsul, vertrat mehrere Jahre auch Belgien und Österreich-Ungarn. Wohl 1912 erwarb der Witwer, dessen Kinder bereits verstorben waren, Jamitzow, im selben Jahr wurde er zum **kaiserlich deutschen Konsul** ernannt, 1913 bat er um seinen Abschied und ging nach Pommern. Auf Frischen folgte eine Reihe weiterer Besitzer, letzter war ein Graf von Schweinitz.

Ein lang gestrecktes Backsteingebäude steht am Eingang zum Gutshof mit einer Art Tor in der Mitte. Moderne Stallanlagen, Stellmacherei, Schmiede und Schlosserei lagen links und rechts dieser Durchfahrt. Darüber befanden sich Wohnungen bzw. ein Versammlungsraum. Leider steht das Schloss mit seinen 50 Zimmern, davon 21 mit Bad, nicht mehr. Es brannte 1929 ab, als Emil Lamprecht (seit 1924) Besitzer war. Alle späteren Bewohner mussten sich mit dem **Gästehaus** und seinen 13 Zimmern begnügen. Davor lag der zwölf Hektar große See, der über einen sechs Kilometer langen, heute zugeschütteten Kanal mit der Peene und dem von Konsul

Frischen angelegten Hafen verbunden war. Eine Feldbahn führte dorthin.
Ein Nachkriegsverlust ist der Marstall, der abbrannte, als einer der Neubauern Sirup kochte. Auch Ställe für Zuchtsauen, Mastschweine, die Feldscheune und die Gruft im Park stehen nicht mehr. Die Lindenallee ist abgeholzt. Aber die noch erhaltenen Ställe und Scheunen, das Transformatoren- und das Gästehaus sowie einige Arbeiterhäuser bilden eine eindrucksvolle Anlage.

Klotzow

Über einen Plattenweg geht es durch eine Wald- und Hügellandschaft in das malerisch gelegene Klotzow mit vielen rohrgedeckten Häusern. Ein Wanderweg führt in die Niederung, die großartige Naturerlebnisse bietet. Zwischen Jamitzow und Klotzow befand sich das **Fischer- und Fährgehöft** Klotzow/Fähr. Es wurde nach einer Sturmflut 1953 verlassen. Ein unbefestigter, aber befahrbarer Weg führt vom Dorf zur B 110. Immer wieder bieten sich Blicke Richtung Peenestrom. Von hier führt unsere Tour zurück Richtung Anklam.

Pinnow

Das alte Dorf liegt in Richtung des schönen **Badesees**. Leider wurde das Gutshaus zu DDR-Zeiten abgerissen. Oberhalb des aus Backsteinen errichteten früheren Pfarrgehöftes liegt über einem weiteren See die flachgedeckte, heute verputzte **Backsteinkirche**, die um 1300 errichtet wurde. Beeindruckend ist die farbig eingefasste Tür des Westeinganges mit Schnitzereien im Zopfstil. Als Schwelle dient der Rest einer Grabplatte von 1415. Das Innere birgt eine ganze Reihe von Kunstwerken, beispielsweise einen alten Tabernakelschrank. Zu nennen ist auch die Grabplatte des Ritters Vicko Stedinck (gestorben 1386) und seiner Frau. Die Familie brachte es in Schweden zu hohen Ehren, stellte Generale und hohe Beamte. Von 1553 stammt die **wappengeschmückte Grabplatte** von Klemptzen/von Bonow.
Auf dem geschnitzten Altaraufsatz ist das Abendmahl dargestellt. An der Kanzel sind drei der vier Evangelisten zu finden. Die Familie von Lösewitz, vor 1945 lange Zeiten auf Lentschow zu Hause, hat für deren Neuanfertigung nach 1990 gesorgt. Der Predigtstuhl soll aus dem 17. Jahrhundert stammen, die Südempore ist wohl erst etwas mehr als 200 Jahre alt. Noch jünger ist das **Marmortaufbecken**. Maurermeister Nagel und seine Frau haben es 1909 gestiftet. Seit 1847 besitzt die Pinnower Kirche eine Orgel des Stralsunders Nerlich. Nicht mehr zugänglich ist die historische Gruft mit den Särgen von Kirchenpatronen, vermutlich von Steding(ck)s, in die sich 1945 sogar Menschen flüchteten.
Lohnend ist ein Gang über das Außengelände. Zum See hin liegen die Gräber der **Pinnower Familie von Behr**. 1819 erwarb Hans Ludwig (Louis) Heinrich von Behr (1790 bis 1837), der mit Juliana Homeyer verheiratet war, Pinnow und begründete die Pinnower Linie der Behr. Eins der Grabkreuze erinnert an ihr sechstes Kind Carl von Behr, Erbherr auf Pinnow, 1832 bis 1882.
In der nächsten Generation machte dessen Sohn Carl von Behr von sich reden. Er war einer der Mitbegründer des Kinderkrankenhauses Auguste Victoria in Berlin. Dr. jur. Carl von Behr (1864–1941) war Landrat in Plön und **Kabinettsrat der Kaiserin** Auguste Victoria, ehe er sich 1911 nach Pinnow zurückzog. Er hatte das Gut 1882 geerbt. Von Behr widmete sich u.a. der Vererbungsforschung, was die Friedrich-Wilhelms-Universität Berlin mit der Verleihung des medizinischen Ehrendoktors würdigte. Dabei wandte sich der Pinnower Gutsherr auch der **Adelserneuerung** durch »Züchtung« zu. Namentlich in den 1920er und 1930er Jahren publizierte er Aufsätze wie »Adel und Inzucht« oder »Neuadel aus Blut und Boden«. Von Behr war überzeugt, dass der

Adel als Elite nur durch biologische Erneuerung eine Chance habe. Wie Walter Darré verfocht er einen »Neuadel aus Blut und Boden«. Die Eugenik an sich fand in der Weimarer Republik viele Anhänger bis hin zu SPD-Mitgliedern. Von Behr besaß als Vorsitzender des Bundes für »Volkaufartung und Erbkunde« große Bedeutung für die Akzeptanz von eugenischen Maßnahmen bis hin zu Sterilisation unter protestantischen Lehrern, Theologen und Wohlfahrtsverbänden.

Libnow

Kulturhistorisch führt der Weg weiter Richtung Anklam nach Libnow. Trotz Vereinfachungen bei einer Dachsanierung ist das Libnower Gutshaus der **Tudorgotik** verpflichtet. Früher hatte es zehn Türme. Zeitgenossen rühmten die geschmackvolle Anlage. Der sehenswerte Backsteinbau, zu dem eine Lindenallee führt, wurde ab 1862 auf vorhandenen Grundmauern durch den Anklamer Baumeister Drowatzky errichtet.
1792 hatte Friedrich Ludwig von Bohlen Libnow erworben. Sein Sohn verkaufte das Gut an den Königlichen Amtsrat Friedrich Homeyer. Dessen jüngster Sohn Wilhelm (1828 bis 1903) war der Bauherr der Anlage. Später wechselten die Besitzer des 564 Hektar großen Rittergutes häufig. Zu DDR-Zeiten war es lange Zeit Betriebsferienlager des VEB »Edelweiß« Magdeburg. Beate Quies und Siegmund Lorenz retteten ab 2000 das zehn Jahre leer stehende Gebäude. Sie richteten eine Galerie und eine Rahmenmanufaktur ein, wollen das Haus als Seminarzentrum nutzen.

Pulow

Über Murchin kehren wir nach Lassan zurück und reisen Richtung Westen bzw. Norden. Schon der Weg nach Pulow ist malerisch und führt uns in eine schmucke kleine Ortschaft.
In die Landschaft der Endmoräne fügen sich die Häuser hervorragend ein, ebenso wie der nahe gelegene lang gestreckte See, der bis zu 13 Meter tief ist und umwandert werden kann.
Bauherr des wohl um 1900 errichteten Herrenhauses dürfte **Peter Baron von le Fort** (1831 bis 1911) gewesen sein, der 1875 das 300 Hektar große Rittergut erwarb. Am Rande des Parks erinnert eine Holztafel an eine **tragische Geschichte** aus dem Jahre 1920. Hier erschoss sich Ilse Körting, geborene Gräfin von Baudissin. Sie hatte den 30 Jahre älteren Gutsherrn Victor Körting 1918 im Alter von 17 Jahren heiraten müssen, weil sie ihm schon als Kind versprochen war. Ilse vermisste das Berliner Leben und litt unter der Verbindung zu dem älteren Mann. Auf dem Hügel nah am See wurde sie in einer Grabanlage wieder mit ihm vereint. Von Pulow fahren wir über Klein Jasedow Richtung Waschow und von dort nach Wehrland.

Wehrland

Auf einer Anhöhe nicht weit vom Peenetal liegt der schlichte turmlose Feldsteinbau der **Kirche St. Johannis** aus dem 13. Jahrhundert. Den großen Teppich im Chor, auf dem drei der vier Evangelisten zu sehen sind, schenkte Mia von Quistorp der Gemeinde. Aus dem 19. Jahrhundert stammen u.a. die Orgel des Berliners Remler, eine Liedtafel und wohl auch das Gestühl. Tafel und Wand erinnern an den Rittmeister Ulrich von Quistorp (1860–1903), Herr auf Bauer und Wehrland, sowie an den 1866 bei Königgrätz gefallenen Albert Voss, den Sohn des Erbauers des heutigen Herrenhauses. Schönster Schmuck der Kirche ist die um 1700 entstandene Balkendecke mit ihren Rankenmalereien.
Mit Ranken und Sternen auf blauem Grund wurde auch die Innenseite der Tür zur mittelalterlichen Sakramentsnische bemalt.

Vom alten Taufstein blieben nur Kuppa und Schaft.
Von der Kirche führt ein Feldweg vorbei am alten Fischerhaus in Richtung **Bauerberg**, von dem man einen schönen Blick auf die Insel Usedom hat. Vor dem 23 Meter hohen Hügel liegt ein Findling mit »Handabdruck«. Die Sage erzählt von Riesen, die mit dem Stein warfen. Auf dem Berg befinden sich Reste eines slawischen Burgwalls. Der Brebowbach trennt Wehrland vom vom nächsten Ort.

Bauer

Eine schöne Allee führt nach Bauer hinein. Besonders im Dorf selbst weckt die malerische, etwa 150 Jahre alte **Lindenallee** Erinnerungen an vergangene Zeiten.
Das inmitten eines großen Parks gelegene spätklassizistische **Herrenhaus** konnte nach der Wende gerettet werden. Es steht in der Bautradition von Daniel und Friedrich Gilly. Bauherr war im Jahre 1837 der Greifswalder Kaufmann Voss. Quaderung, Geschossgesims und der übergiebelte Mittelrisalit geben der Fassade das Gepräge. Im großen Saal blieb reicher Deckenschmuck erhalten. Familie Voss hat nur drei Jahrzehnte hier gewohnt, ehe 1866 August von Quistorp Bauer und Wehrland erwarb.

Zemitz

Nächste Station der Reise Richtung Westen ist Zemitz, das schon 1901 aufgesiedelt wurde. Am Ortsrand liegt weithin sichtbar die verputzte, weiß gestrichene Kirche, eigentlich nur eine Kapelle aus dem 18. Jahrhundert. Erst nach 1920 wurde sie mit einem barockisierenden Turm versehen und sozusagen zur **Kirche** aufgewertet. Die im Dezember 1999 mit der Namensgebung (St. Michael) abgeschlossene Sanierung hat aus der grauen Maus einen weißen Schwan auf einem Feldsteinsockel gemacht. Auch die schlichte Innenausstattung – Kanzel, Taufe und Gestühl bis hin zur hölzernen Tonnendecke – ist in Kunstführern schon irrtümlich dem 18. Jahrhundert zugeordnet worden.
Nicht nur Kirche und Denkmalpflege, auch die politische Gemeinde, die Bürger, engagierten sich jetzt für die Erneuerung. Die Kommune bezahlte die Hälfte des Preises des aus Italien importierten **Heiligen Michael**, auch er barock inspiriert. Ein Holzrelief mit einer lorbeerkranztragenden Frau erinnert an jene Männer, die 1914 bis 1919 »fürs Vaterland« starben. An die Toten des Zweiten Weltkrieges erinnert eine Vielzahl von Kreuzen.

Rubkow

Von Zemitz geht es durch die pommersche Einsamkeit Richtung Süden. In Rubkow erinnert ein **Bahnhofsgebäude** an Kleinbahnzeiten. Viele der Häuser an der Dorfstraße gehen auf die Baltische Baugenossenschaft zurück und wurden kurz nach 1900 errichtet.
Am Rande des Friedhofs, auf dem sich interessante Grabdenkmale wie Kreuze und Tulpen aus Eisen und Steinen der Jahre 1752 bis 1828 befinden, steht ein kleiner Backsteinbau. Er wurde 1877 als **Mausoleum** für August von Quistorp und seine Frau Emilie geborene Flügge errichtet.
Das Innere der verputzten **Backsteinkirche** aus der zweiten Hälfte des 14. Jahrhunderts

ist schlicht gehalten. Die Westempore ist mit den Reliefs der Evangelisten aus dem 17. Jahrhundert geschmückt. Ein von Hackwitz aus Wahlendow stiftete 1870 das neugotische Taufbecken.
Kabinettscheiben zeigen u.a. Wappen der Familien Below und Quistorp. Prinz Heinrich VII. Reuß jüngere Linie entwarf das **Marmorepitaph** für Marie von Quistorp geborene von Below (1861-1903). Es wurde wahrscheinlich von vier Mitschülerinnen aus einem Internat gestiftet.
Bis zur Aufsiedelung im Jahr 1928 besaß seit 1903 Robert von Benda das Gut Rubkow. Tochter Luise von Benda, unter anderem **Chefsekretärin im Generalstab** zu General Becks Zeiten, war mit den Kindern Benito Mussolinis bekannt und heiratete erst am 7. März 1945 Generaloberst Alfred Jodl. Ihren Mann lernte sie zu Reichswehrzeiten kennen.
Das **Gutshaus** ist heute eine Schule. Erhalten blieben auch frühere Wirtschaftsgebäude aus Findlingen und Backstein und das Verwaltergebäude aus Backstein. Die Initialen IHZ und die Jahreszahl 1847 weisen auf den Bauherrn Johann Heinrich Zwickermann hin, der Rubkow 1839 erwarb und 1859 kinderlos starb. Er hat wahrscheinlich auch das Gutshaus gebaut.

Krenzow

Der Nachbarort Krenzow zählt zu den besser erhaltenen Gutsdörfern in der Region. Sehenswert ist der Platanenbestand am Dorfteich.
1820 erwarb Hans von Quistorp vom Grafen von Bohlen das Gut. 15 Jahre später übernahm sein Bruder August Krenzow. Er gehörte zur Truppe des Majors von Schill, die 1809 gegen die napoleonische Fremdherrschaft einen Aufstand versuchte. Die Infanterie führte Quistorp. Er konnte letztendlich fliehen, kämpfte dann unter anderem unter Wellington. Nach 1815 stellte er sich erneut den Preußen zur Verfügung, musste aber wegen der befehlswidrigen Handlungen von 1809 noch einmal von unten anfangen. Entlassen wurde der Träger des Ordens Pour le Mérite als Oberstleutnant.
August von Quistorp ließ für sich ein neues **Gutshaus** bauen. Es ist heute ein schmuckloser Zweigeschosser mit Windfang, auf den eine Allee zuführt. Der ältere Teil wirkt wie ein Anbau. Er wurde von den Quistorps als Wirtschaftshaus genutzt, in dem Mamsell, Kutscher usw. wohnten. Zum Teil ist der ursprüngliche Putz noch vorhanden.
Von den Gutsgebäuden blieben auch der ehemalige Pferdestall, das Futterhaus und der Schweinestall von 1903 erhalten. Nicht zu vergessen der frühere Kornboden, unter dem sich die Reithalle befand. Dieses Backsteingebäude wurde 1949 zur **Mühle** umgebaut, die nach der Wende von ABM-Kräften zum technischen Denkmal aufgewertet wurde. Sie hat bis 1992 Korn gemahlen. Auch eine Müllerwohnung kann man besichtigen.
Hinter dem Gutshaus erstreckt sich ein weitläufiger Park. Auf einem Hügel befindet sich eine von Einwohnern **gepflegte Grabanlage**. Die Grabsteine zeigen das Quistorpsche und das Belowsche Wappen (drei Köpfe). Beerdigt wurde hier Dr. jur. Wernher von Quistorp, Herr auf Krenzow und Zarrentin, Mitglied des Herrenhauses (1856 bis 1908). Es wird erzählt, dass er seiner Angewohnheit, stets einen Gras- oder Strohhalm zu kauen, zum Opfer fiel. Er starb an einer Pilzinfektion. Seine Frau Marie, geb. von Below, war eine starke Asthmatikerin. Sie starb 1903 in Palermo, wo sie Linderung von ihren Leiden gesucht hatte, wurde aber in Krenzow beigesetzt. **Marie und Wernher von Quistorp** sind die Großeltern des bekannten Raketenforschers Wernher von Braun (geb. 1912 Wirsitz/Posen, gest. 1977 Alexandria/USA). Der 22-fache Ehrendoktor ist der zweite Sohn des zeitweiligen Reichs-

ministers für Ernährung und Landwirtschaft, Magnus Freiherr von Braun (1878 bis 1972), und Emmy von Brauns, geb. von Quistorp (1886 bis 1959).

Murchin

Von Krenzow aus Richtung Süden fahren wir zur B 110 und dann nach Murchin. Richtung Ziethen steht ein eingeschossiger Fachwerkbau auf quadratischem Grundriss. Es ist ein **Vierpottkaten**, auch Schwedenhaus genannt, aus der zweiten Hälfte des 18. Jahrhunderts mit Rohrdach sowie früher zentraler Küche im Innern, um die sich die vier Wohnungen gruppieren. Vorteilhaft war die Geldersparnis und die gute Ausnutzung der Wärme. Allerdings lässt sich der Vierpottkaten schwer belüften. Der Putz hat der auf der anderen Straßenseite stehenden Murchiner **Backsteinkirche** ein eher unscheinbares Aussehen verschafft. Laut Wetterfahne stammt sie von 1604. Zwischen alten Bäumen erinnern Grabdenkmale an die Gutsherren, z.B. Auguste und Luise von Homeyer sowie Johann Friedrich Homeyer (1792–1841). Ein schlichter Kanzelaltar und ein **Holzrelief** aus dem 17. Jahrhundert beleben das Innere. »Joseph bracht auch seinen Vater Jacob und seine Brüder hinein, und stellt sie für Pharao und Jacob segnet den Pharao«, beschreibt eine Inschrift die Darstellung. Der Rest der geschlossenen schlichten Ausstattung, inklusive der Hochzeitsstühle, stammt aus der Kaiserzeit.

Laubengang auf dem Weg ins Seeholz

Das ungewöhnlichste Murchiner Denkmal erreicht, wer an dem großen, verklinkerten Wirtschaftsgebäude nach links abbiegt. »F. v. H. 1867« steht daran – Erinnerung an den Murchiner Gutsherrn Friedrich von Homeyer, dem das über 1100 Hektar große Rittergut von 1849 bis 1902 gehörte.

Das frühere **Kulturhaus** ist eines der wenigen repräsentativen Gebäude aus den 1950er Jahren, Zeugnis des Aufbauwillens und sozialistischer Weltsicht. Der Entwurf für den symmetrischen Putzbau mit der säulengeschmückten Eingangshalle, der 1952 bis 1954 gebaut wurde, stammt von Gräning und Goltzow. Der Pfeilerportikus mit Dreieckgiebel orientiert sich am **Vorbild des Hellerauer Festspielhauses**. Außen zieht das Relief »Die Arbeit der Landwirtschaft in den vier Jahreszeiten« die Aufmerksamkeit auf sich. Es stammt von W. Bullert. Namhafte Künstler, Wegehaupt, Manigk und Kandt, schufen die Wandmalereien im Inneren, die die deutsch-ungarische Freundschaft illustrieren.

Dass der »Staatliche Kulturpalast«, der ab 1964 auch als Kreiskulturhaus diente, in Murchin entstand, verdankt er der erfolgreichen Maschinen-Ausleih-Station (MAS) des Ortes. Sie holte 1950 und 1951 die **Wanderfahne des Ministerrates der DDR**. Weil ein festlicher Raum fehlte, sorgte Land- und Forstwirtschaftsminister Paul Scholz für die schon in ihrer Entstehungszeit umstrittene Investition, die auch die Satire-Zeitschrift »Eulenspiegel«

aufs Korn nahm. Zeitgenössisch hieß es, dass der 1952 erfolgte Beschluss des Aufbaus des Sozialismus sich in einem Zentrum zur Entwicklung geistigen und politischen Bewusstseins in einem lange vergessenen Winkel Mecklenburgs (das Wort Pommern war unerwünscht) dokumentieren solle.

Das Murchiner Seeholz

Keinesfalls versäumen sollte man den Spaziergang durch das etwa 3,5 Hektar große Murchiner Seeholz. Ein etwa 200 Meter langer schöner **Laubengang** führt nahe der Bundesstraße in den Wald mit See. Der Murchiner Gutsbesitzer Friedrich Homeyer, ein studierter Forstwirt, hatte zwischen 1855 und 1865 mit dem Anpflanzen ausländischer Bäume begonnen. Er versuchte herauszufinden, welche Gehölze sich zur Nutzung bei uns eignen. Hier stehen u.a. Küstentannen, Scheinzypressen und Riesenlebensbaum. Ein zwei Meter hoher Findling - der **Schillsche Scheibenstand** - erinnert an den Aufenthalt einer Einheit des Majors von Schill, des späteren Freiheitskämpfers, während der Kämpfe zwischen Franzosen, Schweden und Preußen, im Jahre 1807 bei Murchin. Nach dem Waffenstillstand von Schlatkow am 14. April jenes Jahres konnten die Preußen unter Blücher von Rügen kommend zu den Schweden stoßen. Schill befehligte vier Eskadronen und zwei Kompanien Infanterie.
Von Murchin können wir auf direktem Wege nach Lassan zurückkehren.

Das NVA-Depot

Wer noch etwas Luft aus Zeiten der Nationalen Volksarmee schnuppern will, der sollte zuvor einen Abstecher Richtung Anklam unternehmen und vor Relzow zum alten NVA-Depot abbiegen, um sich den Gebäudekomplex von der Wache bis zu den Neubaukasernen anzuschauen. Auf den Dächern

Das Murchiner Seeholz ist durch Wanderwege erschlossen

wurde 2001 auf einer Fläche von 13 Hektar mit dem Bau des angeblich **größten Solarkraftwerkes** der Welt begonnen.
Das gesamte, 65 Hektar große Gelände war 2001 von drei Männern erworben worden, die 150 Millionen Euro investieren und durch ein Feriendorf, eine Algen- und Pilzzucht sowie ein Kompetenzzentrum 150 Arbeitsplätze schaffen wollten. Inzwischen backt man kleinere Brötchen.
Das neunachsige **Relzower Gutshaus** wurde zu DDR-Zeiten stark vereinfacht. In Teilen stammt der Putzbau schon aus dem 18. Jahrhundert.
Am Ortsende von Relzow, etwa dort, wo der Radweg eine scharfe Linkskurve macht, bietet sich eine Wanderung zum »Rothen Moor« an, einem Teil des Naturschutzgebietes Peenetalmoor.

In einer alten Grafschaft – Rund um Gützkow

Gützkow

Von der B 96 führt der Weg nach Gützkow zunächst am etwas abseits gelegenen Bahnhof mit seinem Fachwerkobergeschoss vorbei. Hier verkehrte zwischen 1897 und 1945 die **Kleinbahn**. Von hier ist es nicht mehr weit zum Gut des 1928 eingemeindeten Ortsteiles Wieck. Wirtschaftsgebäude, das alte und neue Inspektorenhaus, Schnitterkaserne, Schule und Tagelöhnerkaten entstanden im Wesentlichen zwischen 1820 und 1900.

Das Lepelsche Schloss

Erhöht, inmitten des Parks und flankiert von den neueren Gebäuden des Schlossgymnasiums, steht das Schloss derer von Lepel. Sie besaßen das ehemals landesherrliche Wieck seit Anfang des 18. Jahrhunderts als Allodialgut, also als Privatbesitz und nicht als Lehen. Die lange in Paraguay lebenden Wilhelm und Wilo von Lepel sollen ab 1925 schlecht gewirtschaftet, aber sehr gut gelebt haben. Sie meldeten 1931 **Konkurs** an. Ihr Besitz wurde versteigert, Schloss, Kapelle und Park erwarb die Stadt. 1932 wurde das Gut unter fünfzig Siedlern aufgeteilt, und die Grundschule zog in das Gebäude ein.

Das Schloss wurde 1793 bis 1797 erbaut. Das Äußere wird trotz Vereinfachungen stärker vom 19. Jahrhundert dominiert. 1972 bis 1990 war der alte Sitz der Lepels Klubhaus und Lehrlingswohnheim.

Die Grabkapelle

Im Park steht die 1859 von dem Berliner Richard Lucae entworfene Grabkapelle. Fast verfallen, wurde sie ab 1995 gerettet. 70.000 der nötigen 800.000 Mark stiftete die von Lepelsche Familie. Für den Erbauer, Franz Heinrich Erich II. von Lepel, wurde ein Gedenkstein gesetzt, unter dem die sterblichen Überreste von Mitgliedern der Lepel-Familie bestattet wurden. Sowjetsoldaten hatten sie 1945 aus ihren Eichen-Zink-Särgen entfernt, um diese Totenmöbel für die Rückführung der Leichen ihrer Offiziere zu nutzen.

Holzreliefs von Melanchthon und Luther an der Tür und Bibelsprüche am Baukörper weisen den Bauherrn als überzeugten Protestanten aus. Seine Frau, eine geborene Rodbertus, war sehr fromm, geprägt vom Pietismus. Sie hat sich stark sozial engagiert, war Kuratorin des ersten Kindergartens und gründete ein **»Haus für gefallene Frauen«**.

Weil der Kirchenälteste Kurt Schöpf den Kronleuchter aufbewahrte und Klempnermeister Peter Metzler ihn restaurierte, kann dieses schöne Stück auch heute noch in der Kapelle bewundert werden. Altar, Kreuz und Taufstein gehören zur ursprünglichen Ausstattung des Raumes. Da die Kapelle leicht erhöht liegt, erreicht man den Eingang zur Gruft, in der die Särge standen, von außen und quasi ebenerdig.

Das Lepelsche Schloss auf einer historischen Aufnahme

In Dargezin gibt es ein intaktes Gemeindeleben mit vielen Festen

Lepelsches Wappen an der Kapelle

Im Ort

Auf dem Weg zur Kirche ist ein Blick in die Teichstraße lohnend. Hier steht der vor 1800 errichtete **Schulzenhof** eines ehemaligen Tertialgutes. In dem schönen Fachwerkbau wohnte ab 1827 die niederdeutsche Dichterin Alwine **Wuthenow** mit ihrem Mann Ferdinant, der Bürgermeister und Stadtrichter war. Er saß mit Fritz Reuter in Festungshaft, der später seine Frau Alwine Wuthenow schriftstellerisch betreute. Ferdinant hatte als Bürgermeister die Kirche verärgert, weil er den Friedhof um das Gotteshaus enteignete und als Platz und Straßen pflastern ließ. Die Kirche bekam das Areal allerdings später zurück.

Ein kleines Schild weist in der Pommerschen Straße, kurz bevor es zur Kirche hinaufgeht, zum Schlossberg. In der Nähe der früheren **Bauerei** führt eine Treppe auf den Hügel hinauf. Von hier bietet sich ein schöner Blick zur Kirche und in das umliegende Land. Ein kleiner Mauerrest erinnert oberirdisch an die Burg der Grafen von Gützkow. Diesen Titel hat noch Kaiser Wilhelm II. geführt.

Der Schlossberg

Von etwa 600 bis etwa 1200 befanden sich an dieser Stelle eine slawische Fürstenburg und eine Siedlung. Sie wird auch in der Lebensbeschreibung des Pommernapostels Otto von Bamberg für das Jahr 1128 erwähnt. Er ließ den hiesigen Tempel niederreißen und taufte die Einwohner. Im selben Jahrhundert haben Heinrich der Löwe und der Dänenkönig Waldemar I. Burg und Siedlung niedergebrannt.

Ab 1176 sind wieder Kastellane der Burg und des **Landes Gützkow** bekannt. Nunmehr wurde eine steinerne Burg errichtet und der Schlossberg zum Teil deutlich erhöht. Dabei entstand ein zwölf bis fünfzehn Meter breiter Burggraben, der den eigentlichen Burgberg und den Vorburgberg (Moosberg) trennt. 1216 war der mit der Schwester des Pommernherzogs Barnim I. verheiratete Wartislaw III. Swantiboriz Fürst zu Gützkow. Er starb 1233. Der zweite Mann seiner Witwe, Jaczo I. von Salzwedel, begründete das Geschlecht der Grafen von Gützkow, die als Träger eines Fahnenlehns die Grenze des Herzogtums Pommern Richtung Mecklenburg zu verteidigen hatten. Die **Grafen** starben im 14. Jahrhundert aus. Sogar ein Spross des Greifengeschlechts, Barnim VII., hat von 1425 bis zu seinem Tod 1451 in Gützkow residiert.

Danach verfiel das Schloss und wurde zur Gewinnung von Baumaterial genutzt. Nach dem Übergang des letzten Restes von Schwedisch-Pommern an Preußen 1815 erwarb ein Baron von Lepel den Schlossberg. Denkmalschutz gab es noch nicht, und so konnte der neue Besitzer Teile des Berges für den Bau einer bis 1900 bestehenden Brauerei abtragen lassen und Keller in den Hang hineinbauen.

Am Schwersten setzte der Bauunternehmer Ramin der Anlage zu, der 1930 den Berg von Baron von Lepel erwarb. Er ließ das Gelände parzellieren und Gärten anlegen. Vier Jahre rangen Bauunternehmer und Denkmalfreunde, an der Spitze Kantor Walter Ewert, um den Berg. Wilhelm Petzsch von der Universität Greifswald nahm dabei eine heute unverständliche Haltung ein. Zweimal bestätigte er 1930, dass es keinen Anlass zur Arbeitsunterbrechung gäbe. 600 bis 700 Kubikmeter Feldsteine, die zur alten **Grafenburg** gehörten, wurden bis 1934 herausgebrochen und größtenteils zur Pflasterung der städtischen Straßen verwendet. Als 1933 zur Typhusbekämpfung der Mühlenteich zugeschüttet werden sollte, stach der Reichsarbeitsdienst dafür ein zwölf bis fünfzehn Meter breites Stück des Schlossberges ab. Proteste von Denkmalpflegern waren vergeblich, bis Bürgermeister Jendis auf Geheiß des neuen, kommissarischen Landrates Ebhardt abgesetzt und durch einen Herrn Gedies ersetzt wurde. Wenigstens ein eingeschränkter Schutz war jetzt möglich. Die Greifswalder Archäologen Wilhelm Petzsch und Karl August Wilde fanden unter Einbeziehung von Walter Ewert 1933 und 1934 trotz Behinderungen durch Ramin eine große Zahl von Überbleibseln der Vergangenheit, darunter das Fundament des Bergfrieds, Hausfundamente und Reste eines gut konservierten **Bohlenwegs**. Er wurde jedoch größtenteils als Brennholz verkauft! 1943 grub man einen großen Luftschutzkeller in den Berg. Trotz aller Zerstörungen birgt der Berg auch heute noch eine Vielzahl von Hinterlassenschaften unserer Vorfahren.

Der Weg führt von hier in die eigentliche Stadt. In der Pommerschen Straße stehen zweigeschossige Handwerkerhäuser des 19. Jahrhunderts und schmuckreiche Neostilbauten. Im Hintergrund des Parkplatzes des Einkaufszentrums am Stadtberg ist das 1832 errichtete frühere Schulhaus zu sehen.

Die Kirche St. Nikolai

Vor uns liegt jetzt die Kirche. Sie stammt in ihren ältesten Teilen aus dem 13. Jahrhundert, wurde aber im Laufe der Jahre mehrfach verändert. Der Berliner Architekt Theodor Prüfer verantwortete die durchgreifende Instandsetzung der Gützkower Stadtkirche. Sie prägt das Innere des Gotteshauses, nicht nur den Chor mit dem himmlisch blauen **Sternenhimmel**, der 1997 wiederhergestellt wurde. Seinerzeit, d.h. 1882/83, wurde auch der Turm von St. Nikolai über dem Feldsteinsockel neu errichtet.

Einzelne Ornamente wie die Lilie und das Weinlaub wiederholen sich an den Wänden, am Altar, der Kanzel. Die 1935 übertünchten Malereien wurden bei der letzten Restaurierung rekonstruiert. Besonders prächtig wirkt die Wand hinter dem Altar, sie ist mit ihrer ornamentalen **Malerei** einem Teppich nachempfunden. 1883 wurden farbige Fenster eingesetzt. Sie zeigen z.B. den Pommernapostel Otto von Bamberg und den Reformator Martin Luther. An der Kanzel sind Tugenden

Die alte Kirche in Gützkow

Wohnhaus des Sägewerks am Weg zur Gützkower Fähre

wie Liebe und Demut dargestellt. Gut restauriert präsentieren sich zwei Gedenktafeln für die Gefallenen preußischer Kriege des 19. Jahrhunderts.

Ein Grabstein für H.F. Gering gelangte erst später an den jetzigen Standort. Der in Greifswald geborene Geistliche war 1788 bis 1823 Pastor und Vicepleban in Gützkow: »Ihm sind vorangegangen seine erste Gattin und 8 Kinder. Jetzt trauern noch um ihn seine zweite Gattin und 8 Kinder.« Vicepleban? Seit dem 14. Jahrhundert war der Propst von St. Nikolai in Greifswald Gützkower Pleban (Seelsorger). Durch die Reformation ging dieses Recht an den Stadtsuperintendenten samt Einnahmen über. Sogar ein Generalsuperintendent, nämlich Georg Carl Benjamin Ritschel (1783 bis 1858), war Pleban zu Gützkow. Für die Wahrnehmung der kirchlichen Aufgaben in Gützkow berief der Pleban einen Vicepleban. Er musste sich aber einige Zeit in Gützkow aufhalten, bekam dafür ein Zimmer im Pfarrhaus. Seit die Pommersche Evangelische Kirche Anfang der 1950er Jahre eine Besoldungsreform vollzog, wird der Titel Viceplan sozusagen nicht mehr hochoffiziell geführt.

Unter den Seelenhirten der Stadt waren bedeutende Männer, z. B. Superintendent Paul Ernst Hoppe (Amtszeit 1903–1928). Er war zuvor der erste Propst der 1898 eingeweihten **Erlöserkirche in Jerusalem**, dem protestantischen Gotteshaus der Heiligen Stadt unweit der Grabeskirche.

Weiter durch den Ort

Auf dem Platz vor der Kirche wurde 2003 aus Anlass der 875-Jahr-Feier der zweiten Missionsreise des Pommernapostels ein **Otto-von-Bamberg-Brunnen** von Rainer Fest eingeweiht. Aus dem Kreuz fließt das Wasser in eine stilisierte, vorpommersche Landschaft. Vier Häuser stehen für die Kirchen, deren Bau der Pommernapostel auf seiner zweiten Missionsreise veranlasste: Gützkow, Demmin, Wolgast und Usedom.

Das 1729 erbaute **Pfarrhaus** prangt seit der Sanierung 2001/02 wieder im ursprünglichen

An der Peene bei Gützkower Fähre

Ziegelrot. Den Garten bis hin zur Stadtbefestigung sowie den Kirchplatz gestaltete der Stralsunder Lorgus in der zweiten Hälfte des 19. Jahrhunderts. Auf dem Pfarrgrundstück steht noch eine Eibe mit einem Umfang von 1,90 m. Sie stammt vermutlich aus Otto von Bambergs Zeit.
Weitere interessante Gebäude sind die Fachwerkbauten Kirchstraße 3, die Nr. 7 (Schmiede) und die Nr. 12 (Diakonhaus). Gegenüber dem Diakonhaus stehen Pfarrwitwen- und **Armenhaus** (Nr. 18 und 19), Ersteres mit schwarzer Küche.
Gegenüber dem Kirchenportal befindet sich das 1872 gebaute **Rathaus** mit Stadtwappen, das Jahrzehnte einen Balkon besaß. Hier gibt es seit 2003 eine kleine Heimatstube, in der beispielsweise Exponate zur Stadtgeschichte und Funde verschiedener Ausgrabungen zu sehen sind.
In Richtung Kosenowsee stehen namentlich in der Bebelstraße noch einige schöne Villen und Häuser der Gründerzeit. Mit Spenden polnischer Saisonarbeiter wurde 1914 die katholische Kirche in gotisierenden Formen nach einem Entwurf des Greifswalders Tietz errichtet.

Gützkower Fähre

Weiter geht es zum **Kosenowsee** mit Badeanstalt. Der Sage nach versank das Dorf Kosenow in dem Gewässer. Dass es zumindest am Seeufer existiert hat, bewiesen Archäologen 1926. Links führt ein Weg zum **Hasenberg** hinauf. Der dortige Gasthof, das »Schützenhaus«, zeigt im Wesentlichen noch das Bild von 1878. Ganz in der Nähe, auf

Historisches Bild
der Badeanstalt am Kosenowsee

Wandmalerei in der Gützkower Kirche

dem höchsten Punkt, steht ein weiteres, als Eisernes Kreuz gestaltetes Kriegerdenkmal für den Ersten Weltkrieg aus dem Jahre 1921, das 2003 restauriert wurde.

Eine Pflasterstraße führt zur früheren Gützkower Fähre. In der kleinen Siedlung am Rand des Peenetals steht das 1901 errichtete Wohnhaus des früheren Sägewerkes. 1720, als Gützkow zur Grenzstadt zwischen Schweden und Preußen avancierte, richtete man dort für die Gützkower Fähre neben dem späteren Zimmereiplatz eine **Zollstation** ein. Sie war bis 1815 mit einem Passschreiber besetzt. Mit dem Bau einer ersten Peenebrücke in Jarmen 1863 verlor die Gützkower Fähre an Bedeutung. Der jahrhundertealte Handelsweg Altentreptow–Landskron–Krien–Gützkower Fähre–Greifswald hörte praktisch auf zu bestehen.

1958 wurde das letzte Mal mit dem Prahm übergesetzt. Diese Fähre war verfault, der Ersatzbau kam nicht in Gützkow zum Einsatz. Inzwischen denkt man über eine Nutzung des Bollwerks für eine Personenfähre nach. Westlich des Gützkower Fährdamms erstreckt sich auf über 300 Hektar ein Naturschutzgebiet mit einer Vielzahl von **Torfstichen** in unmittelbarer Nachbarschaft zur Peene. Bei der 1947 hier gegründeten Torfgesellschaft fanden 40 bis 50 Menschen Arbeit. Die Produktion wurde jedoch schon ab 1958 allmählich wieder eingestellt. Ein Zugang zu diesem geschützten Gebiet ist am Talrand und an der Swinow möglich.

Ebenso besuchenswert sind die **Peenewiesen**, die auf einer Fläche von etwa 59 Hektar seit 1972 unter Naturschutz stehen. Sie können vom Fährdamm, vom Talrand und vom Pentiner Fischerhaus aus betreten werden. Die kalkreichen Pfeifengraswiesen sind Zufluchtsorte der selten gewordenen **Orchideen** wie Fliegen-Ragwurz, Große Händelwurz oder Honigorchis. Das Vorkommen des Ostsee-Knabenkrautes gilt als das einzige in Deutschland. Beeindruckend ist auch der **Trollblumenbestand**. 25 der hier lebenden Vogelarten stehen auf der Roten Liste, und auch die in Deutschland selten gewordenen Fischotter und Biber kann man beobachten.

Fritzow

Unser Weg führt uns jetzt Richtung Norden nach Fritzow. Schnitterkaserne, Landarbeiterhäuser, Wirtschaftsgebäude aus Backstein, Reste der Mauer und das mit Schmuckfriesen verzierte Statthalterhaus erinnern an von Behrsche Zeiten. Friedrich Claus von Behr (1869–1935) ließ das einfache Herrenhaus erweitern. Dahinter wurde nach der Wende ein Lehr- und Pflanzgarten eingerichtet. Das Grab des kinderlosen von Behr liegt nahe dem Gutshaus.

Kölzin

Ein stattlicher Giebel, geprägt von einem Backsteinaufbau, bestimmt die Außenansicht des 1860/62 für Kölzin, Dambeck, Strellin und Fritzow errichteten **Gotteshauses** in Kölzin, der nächsten Station. Den Baustoff Feldstein lieferte der Strelliner Kirchenacker.
Kanzel und Gestühl im Inneren der Kirche und die Memel-Orgel mit dem schönen Prospekt entstanden im 19. Jahrhundert, Altar und Taufbock in den 1950er Jahren.

Dargezin

In Kölzin biegen wir Richtung Westen nach Dargezin ab. Das an der Straße Kammin - Dargezin gelegene Bahnhofsgebäude gehört dank vorbildlicher Restaurierung durch Privatleute zu den schönsten Erinnerungen an die 1897 eröffnete **Kleinbahnstrecke**. Sie führte über Behrenhoff von Greifswald nach Züssow; die alten Trassenführungen sind noch erkennbar. Im Bereich Dargezin bestand die Möglichkeit, Richtung Gützkower Fähre und Jarmen zu fahren. Die Strecke Greifswald-Jarmen war eine von drei Linien neben Anklam-Lassan (1896) und Greifswald-Wolgast (1898), die Ende des 19. Jahrhunderts im Kreis Greifswald in seiner damaligen Gestalt entstanden. Ihr Bau wurde durch die Fördermöglichkeiten und günstigen Bedingungen des Gesetzes über Kleinbahnen und Privatanschlussbahnen von 1892 ermöglicht. Entscheidende Rollen spielten der Stettiner Unternehmer Friedrich Lenz und Landrat Carl von Behr-Behrenhoff.
Das Ende des Zweiten Weltkrieges besiegelte das Ende der drei Kleinbahnstrecken. Sie wurden als **Reparationsleistung** für die Sowjetunion demontiert. Nur der normalspurig betriebene Abschnitt Kröslin-Wolgast blieb bis 1964 erhalten und wurde ab 1949 von der Deutschen Reichsbahn betrieben. Bis 1997 fuhren noch Züge auf einem 2,5 Kilometer langen Stück zum Wolgaster Hafen.

Bohlensteg im Peenetal bei Pentin

Zurück nach Dargezin. Im Dorf stehen einige Gebäude vom Ende des 19. Jahrhunderts, aus der Zeit, als hier die von Behrs das Sagen hatten. Eindrucksvoll und vergleichsweise schmuckreich ist das Ensemble von vier **Landarbeiterkaten**, Dorfstraße 19 bis 22, und der Schule (Nr. 18). Die Giebel sind aus Feldstein, Friese, Fenstereinfassungen und Langseiten aus Backstein.

Vargatz

Von Dargezin fahren wir wieder Richtung Süden. Vargatz, in eine hügelige Landschaft mit Wiesen und Wald eingebettet, ist heute nur noch ein kleiner Ort. Nach dem Abriss des Gutshauses im Jahr 1999 blieb neben einigen Wirtschaftsgebäuden nur ein nach 1848 errichteter Anbau übrig. Er präsen-

tiert sich heute dank privaten Engagements wieder in sehr ansprechendem Zustand, die Fassade am Weg zum Friedhof entspricht dem Original.
Das Hauptgebäude, ein Eichenfachwerkbau, der später verblendet wurde, entstand im 18. Jahrhundert, aller Wahrscheinlichkeit nach zu Zeiten des dänischen Hauptmanns Ulrich Bernhard von Behr (1700–1774), der Vargatz 1749 erbte. Am **Schlossrest** vorbei führt der Weg in den Wald zum Friedhof. In der Nähe stehen die Grabsteine für die Söhne des letzten Behr, Felix und Bernhard, sowie für Friedrich Wilhelm von Lancken-Wakenitz. Auf dem Friedhof befindet sich die mächtige Grabplatte des »Königlichen Landesdirectors und Commandeurs des Königlich Schwedischen Nordstern Ordens« Felix Gustav von Behr (1749 bis 1826) mit den vier umgebenden Linden. Seltenheitswert besitzen die **Kopfsteine**. Das sind einfache Findlinge ohne Inschrift, die an Stelle von Grabsteinen stehen, die sich die Verstorbenen nicht leisten konnten. Kreuze und Steine erinnern an die von Behrs und ihre Verwandtschaft; einige englisch beschriftete Grabsteine weisen auf **Gouvernanten** hin. Der wohl bedeutendste Vargatzer Behr, Friedrich Felix (1821 bis 1892), liegt hier ebenso wie sein Vater Louis (Ludwig), der Pinnow erwarb, begraben. Er war ab 1876 Vorsitzender des deutschen Fischereivereins, engagierte sich sehr für Fischzucht und Fischexport, so von Karpfen und Forellen in die USA. Auf der Bodenseeinsel Reichenau erinnert ein Denkmal an ihn. An der Straße nach Bandelin steht das in den 80er Jahren unter Anleitung von Ingeborg Nilius von der Uni Greifswald an diesen Standort versetzte **Großsteingrab** der Jungsteinzeit. Damit entstand Platz für eine große Ackerfläche ohne Hindernis. 1954 wollten Obereifrige eine Erinnerung an das Junkertum vernichten. Die lateinische Grabinschrift lautet übersetzt: »An dieser Stelle der Behren letzter. Dieser Hügel, wie ihn geschont haben die Behren, so schont auch Ihr ihn.« Er wurde 1954 nicht geschont. Weil wohl der Schwiegersohn das Todesjahr auf dem Stein hatte anbringen lassen, wurde die denkmalpflegerische Mahnung Behrs von den Nichtlateinern als Huldigung an den Adligen missverstanden. Doch namentlich die Mitglieder der Ortsgruppe des Kulturbundes Bandelin nahmen die Zerstörung nicht hin. Sechs von ihnen richteten mit einer Winde die Steine wieder auf.

Bandelin

Wer vom Großsteingrab über die von Bäumen gesäumte Kopfsteinpflasterstraße in das gutsherrliche Bandelin hineinfährt, kommt an einem **Wegweiserobelisken** von 1865 vorbei. Fans der Familie Behr werden von der Umgehungsstraße noch zum Friedhof im Wald fahren, auf dem ein **Mausoleum** für die von Behr aus dem Jahre 1922 steht. Die Eichensärge wurden 1945 für die Überführung sowjetischer Offiziere verwendet.
Im historischen Bandelin findet man einige Feldsteingebäude mit hübschen Klinker-Schmuckfriesen. Zum **Wirtschaftshof** gehören die Schmiede von 1867 mit angrenzender Diener- und Kutscherwohnung, die Mühle und der Speicher, die an den Marstall aus dem Jahr 1860 angrenzen, und ein Kuhstall aus demselben Jahrzehnt. Bauherr war Graf Felix Wilhelm Leonhard von Behr (1834–1894). Der Adlige wurde 1865 aus Anlass der 50-jährigen Zugehörigkeit Neuvorpommerns zu Preußen zunächst Freiherr, 1878 dann preußischer Graf. Der von ihm begründete Fideikommiss war mit Stresow verknüpft (1052 Hektar insgesamt). Dazu gehörten ein Geldfideikommiss von 200.000 Mark und eine Seniorenstiftung. Mit Carl Peters begründete der Kammerherr übrigens die **Deutsche Gesellschaft für Kolonisation in Ostafrika**. Auf ihn

Das neobarocke Gutshaus von Bandelin wurde mit Versicherungsgeldern errichtet

und Carl Peters lautet auch der 1885 von Kaiser Wilhelm I. und Reichskanzler Otto von Bismarck ausgestellte Schutzbrief für Erwerbungen in Ostafrika. Sein Sohn Hugold war unter dem 1889 zum Reichskommissar ernannten Herbert Wissmann Offizier und unternahm Forschungsreisen. Seine afrikanischen Mitbringsel schmückten lange das Schloss Bandelin.

Das **alte Gutshaus**, bis 2002 als Schule genutzt, hatte wahrscheinlich der Begründer des Hauses Bandelin, Felix Dietrich von Behr (1700–1764), gebaut. Er war schwedischer Landrat und Kurator der Greifswalder Universität. Das alte Gutshaus brannte 1929 ab. 1930 ließ Graf Felix Ulrich Degen von Behr (1861–1931) mit Versicherungsgeldern das neue Herrenhaus errichten. Zwei Versicherungsgesellschaften gerieten dadurch in Konkurs. Der Graf war dreimal verheiratet, doch erst seine dritte Gattin Helene von Podewils gebahr ihm einen Sohn. Sie war für ihre Abneigung gegen die Nazis bekannt und konnte nach der Bodenreform bis zu ihrem Tod im Behrschen Greifswalder Stadthaus Bahnhofstraße 1 bleiben. Der nach der Wende sanierte neobarocke Putzbau des **Bandeliner Schlosses** wird nicht nur durch das von Behrsche Wappen verziert. Im Innern blieben unter anderem Treppenhaus und Stuckdecken erhalten. Im früheren Jagdzimmer sind Wappenscheiben und die als Bären gestalteten Konsolen interessant.

Weitläufig ist der Park, mit viel Wasser zur Gestaltung. Sogar ein Kanal wurde künstlich angelegt. Er soll schon im 18. Jahrhundert entstanden sein.

Nicht weit vom Schloss entfernt steht das 1953 eingeweihte **Kulturhaus »Johannes R. Becher«**. In seinem Giebel wurde die Gemeinschaft von Arbeitern und Bauern dokumentiert. An den Schriftsteller und Minister

Becher, der zur Eröffnung am 1. November 1953 persönlich erschien, erinnert ein Relief über dem Eingang. Gebaut wurde das Kulturhaus als Anerkennung für die hiesige Maschinen- und Ausleihstation. Unbedingt zu empfehlen ist der Gang auf der historischen Gutsstraße Richtung Norden. Hier stehen noch Teile des so genannten **Vierecks von 1866**. Für das auch in Schmoldow verwirklichte Modell eines vorbildlichen Arbeiterhauses erhielt von Behr auf der Pariser Weltausstellung 1867 eine Auszeichnung. Die ähnlich wie die übrigen Wirtschaftsgebäude gestalteten Landarbeiterhäuser bildeten ein Quadrat mit großem Innenplatz als Treffpunkt. Ein Verlassen dieses Gebietes war nur durch das integrierte Schulhaus möglich, der Lehrer übte also eine moralisch-erzieherische Aufsicht auch über die Erwachsenen aus. In den 1920er Jahren fand eine grundlegende Sanierung des Komplexes statt.

Neben dem gutsherrlichen gibt es das neue Bandelin. Neubauten prägen heute die Einfahrt von der B 96 in den Ort. Sie entstanden im Zusammenhang mit dem Bau der **Milchviehanlage** für 4000 Rinder zu DDR-Zeiten. Die Richtung Vargatz stehenden Gebäude mit Hochsilos werden heute von einem Holländer genutzt.

Unweit von Bandelin, auf einem Feld Richtung Kölzin, haben Geographen den Mittelpunkt Vorpommerns ermittelt.

Schmoldow

Auf der anderen Seite der B 96 führt eine Straße nach Schmoldow. Es ist ein uralter Herrensitz, ein gut erhaltener **frühdeutscher Turmhügel** erinnert daran. Drei Granitquader auf der Anhöhe mit Initialen und Jahreszahlen erinnern an Friedrich Felix von Behr, seinen 1876 gestorbenen ältesten Sohn sowie die 1896 verstorbene Tochter Anna von Rauch, die letzte Behr auf Schmoldow. Der heutige **Herrensitz** ist eine prächtige Ruine, aber eben nur eine Ruine. 1984 zogen die letzten Bewohner aus.

Friedrich Felix von Behr/Vargatz ließ das Gutshaus 1865/66 für seine elfköpfige Familie bauen. Hier empfing das Mitglied des Reichstages viel Besuch aus aller Herren Länder, so auch die Gesandten Li Fang Pao (China) und Pendleton (USA). Auch die **Stammschäferei** der Rambouilletrasse wechselte hierher. Zur alljährlichen Bockauktion kamen sogar Käufer aus Südafrika nach Schmoldow.

Das Schloss ist ein Putzbau im Stil des Historismus auf L-förmigem Grundriss mit umlaufendem Palmettenfries. Ursprünglich war sogar eine Vierflügelanlage geplant. Das rundbogige Eingangsportal mit ionischen Säulen, Architrav und Dreieckgiebel gehört ebenso zum architektonischen Schmuck wie Eckrisalite. Im Erdgeschoss gibt es zum Teil noch Stuckdecken. Der zugehörige **Park mit alten Bäumen** ist nur noch in Ansätzen erkennbar. Friedrich Felix von Behr erlag 1892 einem Herzschlag. Seine Nachfolgerin, die 1865 geborene Anna Julie Mathilde Helene Carola Elisabeth von Rauch, geborene von Behr, wurde nur 31 Jahre alt. Ihre Tochter Elisabeth von Rauch verpachtete das rund 400 Hektar große Gut an die Witwe des Friedrich Felix von Behr.

Letzte Schmoldower Gutsherrin war Elisabeth von Storch, deren Mann nach der Bodenreform zunächst sogar noch die sowjetische Kreiskommandantur in Greifswald beriet. Vom alten Gutshof blieb nicht viel. Zu nennen sind die Umgebungsmauer, das **Inspektorenhaus**, die Schule von 1912. An der Dorfstraße steht ein lang gestrecktes Fachwerkhaus von 1854, in dem Gutsarbeiter wohnten. Auf der anderen Seite befinden sich Arbeiterhäuser von 1935 und 1938.

Nahe Schmoldow gibt es einen **Flugplatz**, der 1933 bis 1945 Ausweichflugplatz des Militärs war und heute von Segelfliegern und Modellbauern genutzt wird.

Die Familie von Corswandt ließ das Kuntzower Gutshaus errichten

Kuntzow

Wir fahren jetzt ein Stück zurück und biegen nach Kuntzow ab. Dort verfällt eines der **schönsten Herrenhäuser** des Altkreises Greifswald. Es steht seit über zehn Jahren leer, ist zur illegalen Müllkippe verkommen. Vergangen sind die Zeiten, als Küche und LPG-Büro im Schloss ihren Sitz hatten.

Zwar gab es 1945 Plünderungen, wurden Barockmöbel und wertvolle Uhren gestohlen, aber äußerlich zeigt der verputzte, fünfachsige Eingeschosser noch das historische Bild, steht wie das Gutshaus von Wehrland in der Nachfolge Gillys. Innen blieben großteils die alten Türen, die räumlichen Strukturen und auch Fenster erhalten.

Eine Freitreppe führt zum Portal hinauf. Über dem Lünettenfenster, im Dreieckgiebel, ist ein von zwei Greifen flankiertes Wappen der aus Schweden stammenden **Familie von Corswandt** zu sehen. Die 1694 durch Kaiser Leopold I. geadelte Familie stellte auch Greifswalder Ratsherren. Nachdem Kuntzow schon zuvor als Pfand in ihrem Besitz gewesen war, waren die von Corswandt ab 1702 ständige Besitzer.

Neben dem Wappen blieb an einigen Stellen Stuck erhalten. Auf der Rückseite, hin zu dem verwilderten Park, ist die Jahreszahl 1812, das Erbauungsdatum, zu lesen. Davor bewohnten die von Corswandt ein ebenfalls leer stehendes Fachwerkgebäude in unmittelbarer Nachbarschaft. Gleich neben dem heutigen Gutshaus steht noch ein Stall. Wie der Schwanenteich vorm Herrenhaus, so ist auch ein großer Teil der früheren Wirtschaftsgebäude nicht mehr vorhanden. Zu dem, was noch da ist, gehören ein Pferdestall, Landarbeiterhäuser und die **Schnitterkaserne**. Sie diente im Zweiten Weltkrieg Kriegsgefangenen als Unterkunft. Im Dachgeschoss erinnern französische Inschriften an diese Zeit.

Der letzte Gutsbesitzer war Jochen von Corswandt, für den als Inspektor Reinhold Weymann wirtschaftete. 1945 floh die Familie per Flugzeug nach Schweden. Weit bekannter ist **Walter von Corswandt** (1886-1942). Allerdings ist er keine rühmenswerte historische Gestalt. Der ehemalige Kolonialfarmer - davon zeugten z.B. Trophäen im Herrenhaus - kam nach dem verlorenen Ersten Weltkrieg nach Deutschland zurück. Er soll hoch verschuldet gewesen sein und schloss sich der NSDAP an.

Walter von Corswandt wurde 1927 als Nachfolger des Mathematikprofessors Theodor Vahlen **pommerscher Gauleiter**. Damit wurde Kuntzow Sitz der Gauleitung, hier begann 1930 die Bildung der SS in Pommern als Leibwache von Corswandts, der nunmehr Reichstagsabgeordneter war. Nach dem Urteil von Joseph Goebbels war er schwierig, ermüdend, schrullenhaft, ja doof. Mit wirren Reden vom wahren Sozialismus und der Verbindung zum Nationalen trat der Gutsherr im Lande auf. 1931 löste ihn Walter Karpenstein ab. Von Corswandt blieb aber Gauleiter zur besonderen Verwendung und wurde 1934 Landrat. 1942 wurde er im Kuntzower Park mit großem Aufgebot der SS bestattet, eine Eiche soll ihm zu Ehren gepflanzt worden sein. In den 70er Jahren wollten einige Jungs wissen, was in dem Grab sei. Der Schädel des ehemaligen Gauleiters wurde herausgeholt, im Dorfkonsum gezeigt und schließlich damit Fußball gespielt.

Barockes Kreuzigungsgemälde
in der Kuntzower Kapelle

An der Einfahrt zum Gutshaus befinden sich die Kirche und der Friedhof, auf dem einige Gräber derer von Corswandt zu finden sind. Die 1838/40 im Auftrag der Gutsherren als Fachwerkbau errichtete **Kapelle** gelangte erst durch die Bodenreform in Kirchenbesitz. Größter Schmuck im Innern ist eine barocke Darstellung der Kreuzigung von E. C. Vorwerck. Eine Kopie von Corregios »Heiliger Nacht« ziert den Altar.

Das von Corswandtsche Wappen ziert den Mittelrisaliten des Kuntzower Gutshauses

Die Fachwerkkapelle von Kuntzow

Stresow

Wieder zurück auf der Bundesstraße, ist ein Abstecher Richtung Norden nach Stresow möglich, das sich Jahrhunderte in Behrschem Besitz (insgesamt 426 ha) befand. Sie mussten 1926 an den vorherigen Vargatzer Pächter Hermann Ullrich verkaufen. Dessen Familie wurde vor Eintreffen der sowjetischen Soldaten erschossen aufgefunden und im Park begraben. Der überlebende Sohn setzte die Familie von Hella Rogos als Erben ein, weil diese ihn mit nach Sachsen nahm. Die Wende machte es möglich: Sie und ihr Mann Jürgen besitzen heute das Stresower **Gutshaus** und betreiben Landwirtschaft. Das Gutshaus ist ein stattlicher, siebenachsiger Putzbau auf einem Feldsteinsockel und durch Freitreppe und Mittelrisalit geprägtem Zentrum. Kunsthistoriker datieren ihn in die Mitte des 19. Jahrhunderts.

Noch ein Stück weiter an der B 96 Richtung Greifswald liegt **Stresow Siedlung**. Der Ort entstand nach 1938 durch Aufsiedlung von 100 Hektar Stresower Gutsland in fünf Gehöfte. Es zeigt noch sehr schön die alte Struktur in der seinerzeit als typisch für historische Dörfer angesehenen Runddorfes, wie es nach 1934 vorherrschend war. Teilweise blieben auch die äußere Gestalt der Siedlungshäuser, z.B. in den Fachwerkobergeschossen der Wohn- und Stallhäuser, und die Verbretterung der Scheunen erhalten.

Breechen

Wer mag, kann noch einen Ausflug nach Breechen unternehmen, das von der B 96 über eine Stichstraße erreichbar ist. Sehenswert sind die unweit des Dorfes Richtung Fluss gelegenen ehemaligen **Torfstiche**, aus denen sich heute eine regelrechte Seenlandschaft mit beeindruckender Flora und Fauna entwickelt hat. Auch **Neuendorf** bietet sich an. Die Domäne wird durch von Pächter Hans Appel um 1900 errichtete Gebäude geprägt.

Wallfahrten und Wieken

Von Greifswald führt diese Tour auf der B 96 Richtung Jarmen. Höhe Helmshagen biegt die Straße nach Weitenhagen ab.

Potthagen

Unser Weg dorthin führt über Potthagen. Der 31-jährige Greifswalder Juraprofessor Christian Nettelbladt warb 1727 Hilfskräfte für eine Ausgrabung an, um die gemeinsame Abstammung von Pommern und Schweden zu beweisen. Sie gilt als eine der ersten (wenn nicht die erste) Aktionen dieser Art mit wissenschaftlichem Hintergrund in Deutschland. Seine Leute bargen aus einem **Gräberfeld**, das sich von Weitenhagen über Potthagen bis Helmshagen hinzog, 35 Urnen aus der Eisenzeit und einen bronzenen Kessel, wohl einen Import aus dem Römischen Kaiserreich. Auch der Pächter des hiesigen Gasthofes, ein verabschiedeter Fähnrich namens May, suchte und fand vor 1727 einige Urnen mit Leichenbrand in der Erde. Er deckte zwei bronzezeitliche Hügelgräber auf, die am Waldweg Richtung Guest auf der linken Seite liegen. Der Volksmund nennt sie **Schwedenschanze** und Hünengrab. Mays Kneipe hieß nun Pottkrug. Und als wohl 1748 dieses Gasthaus, das Forsthaus und andere Gebäude einen neuen Ort bildeten, wurde er Potthagen genannt.

Weitenhagen

Dieses Dorf geht nahtlos in Weitenhagen über. Wer nach links abbiegt, kommt zum Kirchengelände. Das Weitenhäger Pfarrhaus wurde 1972 anstelle des abgebrannten Vorgängers errichtet. Wiederum in Fachwerk, aber mit neuer Ausrichtung. Es entstand das »Haus der Stille«, ein Seelsorge- und Begegnungszentrum.

Inmitten eines parkartigen Friedhofes mit einer schönen Allee als Achse liegt die Weitenhäger **Kirche**. Sie wird bereits 1280 erwähnt. Der heutige Backsteinbau stammt aus dem 14. Jahrhundert. Der Innenraum wurde nach den Bedürfnissen eines **Zentrums für innere Einkehrtage** gestaltet. Ein großer, frei stehender Altarblock befindet sich im Chor. Das Abendmahl kann so von einem großen Kreis gefeiert werden. Der Christus am Kreuz ist der Meditationsmittelpunkt. Eine eindrucksvolle Darstellung, der Schnitzer ließ sich von Tilman Riemenschneider inspirieren.

Mittelalterlich sind auch die **Malereien** entlang der Gewölberippen. Sie wurden 1939 freigelegt. Seinerzeit wurden Türen des alten mit Rokoko-Ornamenten bemalten Gestühls an die Orgelempore versetzt. Diese Türen hatten einen praktischen Sinn. In der kalten Jahreszeit kamen Kirchenbesucher mit angewärmten Steinen zum Gottesdienst.

Tulpenbaumblüte und prächtige Rhododendren im Park von Behrenhoff

Durch die Türen wurde die Luftzirkulation unterbrochen, so dass es in den Bankreihen etwas wärmer blieb. Zur alten Ausstattung gehören ferner die Altarleuchter und zwei Grabsteine im Chor. Der große hölzerne Kronleuchter orientiert sich an **schwedischen Vorbildern**, wurde 1939 hergestellt. Schwedisch auf ihre Art sind auch einige der alten Grabsteine auf dem Friedhof, nahe der Kirche. Es sind drei verwitterte so genannte **Brigittenkreuze**, deren Form, mit einer Art kreisförmigen Kopf auf rechteckigem Rumpf, an ein Kreuz erinnert. Ihren Namen haben sie von der heiligen Brigitta von Schweden. An der Südseite der Kirche ist eine Sonnenuhr eingeritzt.

Weitenhagen ist ein Dorf im Wald. Empfehlenswert ist ein Spaziergang zum **Sölkensee**, einem erst im 19. Jahrhundert entstandenen Moorgewässer, das an früheren Torfabbau erinnert.

Richtung Busdorf steht inmitten von vier Eiben ein 3,80 Meter hoher Findling, den Mechthild von Behr für ihren am 5. September 1933 verstorbenen Ehemann setzen ließ. Die Inschrift weist den letzten Grafen als überzeugten Monarchisten und Patrioten aus.

Behrenhoff

Der Waldweg führt über Busdorf nach Behrenhoff, das auch über die B 96 zu erreichen ist. Hier brannte am Mittag des 8. Mai 1945 das prachtvolle, wahrscheinlich 1838 fertig gestellte Behrenhoffer Schloss ab. An jenem Tag feierten sowjetische Soldaten hier und ließen das Feuer einen ganzen Tag lang wüten. Die Ruine wurde dann nach und nach für Neusiedlergebäude abgetragen.

Das Gutshaus

Bauherr des Schlosses war Carl Felix Georg von Behr (1804–1838), der erste Besitzer des Fideikommisses Behrenhoff. Nur spärliche Mauerreste blieben in dem schönen, nach 1840 nach Plänen von Peter Josef Lenné angelegten **Park** erhalten. Seinerzeit hatte die Witwe Wilhelmine für ihren Sohn Carl Felix Woldemar (1835–1906) in Behrenhoff das Sagen. Der junge Herr war wie sein Vater ein konservativer, wohlhabender Mann, Mitglied einer der exklusivsten deutschen Studentenverbindungen, des Heidelberger **Corps Saxo-Borussia**, dem auch Kaiser Wilhelm II. angehörte. Carl Felix Woldemar regierte wie sein Sohn, der Graf Carl »Charly« Friedrich Felix, als Landrat den Kreis Greifswald. Charly wandte sich als Mitglied des preußischen Herrenhauses gegen eine Revision des Dreiklassenwahlrechts und trat bis zum Ende für die Fortführung des Ersten Weltkrieges ein. An ihn erinnerte ab 1936 ein bronzenes **Denkmal** im Park. Ein großer, kräftiger Mann mit Bauch, der mit seinem Pferd dargestellt wurde. Das Denkmal wurde nach einem Zeitzeugenbericht etwa 1947 zu Geld gemacht und regelrecht verprasst. Nur der Sockel blieb und diente bei Maifeierlichkeiten als Rednertribüne.

Einer der beiden Adoptivsöhne, Gerd von Behr, fiel 1940. Der andere war Detloff von Heiden/Kartlow, der letzte Gutsherr des ganzen Behrschen Besitzes außer Bandelin. Er konnte erst nach dem Krieg den Namen von Behr annehmen. Gerd und Detloff waren Kinder des Bruders von Carl, Kasimir.

Graf »Charly« (rechts)

Das Schloss von Behrenhoff

Von dem sehenswerten Park mit dem **Bärentor** lohnt sich geradeaus ein Gang in Richtung des Schwanenteiches mit seinen drei Inseln. Wer diesen Schlenker nicht machen will, den führt der Weg gleich zum 1871 errichteten Gärtner- und Kutscherhaus. Es stammt wie fast alle historischen Gebäude aus der Zeit von Charlys Vater. Von Behr, übrigens Mitglied des Reichstages, ließ süddeutsche Traditionen wie die Verwendung von **Holzschnitzwerk** einfließen. Ab 1862 entstanden die Katen für die Landarbeiter an der Dorfstraße, die man jetzt erreicht. Zahnfriese und Zwerchhäuser zeugen vom Wunsch, auch die Häuser der Bediensteten zumindest von außen zu verzieren. Sie sind zwar typisiert, aber nicht völlig gleich. In der Ringstraße/Dorfstraße stehen weitere Landarbeiterhäuser, das Küsterhaus (1869) und das Pfarrhaus (1874).

Hinter der Kreuzung blieben alte Ställe, das Schäferhaus und der **Kuhstall der Deputatarbeiter** erhalten. Richtung Müssow steht das Haus, das Graf Charly 1909 für seine Schwestern baute, die hier bis 1938 wohnten. Die Frauen vergifteten sich bei Einmarsch der Sowjetarmee. Ein Meilenstein markiert das Ende des historischen Dorfes. Erst Graf Charly ließ 1912 den mit Köpfen der Vierbeiner verzierten Pferdestall mit Hühnerstall, Stellmacherei, Tischlerei und Schmiede in der Nachbarschaft bauen. Von der Reithalle blieb ein Rest. Nicht weit davon befindet sich der Eiskeller. Der Weg führt weiter an Esskastanien vorbei zu den letzten Überbleibseln des Schlosses.

Friedhof und Kirche

Der Park geht ohne echte Grenze in den Friedhof über. Gleich neben dem Gotteshaus, dessen Turm 1831 wegen Baufälligkeit abgerissen wurde, befindet sich die **Begräbnisstätte der Behren**. Sie dürfte nach dem Tode Carl Felix Waldemar Graf von Behrs angelegt worden sein. Die Johanniterschwestern Elsa und Karola von Behr wurden ursprünglich außerhalb des Erbbegräbnisses bestattet. Gedacht wird auch der zweiten Frau Charlys, Mechthild Gräfin von Behr, geborene von Heyden (1880–1955). Auch sie war kaisertreu und zugleich gegen die Nationalsozialisten eingestellt. Charlys erste Frau Esther war eine Nichte des zweiten deutschen Reichskanzlers, von Caprivi. Mecht-

Auf den Wänden der Behrenhoffer Kirche sind unter anderem Adam und Eva sowie die Hölle dargestellt

hild von Behr kannte Dietrich Bonhoeffer und bot Veranstaltungen der Bekennenden Kirche Quartier. 1936/37 hielt Bonhoeffer im Schloss Ersatzvorlesungen. 1940 flaggte die Gräfin aus Anlass des Sieges in Flandern nicht und ließ das Reitpferd ihres Gatten im Park beisetzen, statt es der Tierkörperverwertung zuzuführen. Sie kam im selben Jahr mehrere Wochen ins KZ. Es wird erzählt, dass sie danach mit »Heil Hitler« statt wie früher mit »Guten Tag« grüßte. Mechthild von Behr liegt allerdings nicht hier begraben, weil die Bestattung der in Bayern verstorbenen Frau unerwünscht war. 1945 hatte die Gräfin zunächst Unterschlupf bei der befreundeten Familie Petershagen in Greifswald gefunden. Rudolf Petershagen übergab am 30. April 1945 als Kampfkommandant kampflos Greifswald.

Die ummauerte Grabanlage lädt mit Bänken zum Verweilen ein. Chronos, der Gott der Zeit, erinnert an die Vergänglichkeit des Menschen. Auf der anderen Seite des Friedhofs steht der Glockenstuhl.

Das **Kircheninnere** wird von der 1856/57 unter der Leitung des Greifswalder Stadtbaumeisters Moritz Becherer eingebauten Einrichtung und den **Wandmalereien** im Chor dominiert. Sie wurden 1897 unter der Tünche entdeckt und 1898/99 von dem Berliner Hans Seliger aufgedeckt und ergänzt. 1948/49 wurde die Farbigkeit zurückgenommen. Farbanalysen ergaben, dass hier dänische Meister tätig waren. Ein umlaufendes Band mit Weinlaub und Weihekreuzen grenzt die Malereien nach unten ab. Das Gützkower Wappen, **pommersche Greifen** und verschiedene Bären sind dargestellt. Darunter auch solche mit Schwänen auf dem Körper, wie sie schon 1283 auf einem Wappen Heinrich Behrs zu sehen sind. Es ist die Gützkower Linie, die so genannten **Schwanenhälsigen**. Ein schwarzer und ein roter Greif erinnern an das Herzogsgeschlecht. Es sind die ältesten farbigen Darstellungen des pommerschen Wappentieres.

Auch wenn der Weltenrichter wegen des nicht mehr vorhandenen Gewölbes fehlt, ist das Bildprogramm mit acht Heiligenmedaillons, Marienkrönung, Sündenfall, sechs Apostelpaaren und weiteren Heiligen bemerkenswert. Besonders beeindruckend ist die Darstellung des **Höllenrachens**. Der Höllenfürst mit den Raffzähnen trägt eine Krone. Teufel treiben die Bösewichter, darunter Bischof und Mönche, durch ein Tor. Auffällig ist die Geschlechtslosigkeit der Dargestellten. In der Regel helfen nur die Haare, wenn man Weiblein und Männ-

ten ist das 1937 für knapp 40.000 Mark für den Pächter Haupt errichtete Herrenhaus des Hofes II, das vom **Heimatstil** inspiriert ist. Fünfzig Prozent der Kosten trug der Pächter. Das Haus gehört zu einem der drei Höfe, die es in Alt Pansow gab.

Alt-Ungnade

Wir fahren jetzt wieder Richtung Greifswald über Neu Ungnade, das erst 1787 von **Kolonisten** gegründet wurde. 1946 zerstörten ein Brand und Blitzschlag acht Gehöfte. Drei Jahre später waren sie wieder aufgebaut. In Alt Ungnade ist vor allem die Menzel-Kirche erwähnenswert, die in vielem an die ebenfalls von dem Greifswalder Universitätsbaumeister gestaltete Kirche in Alt Pansow erinnert.

Levenhagen

Nächste Station ist Levenhagen. Die Backsteinkirche des Ortes ist etwas Besonderes. Was die Zahl der Seitenkapellen für leider nicht mehr vorhandene Altäre betrifft, dürfte das im 15. Jahrhundert errichtete Backsteingebäude im dörflichen Bereich selten übertroffen werden. Wohl eine Erinnerung an die Zeit, als Levenhagen **Wallfahrtsort** war.

Die kleine Kapelle an der Straße erinnert nach vorherrschender Meinung an ein mittelalterliches Hostienwunder. Eine Version lautet, dass der Pfarrer die geweihte Hostie verlor, die Gottesmutter Maria gab sie ihm an der Stelle zurück, wo heute die Kapelle steht. Noch lange nach der Reformation, Luther war ein großer Gegner von solcherart Verehrung, blieb die Geschichte im Volk lebendig. 1633 wurde bei einer Visitation festgestellt, dass immer noch einzelne Pilger kamen. Die Uni als Patron ließ das »Götzenbild«, also das **Mariagnadenbild**, sofort entfernen. Die Levenhäger Kirche bezog bis Ende des 19. Jahrhunderts Geld aus den Spenden, die Vorüberkommende in die Kapelle warfen. Mit ihren nicht einmal vier Quadratmetern gilt sie als kleinste erhaltene frei stehende Kapelle Norddeutschlands. Einige Kalksteinstelen stehen an der Kirche. Betroffen macht das Schicksal der »Beata Christin von Scheven. Blind geboren den 11. Jan. 1784. Lernte weder gehen noch sprechen und starb an Auszehrung den 2. März 1792« mit dem eine gute Zukunft verheißenden Spruch auf der Rückseite: »Hier im Dunkel, dort im Licht schau ich Gottes Angesicht.«

Die Wallfahrer vergangener Tage betraten das Gotteshaus durch das große Westportal, das nach der Reformation bis auf eine Pforte zugemauert wurde. Gleich daneben stehen drei schmiedeeiserne Grabdenkmale des 19. Jahrhunderts, darunter eine Art **Tulpenbaum**. Wie bei einem zweiten Stück weisen die verwendeten Symbole auf Hufschmiede hin. Neben dem Wallfahrerportal befinden sich mittelalterliche Wandmalereien von Johannes und Maria sowie des von zwei Engeln gehaltenen Schweißtuches der heiligen Veronika. Sie soll Jesus bei der Kreuztragung den Schweiß abgewischt haben, worauf dessen Gesicht in dem Tuch abgebildet wurde.

Die Levenhäger Wallfahrtskapelle

Vielleicht wertvollstes Ausstattungsstück ist der mittelalterliche Taufstein mit Ritzzeichnungen. Vom Üblichen weicht der Altar ab, der über der Abendmahlszene im Mittelteil mit den kräftigen bäuerlichen Gestalten nicht die Kreuzigung, sondern das **Manna-Wunder** zeigt, die Speisung des Volkes Israel in der Wüste mit dem »Brot«, das vom Himmel regnete. Zwei der Kronleuchter stammen aus den Jahren 1722 und 1741. Bei Nummer drei fällt das Stralsunder Wappen auf – es ist ein Nachguss des 20. Jahrhunderts.

Jarmshagen

Von Levenhagen reisen wir jetzt Richtung Jarmshagen, das zum Besitz Greifswalds gehörte. Der Weg ins Dorf führt über das 1920 aufgesiedelte Jarmshagen Hof II mit einem kleinen verputzten **Pächterhaus**. Anfang des 19. Jahrhunderts hatte Greifswald seinen Besitz neu geordnet. Dabei entstanden Höfe von um die 100 Hektar Größe.

Die **Kapelle** von Jarmshagen ist ein Fachwerkbau mit der Zahl 1800 auf der Wetterfahne. Der Weg zum Eingang führt über eine Reihe von Grabsteinen mit Himmelsschlüsseln, Palmwedeln und Sonne, wie sie Ende des 18. und Anfang des 19. Jahrhunderts populär waren. Im Innern des von einer Flachdecke abgeschlossenen Gotteshauses steht gleich rechts die 1689 gegossene kleine Glocke, die der Provisor Andreas Andersen gestiftet hatte. Ein Neuguss erfolgte 1983. Die Ausstattung der Kapelle stammt im Wesentlichen aus dem 17. Jahrhundert. So auch die blau bemalten Gestühlswangen. Das entspricht dem historischen Befund, erst im 19. und 20. Jahrhundert kam Braun in verschiedenen Schattierungen in Mode. Auch die Altarschranken, laut Inschrift aus dem Jahre 1644, waren blau.

Um 1650 entstanden vier Tafelbilder. Da ist zunächst die von dem Greifswalder J. F. Riemer gemalte Kreuzigung zu nennen.

Das Fachwerkkirchlein von Jarmshagen. Und: Kalksteinstelen der Jahrzehnte um 1800 auf dem Friedhof

Maria Magdalena umklammert das Kreuz. Eine hübsche blonde Frau, es wurde schon vermutet, dass es sich um Riemers Geliebte handelt. Im Hintergrund ist das vieltürmige, von mit Hüten gekennzeichneten Juden dicht bevölkerte **Jerusalem** zu sehen.

Rechts und links hängen zwei weitere Gemälde. Hier sind die vier Evangelisten Matthäus, Markus, Lukas und Johannes mit ihren Symbolen Engel, Löwe, Stier und Adler dargestellt. Sehr freundliche Gestalten, fast niedlich wirkt der Löwe.

Pächterhaus des Stadtgutes Groß Petershagen

Groß Petershagen und Steffenshagen

Unsere Tour geht weiter über Groß Petershagen, in dem der **Umweltpark am Ryck** zu Spaziergängen hinter dem Pächterhaus einlädt. 1851 brannte das Wohnhaus der Pächterin, der Witwe Lilienthal, ab, im Jahr darauf entstand der Neubau nach Plänen des Altermanns Thurow. Das Greifswalder **Stadtgut** war mit Klein Petershagen und Forst über 500 Hektar groß. Durch die großen Waldflächen war dieses Besitztum seinerzeit vergleichsweise wertvoll. Am Wege nach Wackerow, in Steffenshagen, steht ein vergleichsweise aufwändiges **Pächterhaus** der Kaiserzeit aus Backstein, dessen Mitte mit fünf Spitzbogenblenden und Turmbekrönung Formen der Gotik zitiert. Es wurde 1878 nach einem Brand im Wesentlichen mit Versicherungsgeldern errichtet und gehört zum Hof I, wahrscheinlich stammen die Pläne vom Greifswalder Stadtbaumeister Haas. Pächter war zur Bauzeit der Greifswalder Maurermeister Gaede. Auch dieses Gut gehörte Greifswald. Der Weg führt weiter am historischen Forstgehöft vorbei nach Wackerow.

Wackerow

Wie wohl kein anderer Ort in Greifswalds Umgebung hat das Dorf vom nachwendischen Zug aufs Land profitiert. Große Eigenheimgebiete zeugen davon. Mit den **Eisenbahnwaggons** von »Doris Diner« entstand sogar ein Tempel US-amerikanischer Gastronomie.

1341 hatte Greifswald Wackerow vom Kloster Eldena erworben. Bis zum Befehl des sowjetischen Stadtkommandanten vom 11. Oktober 1945, der die Gemeinde schuf, blieb das Gut Stadtbesitz. Zu den wenigen historischen Gebäuden gehört das backsteinerne Gutshaus. Pächter Gleemann errichtete es

Amerikanische Gastronomie bietet »Doris Diner« bei Wackerow

entsprechend Kontrakt von 1871 nebst weiteren zehn Ersatzbauten. Mit etwa 600 Hektar war Wackerow mit Wackerdahl das größte Stadtgut. Südlich des Ortes liegt inmitten der Wiesenlandschaft der **Flemmingberg** (früher Venusberg), eine mit Bäumen bestandene Anhöhe, von der sich ein großartiger Blick auf Greifswald bietet. Es ist wohl ein frühdeutscher Turmhügel. Von hier bietet sich ein Spaziergang Richtung Ryck an.

Kieshofer Moor

Wir fahren jetzt zur B 96 und dann Richtung Stralsund. Nahe der kleinen Raststätte lohnt ein Stopp für ein Naturerlebnis. Durch einen 1995/96 errichteten und 2003 erneuerten, 220 Meter langen Steg kann das knapp 27 Hektar große **Naturschutzgebiet** Kieshofer Moor erwandert werden. Entwässerung seit 1823 und Torfabbau hatten zur Bewaldung geführt, gegen die schon zu DDR-Zeiten Maßnahmen zur Wiederverwässerung eingeleitet wurden. Sie zeigten Erfolg. Eine torfbildende Vegetation ist wieder da, moortypische Tiere siedelten sich an. Kraniche, Bekassinen und andere Vögel leben im Kieshofer Moor.

Mesekenhagen

Wahrzeichen von Mesekenhagen sind zwei Erdgasfackeln. Aus 2300 bis 2400 Meter Tiefe wird hier vollautomatisch Öl gefördert. Es sind die letzten **Förderstätten**, die im Großbereich Reinkenhagen, gern übertrieben pommersches Kuwait genannt, noch geblieben sind.

Mesekenhagen selbst zieht sich ungewöhnlich lang hin. Das liegt daran, dass es sich um ein **Rentengut** handelt. Die Möglichkeit zur Schaffung solcher Rentengüter eröffnete der Gesetzgeber 1890, der damit breiteren Kreisen Landbesitz und Existenz ermöglichen

Im Naturerlebnispark Gristow

wollte. Grundstücke konnten über Zahlung einer festen Geld- oder Getreidemenge über einen längeren Zeitraum durch Vermittlung von Rentenbanken erstanden werden. 1898 erwarben 47 Bürger Teile des 675 Hektar großen **Domänenvorwerks** auf der Grundlage eines Vertrages des Berliner Landwirtes Hubert Anhagen mit der preußischen Domänenverwaltung. Die Rentenbriefe hatten eine Laufzeit von 60,5 Jahren. Am Abzweig Richtung Karrendorf steht das ursprünglich um 1830 errichtete Domänenpächterhaus, das viele Jahre als Schulhaus diente.

Gristow

Zurück in Mesekenhagen, bleiben wir auf der gepflasterten, früheren B 96 und fahren weiter Richtung Stralsund. Der flächenmäßig größte **Tierpark** Mecklenburg-Vorpommerns, der Naturerlebnispark Gristow, entstand nach 1990. Immerhin knapp 400 Tiere zählte er 2003, eine Besonderheit ist die große Zahl unterschiedlicher **Schafrassen**. Anfang 2004 waren es 17, darunter sechs, die vom Aussterben bedroht sind. Auch vier ungewöhnliche Rinderrassen und die Zucht des Angler-Sattelschweines gehören zu den Besonderheiten. Mit vielen Festen und diversen Angeboten für Familien wirbt der Naturerlebnispark um Besucher.

In Gristow findet seit DDR-Zeiten wieder alljährlich das **Tonnenabschlagen** statt, das man auch vom Darß und Fischland kennt. Ein Spektakel, bei dem die Teilnehmer vom Pferd aus versuchen, die hölzerne Tonne zu zerstören und Königswürden zu erlangen. In den letzten Jahren wetteiferten die Reiter im Naturerlebnispark.

Der Richtung Insel Riems am Wasser gelegene Ort Gristow ist recht ansehnlich. Ab 1829 hatte Greifswald seine Büdnereien im Ort verkauft. Besonders schön ist der Bereich in der Nähe der Kirche mit Pfarrwitwenhaus (um 1810) und Schule (1825), beides Fachwerkbauten. Nahebei liegt der kleine malerische Hafen, der zum Wasserwanderrastplatz ausgebaut werden soll. Hier hat auch der letzte Gristower Fischer, Joachim Wienholz, sein Domizil. Schon sein Großvater fuhr im 19. Jahrhundert auf die **Gristower Wiek**.

Die auf einem Hügel liegende Kirche überragt nicht nur den Ort. Um 1280 könnte mit dem Bau begonnen worden sein. 1839 bis 1842 entstand der Turm, von dem sich ein herrlicher Blick übers Land bietet.

1979 wurde die **Backsteinkirche** baupolizeilich gesperrt. Dank des Engagements der Kirchengemeinde und eines Fördervereins wurde die Kirche vor dem absehbaren Abriss

Blick vom Gristower Kirchturm Richtung Insel Riems

Von Frätow aus bietet sich ein schöner Blick übers Wasser nach Gristow

gerettet. 1995 begannen Sicherungsarbeiten, seit 1998 wird das Gebäude wieder regelmäßig genutzt.

Das Innere dominiert die 1852 bis 1862 angeschaffte Ausstattung. Der erste Greifswalder Stadtbaumeister Moritz Friedrich Becherer sorgte nach eigenem Zeugnis für den »Ausbau« mit Altar, Kanzel und Gestühl. Etwas Besonderes ist das gusseiserne Maßwerk der Fenster. Nur die **Buchholzorgel**, die Gedenktafel für den Blitzeinschlag von 1665, der Messingkronleuchter (1743) und Kalksteingrabplatten blieben. In der Kirche befindet sich ein griechisches Kunstwerk, auf dem sich das Relief eines Paares befindet. Wie es nach Gristow kam, ist unbekannt.

Dank einer Neugestaltung 2002 ist der Kirchhof sehenswert. Neben vielen Steinen sind die Ursachen der Todesfälle und weitere Angaben zu den Verstorbenen aufgelistet. »Hier hab ich überwunden. Dort das Kleinod funden«, ließ Johann Christian Klünder auf seinen Grabstein schreiben. Die Kalksteinplatte für den »gewesenen Küster der Gemeinde«, der 1716 bis 1795 lebte, wurde 2002 nicht weit vom Westeingang der Gristower Kirche gefunden.

Der älteste Grabstein steht an der Südwand und ist dem **Arme-Leute-Prediger** Siegfried Lobesteen (gestorben 1406) gewidmet. Im nordwestlichen Bereich befindet sich die größte Zahl alter **Grabsteine**. Dazu gehören die beiden großen Platten für Karl Ernst Wichmann, »gewesenen königlichen Pächter auf Mesekenhagen« (gestorben 1797) und seine Frau Maria Elisabeth (gestorben 1800). Ebenfalls an die Zeit der Gutsherren erinnert das Kreuz für F. Hagemann aus Tremt (1842–1895). Er hatte Falkenhagen gepachtet. Eine Kalksteinstele ist »Christian Lang. Meister und Altermann des löblichen Mülleramtes« gewidmet (1714–1779). Lang war zweimal verheiratet und hatte mit seinen Frauen sieben Kinder.

In der Nähe des neuen Pfarrhauses, an der Ostseite der Kirche, beerdigte man die Pastoren.

Der Gristower Hafen soll Wasserwanderrastplatz werden

Darunter ist eine ganze Dynastie. Beginnend mit Johann Ernst Ludwig Dabis (ab 1803) blieben Familienmitglieder bis zum 1935 beerdigten Otto Dabis Gristower **Seelenhirten**. Nachfolger Pastor Eger meldete sich 1939 als Kriegsfreiwilliger und ist verschollen. Zum Gristower **Pfarrgehöft** gehörten 35 Hektar Land. Die Anlage mit dem backsteinernen Pfarrhaus und die Scheune sowie der Pferde- und Rinderstall entstanden in der Amtszeit von Pastor Philipp Michels, 1849 bis 1873. Lohnend ist ein Gang auf dem 2003 erhöhten Deich, mit Blick über die Wieck und die Inseln, nicht nur zum Riems.

Fahrenbrink

Zwischen Gristow und Riemserort liegt das 30 Hektar große Naturschutzgebiet Fahrenbrink. Die **Salzgraswiesen** werden seit Jahrhunderten beweidet. Südlich der Halbinsel rasten sehr viele Höcker- und Singschwäne, diverse Entenarten sowie Mittel- und Gänsesäger. Bis zu 100.000 Berg- und Reiherenten werden im Winterhalbjahr gezählt. Zwischen Riems und Fahrenbrink liegt die Insel Großer Werder.

Frätow

Wir fahren von Gristow Richtung Greifswald zurück und von Mesekenhagen wieder Richtung Bodden. Von der Straße Mesekenhagen-Karrendorf führt ein Weg nach Frätow hinein. Vom **kleinen Hafen** aus bietet sich ein schöner Blick nach Gristow und zur Insel Riems. Besitzer des Ortes war seit 1320 die Stadt Greifswald. Sybilla Schwarz (1621–1638), von heutigen Literaturwissenschaftlern trotz der kurzen Lebenszeit als bedeutende Dichterin gelobt, pries den Ort als ländliches Paradies. Greifswald hatte seinem Bürgermeister Christian Schwarz 1632 das Gut zur Deckung von Krediten verpfändet. Im recht gepflegten Ort steht ein nach der Wende saniertes Gutspächterhaus, ein Putzbau ohne besonderen

Am Greifswalder Bodden bei Karrendorf

Schmuck. 1911 hatte Greifswald das Gut zur Aufsiedelung verkauft.

Groß Karrendorf

Der Weg zur Insel Koos führt durch Groß Karrendorf. Wie in vielen kleinen Orten in der Nähe des Boddens hat sich in diesem 700-jährigen Dorf die Zahl der Häuser nach der Wende vervielfacht. Um den Dorfteich gruppieren sich die Häuser des historischen **Ortskerns**. Noch aus der ersten Hälfte des 18. Jahrhunderts stammt ein siebenachsiger Fachwerkbau mit Rohrdach.

Karrendorf, seit 1322 Besitz der Greifswalder Spitäler St. Spiritus und St. Georg, war historisch stets Bauerndorf. 1934 vertauschte Greifswald als Verwalter des Hospitalvermögens die seit 1828 bestehenden vier Großbauernhöfe gegen Ladebow. Dadurch war die Universität bis 1945 Eigentümer. Vor Karrendorf befindet sich ein Parkplatz, von dem sich Wanderungen in eine beeindruckende Natur anbieten.

Die Renaturierung der **Karrendorfer Wiesen** ist eine Erfolgsgeschichte ersten Ranges. Es ist das größte Ausdeichungsprojekt an der gesamten deutschen Ostseeküste. Im Herbst 1993 wurden die sechs Kilometer langen Außendeiche planiert und damit mehr als 360 Hektar Land Überflutungsfläche geschaffen.

Damit ging eine eineinhalb Jahrhunderte dauernde Phase der Eindeichung zu Ende. Wirklich Erfolg hatte sie übrigens erst ab 1956 durch den Bau elektrisch betriebener Schöpfwerke. Die Komplexmelioration von 1971 bis 1974 führte zur Trockenlegung auch tieferer Flächen. Noch 1988/89 folgte eine Generalinstandsetzung des Entwässerungssystems. Heute gibt es nur noch einen 1,2 Kilometer langen Riegeldeich zum Schutz der Ortschaft.

Mit der Zeit bildeten sich **Salzweiden** heraus. So ein Salzgrünland ist auch für die Vogelwelt von enormer Bedeutung. Dank eines mit Insekten, Muscheln und Larven reich gedeckten Tisches rasten hier riesige Vogelschwärme. 40.000 Enten wurden schon gezählt, hunderte Kampfläufer, 200 Singschwäne. Als Brutgebiet spielen die Karrendorfer Wiesen aber keine sehr große Rolle. Die Füchse lassen das nicht zu.

Die Insel Koos

Über einen asphaltierten Damm gelangt man zum Koos, den ein schmaler Wasserlauf vom Festland trennt. Auf der 150 Hektar großen Insel, die aus Naturschutzgründen nur im Rahmen von Führungen betreten werden darf, wohnen keine zehn Leute. Ältestes Gebäude ist das »Schilfhaus«, das vor zwei Jahrhunderten für den Bauern eingerichtet wurde, der die **Kornkammer** des Universitätsgutes Wampen bewirtschaftete. Zwischen 1936 und 1945 hatte die Luftwaffe das Sagen, die die Insel als Zielgebiet für das in Ladebow beheimatete **Lehrgeschwader** Greifswald nutzte. Der Militärfiskus zahlte 1900 Reichsmark je Hektar.

Die meisten heutigen Bürger kamen durch das Riemser Tierseucheninstitut, das 1950 den Koos übernahm, auf die Insel. Ein Hühnerstall erinnert daran, dass bis 1991 rund 5000 Rodeländer Eier für die Forschung legten. Die Hühner wurden aus Rumänien eingeflogen und auf der Insel vermehrt. Ohne fremdes Blut. Auch eine Rinderherde, die auf der Insel zur Serumgewinnung gehalten wurde, hatte eine besondere Herkunft. Die ersten Tiere kamen aus der Abgeschiedenheit eines Klosters.

Leist

Auf dem Weg von Karrendorf nach Neuenkirchen führt der Weg zunächst über Leist I. Den Ort Leist gibt es heute dreimal, historisch waren das drei Höfe. 1926 brannte das akademische Gut Leist **Hof I** einschließlich des angeblich von 1624 stammenden Pächterwohnhauses ab. Der 75-jährige Pächter Bernhard Lange, dessen Familie seit mehr als 300 Jahren auf dem Hof saß, wohnte zunächst mit seiner Familie in der Ruine. Auch weil die drei Leister Höfe mit je etwa 500 Morgen zu den politisch erwünschten kleinen Pachtungen gehörten, bewilligte das Berliner Kultusministerium ein Jahr später etwa 115.000 Reichsmark für den Wiederaufbau des Hofes nach Plänen von Universitätsbaumeister Lucht. Das Backsteinpächterhaus erreicht man über einen Kopfsteinpflasterweg. An einem der beiden kleinen Wirtschaftsgebäude links und rechts des verlandeten Teiches erinnert die Jahreszahl 1927 an den Wiederaufbau des Gutshofes. Rechts der Durchfahrtstraße führt ein Weg zum Bodden, der in Leist I durch einen Deich vom Ort abgeschirmt wird.

Von der Straße bieten sich bei der Weiterfahrt schöne Blicke über das flache, baumarme Land zum Bodden. In **Leist II** steht noch das kleine Backsteinpächterhaus mit Bäumen davor. Das ist schon der historische Gebäudebestand.

Wampen

Von Neuenkirchen führt eine Straße durch ein waldreiches Gebiet Richtung Wampen. Der Name wurde wahrscheinlich aus den dänischen Worten vand (Wasser) und pande (Stirn) gebildet und erinnert so an die **Dänen**, die bei der Kolonisation unserer Region mitwirkten.

Bis zum Straßenbau 1959 lagen noch die alten Feldbahngleise, die das **Universitätsgut** Wampen und Greifswald verbanden. Sogar einen wetterfesten Salonwagen gab es vor 1945, als im Zweiten Weltkrieg die Feldbahnen noch einmal eine Blütezeit erlebten. Selbst die Milch für Greifswalder Unikliniken bzw. die Molkerei wurde so befördert.

Die Feldbahn war ab 1892 im Zusammenhang mit dem **Rübenanbau** im großen Stil errichtet worden. Gutspächter war seinerzeit Oberamtmann Aßmus (bis 1902). Wampen, zu dem Koos gehörte, war mit 1016 Hektar das größte Universitätsgut. 1761 verwirklichte die Hohe Schule hier einen Befehl der schwedischen Regierung. Diese forderte auf Empfehlung von Visitatoren die Anlage größerer Ackerwerke anstelle von Dörfern, um die Einnahmen zu steigern. Wampen wurde erstmals an den Meistbietenden verpachtet, die Bauern gelegt und zu Kossäten gemacht. Neuenkirchener Bauern wurden zu Diensten für das neue Ackerwerk verpflichtet.

Am Ende des Ersten Weltkriegs zählte die Statistik 22 Gebäude, darunter eine 1895 errichtete **Molkerei**. Heute erinnert nur noch wenig an diese Zeiten. Ein letztes Stück Pflasterstraße führt zum leer stehenden, unter anderem mit Klötzchenfriesen geschmückten backsteinernen Pächterhaus mit Resten des alten Baumbestandes aus dem Jahre 1905. Erhalten blieben wenige Ställe, darunter einer laut Inschrift von 1921 und die Molkerei von 1931 (jetzt Wohnhaus). Die Besucher zieht es in der Regel zum Bodden, zur Vogelbeobachtung und auch zu einer Badestelle. Allerdings ist das Wasser sehr flach.

Neuenkirchen

Der Weg von Wampen führt zurück nach Neuenkirchen. Ein kleines Stück abseits der Ortsdurchfahrt steht der Hof des früheren, 350 Hektar großen Universitätsgutes. Das Pächterhaus ist ein Backsteinbau, der unter anderem mit Friesen geschmückt ist. Er entstand wohl noch vor 1900. In Neuenkirchen gab es außerdem Bauernhöfe, Büdner- und Handwerkerstellen. 1914 und 1919 sorgte die Uni für **Kleinsiedlungen** im Ort, für die sie insgesamt zehn Hektar Land zur Verfügung stellte.

Das Zentrum prägen Gebäude der Kirche. 1697 wurde das rohrgedeckte Pfarrhaus, ein Fachwerkbau, in der jetzigen Form errichtet. Auch Pfarrstall und Pfarrscheune sind erhalten und gehören zum historischen Zentrum des Ortes mit viel Grün. Wuchtig und irgendwie unangreifbar steht hier die Kirche. Rechteckchor und nur wenig später angefügte Sakristei stammen noch vom Ende des 13. Jahrhunderts, Schiff und Turmuntergeschoss aus dem 14. Jahrhundert und die oberen Stockwerke des Turmes von 1694.

Die Kirche

»Das Leben geht über den Tod«, erfährt jeder Besucher beim Eintritt in die Kirche. Als Stufe dient nämlich ein Grabstein aus dem Jahre 1757, er gehört einem Pächter des »Königlichen Universitätsgutes« Klein Kieshof. Im Turm stehen mittelalterliche Grabsteine, die an den Mönch Jacobus Volquim aus Greifswald (1378, mit figürlicher Darstellung) und Hermann von Wampen (1368, Wappen mit drei Eichkatzen) erinnern. Vom Stein für Petrus Warschow von 1402 blieb nur ein Bruchstück.

Etwas ganz Besonderes sind die Wandmalereien zu beiden Seiten des Triumphbogens, die Gestalten des 15. Jahrhunderts zeigen. Sie werden mit **plattdeutschen Inschriften** erläutert, sollten wohl Trunkenbolde zur Umkehr bewegen. »Her den Nap«, fordert ein Tunichtgut und ein anderer meint: »Ghif her drinke.« Die guten Menschen sind im Süden dargestellt und meinen: »Sich vor dik dat rade ik« und »gheit ghut vo(l). Ach got wol.« Die **Fresken** wurden bei einer Neugestaltung des Innenraums im Jahr 1968 durch Lothar Mannewitz aufgedeckt, der auch das Glasfenster über dem Altar schuf. Weihekreuze, Rankenwerk und ein Christophorus schmücken außerdem die Wände. Zu den älteren Ausstattungsstücken gehört eine flämische Krone von 1613. Dass der Blasebalg der Nerlich-Orgel (1854) in einen barocken Beichtstuhl eingebaut wurde, ist ungewöhnlich. Mit dem Taufgerät von Rudolf Koch sowie Altarkreuz und Leuchter Achim Kühns sind interessante, moderne Ausstattungsstücke vorhanden.

Der Friedhof

Auf dem Friedhof fällt die große Zahl von Stelen des späten 18. und des frühen 19. Jahrhunderts auf. Allein auf der Nordseite stehen

Am Strand auf dem Weg von Loissin nach Ludwigsburg

an einer Stelle 26 und an einer anderen elf in Reih und Glied.
Den Greifswalder Pastoren war der **Freigeist Thomas Thorild** (1759–1808), der »schwedische Lessing«, wohl suspekt. Zumindest wäre das eine gute Erklärung, warum der von Schwedens Obrigkeit Verbannte mit Mitgliedern seiner Familie in Neuenkirchen, unweit der Kirche, begraben liegt. Thorild war seit 1795 Bibliothekar und Professor an der Greifswalder Universität. Der streitbare Beamtensohn gilt als Bahnbrecher der Aufklärung, als Vordenker für die Gleichberechtigung der Frau und stand Herder nahe. Die lateinische Inschrift auf dem von Weltkugel und Kreuz gekrönten Thorild-Denkstein aus dem Jahre 1823 hat er selbst geschaffen. Daneben befindet sich die Gruft der Familie Balthasar (1811). Pfarrer Christian Daniel Balthasar ist der Vater der Dichterin Alwine Wuthenow.
Sucht man nach weiteren bekannten Namen, so ist aus jüngerer Zeit Prof. Otto Haendler (1890–1981) zu nennen, nach dem das Neuenkirchener **Gemeindehaus**, das frühere Küsterhaus aus den 1870er Jahren, benannt ist. Er war ab 1935 Pastor im Dorf, hielt Vorlesungen an der Universität und war - sehr ungewöhnlich zu seiner Zeit - als Psychotherapeut tätig. Haendler hat die Bedeutung der Tiefenpsychologie für die Seelsorge erkannt.
Optisch eindrucksvoll ist das Overkampsche Denkmal, das Richtung Ausgang zum Pfarrhaus liegt. Der 1707 in Stralsund geborene Georg Wilhelm Overkamp wurde mit 32 Jahren Professor für **morgenländische Sprachen** in Greifswald. Er starb 1790 und sorgte, wie auf dem 1886 gestifteten Stein zu lesen ist, für Kapital für die Armen- und Freischule Greifswalds.
Gegenüber der Kirche zeugen die nach der Wende errichteten Gebäude für Amtsverwaltung und Feuerwehr vom Aufschwung nach der Wende.

Greifenresidenz und Boddenblicke

Neuendorf

Erste Station dieser Reise von Greifswald Richtung Lubmin ist (Akademisch) Neuendorf. Auf dem Weg von der L 262 nach Neuendorf wird die **Ziese** gequert, die nicht weit von hier in die Dänische Wiek mündet. Ihr ein bis drei Kilometer breites Tal erstreckt sich über eine Länge von etwa 20 Kilometern. Dank des Deichrückbaus gibt es an der Mündung in die Dänische Wiek heute wieder größere Salzwiesen. Seine Entstehung verdankt das stark meliorationsgeschädigte Ziesetal im Wesentlichen den Schmelzwassermassen am Ende der **Eiszeit**. Es ist immer noch ein wichtiges Nahrungs- und Rastgebiet für Zugvögel. Der Bach Ziese wird schon 1281 als Grenze zwischen dem Land Wusterhusen und dem Gebiet des Klosters Eldena genannt. Das Universitätsgut Neuendorf entstand nach 1751, weil die vier Bauern die geforderte Vervierfachung der Pacht von 40 auf 160 Taler nicht akzeptierten. Sie wurden umgesiedelt, die Hochschule bekam nach öffentlicher Ausschreibung sogar 1010 Taler. Im Jahre 1881 übernahm **August Becker**, der schon in Ladebow und Eldena sein Können unter Beweis gestellt hatte, das Universitätsgut Neuendorf (Akademisch Neuendorf). Auch in Rappenhagen und Neu (Adlig) Boltenhagen wirtschaftete er.

Ein Jahr zuvor hatte Becker als erster Landwirt der Region den Zuckerrübenanbau im großen Stil eingeführt. Um den Transport sicherzustellen, ließ er eine Feldbahn zur Dänischen Wiek anlegen und eine 400 Meter lange **Seebrücke** bauen. Heute erinnern nur noch einige Pfahlreste am Ufer an eine der längsten Verladebrücken weit und breit.

Im nährstoffreichen Untergrund gedeiht das Schilf

Auf August Becker folgte 1895 für all seine Besitztümer sein Sohn Konrad, der 1928 sieben Güter mit insgesamt fast 1700 Hektar als Eigentümer oder Pächter bewirtschaftete. Im Ort stehen noch kastenartige Landarbeiterhäuser und der Fachwerkbau, in dem frühere Pächter wohnten. Es wurde lange vor den Beckerschen Zeiten, in der zweiten Hälfte des 18. Jahrhunderts, errichtet.

Ludwigsburg

Von Neuendorf geht es weiter Richtung Bodden, nach Ludwigsburg.

Die Schlossanlage

Als Residenz der Pommernherzöge, als mögliches **Zentrum der deutschen Romantik**, zählt die Ludwigsburger Schlossanlage zu den höchstrangigen Denkmalen im Greifswalder Raum. 1577 bis 1592 wurde das Schloss für die Witwe des Pommernherzogs Ernst Ludwig, Hedwig Sophie, gebaut. Anna von Croy, Schwester des letzten Pommernherzogs aus dem Greifengeschlecht, Bogislav XIV., veranlasste im 17. Jahrhundert Um- und Wiederaufbauarbeiten. Die Nachfolger der **Greifenherzöge** wie die Müller von der Lühnes (1650 bis 1744) oder die Klinkowströms (1776 bis 1810) und zuletzt die Weissenborns habenVeränderungen vorgenommen. Friedrich August von Klinkowström, Sohn des Käufers von Ludwigsburg, war ein Freund von Caspar David Friedrich und Philipp Otto Runge. Sie sind sich hier begegnet.

Neben der barocken Haustür stammt z.B. die Mehrheit der Innentüren aus der zwei-

Schloss Ludwigsburg gehört zu einem der schönsten Ensembles im Raum Greifswald

ten Hälfte des 19. Jahrhunderts. Das frühere Wohnzimmer der Weissenborns ist durch den Deckenstuck (um 1600), der vom selben Meister wie in den Schlössern Güstrow und Spyker stammen soll, besonders wertvoll. Einige Deckenbohlen und Reste von Malereien um 1650 blieben im Obergeschoss erhalten. Ein zartes Blaugrau in der großen »Halle« und handgemalte Ockertapete im Erntesaal erinnert an die Klinkowströms. Im östlichen Teil geht es durch das wappengeschmückte Portal mit seitlichen Hermenpilastern ins Innere.

Bereits saniert präsentiert sich das benachbarte **Beamtenhaus**. Wer zum Schloss will, kommt durch ein Speichergebäude mit Pferdestall, Stellmacherei, Kornboden, Knechte- und Mägdekammern sowie der Bäckerei. Die hölzerne Rahmung mit Müller von der Lühneschem Wappen stammt von 1742. 1894 wurde das Gebäude verlängert. Hier sind eine Ausstellung zur Schlossgeschichte und ein **Hofladen** zu finden. An das Speichergebäude schließen sich die große Scheune (sie wird nach schweren Sturmschäden im Januar 2005 wieder aufgebaut), die Remise, Schweine- und Hühnerstall an. Den großen Rinderstall ließ Philipp Hermann Weissenborn 1858 errichten. Der Förderverein, der sich um die Anlage bemüht, hat für die Anpflanzung eines **Kräutergartens** gesorgt und lädt zu Märkten ein. Die Kräuter werden in einer Manufaktur verarbeitet, der Schaugarten wurde 2003 fertig. Seit 2004 gehört die neu angelegte Pferdeschwemme zum Ensemble.

Hinter dem Schloss erstreckt sich der noch von den **Klinkowströms** angelegte Park, der von den Weissenborns nach Süden als Landschaftspark erweitert wurde.

In der Dorfstraße und am Parkweg stehen die z.T. ansprechend sanierten Katen der Gutsarbeiter.

Die Kirche

»Anno 1708 ist diese Kirche gebaut worden.« So steht es auf einer hölzernen Tafel mit

Der rührige Förderverein lädt regelmäßig zu Märkten und Veranstaltungen ein

Wappen im Chor der Ludwigsburger Kirche. Damals war die Familie Müller von der Lühne Patron der Kirche. Die Weissenborns sorgten 1865 für das neugotische Gestühl, den Taufstein und die Orgelempore. 1936 erfolgte die letzte Renovierung. Damals wurde auch ein Gewölbe mit Zinksarg, vielleicht für den Bauherrn, geschlossen. Um 1710 soll der Kanzelaltar entstanden sein. Die Kunsthistoriker gehen davon aus, dass er aus der Werkstatt des Stralsunders Elias Keßler stammt. Es ist der früheste nachweisbare **Kanzelaltar** Schwedisch-Pommerns.

Moses, Christus und Johannes der Täufer zieren den Kanzelkorb, die Taube, das Symbol des Heiligen Geistes, den Schalldeckel. Im unteren Bereich ist das Abendmahl dargestellt.

Winzig ist die von Akanthusschnitzereien verzierte Sakristei, eigentlich eher ein Verschlag. Ein Hingucker ist der große Kronleuchter mit der krönenden, lanzenbewehrten **Kriegergestalt**. Er soll wie die Altarschranke noch aus dem 17. Jahrhundert stammen.

Am Eingang zur Kirche wurden zwei Grabsteine angebracht. Der linke zeigt die Wappen der Familien von der Lanken und Wakenitz. Der rechte Stein erinnert an Bernhard Dickmann, der Rentmeister in Eldena und Ludwigsburg war. Er starb 1647 im Alter von 60 Jahren, Sohn Ernst wurde im Jahr seines Todes geboren und nur acht Tage alt.

Der Friedhof

Das im Auftrag von Karl Emil Wilhelm Weissenborn (1805 bis 1877) errichtete backsteinerne **Mausoleum** auf dem Friedhof entstand wohl um 1865. Es wird heute als Leichenhalle genutzt.

Hinter dem Mausoleum befindet sich die Grabstätte des siebenfachen Vaters Hermann Weissenborn (1843 bis 1917), des dritten Weissenborn, der die Rittergüter Loissin und Ludwigsburg sowie Freesendorf besaß. Widder halten den Deckstein

Am Loissiner Fischerhaus

mit der Darstellung eines Sämannes. Im Umfeld liegen Kinder, Schwiegerkinder und Enkel begraben. Akademisch Boltenhagen gehörte zum Familienbesitz. Der Mann der dort lebenden Johanna Weissenborn war ein überzeugter Nationalsozialist und erschoss beim Einmarsch der Roten Armee seine Frau, zwei Kinder und weitere Verwandte. Auch sie sind hier beigesetzt.

Spaziergang über die Dorfstraße zum Strand

Auf dem Weg zurück zur Dorfstraße mit einigen rund 100 Jahre alten Landarbeiterhäusern und einer Schnitterkaserne steht neben dem angeblich 300 Jahre alten Fachwerkhaus Nr. 10 ein interessanter Stein. Er erinnert an den **Absturz eines Flugzeuges** am 2. März 1937, bei dem ein Feldwebel und zwei Unteroffiziere den Tod fanden. Gestartet war die Maschine vom Fliegerhorst Greifswald.

Die Verlängerung der Dorfstraße führt an dem nach einem Brand von 1960 neu errichteten Fischerhaus vorbei zum **Strandbad**. Den kleinen Hafen gab es schon im 17. Jahrhundert. Aber erst die Weissenborns ließen ihn ausbauen und eine Lorenbahn anlegen. Seit 2005 sind wieder Fahrten per Schiff von Ludwigsburg nach Greifswald möglich.

Von der Gaststätte als Ausgangspunkt empfehlen sich Spaziergänge am Strand oder durch den Wald Richtung Loissin. Das flache Wasser ist ein Eldorado für Wasservögel. Etwa 60 Quadratkilometer groß ist das **Naturschutzgebiet Lanken**. Der slawische Name bedeutet so viel wie am Meerbusen in einer Krümmung gelegenes Land. Es ist eine typische Küstenneubildung, die durch den Transport von Sand Richtung Osten entsteht. Bis in die 1930er Jahre wurde der hier liegende Wald beweidet. 2004 übernahm die Stiftung des alternativen **Nobelpreisträgers** Michael Succow, Professor in Greifswald, das Naturschutzgebiet Lanken und lässt ihm besondere Pflege angedeihen; so werden ausländische Gehölze wie Douglasien und Sitka-Fichten entfernt. Im Bereich der Dünen prägen Kiefern das Bild. Das **Große Holz**, das bei der Wanderung Richtung Loissiner Bungalowsiedlung gequert wird, ist der einzige Wald zwischen Lanken und Lubminer Heide. Hier wachsen vorwiegend Stieleichen und Rotbuchen, an flacheren Stellen Eschen und Erlen.

Auf dem Weg von Loissin zum Fischerhaus

Blick zur Lubminer Seebrücke

Loissin

Von Ludwigsburg geht es jetzt nach Loissin. An der Dorfstraße steht eine Reihe schmucker Fachwerkhäuser vom Anfang des 19. Jahrhunderts, in denen in der Regel Bedienstete des Gutes wohnten. Das **Gutshaus** ist ein sanierter Putzbau, dessen Fassade unter anderem durch Fensterverdachungen und Pilaster aufgelockert wird. Das Haus dürfte nach 1905 entstanden sein, denn erst nach diesem Jahr wurde das Gut nicht mehr von Ludwigsburg aus mit bewirtschaftet. Die daneben stehenden **Backsteinspeicher** und das kleine Kadaverhaus sollen Ende des 19. Jahrhunderts entstanden sein. Besitzer des etwa 450 Hektar großen Rittergutes waren zu diesem Zeitpunkt die auf Schloss Ludwigsburg wohnenden Weissenborns.

Von Loissin führt eine Straße zum in den 1990er Jahren erneuerten **Fischerhaus**, das übrigens nach 1901 »Wandervogelnest« war. Daneben liegen Zeltplatz und Bungalowsiedlung. Ein kleines Steilufer und der urwüchsige Wald Richtung Ludwigsburg bzw. die Wasserkante laden zu erholsamen Spaziergängen ein.

Vierow

Von Loissin geht es über das schön in Wassernähe gelegene **Gahlkow** weiter nach Vierow. Der mitten im waldlosen, flachen Land gelegene Ort war in DDR-Zeiten vor allem als Umschlagsort in Richtung Sowjetunion bekannt. Auch heute ist der in den letzten Jahren mit erheblichen Mitteln aufgewertete Hafen das Markenzeichen. Er besitzt z.B. für die Landwirtschaft und den Landhandel Bedeutung.

Lubmin

Wer Vierow auslassen möchte, der kann auch über Stilow und Gustebin nach Wusterhusen reisen. Das **Stilower Herrenhaus** aus der Mitte des 19. Jahrhunderts wird von kaiserzeitlichen Backsteinhäusern flankiert.

Eine kurze Rast bietet sich auch an der vor dem Ersten Weltkrieg errichteten Schnapsbrennerei in **Gustebin** an. Hier füllte man zuletzt »Prima-Sprit« in 200-Liter-Fässer ab, der aus Kartoffeln gewonnen wurde. In der Nachbarschaft stehen das wohl gleichzeitig von Domänenpächter Richard Modrow

Volleyballer vor der Lubminer Seebrücke

errichtete Herrenhaus und eine mächtige Feldsteinscheune mit verbrettertem Obergeschoss. Von Gustebin geht es jetzt zur Umgehungsstraße von Wusterhusen. Um wieder an die alternative Tour über Vierow anzuschließen, fahren wir zunächst bis Brünzow und dann weiter zum Seebad Lubmin, bekannt durch den schönen Rügenblick. Dank des Baus des Industriehafens vor den Toren des **Seebades** wuchs der wichtigste touristische Schatz des Seebades, der Strand, im Jahre 2003 und erneut 2005 erheblich. 40 Meter Sand erstrecken sich nun im Ortsbereich auf 3,6 Kilometern Länge vor der Düne, auf der ein Wanderpfad entsteht.

Den Titel (Ost-)Seebad erhielt der seinerzeit nur aus dem heutigen Alten Dorf bestehende Ort mit derzeit rund 2000 Einwohnern bereits 1886. Ein Jahr später wurden 170 Badegäste registriert, 1889 waren es schon 325. Die Bezeichnung Seebad findet sich auch am alten Bahnhofsgebäude der **Kleinbahn**, das 1898 eingeweiht wurde. Das Haus mit dem Fachwerkobergeschoss ist der historische Teil des neuen Seebadzentrums, das 2005 eingeweiht wurde. 1886 gab es nur das Alte Dorf. Mit einer Reihe schöner (Fachwerk-)Häuser mit Rohrdächern wie Freester Straße 2/3 und 56 oder Altes Dorf 18/19 und Lange Straße 29 gibt es heute noch einen Eindruck von einem historischen **Bauern- und Fischerdorf**. Im Katen Freester Straße 2 ist die Heimatstube untergebracht, zu deren Sammlungen auch diverse Fossilien gehören. Um 1900 entstand das backsteinerne Vahlsche Bauernhaus, in der Nähe des Wiesenbaches. Es wetteifert wie Franzens Hof (Schulstraße 1) mit den Gutsherrenbauten seiner Zeit.

Zu diesem Zeitpunkt war Lubmin schon Seebad. Leonhard Beug, der Besitzer von Beugs Hotel, dem späteren Haus am Meer, errichtete die erste Badeanstalt für seine Gäste in der Turmstraße.

Lubmin wuchs langsam Richtung Osten. Auf Beugs Hotel folgten das Strandhotel (späteres FDGB-Heim Adolf Diesterweg, heute nicht mehr vorhanden), 1906 »Seeblick« sowie 1907 das **Eisenbahnerer-**

Dank einer ganzen Reihe von Workshops präsentiert sich die Lubminer Volkshochschule sehr künstlerisch

holungsheim an der Strandpromenade. Schon 1895 war das Gebäude des Warmbades errichtetet worden. Schön anzusehen ist auch das frühere Kindererholungsheim am Philosophenweg, seit 2005 **Jugendhotel**. Es wurde 1927 aus Backstein errichtet. Grundbuchmäßig stehen die neuen Gebäude, darunter auch Villen, so an der See- und der Villenstraße, immer noch im Wald. In der Tat dürfte Lubmin bei der Zahl der Bäume im Ort vor allen anderen Seebädern rangieren. Vornehmste Villa vor dem Ersten Weltkrieg war die »Erholung« (Villenstraße 11). Hier stiegen einige Male Fürsten zu Reuß ab. Das Nachbarhaus Nr. 12 erbaute ein Greifswalder Professor. Der zugehörige Park wird seit Ende des Zweiten Weltkrieges als **Kurpark** genutzt.

Zentrum Lubmins am Wasser ist die 350 Meter lange Seebrücke aus dem Jahre 1992. Schon 1928 war eine erste Seebrücke von 245 Metern Länge errichtet worden. Vom neuen Seebadzentrum gelangt man über die Waldstraße zu dem Bauwerk. Die naturbelassene Promenade, die der Freiwillige Arbeitsdienst 1932/33 anlegte, führt auf der Höhe bis zur heutigen »Blaumuschel«. 2005 begann eine Neugestaltung inklusive Pflasterung. Der breite Strand endet im Westen am Ortsrand und geht dort in ein steinreiches Steilufer über. Hier liegt ein Granitblock mit einem Volumen von 33 Kubikmeter im Wasser. Der Sage nach warf ihn ein Riese nach dem Kirchturm von Wusterhusen. Seitdem hat dieser einen Knick. Der Stein zersprang in zwei Stücke, einer, unser Teufelstein, prallte bis nach Lubmin zurück. Noch 1909 lag er auf dem Strand, inzwischen haben Wasser und Wind ein gehöriges Stück abgetragen. Das andere größere Stück mit den Fingerabdrücken des Riesen landete bei Konerow. Der »Riesenstein« wurde 1920 gesprengt.

Richtung Osten, zur Wolfsschlucht, kommt man u.a. am früheren Eisenbahnererholungsheim und dem Kindererholungsheim vorbei. Das heutige Seniorenheim »Meeresblick« an der Lindenstraße wurde 1928

von Prinzgemahl Heinrich von den Niederlanden unter Verwendung von Fachwerk errichtet. Es war ein **Stift** für Damen von Adel mit kleinem Geldbeutel. Ab 1934 wurde es als Mütterheim und nach dem Krieg zunächst als Krankenhaus genutzt. Von der Promenade führen immer wieder Sandwege Richtung Freester Straße. Schon zu DDR-Zeiten bauten hier viele Greifswalder Wochenendhäuser. Scherzhaft sprach man von Lubmin sur mer.
Parallel zur Promenade verlaufen Dünen- und Freester Straße. An Letzterer steht die **Kirche** des Ortes. Fertig gestellt wurde sie 1957 nach dreijähriger Bauzeit. Architekt war wie bei den Kapellen in Gremersdorf und Pöglitz Kirchenbaurat Schwarz. In den Papieren des Landkreises ist stets nur von einem **Gemeindesaal** ohne Turm die Rede. Die Lubminer Christen mit ihrem Pfarrer Manfred Torkler erwiesen sich als zähes Völkchen, so dass heute wenigstens ein Dachreiter mit Glocke den einfachen Putzbau krönt. Die Glocken wurden 1936 in Apolda für die Kirche von Klein Lauchstädt bei Merseburg gegossen. Dieses Gotteshaus wurde zerstört, doch die Glocken entgingen dem Schmelzofen und fanden in Lubmin eine neue Heimat. Elektromeister Ladwig holte das Geläut mit seinem Auto.
Hiesige Handwerker zeichneten für den Kirchenbau verantwortlich. So die Tischlerei Kastner, in deren Werkstatt Kanzel, Altar, Bänke und Fenster entstanden.
Hinter Lubmin, Richtung früheres KKW Nord, erstreckt sich eine weitläufige Wald- und Dünenlandschaft, die Lubminer Heide. Vor allem Kiefern stehen hier.

Das ehemalige KKW-Nord

Richtung Spandowerhagen steht das frühere KKW-Nord. Vier Blöcke mit insgesamt 1700 MW Leistung haben hier Elektroenergie produziert. Sie gingen ab 1973 in Betrieb. Vier weitere waren in Bau, Block 5 lief kurzzeitig im Probebetrieb. Mit ihnen wäre das KKW Nord wohl das größte **Kernkraftwerk** der Welt geworden. Die neueren Blöcke wären auch nachwendischen Anforderungen gewachsen gewesen, aber die damalige politische Lage führte bis zum 18. Dezember 1990 zum Ende des Werkes, das nun in einem weltweit einmaligen Pilotprojekt zurückgebaut wird. Rund 6000 Menschen arbeiteten hier.
Ein **Informationszentrum** gibt bei freiem Eintritt nähere Auskünfte. Allein das Maschinenhaus ist 1,2 Kilometer lang. Fast fertig gestellt, aber nie angefahren, wurde der Block 6. Er gehörte zu den Außenobjekten der EXPO 2000 in Hannover und ist bei Führungen zugänglich. Enthusiasten verfolgen die Idee, ihn als technisches Denkmal zu erhalten und in eine Route mit dem Historisch-Technischen Informationszentrum Peenemünde und dem Max-Planck-Institut Greifswald (Fusionsreaktorexperiment »Wendelstein«) einzubinden. Das Maschinenhaus oder Teile davon könnten ein **Museum für die Geschichte der Energiegewinnung** werden. Vor dem Werksgelände entstand unter Nutzung des früheren Auslaufkanals für das Kühlwasser 2002/3 ein großer Industriehafen, der durch die seeseitige Anbindung Investoren für ein neues großes Industriegebiet gewinnen will. Geplant ist auch eine Marina an diesem Standort. Gaskraftwerk(e) entstehen. Lubmin wird Endpunkt einer Gaspipeline durch die Ostsee.

Wusterhusen

Unsere nächste Station ist Wusterhusen, das man von Lubmin aus nach kurzer Fahrt erreicht. Der Wusterhusener **Kirchturm** beherrscht weithin das flache Land. Die Größe hängt mit der Bedeutung des Ortes als Mittelpunkt des Landes Wusterhusen zusammen. 1271 geweiht, zählt der Feldsteinteil der Kirche zu den ältesten Bauwerken der Region. Das Gotteshaus steht am **Anger**, der bis ins 19. Jahrhundert der Kirche gehörte. Dann wurde er aufgesiedelt, Büdnerstellen entstanden. Die Kleinbauern waren in erster Linie Handwerker. Ihre Häuser stehen an der alten Dorfstraße. Im Dorf existierten zwei Gaststätten, eine wurde namentlich von den Gutsherren, Lehrern und anderen Honoratioren besucht. Nummer zwei liefen vor allem die Landarbeiter an. Der Bereich um den Anger mit seinem vielen Grün und den alten schönen, z.T. rohrgedeckten Häusern bildet ein sehenswertes Ensemble. Das historisch wohl noch mittelalterliche **Pfarrgehöft** steht ein Stück entfernt von der Kirche. Nah am Gotteshaus liegt die frühere Schule. Das Äußere des wohl aus dem 18. Jahrhundert stammenden Gebäudes wird durch einen Umbau von 1911 geprägt.

Neben dem historischen Dorf gibt es das neue Wusterhusen, das durch Bauten von Mitarbeitern des KKW Nord geprägt wurde. Über das Werk sollen auch die Platten für die heutige **Diskothek »Genesis«** in den Ort gelangt sein. Es sollte eigentlich Kulturhaus, angeblich auch mit Kreistagssaal, werden, doch die Wende kam dazwischen.

Trotz der Konkurrenz der riesigen Windkraftanlage Richtung Brünzow: Der Turm der Wusterhusener Kirche bleibt das markanteste Wahrzeichen weit und breit.

Er stammt wohl aus der Zeit um 1400. Die drei Glocken sind wahrscheinlich älter als der Turm, wurden im 14. Jahrhundert gegossen.

Noch älter ist die **Granitfünte** mit den vier Köpfen, die im 19. Jahrhundert bei der neugotischen Umgestaltung aus der Kirche entfernt wurde. Der Taufstein diente als eine Art Blumenschale zur Verschönerung des Eingangsbereiches des Gahlkower Gutshauses. Nach 1945 wurden Milchkannen im Becken gespült. Erst vor vier Jahrzehnten holte man die Fünte zurück und stellte sie nach der Renovierung der Jahre 1972 bis 1974 wieder in der Kirche auf. Nicht viel

Der Altar der Wusterhusener Kirche

besser ging es dem barocken **Taufengel**, dessen Torso heute ebenfalls im Gotteshaus zu finden ist. Er verstaubte lange Jahre auf dem Kirchenboden.

Der Renovierung verdankt die Kirche unter anderem die Freilegung der sechs Fresken im Bogen unmittelbar vorm Altarraum. Sie zeigen beispielsweise den sagenhaften Riesen Christophorus und den heiligen Ritter Georg. Die Dame mit dem Kirchenmodell ist die **Heilige der Pilger**, also Gertrud von Nivelles.

Restaurator Hans Todemann hinterließ eigene Spuren, so ist die heutige Farbgebung der Weihekreuze sein Werk. Als Gag malte er eine Biene im Rippengewölbe.

Der Steinkreis von Netzeband

Die DDR sorgte für die Sichtbarmachung eines besonderen Kunstwerkes. Auf Staatskosten wurde in Schwerin der Altaraufsatz restauriert, die Kirche zahlte nur den Transport. Bei den Arbeiten an der barocken Fassung, an die z.B. die Figuren Moses und Aaron erinnern, entdeckte man mittelalterliche **Tafelbilder**. Der Künstler soll Verbindungen zum Wolgaster Schloss gehabt haben. Bei der Darstellung der Landschaften ließ er sich von der Boddenküste inspirieren. Dargestellt werden unter anderem Szenen aus dem legendären Leben der Maria, so die Begegnung des Vaters Joachim mit der Mutter Anna an der Goldenen Pforte und die Geburt der Maria. Zugleich ein Zeugnis, wie damals Babys gewickelt wurden.
Es sind detailreiche Malereien mit vielen Tieren, mit ein wenig geckenhaft, sehr modisch gekleideten drei Königen, die den neu geborenen Christus anbeten. Der Altar allein wäre den Besuch der Kirche wert.
Zu DDR-Zeiten war Wusterhusen auch ein **politischer Wallfahrtsort**. An den im Umfeld des Kapp-Putsches 1920 umgekommenen Bruno Jackley erinnerte ein Denkmal des Berliners Hans Kies. Es wurde nach der Wende mit der Begründung abgebaut, dass sich die Geschichte um die Ermordung des 18-jährigen Landarbeiters in ihrer zu DDR-Zeiten erzählten Form nicht aufrechterhalten ließ. Nur eine Gedenktafel auf dem Boden erinnert noch an ihn. Auf dem Friedhof setzte der Deutsche Landarbeiterverband Jackley 1927 einen schlichten Grabstein.

Lodmannshagen

Von Wusterhusen fahren wir Richtung Wolgast und biegen in Pritzwald nach Lodmannshagen ab. Dank des Engagements eines Landwirtes erhielt die **Wassermühle** des Bauerndorfes wieder ein ansehnliches Aussehen. Ein Mühlstein weist vor dem Gehöft mit Hofladen auf die frühere Nutzung hin.

Netzeband

Weiter geht es nach Netzeband. Das 620 Hektar große Gut wurde 1894 in 23 Parzellen aufgeteilt, die die neuen Siedler als Rentengüter erhielten. Die Sehenswürdigkeit des Ortes liegt im Wald. Der **Steinkreis** aus der vorrömischen Eisenzeit bei Netzeband ist eines der herausragenden archäologischen Denkmale im deutschen Nordosten. Hier wurde schon mehrfach gegraben, um die Geschichte der frühen Germanen zu erhellen.
Dass die Wegweiser zu den »sieben Steinen« weisen, hat nur etwas mit der mystischen Zahl Sieben zu tun. Von mindestens neun, vielleicht sogar elf Steinen, der längste ist 2,4 Meter lang, sind nur fünf erhalten. Schuld ist ein Förster, der nach Aussage des Katzower Pfarrers Adalbert Kasten das Denkmal 1888 zum Teil zerstörte. Der Pastor konnte ein Tongefäß und bronzene Beigaben retten. Nach älteren Berichten gab es im Netzebander Wald zwei oder gar drei Steinkreise.

Mit Astronomie haben unsere Steinkreise nichts zu tun. Es waren Einfriedungen von Friedhöfen. Der Netzebander wurde im 1. und 2. Jahrhundert vor Christi genutzt. Einige Gräber sind wohl noch älter. Ein Reitersporn aus einem der Netzebander Gräber gilt als derzeit einziger sicherer **Goldfund** der vorrömischen Eisenzeit in Nordostdeutschland. Er befindet sich wie andere wertvolle Stücke, Urnen, eiserne Fibeln usw. heute in der Sammlung der Ernst-Moritz-Arndt-Universität Greifswald.

Zum ersten Mal erwähnt wird das Bodendenkmal übrigens 1826. Allein im 20. Jahrhundert konnten die Ausgräber 179 Bestattungen nachweisen. In der Mitte fanden die Archäologen die ältesten Gräber, um die sich die jüngeren gruppieren. Die Bestattungen erfolgten dabei sogar »mehrstöckig«. Eine breite Randzone innerhalb der annähernd ovalen Steinsetzung mit einem Durchmesser von etwa 27 Metern blieb demnach ungenutzt.

Im Katzower Skulpturenpark

Katzow

Von Netzeband geht es weiter nach Katzow. Namentlich rohrgedeckte, weiß gestrichene Bauten, so an der Unterreihe, geben dem quasi im Tal gelegenen weiträumigen **Anger** des Dorfes ein interessantes Gesicht. Katzow war in der Vergangenheit vor allem Guts- und Handwerkerdorf. Die mit Findlingen gepflasterte Dorfstraße führt über einen Hügel. Die Nr. 1, ein Fachwerkbau mit Reetdach, war früher das Hirtenhaus. Unweit liegen weitere Fachwerkhäuser, Nr. 14 und 15. Die um 1800 gebauten Katen gehören zum Ensemble um das Gotteshaus ebenso wie das erst im Kaiserreich errichtete Pfarrhaus und die zugehörige Stallscheune mit verbrettertem Giebel hin zur Straße. Nr. 20, ein Fachwerkbau, wurde 1824 als Schul- und Küsterhaus errichtet.

Die **Johanneskirche** ist ein Backsteinbau des 14. Jahrhunderts auf einem Feldsteinsockel. Es war eine Samariterkirche, d.h. sie widmete sich auch der Betreuung von Kranken und Bedürftigen. Blenden und Blendenkreuz zieren den Ostgiebel. Eine moderne Zutat nach umfassender Restaurierung ist der Dachreiter, ein zisterziensisches Gestaltungselement. In der Nacht vom 24. zum 25. Dezember 1990 zerstörte ein Feuer die Innenausstattung. Nur die Messingtaufschale überstand das Inferno, weil sie im Vorraum stand. Ein Ofenrohr war porös, nach der Christvesper kam es zum Brand. Drei Jahre später konnte die Wiedereinweihung gefeiert werden. Für die Neugestaltung zeichnet der schwedische **Architekt Jerk Altan** verantwortlich. Hell und freundlich, nordisch schlicht wirkt der Raum, für den nur Materialien aus Skandinavien verwendet wurden. Dort, wo heute das Predigtpult steht, befand sich die Kanzel, die ein Relief des Pommernapostels Otto von

Bamberg zierte. Zur Neueinweihung schenkte der Bamberger Domkapitular eine Plastik des Heiligen.
Tafeln an der Außenwand erinnern an verdienstvolle Christen wie Pastor Adalbert Kasten und den Pastor, Propst und Professor Dr. phil. Will(y) Völger (1893 bis 1968) der von 1932 an 33 Jahre lang auch nach seiner Emeritierung die Katzower Christen betreute. Anders als die meisten Pastoren seiner Zeit, die deutschnational dachten, war er eher, wenn überhaupt zuordbar, **religiöser Sozialist**. Während des Dritten Reiches saß der Pastor 1944 acht Monate »wegen Heimtücke« im Gefängnis. Um Völgers Person ranken sich sagenhafte Geschichten. Angefangen von seinem Pferd Harro, das, von den Russen geschenkt, eines Sonntags in der Zeit des Gottesdienstes in den Katzower Pfarrbrunnen fiel und nach sofort unterbrochener Predigt mit Hilfe der Wolgaster Feuerwehr wieder ans Tageslicht befördert werden musste, bis zu seinem angeblichen Ritt hoch zu Pferde mit roter (Arbeiter-)Fahne in der Hand zu einem Gottesdienst über Land nach Neu Boltenhagen.
Der ab 1991 entstandene **Skulpturenpark** Katzow verdankt einen großen Teil seiner Kunstwerke den Bildhauerworkshops, die zehn Jahre lang hier stattfanden. Künstler aus 23 Ländern, auch von Übersee, aus Asien und Amerika, waren hier tätig. Darunter Tim Curtis, seines Zeichens **Kunstprofessor** aus Miami. Er schuf mit 365 Steinen ein imaginäres Boot auf den Marschwiesen. 2003 gestalteten Klaus Duschat (Berlin), Roland Mayer (Rosenheim) und Thomas Radeloff (Katzow) den Goliath, eine 14 Meter hohe Plastik aus Stahl und Ankerketten.
Insgesamt sind über 80 Gebilde auf vierzehn Hektar verteilt. Hausherren sind die Künstler Thomas und Ugi (Heidrun) Radeloff. Sie haben auch eine anderenorts abgerissene Fachwerkscheune hier wieder aufgebaut, in der u.a. Ausstellungen stattfinden.

Hohendorf

Unser Weg führt uns nun über Pritzier und Schalense mit dem stattlichen Gutshaus von 1881 weiter Richtung Wolgast. Ein Abstecher von der B 111 Richtung Lassan führt uns nach Hohendorf. Hoch überm Dorf mit **phantastischem Blick** auf den Peenestrom liegt das Gotteshaus.
Unmittelbar neben der Kirche steht der historische, größtenteils privatisierte Pfarrhof. Die rohrgedeckten Fachwerkbauten der Scheune und des Pfarrhauses stammen aus der Zeit um 1800, der Stall aus der zweiten Hälfte des 19. Jahrhunderts. Der Friedhof ist von einer Feldsteinmauer umgeben. Über ein wohl aus dem 18. Jahrhundert stammendes, verputztes Backsteinportal gelangt man zu dem um 1300 errichteten **Saalbau** mit einem beeindruckenden Ostgiebel, der mit Blenden und einem lateinischen Kreuz verziert ist. Um 1400 wurde der Backsteinturm mit verbrettertem Aufsatz hinzugefügt.
Auch in Hohendorf sind Einflüsse des Zisterzienserordens unverkennbar. Ein Kreuzrippengewölbe ziert den Chor, das Schiff ist mit Holzbalken gedeckt. Schlicht weiß, so präsentiert sich heute der Innenraum. Als der heutige Pfarrer 1996 die Gemeinde übernahm, fand er einen **DDR-Küchentisch** als Altar vor. Anfang der 1990er Jahre entfernte man die reiche Ausstattung der vorhergehenden Erneuerung von 1842, um Baufreiheit für eine Restaurierung zu schaffen. Sie ist im Freien gewissermaßen verrottet. Nur die Orgelempore, im historischen Grau und Altrosa, das auch im Chorfenster zu finden ist, blieb erhalten. Dazu kommen alte Grabsteine wie die wappengeschmückten **Platten** für Klaus und Anna von Köller (gestorben 1559 und 1600) sowie Dorothea und Klaus von Köller (gestorben 1613 und 1615). Die heutige Kanzel und die Kerzenständer stiftete und baute die ortsansässige Firma Pens. Beim Ausräumen des Pfarrhauses fand man die Figuren eines Ritters sowie einen segnenden Christus, die

vermutlich aus der Schwedenzeit stammen. Sie fanden in der Kirche einen neuen Platz.

Jägerhof

Mitten im Wald, vor Lühmannsdorf, biegt die Straße nach Jägerhof ab. Etwa 700 Meter nach der Abfahrt befindet sich der erste Teil des 2002 eingerichteten **Bodenlehrpfades**. Hier sind Sandböden in Abhängigkeit vom Grundwasserstand und Raseneisenerz das Thema. An der Pflasterstraße steht auch der älteste Baum des Forstes, eine bald 800 Jahre alte, knorrige Eiche. In DDR-Zeiten wurde in Jägerhof nicht gebaut, so dass der kleine Ort noch das alte Bild mit Revierförster- und Waldarbeiterhäusern zeigt. Schon 1637 befand sich hier ein fürstliches Jagdhaus.

Das touristische Ziel ist der **Forstpflanzgarten**. Mit solchen Versuchsflächen sollten »Ausländer« unter hiesigen Bedingungen getestet werden. Die meisten Bäume aus fernen Ländern kamen mit dem rauen Küstenklima nicht zurecht, reagierten mit Kümmerwuchs. Amerikanische Roteichen, Douglasien und Lärchen gehören zu den Arten, die sich bewährten.

Andere »Ausländer«, wie Mammutbaum, **Banks- und Weymouthkiefern**, schmücken heutzutage allenfalls Parks. Über 50 Arten wurden allein in Jägerhof, einem der ältesten Versuchsgärten seiner Art in Deutschland, auf einer Fläche von über zwei Hektar gepflanzt. Dazu gehörten beispielsweise drei Platanenarten, Tulpenbaum, Esskastanie, abendländischer Lebensbaum und Himalaja-Zeder. Der Greifswalder Botanikprofessor Julius Münter hat durch die Bereitstellung von Samen Ende des 19. Jahrhunderts zur weiteren Ausgestaltung wesentlich beigetragen. 1982 waren noch 18 der ursprünglich gesetzten Arten vorhanden. Zum Teil hart bedrängt von den Inländern.

Die Initiative zur Einrichtung des Pflanzgartens ging 1841 von Oberförster Emil von Bernuth aus. Ihm wurde vom Pommerschen Forstverein ein Gedenkstein gewidmet. Vorzugsweise wurden Arten aus Asien und Nordamerika getestet. Von Bernuth bezog seine Pflanzen in der Regel aus der Baumschule von James Booth in Flottbeck bei Hamburg. Der berühmteste Baum grünt leider nicht mehr. 1993 starb eine 1842 gepflanzte **Douglasie** ab. Sie war eines der beiden ältesten Exemplare Deutschlands und ist auch ohne Nadeln immer noch ein markantes Denkmal. Erst 1797 war die in der Eiszeit in Europa beheimatete Douglasie im westlichen Nordamerika wiederentdeckt worden. Dreißig Jahre später brachte der Schotte David Douglas den ersten Samen im Tabakbeutel in seine Heimat. In Flottbek bei Hamburg keimte 1829 die erste Douglasie in der Baumschule von **James Booth**. Bis in die 1950er Jahre stand in Jägerhof auch die 1842 gepflanzte älteste deutsche Sitka-Fichte.

Der Frostgarten ist seit 1934 ein staatlich anerkanntes Naturdenkmal. Seit 1999 ergänzen Konfirmanden alljährlich den Forstpflanzgarten durch »ihren« Baum. Außerhalb der

Historischer Wegweiser

Umzäunung wird übrigens an den 100. Geburtstag des deutschen Forstvereins im Jahre 1999 erinnert. Nahe dem Forstpflanzgarten werden im zweiten Teil des Bodenlehrpfades in fünf Gruben die typischen Böden einer Grundmoräne veranschaulicht.

Neu Boltenhagen

Wir fahren weiter auf der holprigen Pflasterstraße Richtung Straße Katzow-Neu Boltenhagen. An der Einfahrt von Neu Boltenhagen fällt das rohrgedeckte, blau gestrichene Haus auf. Es gehörte einst dem Pfarrer. Nach der Wende erwarb ein Berliner Schauspielerpaar das Gebäude, das sich mit **Theateraufführungen** in der Scheune versuchte. Ein missglücktes Experiment. Direkt neben der Kirche stehen das frühere Pfarrwitwenhaus, ein Ziegelfachwerkbau, und die zum Gemeindezentrum umgebaute Scheune.

Der von Andreas Mayer errichtete Altar

Die Kirche, ein stattlicher **Backsteinbau** mit dem wohl erst im 18. Jahrhundert entstandenen Achteck-Holzturm mit Schindeleindeckung, entstand im 14. Jahrhundert. Der Fachwerkvorbau stammt von 1605. Wer in Frieden eintritt, der wird geheilt hinaustreten, verheißt der lateinische Schriftzug.
Seit der Wiedereinweihung der Orgel 1992 trägt die Kirche den Namen der Gottesmutter Maria. Auf dem Friedhof blieben nicht nur Grabwangen des 18./19. Jahrhunderts erhalten. Neben dem Chor erinnert ein Stein an F.A.G. Titel (1748 bis 1819). Der in Triglaff/Hinterpommern geborene Mann war 39 Jahre Pastor in Neu Boltenhagen. Er ist der Vater des 1784 geborenen Malers **Wilhelm Titel**, der u.a. eine große Sammlung von Professorenporträts der Universität Greifswald schuf. Für Boltenhagen malte er einen Christus mit Dornenkrone. Ein Stück von der Kirche entfernt liegen Gräber der **Patronatsfamilie** von Wakenitz aus den Jahren 1839 bis 1880.
Die Gutsherren haben das Innere durch die Neuausstattung des 18. Jahrhunderts nach einem Brand von 1766, bei dem das Gewölbe einstürzte, entscheidend geprägt. Damals wurde die Tonnendecke eingebaut. Kein Geringerer als Andreas Mayer, der Architekt des Greifswalder **Universitätshauptgebäudes**, hat für die Erneuerung gesorgt. Wie die Inschrift hinter der Orgel verkündet, war die Renovierung 1767 vollendet. Patronin war Charlotte Louise von Wakenitz (1719 bis 1774). Von Mayer stammt auch der ikonographisch interessante Entwurf für den Kanzelaltar. Für die Ausführung sorgte der Greifswalder Andreas Pahlmann. Ein Tetragramm im Strahlenkranz, ein Gottessymbol, wie hier am Korb, findet man ebenso wie die Wahl einer **Abendmahlsymbolik** als Krönung selten. Kirche und Ausstattung ließ Mayer weiß streichen und die Verzierungen mit Gold absetzen. Auch die Altarleuchter aus Zinn stammen aus dieser Zeit. Neben

Das Neu Boltenhäger Gutshaus

dem Altar wurden Wandmalereien des 15. Jahrhunderts aufgedeckt. Ein Kreuzweg Christi ist an der Nordseite dargestellt. Wie die Kirche Ende des 18. Jahrhunderts aussah, lässt sich nicht mehr richtig nachvollziehen. Denn vor rund drei Jahrzehnten wurden die wappengeschmückten Patronatslogen auf die Emporen versetzt.

Das vielleicht bedeutendste Ausstattungsstück ist die **Taufe** von etwa 1250, die aus dem Zisterzienserkloster Hilda (Eldena) stammt. Dass es sich nicht um ein Weihwasserbecken handelt, legt die Symbolik nahe. Der Stein ist mit drei Köpfen - Zeichen der Trinität von Gottvater, Sohn und Heiligem Geist - verziert. Ein weiteres Stück aus Eldena - ein Sockel - befindet sich im Chor.

Im Vorbau steht ein Geldkasten. Er soll noch aus dem 16. Jahrhundert stammen. Ein Nagelkreuz aus dem Ersten Weltkrieg belegt die Spendenbereitschaft für Kranke und invalide Soldaten. An die Wakenitz erinnert der Totenschild für Cordula von Wakenitz (1805-39). Die vier Kesselhaken, das Wappen der Familie, ist hier dargestellt.

Nicht weit von der Kirche liegt das stattliche **Herrenhaus**, das zum touristischen Informationszentrum ausgebaut wird. Der äußerlich schlichte Bau soll 1750 bis 1770 entstanden sein, also in der Zeit der Wakenitze (1625 bis 1880). Auftraggeber könnte der Sohn der Auftraggeberin der Kirchensanierung, Wilhelm Dietrich von Wakenitz (1728 bis 1805, 1739 war der Vater gestorben), gewesen sein, der zunächst preußischer Oberstleutnant im Siebenjährigen Krieg und dann Generalleutnant im Dienste des Landgrafen von Hessen-Kassel war. Glanzstück der Innenausstattung ist das in Ostvorpommern wohl einmalige, derzeit blau und weiß gestrichene **Treppenhaus**, das sich inklusiver zugehöriger Säulen durch das gesamte Gebäude zieht. Fast alle Türen und einige Wandverkleidungen blieben erhalten. Seit einigen Jahren werden im Gutshaus die alljährlich gefertigten Erntekronen verwahrt.

Lotseninsel und Fischerdorf

Unsere Reise führt uns von Wolgast Richtung Lubmin. In Groß Ernsthof gibt es ein Stück Himmel - den gleichnamigen Gasthof, der an die Kleinbahnzeiten und den hier gelegenen Bahnhof erinnert. Sein Pendant in Kröslin hieß »Zur Hölle«.

Hollendorf

Wer schon einmal einen Blick auf die Ostsee werfen will, der nimmt auf der Fahrt nach Kröslin den Schlenker über Hollendorf in Kauf. Zwischen den beiden Orten befindet sich das Naturschutzgebiet **Großer Wotig**, ein traditionelles Brutgebiet für Limikolen und Küstenvögel. 25 Arten der Roten Liste gehören dazu. Auch als Rastplatz ist die Insel bedeutend, im Herbst sind hier bis zu 100.000 Blässgänse zu finden. Der Große Wotig ist allerdings nicht zugänglich.

Kröslin

Am Weg von Wolgast nach Kröslin (bis 1929 Cröslin), kommt man zuerst an dem historischen **Dampfsägewerk** von 1919 vorbei. Ein Stück weiter steht das alte Bahnhofsgebäude. 1898 wurde das Gebäude im Zuge der Fertigstellung der Kleinbahnlinie Greifswald-Kröslin fertig gestellt. Ein Jahr später folgte die regelmäßige Nebenbahn Wolgast-Kröslin. Der Eisenbahnanschluss Vorpommerns ab 1863 hat auch der Kröslíner Wirtschaft sehr geholfen. 1865 gab es acht **Fabrikgebäude**. In dem kleinen Fischerdorf, malerisch in einer natürlichen Bucht gegenüber von Peenemünde gelegen, entstanden bis 1880 ein kleiner Zufluchthafen und eine Fahrrinne von der Peene zum **Cröslíner See**. Die Zahl der Fischer nahm insbesondere 1880 bis 1895 zu, es entstanden Böttchereien, eine Essig- und Kistenfabrik. In der Blütezeit Ende des 19. Jahrhunderts waren es 50 Böttchereien mit etwa 100 Beschäftigten. Über 20 Händler verschickten Spick-, Brat- und Delikatessware. Zum wirtschaftlichen Aufschwung trug auch der Fremdenverkehr bei. 1902 gründete sich ein Badeverein. Auf dem Papenberg entstand ein Sonnen-Sandbad, an der Peene eine Badeanstalt.

Im Dorf

Der Ortskern um den alten Anger Kröslins wirkt etwas ungeordnet. Aus dem Jahre 1884 stammt das Pfarrhaus. 13 Jahre später pflanzten die Kröslíner in der Nähe des heutigen Transformatorenhauses eine Eiche zum 100. Geburtstag des Kaisers Wilhelm I. Auf dem Weg zum Eingang der Kirche kommt man an dem 1886 gebauten Schulhaus - einem Fachwerkbau - vorbei.

Der Dorfplatz von Kröslin auf einer historischen Postkarte

Die wahrscheinlich um 1300 entstandene **Christophorus-Kirche** steht so erhöht, dass sie kaum hochwassergefährdet ist. Mitte des 18. Jahrhunderts erhielt der Turm einen barocken Holzhelm. Das Innere des Gotteshauses wird durch die 1878 unter Pastor Eichmann vorgenommene Neugestaltung bestimmt. Aus dieser Zeit stammen Altar, Gestühl, Empore und Fenster. 1948 wurde das Glanzstück der Ausstattung im Chor aufgehängt. Nach einem Entwurf von Rudolf Stundl hatten die Fischerfrau Pagenkopf und die Fischertöchter Gertrud Lenz und Dorchen Lettow den Teppich handgeknüpft. Wolle und Flachs waren von den Frauen der Gemeinde gesponnen worden, und Konfirmanden und Schulkinder sammelten die zum Färben notwendigen Kräuter und Wurzeln. Ein wahres Gemeinschaftsprojekt! Die Bildsymbolik des Teppichs orientiert sich an Petrus, der ja im bürgerlichen Leben Fischer gewesen ist.
Der **Taufstein** aus der ersten Hälfte des 14. Jahrhunderts wurde 1888 an Bauer Lüdtke als Regenwasserbecken verkauft. Von dort gelangte er auf den Bentzienschen Hof und dann unter Eigentumsvorbehalt wieder in die Kirche. Das schöne Stück mit den stilisierten Rosetten ähnelt Taufsteinen in St. Marien Anklam, Neu Boltenhagen und Ziethen.
Die letzte Ausmalung besorgte 1946 der viel beschäftigte Gustav Hoffmann. Von ihm stammt der Christophorus im Chor. Zwei andere Gemälde stammen aus dem Mittelalter. Auffällig an der Darstellung des himmlischen Jerusalem sind die zahlreichen Weihrauchgefäße.
An den Emporen stehen die Namen der Toten des Ersten Weltkrieges. Zur damaligen Gemeinde gehörten auch die Inseln Ruden und Greifswalder Oie. Noch einige Jahre zuvor hatte es auf Ruden eigene Gottesdienste gegeben, darum findet man wohl auch die Inseln nicht auf den Bänken, die die Sitze einzelnen Orten zuweisen. Darunter auch Peenemünde, das erst seit 1952 zu Karlshagen gehört.
Interessante militärische Erinnerungsmale sind nicht nur die Tafel für die Gefallenen der preußischen Kriege 1864, 1866 und 1871. Auch an jene Freester und Kröslíner, die beim Untergang des Versuchsbootes »Welle« bei einem Manöver 1937 und beim Untergang des Segelschulschiffs der Kriegsmarine, der Niobe, 1932 starben, wird erinnert.
Auf dem Friedhof wurden die aus dem Jahre 1927 stammenden historischen **Stahlglocken** 1995 beerdigt. Ihre normale Lebenszeit war abgelaufen. Auf dem parkartigen Gelände, unter dem übrigens die verrohrte Beetz fließt, steht eine Reihe gusseiserner Kreuze des 19. Jahrhunderts. Grabsteine des 18. Jahrhunderts wurden an der Nordseite zur Erhöhung der Fläche genutzt. Hier stehen bzw. liegen unmittelbar am Gotteshaus interessante Steine, zumindest zum Teil aus der Zeit vor 1800. Sie sind nur mit Initialen wie LK, MK, DK verziert.
Von der Kirche fahren wir weiter Richtung Freest. An der Ausfahrt des Dorfes stehen leicht erhöht - wegen der Sturmflutgefahr eine praktische Notwendigkeit - in einer Reihe alte **Büdnerhäuser**. Die Chronik von Kröslin nennt 1838 sechs Bauernhöfe und 90 Büdner. 30 Jahre später heißt es, dass die meisten Büdner vom Heringsfang lebten.
Zwischen Freest und Kröslin soll auf 160 Hektar ein Fremdenverkehrsgroßprojekt mit Golf- und Kinderreit-Hotel, künstlichen Gewässern und Ferienwohnungen mit über 800 Betten verwirklicht werden. Einst befand sich hier der natürliche, durch die damalige Insel Dänholm abgetrennte **Hafen Grünschwade**, der erstmals 1580 erwähnt wird. Ab 1720 spielte er eine wichtige Rolle, als der Peenestrom Schweden und Preußen trennte. Mit dem Abbruch des letzten Hauses endete 1888 die Geschichte der Siedlung.

Fischerei in Freest & Kröslin

Schon Anfang des 20. Jahrhunderts war die Glanzzeit der Kröslíner Fischerei vorüber, die Zahl der gefangenen Fische nahm deutlich ab. Immerhin gab es 1904 noch vierzig Fischer, zehn Räuchereien und zwölf Fischhändler. Mit der Zeit spezialisierten sich die Kröslíner und verlegten sich stärker auf den Fang von Flundern, die Flundertuckerei. Zwei Boote zogen dabei gemeinsam ein Grundschleppnetz - die Tucke - hinter sich her. Zwei Fangarme leiteten die Plattfische in Wasserbehälter am Boot. Später reichte ein Boot mit langen Stangen, die die Zeese hielten. Kröslin galt als größter Flunderanlandeplatz der Region. Am 6. Oktober 1902 konnte sogar ein Rekordfang gefeiert werden, der bis heute ungeschlagen ist. Ein Kröslíner Tucker hatte eine 58 Zentimeter lange und dreieinhalb Pfund schwere Flunder aus dem Wasser geholt. Nach 1900 gewann auch die Störfischerei an Bedeutung.

Ab den 1930er Jahren fing man dank erweiterter Fanggebiete wieder mehr Fische. 1964 waren in Kröslin und Freest knapp 30 Kutter beheimatet. Zur Fischereiproduktionsgenossenschaft (FPG) »Heimatland« Freest gehörten 14 Mitglieder (nur Fang), zur FPG »Peenemündung« Freest 75 und zur FPG »Gute Hoffnung« Kröslin (beide mit Verarbeitung) 26 Mitglieder. In Freest gab es eine, in Kröslin drei Privaträuchereien mit insgesamt 16 Beschäftigten. Auch im Jahre 1998 waren es noch 30 Kutter und viele kleine Boote. Seit 1998 wirbt die Marina Kröslin zudem mit gastronomischen Einrichtungen um Gäste. Sie verfügt immerhin über 250 geschützte Liegeplätze. 2002 wurde hier das erste schwimmende, aber fest verankerte hölzerne Ferienhaus der Urlaubsregion Usedom eingeweiht.

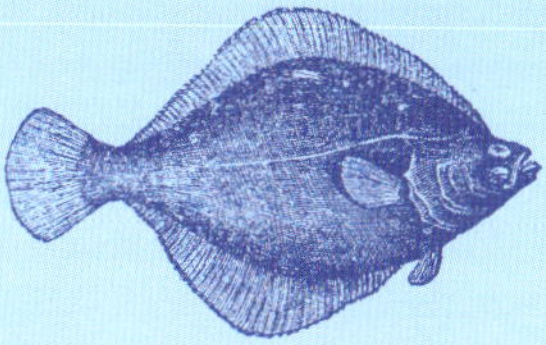

In Freest ist die Fischerei noch sehr lebendig

Freest

Schon aufgrund seiner Lage am Bodden mit Blick zum Ruden und nach Rügen wäre Freest eine Reise wert. Alljährlich zieht der Ort Zehntausende zum **Fischerfest** an.
Historisch betrachtet ist die Bezeichnung Fischerdorf so allerdings nicht zu halten. Noch 1819 wird Freest als Bauerndorf im Amt Wolgast bezeichnet.

Der Hafen

Besucher des Fischerdorfes zieht es zumeist erst einmal an den bis 1999 für 13 Millionen Mark völlig erneuerten Hafen mit seinen Fischerbooten, den neuen Holzhütten, vor denen Meerestiere feilgeboten werden, und dem Gaststättenschiff an der Mole. Der ursprüngliche Fischereihafen entstand 1937 mit Krösliner Hilfe. In den 1950er Jahren folgte der Bau des Hafenbeckens.
Die näher zur Durchgangsstraße liegenden **Salzhütten**, die heute statt zur Aufbewahrung des Konservierungsmittels vor allem als Lagerschuppen dienen, erinnern an ältere Zeiten. Sie sind unbedingt die Erhaltung wert.
An der Hafeneinfahrt steht die heutige Jarlingsche Werft. Der große Schuppen wurde nach dem Ende des Zweiten Weltkriegs aus dem Holz Peenemünder Baracken gebaut. Werft Nummer 1 baute **Zeesboote** an der Kirschenreihe. Die fertigen Wasserfahrzeuge gelangten über den Bootsbauergraben zum Wasser. 1959 wurde aus der Privatwerft Jarling eine Produktionsgenossenschaft des Handwerks. Ihr Hauptmetier waren Reparaturen. Neben kleineren Booten wurden in der Werft auch 13-Meter-Kutter gefertigt.

Die Räucherei

Eine Freester Attraktion ist die Räucherei Thurow. Hier sind noch 1942 aus Altona gelieferte Räucheröfen in Betrieb. Bis 1945 wurde nur Aal geräuchert. Die Aale wurden lebend in unten offenen Dreben (Liggers), das sind große Kähne ohne Motor, gehalten. Verarbeitet wurden auch **schwedische Aale**. Zu einem großen Teil lieferte sie die Firma per Bahn von Kröslin nach Berlin. Es waren gemütlichere Zeiten. Wenn das Verladen der Kisten länger dauerte, dann fuhr der Zug eben später. Laut Liste bot die Firma auch pommersche grüne Heringe, Flundern sowie lebend verpackte Barsche und Plötzen ab Bahnhof Kröslin an. Dorthin gelangten sie bis zum Kauf des ersten Autos per Fuhrwerk.
Firmengründer Robert Thurow war von Beruf Böttger, aber die Erfindung der Weißblechdose zwang ihn, sich nach neuen Verdienstmöglichkeiten umzusehen. Zunächst eröffnete er eine **Fischbraterei**, produzierte Marinaden. Das dafür genutzte Backsteingebäude steht gegenüber der heutigen Räucherei. Weil Robert Thurow einmal schlechten Essig gekauft hatte, ging diese Firma in Konkurs. 1926 wurde das heutige Betriebsgebäude errichtet. Es war die größte und modernste Räucherei Vorpommerns.

1945 zogen kurzzeitig sowjetische Soldaten auf das Thurowsche Grundstück. Im Wohnhaus residierte der Kommandant, die Räucherei wurde Pferdestall. Als die Familie wiederkam, war nicht eine einzige Scheibe mehr heil.
Geräuchert wird heute mit Laubholz, vor allem von der Buche. Unsere Vorfahren nahmen nur Eiche und Erle, denn der Aal galt als sehr empfindlich. Zum Antrocknen diente Erle und zum Schmooken Eiche.

Am Strand

Freest hat auch als Badeort eine Vergangenheit. 1902 gründete sich im Ort ein Verein, der eine Badeanstalt bauen und eine Promenade errichten wollte. Vier Jahre später kamen schon 266 Gäste. Es gab eine **Badebrücke**, in der Bilanz hieß es allerdings: »Der so viel verlangte Sandstrand ist aber viel oder gar nicht zu beschaffen.« Erst im Jahr 2002 wurde nahe dem Zeltplatz der Strand mit Sand aufgeschüttet.

Das Knüpfhandwerk

Ein weiteres Markenzeichen von Freest sind die **Fischerteppiche**. Nach dem Ersten Weltkrieg wurde nach neuen Erwerbsmöglichkeiten für die Fischer gesucht, die zum Teil nur mit Notstandsbeihilfen ihre Existenz sichern konnten. Der Greifswalder Landrat schwankte zwischen Spargelzucht, Hühnerfarm, Korbflechterei und Knüpfen. Letzteres lag schon wegen der Erfahrung der Fischer mit ihren Netzen nahe.
Per Zeitungsannonce gewann man den Wiener Rudolf Stundl (1897–1990) als Lehrer und künstlerischen Leiter, der zunächst einmal vor Ort recherchierte. Ihn faszinierten die traditionellen Motive der Gegend, wie Anker, Wellen, Fische und Möwen, die die Fischer in ihrer Volkskunst verwendeten.
1928 wurden 28 **Knüpfstühle** in Freest aufgestellt. Für den Absatz gründeten die Fischer eine Genossenschaft. In Heringsdorf

Die Heimatstube zeigt die berühmten Fischerteppiche

entstand eine Knüpfschule für Fischertöchter. 1953 wurde die Produktionsgenossenschaft »Volkskunst an der Ostsee« gegründet. Knapp 100 Frauen verarbeiteten Schafwolle aus China und der Mongolei zu Teppichen, die u.a. zur Ausstattung von Ferienheimen und Betrieben sowie als Staatsgeschenke verwendet wurden. Eine Weiterführung unter privater Regie nach der Wende missglückte. Handgeknüpfte Teppiche sind in Deutschland nicht so preiswert herstellbar wie z.B. in der Türkei oder Tunesien.
Im Kulturhof Mölschow auf Usedom und in der Freester Heimatstube lebt die in dieser Art in Deutschland einmalige Art der Teppichknüpferei als **Schauvorführung** noch weiter. Dabei entstehen auch neue Kunstwerke. Wer sie bewundern will, ist in der 1957 eingerichteten Heimatstube richtig. Es ist das alte Zollhaus, das zu DDR-Zeiten von der Armee genutzt wurde.
Für Liebhaber der Freester Fischerteppiche ist der Besuch der Gaststätte »An der Water-

Die Insel Ruden war früher um einiges größer

kant« interessant. Die Decke wurde von dem Wolgaster Malermeister Wilhelm Zillmann im Jahre 1950 dekoriert. Sie zeigt auf Anregung Rudolf Stundls die gleichen Muster, die die Freester Fischerteppiche schmücken.

Von Freest bieten sich Ausflüge zum Ruden und zur Greifswalder Oie an. An dem Wasserweg dorthin stehen mehrere Türme im Wasser. Es sind keine früheren Gefängnisse, wie manchmal erzählt wird, sondern Leiteinrichtungen des Peenemünder Flugplatzes.

Die Insel Ruden

Der Ruden wird 1254 erstmals erwähnt. Fünfzig Jahre später soll die **Allerheiligenflut** die Insel von Rügen getrennt und dadurch das Neue Tief als Schifffahrtsweg im Bodden geschaffen haben. Ein Zollhaus hat es wohl schon 1620 gegeben. Um 1650 waren hier vier Lotsen ansässig, fünfzig Jahre später versahen sogar sieben Lotsen ihren Dienst. 1694 umfasste der Ruden noch 76 Hektar, 1905 waren es knapp 43 und 1980 noch 26,5 Hektar. Ohne den Eingriff des Menschen befände sich hier heute wohl nur noch eine Sandbank.

Nach der Sturmflut von 1872 wurden die Bewohner für 18 Jahre evakuiert. 1905, als der später erweiterte Hafen angelegt wurde, gab es immerhin 88 Bewohner. Jedoch nicht für lange - schon 1929 waren es nur noch 29. Im Zweiten Weltkrieg wurde eine Flakstation und für die Heeresversuchsanstalt Peenemünde eine **Messstation** zur Verfolgung der **Raketenversuche** errichtet. Den Turm nutzten später die Grenztruppen der DDR, und heutzutage können Besucher die Aussicht von hier genießen und eine kleine Ausstellung besichtigen. Am Weg stehen allerlei originelle Kunstwerke.

1972 wurde die Lotsenstation geschlossen. Im Frühjahr 1991 zog Eberhard Kästel als Naturschutzbeauftragter gemeinsam mit einem Hafenmeister auf die Insel Ruden. Er war zuletzt bis 2003 der einzige Bewohner des

Auf dem Weg zum »Helgoland der Ostsee«

Eilands, der »Mann für alles«, der sich auch um die 30 Schafe kümmerte, ehe er nach Spandowerhagen zog. Raum hatte er genug, schließlich gibt es **Lotsenhäuser** und eine Kaserne aus NVA-Zeiten. 2004 traten zwei Familien Kästels Nachfolge an.
Der 800 Meter lange und maximal 375 Meter breite Ruden kann auf einem Rundweg erwandert werden. Aus Vogelschutzgründen darf der 1,2 Kilometer lange Steinwall im Süden, der die Insel quasi verlängert, nicht betreten werden.

Die Greifswalder Oie

Die Greifswalder Oie, Deutschlands östlichste Insel, das »Helgoland der Ostsee«, ist rund 54 Hektar groß. Zum Naturschutzgebiet gehören auch das Riff und die Wasserflächen, insgesamt 250 Hektar.
Seit 1993 wird die in der letzten Eiszeit entstandene Insel vom **Verein Jordsand** betreut und ist für den normalen Touristen per Tagesausflug zugänglich. Aus nachwendischen Ideen wie der Einrichtung von bis zu 1000 Familiengrüften durch ein belgisches Konsortium, die Übernahme durch einen »Club der Greifswalder Oie Flieger und Schipper für Naturschutz« oder die Errichtung eines Denkmals für den norwegischen **Heldenkönig Olav Tryggvason**, der im Jahr 1000 in der Nähe bei einer Schlacht fiel, wurde nichts. Der Hafen ist nur ein Nothafen, lediglich die Deutsche Gesellschaft zur Rettung Schiffbrüchiger und das Wasser- und Schifffahrtsamt haben ständige Liegeplätze.
Historisch sah es auf der Insel ganz anders aus. Die einstige **Pferdeweide der pommerschen Herzöge** wurde zunächst Besitz Wolgasts und kam 1291 zu Greifswald. 1667 werden 27 Bewohner genannt. Zu der Zeit lebten auf der Insel Bauern, die auch fischten. 1883 erwarb der preußische Staat die Oie. Sie hat vom aufkommenden Tourismus jener Zeiten profitiert, und zwar nicht nur von den Seglern. Domänenpächter Fritz Halli-

ger baute 1928 den Inselhof mehrstöckig als Pension aus. In diesem Gebäude befindet sich heute das Informationszentrum. Auch **Siebenschläfer** »wohnen« hier. Es soll die größte Population Deutschlands sein.
Wegen ihrer abgelegenen Lage wurde die Greifswalder Oie ab 1937 militärisches **Sperrgebiet**. Der Hafen wurde ausgebaut, Bunker, Startrampen, Leiteinrichtungen entstanden; u.a. das noch existierende Nebengebäude des Inselhofes. Getestet wurden Raketen der Typen A-3 bis A-5, aber auch die Flügelrakete Enzian und die hochmoderne Flugabwehrrakete C-2 »Wasserfall«. Die Insel diente auch als Filmkulisse: 1928 hatte Fritz Lang die Oie für den Spielfilm »Frau Luna« genutzt. 1937 war Hans Albers zu Gast. Unter seiner Mitwirkung entstand der Propagandafilm »FP-1 antwortet nicht«.

Die Oie historisch und aus der Luft

1945 kam die sowjetische Armee, die die militärischen Anlagen beseitigte; sechs Jahre später verließ der letzte Pächter die Insel. In den 1950er Jahren nutzte auch die Forschungsanstalt für Tierseuchen die Oie, zog sich aber zum Jahreswechsel 1956/57 wegen der verstärkten Präsenz der **Seepolizei** bzw. dann der Volksmarine zurück. 1982 folgte noch eine Einheit der Luftstreitkräfte/Luftverteidigung. Erst 1991 verließen die letzten Truppen die Insel.
Von dem großen Wald ist heute nur noch ein kleines, aber sehr ursprüngliches Stück vorhanden. Die Dänen hatten im Nordischen Krieg 1716/1717 den größten Teil des reichen Baumbestandes gefällt. Naturkundlich interessant sind die sieben unter Schutz gestellten **Geotope**, und zwar so genannte Großgeschiebe aus Sand- oder Kalkstein. Um die Schutzwürdigkeit zu erlangen, müssen sie mindestens einen Meter lang sein.
Das interessanteste Bauwerk der Insel ist sicher der **Leuchtturm**, der 1853 bis 1855 gebaut wurde und weit über die Bucht zu sehen ist. Das Feuer befindet sich in 48,5 Meter Höhe. Links herum dreht sich das Linsensystem, eine Ausnahme an unserer Küste. Durch Umstellung auf Fernüberwachung konnte 1978 der letzte Leuchtfeuermaschinist die Insel verlassen. Das erhaltene der beiden Wohnhäuser kann vom Instandhaltungspersonal genutzt werden. Mit einer Lichtstärke von etwa einer Million Candela ist das Leuchtfeuer das stärkste in Mecklenburg-Vorpommern. Die so genannte Nenntragweite liegt bei etwa 48 Kilometer.
Ein Rundweg erschließt die Insel für Besucher. 2004 wurden 60 Schafe statt der zuvor hier weidenden **Shetland-Ponys** angesiedelt. Am Ende des Plattenweges wurden im Nationalsozialismus die Testraketen gestartet. Interessant ist auch die große Bienenbelegstelle. Durch große Entfernungen zum Festland lassen sich hier seit 1948 gezielt Königinnen züchten.

Der Inselhof auf der Oie

Spandowerhagen

Zum Abschluss unternehmen wir noch einen Abstecher von Freest Richtung Lubmin, nach Spandowerhagen. Kurz vorm Ort fällt ein größeres, von einer Mauer umgebenes Gehöft mit mehreren Wirtschaftsgebäuden auf. Es ist die historische **Försterei**, die nach 1880 erbaut wurde.

Das kleine Dorf Spandowerhagen bietet ein charmantes Bild mit kleinen Häusern, die zum Teil mit Stroh gedeckt sind. Direkt in der Kurve steht die etwa 100 Jahre alte Schule. Im **Kanuhof** des Ortes gibt es eine kleine Heimatstube. Am früheren Einlaufkanal des KKW Nord bietet sich ein schöner Blick auf die Halbinsel Struck, die Freesendorfer Wiesen. Wegen ihrer einzigartigen Flora und Fauna sind sie Naturschutzgebiet. Freesendorfer Wiesen und Struck entstanden durch Ablagerung von Sand, der am Steilufer der Lubminer Heide abgetragen wurde. Priele und kleine Wasserflächen gliedern das **Salztorfland**, dem ein Windwatt vorgelagert ist. Rinnen verbinden den Freesendorfer See mit der Spandowerhagener Wiek und dem Greifswalder Bodden. Etwa 120 Brutvogel- und rund 250 Gastvogelarten finden hier einen Lebensraum.

Imposant ist der Blick auf die Gebäude des KKW Nord vom Ende des Einlaufkanals. In der Gemeinde gibt es die Idee, auf dem Gewässer eine 1,5 Kilometer lange Strecke für das Training von Kanuten einzurichten und eine Forellenzucht zu initiieren.

Zwischen Wald und Wiese liegt der 1949 angelegte Spandowerhäger Friedhof. Als Erste wurden vier Schiffer beigesetzt, die am 8. April 1949 zwischen Struck und Freesendorf bei einer Sturmflut den Tod fanden, als sie ihre Netze in Sicherheit bringen wollten.

FÄHRSCHIFF STRALSUND
WOLGAST

Die Residenzstadt Wolgast

Ehe wir die Stadt am Peenestrom durchwandern, »galoppieren« wir erst einmal durch die Stadtgeschichte.

Ritt durch die Stadtgeschichte

Seit der Teilung des Herzogtums Pommern 1295 in die Linien Pommern-Wolgast und Pommern-Stettin war Wolgast **Regierungssitz**. Auch in Zeiten der Einheit (1478–1532 und 1625–1637) blieb der Ort ständige Nebenresidenz. Das nördliche Tor zur Insel Usedom war Mitglied der Hanse, stand jedoch nicht in der ersten Reihe der Mitglieder des Städtebundes. 1257 erhielt der Ort Stadtrechte, die 1282 als lübisches Recht präzisiert wurden. Zwischen 1648 und 1815 schwedisch, wurde Wolgast 1720 Grenzstadt, weil Usedom schon zu den Preußen kam. Beim Übergang an Preußen war der Ort eine kleine **Provinzstadt**, die aber dank der Lage am schiffbaren Peenestrom einen raschen Aufschwung nahm. Schiffbau, Schifffahrt und Handel blühten. Industrie, z.B. Tabakverarbeitung, Farbholzmühle, Dampfmühle, Stickereifabrik, Granitwerk und Eisengießerei siedelten sich an. Nach der Reichsgründung 1871 verlagerte sich der Schwerpunkt der Schifffahrt an die Nordsee; das Schutzzollgesetz von 1879 schädigte den Ostseehandel weiter. In der Weimarer Republik ging die Wolgaster Industrie großteils ein.

1948 befahl die sowjetische Militäradministration den Aufbau der **Peenewerft** und leitete damit eine neue, allerdings ziemlich einseitige Industrialisierung ein. Zunächst wurden Fischereifahrzeuge gebaut und Schiffe repariert. Dann spezialisierte sich die Peenewerft aufs Militär. Seit 2004 gibt es ein kleines Museum zur Geschichte des Unternehmens.

Die Karriere Wolgasts als Kreisstadt der DDR begann 1952. Der alte Herzogssitz wurde statt Ahlbeck/Heringsdorf – den ersten »Hauptstädten« des früheren Kreises Usedom-Wollin mit Sitz in Swinemünde – Verwaltungsort eines Gebietes, das sich auch ein Stück nach Westen und rund um das Achterwasser erstreckte. 1994 ging der Kreis Wolgast im Kreis Ostvorpommern auf. Dank der Peenewerft verdoppelte sich die Einwohnerzahl der Stadt im Vergleich zu 1945 bis 1980 auf 16.500.

Das Eisenbahnfährschiff »Stralsund« liegt im Wolgaster Museumshafen vor Anker

Stadtrundgang

Das Museum

Unser Rundgang beginnt in der guten Stube der Stadt, am **Markt**, an dem das Stadtgeschichtliche Museum liegt. Das älteste Fachwerkhaus der Stadt, das als eines von fünf Gebäuden den verheerenden Brand von 1713 überstand, erinnert an eine **Kaffeemühle**. Gebaut wurde es als Getreidespeicher in der zweiten Hälfte des 17. Jahrhunderts. Holländische Vorbilder sollen den Kaufmann Rudolf Block dazu inspiriert haben. An die Funktion als Speicher erinnern die breite Diele, in die ein Wagen hineinfahren konnte, sowie der Aufzug. Die Decke der Diele wurde nach 1713 ausgestaltet.

1955 erfolgte dann der Umbau zum Stadtmuseum. Kaffeemühlen gibt es übrigens in der Museumskasse neben der Diele zu bewundern, die wie ein alter Kaufmannsladen eingerichtet ist.

Besondere Schätze birgt das so genannte Schenkungszimmer. Eigentlich sollten die

Töchter des Karl Michael Runge, Nachfahren des **Malers Philipp Otto Runge** aus Berlin, die drei Grafiken des Zeitenzyklus bekommen. Aber ein Wolgast-Besuch, ausgerechnet an einem Montag, an dem die Ausstellung eigentlich geschlossen hatte, hat das geändert. Im Jahr 2000 schenkten Runges die Kunstwerke dem Museum. Wolgast hat damit wieder Originale des Meisters.
Auf dem Schreibsekretär liegt ein Poesiealbum, ebenfalls eine Schenkung. Das Album gehörte einem Schulfreund Philipp Otto Runges, der sich 1792 mit Spruch und Zeichnung verewigte.
Wohldurchdacht präsentieren sich alle Räume des Museums. Ob es nun das nachgestellte Klassenzimmer der Zeit um 1920 ist oder der Tonnenkeller. Hier wird der 1905 am Peenemünder Haken gefundene **Wikingerschatz** gezeigt. Im Obergeschoss ist in sechs Räumen Stadtgeschichte nachzuerleben. Immer wird Historie anfassbar. Der Gang nach oben ist zugleich ein Gang durch die Architektur eines 340-jährigen Speicherhauses. Bis hinauf zum Boden, auf dem das Getreide ganz natürlich durch Luftzirkulation getrocknet werden konnte. Und der Blick allein hätte den Aufstieg gelohnt.

Am Markt

Auf dem Markt steht das **Rathaus**. Als russische Truppen unter dem Kommando des Generalmajors von Staff am 27. März 1713 Wolgast in Schutt und Asche legten, brannte auch der Verwaltungssitz aus. Dem Wiederaufbau von 1718 bis 1724 verdankt das Gebäude das Erscheinungsbild eines Barockbaus, die prachtvolle Tür stammt von 1788. Der Griff und die Messingklopfer sind Originale. Am Baukörper findet man aber auch gotische Spitzbögen und Bänder, wie sie in der Renaissance üblich waren, die also an vorangegangene Bauphasen erinnern. Neben dem Rathaus steht ein Wolgaster Grenzstein von 1765, der aus dem Buddenhäger Wald stammt. Lokales illustriert der 1936 von dem Berliner Professor Kurt Baer mit zehn Reliefs der Stadtgeschichte gestaltete **Brunnen**. Die Nordseite des Marktes ist die modernste. Das Kaufhaus entstand um 1900 und die heutige Deutsche Bank erst 1932. Kein Geringerer als der Berliner Professor Hans Poelzig zeichnete für den Entwurf im Stile des **Bauhauses** verantwortlich.
In Richtung Petrikirche steht die Stadtapotheke, die sich schon 1720 an gleicher Stelle befand. Sie wird von einem Stadtwappen geziert. Einem großen Sohn der Stadt, dem Apotheker und **Botaniker Theodor Marsson**, ist hier eine Gedenktafel gewidmet. In der Burgstraße, die vom Schloss zur Kirche führte, stehen die großen Bürgerhäuser der Kaufleute. In der ersten und zweiten Etage wohnte man, im Dachgeschoss befand sich der Getreidespeicher. Der Spaziergang führt zunächst durch den Apothekenflur zum Fachwerkhof und zur Petrikirche.

Die Kirche

So wie die gewaltige dreischiffige Backsteinbasilika steht, kann sie auf etwa 600 Jahre Geschichte zurückblicken. Es ist der dritte Bau auf diesem Hügel. Etwa 80 Jahre wurde an dem heutigen Gotteshaus gewerkelt. Möglicherweise war es mit der Beisetzung Herzog **Wartislaw VIII.** 1415 weitgehend vollendet. Vier große Brände, den letzten 1920, überlebte der Bau. Damals stürzte die nach der teilweisen Zerstörung Wolgasts im Nordischen Krieg gebaute barocke Turmhaube ein. Seitdem trägt das Gotteshaus eine stumpfe Spitze.
Neben dem Eingang von St. Petri wurde einer der wenigen erhaltenen slawischen Bildsteine der Region eingemauert. 1128 hatte Pommernmissionar Otto von Bamberg das hiesige Heiligtum, den **Tempel des Gerowit**, auch ein Gott des Krieges, zerstören lassen. Vermutlich wurde hier die erste christliche Kirche errichtet, der so genannte Gerowit-

Blick zur Schlossinsel mit dem Kampffmeyerschen Speicher

stein fürs Fundament genutzt. Wohl Zeichen des Sieges, der sich auch im Weihekreuz über der Figur mit der Lanze dokumentiert. Ein zweiter behauener Granit mit Lanze tragendem Mann und griechischem Kreuz fand 1920 in der Wand des südlichen Seitenschiffes seinen Platz. Innen präsentiert sich St. Petri als hoher, lichter Raum. An die mittelalterliche Ausstattung erinnern Wandmalereien von Heiligen, Wappen der Pommernherzöge und Handwerkerzünften im Chorumgangsgewölbe. Der Christophorus, zu dessen Füßen regionaltypische Fische schwimmen, ist etwa 100 Jahre jünger. 1920 wurde in der Turmseitenhalle ein »Teufelstanz« freigelegt, ein populäres Motiv der mittelalterlichen **Pfingst- und Fastnachtsschwärmerei**.

Mittelalterlich sind auch das Kruzifix aus der Stralsunder Marienkirche (um 1500) und Teile eines Mönchower Altars in der Taufkapelle. Hier werden jetzt Sarkophage der Pommernherzöge ausgestellt. Von 1710 stammt die Kanzel mit ihrem reichen Schnitzwerk. Die Hingucker sind 24 **Totentanzszenen**, die der Kapitän und Maler Caspar Sigmund Köppe 1700 für die Gertrudenkapelle malte. Eine naiv-volkstümliche Kunst, die sich an Holzschnitten Hans Holbeins orientiert, mit ihren Sprüchen und der Darstellung aller Stände aber sehr reizvoll ist. Die Verse stammen von Adrian Dietrich Bendtschneider.

Das Einmalige von St. Petri bestand in der gleichzeitigen Funktion als **Hof- und Begräbniskirche**. An die Greifen erinnert das Messingepitaph von Philipp I., eine Inschriftentafel mit den Wappen der Söhne als Stifter. Sie stammt von dem Freiberger Wolf Hilliger. Leider wurde das aus dem Schloss stammende Wappen Bogislaw X. aus rotem Sandstein beim Brand 1920 fast völlig zerstört.

Seit 1996 ist die **Gruft** der Pommernherzöge dauerhaft zugänglich, die Tür wurde in den 1920er Jahren eingebaut. Bestattet wurde in St. Petri seit dem Ende des 14. Jahrhunderts. Als erster regierender Her-

Die Petrikirche überragt die ganze Stadt

zog wurde Wartislaw VIII. (1373–1415) beigesetzt. Durch Herzog Philipp I. wurde Wolgast nach der Landesteilung von 1532 wieder zur Residenz. Er wurde 1560 in St. Petri beigesetzt. In der Kirche ruht auch Wartislaw IX., der landesherrliche **Gründer der Universität Greifswald**. Wartislaw X., der beide Herrschaften vereinigte, verlegte die Residenz nach Stettin. 1544 und 1551 erfolgten in Wolgast Kinderbestattungen, die Gruft wurde erweitert. Laut Inschrift stammt die jetzige Gruft von 1587 und wurde vom herzoglichen Maurermeister Christoffer Eirich im Auftrag von Herzog Ernst Ludwig geschaffen. Insgesamt gibt es neun reich verzierte **Prunksärge**. Letztes bestattetes Mitglied des Greifengeschlechts ist die 1631 verstorbene Sophia Hedwig, Tochter von Philipp Julius. Zwei Kindersärge in der Gruft bergen die Leichen der 1644 und 1647 verstorbenen Kinder des Markgrafen Friedrich von Baden, seinerzeit General in schwedischen Diensten.

1688 brachen Küster und Totengräber in die Gruft ein und raubten Schmuckstücke aus den Särgen. 1925 öffnete man die Gruft zum 300. Todestag des letzten Wolgaster **Herzogs Philipp Julius**. Seither sind Degen und Gewandstück des Fürsten in der nördlichen Turmhalle zu sehen. Nicht weit von diesem entfernt hängt der samtene Sargschmuck der Wolgaster Fischer.

Etwas Besonderes ist der kniende Wolgaster **Taufengel**, den die Kaufmannsfamilie Homeyer 1848 zum Andenken an eine verstorbene Tochter stiftete. Das Original des von Bertel Thorvaldsen aus Marmor geschaffenen Kunstwerkes steht im Kopenhagener Dom. Es gibt angeblich neben dem Wolgaster nur noch einen zweiten Zinkabguss in Deutschland. Zu dem Teil der Ausstattung, die nach dem Brand 1920 entstand, gehören die Glasfenster aus der Werkstatt des Quedlinburgers Ferdinand Müller und die Ausmalung der Südkapelle mit einheimischen Pflanzen, die an Theodor Marsson erinnern. Er hatte 1869 eine Zusammenstellung von Pflanzen vorgelegt.

Beachtenswert sind die zahlreichen Gemälde von Alexis Schöngrün (1854–1942), zum Teil anglisiert als Schöngreen signiert. Dargestellt sind u.a. die Burgruine Landskron, ein Schiff im Schneesturm und der **Leichenzug** des Schwedenkönigs Gustav II. Adolph. Letzteres ist eine Kopie des Bildnisses von Gustav Hellquist. Schöngrun war Sohn eines Wolgaster Segelschiffkapitäns, fuhr selbst 20 Jahre über die Meere und lebte acht Jahre in den USA, ehe er 1892 nach Wolgast zurückkehrte. Auch drei Kapitänsbilder und Wandinschriften illustrieren Wolgaster Schifffahrtsgeschichte.

Eine Tafel erinnert an einen Wolgaster, der es durch sein Lebensalter zu Ruhm brachte. Genau 80 Jahre nach seinem Kommandeur, dem General Blücher, starb der gebürtige Anklamer August Schmidt (1795–1899) in Wolgast. Er war der letzte **Veteran** der Befreiungskriege, war unter anderem bei der Leipziger Völkerschlacht und bei Waterloo dabei. 1817 ließ sich der Goldschmied in Wolgast nieder. Als der letzte (1894 hatten noch fünf gelebt) Freiheitskämpfer am 12. September 1899 starb, folgte eine imposante Trauerfeier. 34 Fahnen wurden im Zug mitgeführt. Herolde hielten Totenwache und viel Prominenz, so z.B. der Stralsunder Regierungspräsident Scheller, kam nach Wolgast.

Die Gertrudenkapelle

Wolgasts zweite alte Kirche, die Gertrudenkapelle, liegt an der Straße nach Greifswald auf dem alten Friedhof, einer parkartigen Anlage mit historischen Grabsteinen. Der zwölfeckige Zentralbau birgt ein schönes Sternengewölbe. Gertrudenkapellen wurden als **Herbergen** für ankommende Fremde errichtet und sind der heiligen Gertrud von Nivelles gewidmet. Möglicherweise hat Wartislaw VI., der 1392 ins Heilige Land pilgerte, die Gertrudenkapelle in Erinnerung an die Grabeskirche von Jerusalem gestiftet.

Der Petri-Kirchplatz

Zurück zum Kirchplatz. Dort sind die Fassaden bescheidener als in der Burgstraße, zum Teil in Fachwerk ausgeführt, so z. B. die Nummer 4, 5 und die 9 bis 11 (früher kirchliche Schule). Der Putzbau der Realschule von 1910 (Kirchplatz 8) war früher die Bürgerschule. Es wird vermutet, dass für ihren Bau Steine des Wolgaster Herzogsschlosses verwendet wurden. Putzbauten sind die beiden **Pfarrhäuser** (Kirchplatz 6 und 7). Die Nummer zwei hat meterdicke Wände. Hier wurde 1535 durch Herzog Philipp I. die älteste Schule der Stadt gegründet.

Zum Hafen

Am »Herzogseingang« der Kirche vorbei geht es nun Richtung Hafen. Vor uns liegt das Haus Burgstraße 8, in dem die Familie des großen Malers Philipp Otto Runge ab 1787 wohnte. Eigentlich Mitte des 18. Jahrhunderts errichtet, wird das heutige Erscheinungsbild durch Umbauten der Jahre 1840 und 1970 geprägt. Die Burgstraße 7 ließ Jacob Runge, der Bruder Philipp Ottos, 1800 errichten. Früher befand sich hier die **herzogliche Münzstätte**. Das Haus Burgstraße 10 steht am Anfang der Industrialisierung Wolgasts. Seit 1815 beherbergte das Gebäude eine Tabakfabrik. Es lohnt sich auch ein Blick ins Innere. Typisch sind die vielen Kalksteinplatten mit den Überresten vorzeitlicher Tiere von den Inseln Öland und Gotland. Im Flur der Burgstraße 7 blieb sogar ein **Fayenceofen** erhalten. Er stammt aus Stralsund.

Durch den Flur der Nr. 7 geht es zum früheren Restaurant Burgkeller mit seinen gewaltigen Gewölben. Ein frei gelegter Brunnen ist besonders sehenswert. Auf dem Hof steht noch die 1763 erbaute Gartenlaube, die man vom Rungegemälde »Heimkehr der Söhne« kennt. In unmittelbarer Nachbarschaft, direkt an der Ortsdurchfahrt, blieb ein Stück **Stadtmauer** mit Wachturm erhalten. Die Burgstraße 6 ist das »Bürgermeisterhaus«. Die Getreidehändlerfamilie Homeyer hat es im 18. Jahrhundert gebaut.

Im Flur der Burgstraße 5 gibt es eine barocke Treppe zu bewundern, und ein modernes

Gemälde zeigt die Ruine des Schlosses. Von der Burgstraße geht es jetzt ein Stück zurück in Richtung Sparkasse, einem vorbildlich sanierten Fachwerkhaus mit der Luke zum Getreidelager und der Diele, die so groß war, dass sie ein Wagen befahren konnte. Im Hof steht ein Brunnen, den der Morgenitzer Keramiker Manfred Dannegger schuf.

Der Weg durch die Sparkasse führt über Kalksteinplatten mit Einschlüssen, die nicht nur Geologenherzen höher schlagen lassen, zum Ausgang Lange Straße 19. Es ist ebenfalls ein **Kaufmannshaus**, seit 1931 Sparkasse, mit aufwändiger Tür aus der Zeit um 1800.

In der Schusterstraße, die wir auf unserem Spaziergang passieren, gibt es eine Reihe schöner Innenhöfe, und so manche Baulücke wurde nach der Wende mit angepassten Neubauten gefüllt. Früher wohnten hier 20 Schuster. Keiner ist geblieben, aber dafür siedelten sich drei Friseure an.

Die Schlossinsel

Vom prachtvollen Renaissanceschloss der Pommernherzöge ist bis auf einen Säulenstumpf nichts geblieben. Unter Bogislaw X. (1454 - 1523), dem wohl bedeutendsten Pommernherzog, wurde 1496 der Grundstein zur Errichtung des **fürstlichen Schlosses** gelegt. Zu Zeiten Philipp I. (1515 - 1560) fanden umfangreiche Modernisierungs- und Umbauarbeiten statt. Der sächsische Festungsbaumeister Enderlein Heß und der Niederländer Paul von Howe lieferten die Entwürfe. Herzog Ernst Ludwig ließ nach Stettiner Vorbild das so genannte neue Haus errichten.

Erste Zerstörungen erfolgten 1675, als die brandenburgischen Truppen Wolgast und sein Schloss mit glühenden Kanonenkugeln beschossen. 1713 äscherten russische Truppen die Stadt ein.1798 verkaufte die schwedische Regierung die Ruine als Steinbruch an die Stadt, und 1843 veräußerte die Stadt Wolgast die oberirdischen Reste dann an August Wilhelm Homeyer, der einen 4000 Tonnen fassenden **Getreidespeicher** errichten ließ.

Kommerzienrat August Wilhelm Homeyer war auf vielfältige Art ein Wohltäter der Kommune, er gab viel Geld fürs Schulwesen, für das 1833 errichtete Armenhaus, die Anlagen, die Hafenerweiterung und anderes mehr. Allein 5000 Taler spendierte er 1856 für das am Lustwall gebaute Gymnasium, das ihm zu Ehren den Namen »Wilhelm-Schule« erhielt. Homeyer machte sein Geld namentlich mit Getreidehandel. Ab 1836 ging Korn von hier aus nach Übersee auf die Reise. Der Wolgaster sonnengedarrte Weizen war ein solcher **Exportschlager**, dass die Getreidepreise der Stadt an der New Yorker Börse notiert wurden. Gleichzeitig sanken die Zölle für den Export nach England. Für den florierenden Handel musste Lagerraum her. Noch heute steht am Hafen ein stattlicher Getreidespeicher, der an die Zeit Wolgasts als Getreidehandelsplatz erinnert. Den Speicher ließ 1835 Wilhelm Homeyer errichten. In seiner Zeit war es eines der größten und mit seiner **Sonnendarre** modernsten Gebäude seiner Art in Europa. Auf 99 Pfählen gegründet ist er etwa 80 Meter lang und fasste fast 5000 Tonnen Getreide.

1888 eröffnete der Anklamer Fabrikant Münter am Standort des Schlosses eine Eisengießerei, die zwei Jahre später der Berliner Arthur Koppel übernahm. Er ließ den ersten **Stahlofen** Pommerns installieren. Dieses Gussstahlwerk war der größte Industriebetrieb der Region. Im Speicher befand sich die zugehörige Tischlerei, die 1938 teilweise abbrannte. An dieser Stelle entstand ein vierstöckiges Gebäude mit viereckigem Aufbau, das als Werkstatt diente. 1939 wurde das Gussstahlwerk von einer Altonaer Firma übernommen und Teil der Rüstungsindustrie der Nazis. 1945 erfolgte die Demontage zugunsten der Sowjetunion. Später baute die Wolgaster Holzindustrie hier ihr zweites Werk auf. Nach der Wende war es mit dem Industriestandort vorbei.

Das Bild der Schlossinsel hat sich aber in den letzten Jahren insgesamt zum Positiven gewandelt. So durch die im Jahr 2000 übergebene, neu erbaute **Schlosspassage** und die 2002 vollendete Sanierung des um 1900 errichteten Fachwerkspeichers Hafenstraße 1, den bis zur Enteignung 1950 die Kunstmühlen- und Handelsgesellschaft von Kurt Kampffmeyer nutzte.

Der Museumshafen

Im Museumshafen liegt das dampfgetriebene **Eisenbahnfährschiff** »Stralsund« vor Anker. Das 1890 in Elbing vom Stapel gelaufene Schiff pendelte von 1948 bis 1990 zwischen Wolgast und der Insel Usedom, als kein Schienenstrang über den Peenestrom führte. Die acht Knoten schnelle »Stralsund« hat drei Personen- oder drei bis vier Güterzugwagen auf 32 Meter Gleis transportiert. Das technische Denkmal gilt als ältestes Fahrzeug seiner Art auf der Welt.

Ein Betrieb blieb der Schlossinsel erhalten. 1932/33 hatten Willi und Felicitas Horn die dortige kleine Werft erworben. Sohn Joachim kaufte 1992 die Firma, die ab 1977 der Fischereiproduktionsgenossenschaft Karlshagen gehört hatte, zurück.

Von der Schlossinsel kann man jetzt über die **Amazonenbrücke** über die Kleinbrückenstraße, vorbei an der früheren herzoglichen Kanzlei, zum Markt zurück kehren. Es lohnt sich aber auch ein Gang zum Hafen am erwähnten Homeyer-Speicher vorbei sowie Richtung Bahnhof und Peenewerft.

Auf dem Gelände der Peenewerft wurden schon früher Schiffe gebaut. So durch die **Lübke-Werft**, auf der mit der »Frauenlob« im Auftrag der ab 1848 in der Frankfurter Paulskirche tagenden Nationalversammlung schon ein Kriegsschiff gebaut wurde. Allerdings lief das immerhin 13 Knoten schnelle, mit fünf Kanonen bestückte Schiff erst 1853 vom Stapel. Da war es mit der **Reichsflotte** schon wieder vorbei. Die »Frauenlob« fuhr

Blick vom Kirchturm auf den Markt und zum Peenestrom

unter preußischer Flagge. Auf der Lübke-Werft wurden noch weitere Kriegsschiffe gebaut.

Im 19. Jahrhundert sind bis zu 388 Schiffe in der Wolgaster Liste verzeichnet. Um 1880 ging die fast 100-jährige Hoch-Zeit der Schifffahrt vorbei. Wolgast war zu diesem Zeitpunkt eine Industriestadt mit Tabakfabrik Rassow (ab 1817), Farbholzmühle Schmidt (auch 1817), Dampfmühle (1872), der Stickereifabrik (ab 1872) und Deutsch-Schwedischen Granitwerken (1886) sowie der Chemischen Fabrik der Gebrüder Quistorp in der Neustadt, mit der auch die Errichtung gründerzeitlicher Neubauten als Wohnungen in den 1870er Jahren verbunden war.

Das Runge-Haus

Philipp Otto Runge (1777 - 1810) gilt als Begründer der romantischen Kunst in Deutschland. Nicht weit vom Homeyer-Speicher, in der Wolgaster Kronwiekstraße 45, steht sein Geburtshaus, das als Museum eingerichtet wurde. Das Gebäude steht damit außerhalb der Stadtmauer. Hier lag einst der herzogliche **Lustgarten**, der 1739 städtischer Besitz wurde. Wolgasts Museumsleiterin Barbara Roggow machte aus der Not, bis auf das Haus eigentlich nichts vom großen Sohn der Stadt zu besitzen, eine Tugend. Nichts ist auf »historisch« gemacht. Dafür dominiert das Erbe des Mannes, der nicht nur malte, als Wegbereiter von Jugendstil und Moderne von sich reden machte. Er entwickelte ein dreidimensionales Farbensystem. Eine Kugel lässt die Totalität der Farben und ihre Übergänge und Beziehungen zu Weiß, Schwarz und Grau erkennen. Als Medium dafür dient eine **Computerinstallation**.

Sogar im Alltag ist Runge heute noch präsent, zumindest bei Kartenspielern. Der Wolgaster schuf die spiegelverkehrten Dame - Bube - König-Bilder.

Weitere interessante Häuser in der Kronwiekstraße sind die Nr. 17 (Mitte des 19. Jahrhunderts als Armenhaus errichtet) und die Nr. 23, in der der bekannte Marinemaler Willy Stöwer (1864 - 1931) geboren wurde. Von hier kehren wir zum Markt zurück.

Philipp Otto Runge

Philipp Otto Runge wurde am 23. Juli 1777 in Wolgast als neuntes von elf Kindern geboren und stammte aus einer wohlhabenden Kaufmannsfamilie. Während häufiger Krankheiten in der Kindheit fertigte Runge Scherenschnitte von Blumen und Gräsern und Bildnissilhouetten der Familie an, in denen bereits seine künstlerische Begabung offensichtlich wurde.

Dennoch begann er zunächst eine kaufmännische Lehre im Speditionsgeschäft seines Bruders in Hamburg, nahm aber zeitgleich Zeichenunterricht und widmete sich ab 1798 ganz der Malerei. Von 1799 bis 1801 studierte er an der Kunstakademie in Kopenhagen, anschließend von 1801-1803 in Dresden. Während dieser Zeit kam er in Kontakt zu wichtigen Schriftstellern und Künstlern seiner Zeit und befasste sich mit den Schriften Jakob Böhmes, dessen Naturmystik seine Vorstellungswelt entscheidend beeinflusste. Er stand in regem Briefwechsel mit Goethe und arbeitete an der «Zeitung für Einsiedler» mit, die von Brentano und Arnim herausgegeben wurde. Für die Märchensammlung der Brüder Grimm schrieb er zwei plattdeutsche Märchen auf (»Vom Machandelboom« und »Vom Fischer und syner Frau« 1806).

Nach seiner Heirat mit der Dresdner Kaufmannstochter Pauline Bassenge ließ er sich als freier Maler in Hamburg nieder. Dort entstanden seine großen Werke, darunter »Meine Eltern«, »Die kleine Perthes am Fenster« und »Selbstportrait«. Neben Caspar David Friedrich gilt Philipp Otto Runge als Hauptvertreter der deutschen frühromantischen Malerei. Stärker als Friedrich beschäftigte ihn das Figurenbild und vor allem als Porträtist von Kindern schuf er Beachtliches (z.B. »Die Hülsenbeckschen Kinder«). Seine Selbstbildnisse und ausdrucksvollen Portraits waren für die Kunstentwicklung der romantischen Malerei von großer Bedeutung.

Zur Kunsttheorie trug Runge durch seine Schrift Farbenkugel bei, über die er mit Johann Wolfgang Goethe korrespondierte. Er schuf das erste dreidimensionale Farbensystem.

Das Hauptwerk Runges, »Die Tageszeiten«, ist unvollendet geblieben. Bereits in Dresden hatte Runge erste Zeichnungen zu den insgesamt vier Teilen des Zyklus angefertigt, von denen er nur den »Morgen« vollendet hat.

Im Sommer 1810 erkrankte Runge an einer schweren Lungentuberkulose, und im Dezember 1810 verstarb der erst 33 Jahre alte Künstler.

Die Peene-Werft ist der wichtigste Wolgaster Arbeitgeber

Mühlen und Steine

Wolgast verfügt noch über drei historische Mühlen: **Erdholländermühlen**, die Wendorfer von 1880, und die Braunsche von 1882 liegen nahe der Straße nach Wusterhusen/Kröslin. In beiden ist noch ein großer Teil der ursprünglichen Technik vorhanden. Die Braunsche Mühle erhielt 2005 sogar - finanziert von der Inhaberfamilie - ihren 1926 bei Sturm abgerissenenen Kopf zurück.

Richtung Kröslin steht die Jürgenkapelle, die als Spital für Leprakranke errichtet wurde. Nach 1400, als diese Krankheit in Mitteleuropa selten wurde, entwickelte sie sich zur Pflegestätte für Kranke, Arme, Fremde, die »Elenden«. Während der Pest 1710 befand sich hier das Pesthaus. Ein tiefer Einschnitt, die **Gustav-Adolf-Schlucht**, kennzeichnet den Ort, von dem die Leiche des Schwedenkönigs ihre letzte Reise nach Skandinavien antrat. Sie ist alljährlich der Ort, an dem die Steinfete der Wolgaster Gymnasiasten stattfindet. Dabei wird seit den 1960er Jahren ein Jahrgangsstein enthüllt. Waren es zunächst recht normale Exemplare, sind es mittlerweile dicke Brocken von 6,8 t (2002) oder 6,5 t (2000). Ältere Abiturjahrgänge, angefangen mit dem von 1953, eiferten ab 1993 der Jugend nach.

Wer noch mehr Steine in Wolgast sehen will, der ist zwischen den Neubaublöcken an der Neubauerstraße in Wolgast Nord richtig. Hier hat Peter Wassow in mehr als drei Jahrzehnten rund 300 Steine aufgestellt. Darunter sind Fossilien, Trogmühlen und sogar ein Schälchenstein aus Ziemitz.

Nahe der Stadt lädt im Waldgebiet »Tannenkamp« der Wolgaster Tierpark zum Besuch ein. Er bietet über fünfzig Arten Lebensraum, wobei der Schwerpunkt auf Nord- und Osteuropa liegt.

HST - AK 2

Usedom

Traumstrände und Weltgeschichte

Zinnowitz

Unsere Tour beginnt und endet im beliebtesten Badeort im Norden Usedoms, in Zinnowitz.

Die Kirche

Zu Kaisers Zeiten war ein Seebad ohne Kirche nicht denkbar. Am 1. Juli 1895 war es soweit. Da wurde das Gotteshaus, an dem - wie sollte es bei der hauptstädtischen Badewanne anders sein - zwei Berliner Architekten, nämlich Franck und Hoßfeld, maßgeblich beteiligt waren, eingeweiht. Es ist ein **Backsteinbau** im neugotischen Stil. Wie in Ahlbeck wurde die Decke nach dem Vorbild eines Schiffes gestaltet. Den Chor ziert ein Rippengewölbe. Die originale Ausstattung wie die Emporen, die Holzkanzel mit den Intarsienarbeiten, mit Kelch und Ähre als Sinnbilder für Brot und Wein des Abendmahls, blieb erhalten. Dazu gehören auch Glasmalereien im Altarraum. Übrigens mit vertauschten Bildunterschriften (»Herr, hilf mir« und »O du Kleingläubiger«). Insgesamt wirkt das Innere wie aus einem Guss.

Seit dem 12. September 2001, also einen Tag nach dem Attentat auf das Welthandelszentrum in New York, stehen ein Globus und eine **Friedenskerze** auf dem Altar.

Die villenreiche **Kirchstraße** führt bergab Richtung Neue Strandstraße, zum Wasser. Vor 110 Jahren hatte Zinnowitz noch keine Strandpromenade. Erst als das Forstamt Neu Pudagla das Bauen unmittelbar am Wasser ermöglichte, konnte 1895 die Parzellierung erfolgen. In schneller Folge wurde gebaut. Doch das greift weit vor. Werfen wir zunächst einen Blick in die Vergangenheit des Seebades.

Nachgebaute V2-Rakete in Peenemünde

Ein Blick in die Geschichte

Schon 1309 wird Tzys, das spätere Zinnowitz, als Besitz des Klosters Krummin genannt. Ab Mitte des 17. Jahrhunderts heißt es Zitz. 1705 werden vier Halbbauern gezählt, die zugleich Fischer sind. Friedrich II. (1740 bis 1786) lässt fünf alteingesessene Bauern auf »wüste Höfe« umsetzen und 1749 acht **Kolonisten** aus außerpreußischen Ländern ansiedeln. Zwei Jahre später ist die Neugestaltung der königlichen Domäne abgeschlossen, und der Ort erhält den Namen Zinnowitz. Das alte, allerdings veränderte, Domänenpächterhaus steht noch am Neuendorfer Weg 23. Nach der Niederlage bei Jena und Auerstedt sah sich der verarmte Staat Preußen veranlasst, Domänen zu verkaufen. Der Swinemünder Reeder Friedrich Wilhelm Krause erwarb Zinnowitz für letztlich nur 7.000 Taler. Seine Erben verkauften schon acht Jahre später an 29 Bauern.

Bereits 1851 erhielt Zinnowitz als dritter Usedomer Ort den so genannten »Badekonsens«, dreizehn Jahre später entstanden die ersten Badehütten.

1860 errichtete ein Herr namens Wolf ein Haus für warme Bäder, unabdingbare Voraussetzung für den **Badekonsens**, d.h. die Berechtigung, ein Seebad zu eröffnen und den Namen zu führen. Das Badehaus ist heute Teil des Preußenhofes. Aus der ersten Bauphase bis 1860 (eingeschossige Putzhäuser mit Drempel und Satteldach) blieben nur überformte Beispiele, so an der Neuen Strandstraße - 1953 bis 1990 Wilhelm-Pieck-Straße, davor Alte Strandstraße - erhalten.

Historische Ansichten von Zinnowitz

1880 wird dann das erste Hotel am Strand, das »Kurhaus Strandhotel«, heute östlicher Teil des Kurhauses Strandhotel **Preußenhof**, errichtet. Zuletzt entstand der mittlere Teil, der Saal. Ein Jahr später folgten »Kagemann« und »Belvedere«, 1886 das heute durch einen Neubau ersetzte **Glienberghotel**. Für diese Bauphase sind repräsentativere Pensionen, Hotels und Wohnhäuser charakteristisch. So ließen sich die Bauherren Villen mit weit auskragenden Dachüberständen wie z. B. beim Eckhaus Potenbergstraße/Waldstraße, die man aus Vororten großer Städte kennt, errichten. Andere wählten Landsitze in klassizistischen Formen mit zweigeschossigem Mittelbau und nach drei Seiten offenen Mittelrisaliten, die auch beim Adel beliebt waren. Viele liebenswert wiederhergerichtete Beispiele findet man in der Waldstraße, der Bergstraße, dem Glienbergweg und der Wilhelmstraße. In den 1890er Jahren beschleunigte sich die Entwicklung. 1892 wurde das Warmbad eröffnet und von der Familie Schult ein **Landungssteg** am Strand errichtet. Der repräsentative Villentyp dominiert auch in der dritten Phase des Zinnowitzer Baubooms zwischen 1895 bis 1910. Die Häuser sind jetzt meist dreigeschossig und sehr detailreich unter Nutzung verschiedenster Stile und Schmuckelemente. Schöne Beispiele sind die Dünenstraße 15, 22 sowie 26/27, aber auch Neue Strandstraße 9 und 11.

Das Signal für die umfangreiche Bautätigkeit im Dünenbereich gab das Forstamt Neu Pudagla 1895 durch die Parzellierung des Dünenbereiches und des Küstenschutzwaldes. Vor allem Privatleute investierten hier. 1905 lebten knapp 1.300 Bürger in Zinnowitz. Die Zahl der Kur- und Badegäste überstieg dies um das Sechsfache und betrug im selben Jahr 8479. Erstmals kam **Hedwig Courths-Mahler** in den Ort. Die Schriftstellerin (1876–1950) stieg in dem 1889 bis 1900 errichteten turmreichen »Schwabes Hotel« ab, einem Stilmix von Neugotik und Jugendstil (heute Palacehotel, die gläsernen Turmhelme stammen von 1994), das später auch Wernher von Braun besuchte. 1908 wurde die 1942 bei Eisgang zerstörte Seebrücke gebaut.

Nach dem Ersten Weltkrieg erwarb Zinnowitz einen höchst zweifelhaften Ruf. Rechtsextremistisch eingestellte Bürger gründeten den »Zweckverband zur Freihaltung des Ostseebades für deutschblütige Kurgäste«. 1921 zählte der Ort 9546 Urlauber. Der Verein wollte das **Seebad** für immer judenfrei halten, sprach damit bewusst antisemitische Ressentiments an, wie sie im Mittelstand weit verbreitet waren. Rechtsgerichtete Organisationen und Persönlichkeiten zog es nun verstärkt nach Zinnowitz. 1927 schrieb der bedeutende Romanist **Victor Klemperer** in sein Tagebuch: »Zinnowitz wäre ein Bad wie die anderen hier auch, aber es ist das betont judenreine Bad, es ist in Judenreinheit Bansin noch überlegen.« Seit 1932 führte der Ort

Blick zum Preußenhof und dem Palacehotel

den Namen »Deutsches Seebad«. Als 1931 eine Ortsgruppe der SPD gegründet wurde, stellte kein Zinnowitzer Hotel- oder Gaststättenbesitzer einen Raum zur Verfügung.
Aber auch durch gute Neuigkeiten machte Zinnowitz von sich reden. 1927 fand erstmals der Schwimmwettbewerb vom Zinnowitzer Strand zur 21 Kilometer entfernten Greifswalder Oie statt. Im gleichen Jahr gestaltete eine Stiftung der Deutschen Reichsbahn die Hotels »Kagemann« und »Belvedere« an der Hohen Straße im Stil des Neobarocks zum **Eisenbahner-Waisenhort** um. 1936 bis 1940 erfolgte hier eine Erweiterung unter anderem mit Turnhalle und so genanntem Jungenhaus in einem nüchternen Klassizismus wie er für die NS-Zeit kennzeichnend ist. Seit dem Jahr 2000 findet man hier die **Theaterakademie**. Zu DDR-Zeiten war es Wäscherei der Wismut. Im Hauptgebäude befanden sich Gästezimmer, Küche, Gaststätte und Telefonvermittlung der Wismut.
1938 wurde Zinnowitz Teil der Sperrzone für die Heeresversuchsanstalt Peenemünde. Gerade in der Anlaufphase wohnten hier wichtige Persönlichkeiten. So auch Wernher von Braun in der Villa Daheim in der Kirchstraße.
Mehr als andere Seebäder ist Zinnowitz durch die DDR-Zeit geprägt worden. 1976 erhielt der Ort aus Anlass des 125. Geburtstages des Seebades den Titel »Staatlich anerkannter Erholungsort«.
Weichen wurden 1947 gestellt, dem Jahr, in dem der Freie Deutsche Gewerkschaftsbund seinen Feriendienst gründete. Die Eigentümer des »Preußenhofes« (»Strandhotel« seit 1925) verkauften im gleichen Jahr das Haus an die Bergarbeitergewerkschaft Sachsen-Anhalt. Als »Glück Auf« diente es nunmehr Bergarbeitern als Feriendomizil.
Im Zug der »Aktion Rose« übernahm der **Feriendienst** der Sowjetisch-Deutschen Aktiengesellschaft Wismut einen großen Teil der

Schöne Villen zieren auch Zinnowitz

Hotels und Pensionen. Zinnowitz avancierte zum vorrangigen Domizil der Bergarbeiter. Der Feriendienst errichtete die heutige Ostseebühne mit etwa 2000 Sitzplätzen und erweiterte die Tennisplätze. Zinnowitz wurde zum DDR-Mekka des **weißen Sports**, in dem auch internationale Wettkämpfe stattfinden. 1963 entstand eine moderne Anlage zur Vorbereitung von Spitzensportlern auf internationale Wettkämpfe, ergänzt durch ein Hotel.

Die Wismut war fast unantastbar, hatte ein eigenes Telefonnetz, war relativ reich, aber auch bestimmend und nicht sonderlich am Erhalt historischer Substanz interessiert. Beeindruckendstes Zeugnis der Investitionen war das **Kulturhaus**. Es wurde 1954 bis 1956 nach Plänen der Architekten Litzkow, Ulbrich und Möhring an der Wachsmannstraße, in Nachbarschaft des 1920 aus Spendenmitteln finanzierten Heldenhaines und des Kriegerdenkmals, errichtet. Die H-förmige Anlage besteht aus zwei- und dreigeschossigen Putzbauten mit Attika. An der vorderen Seite befindet sich je ein Portal. Im Theatersaal gastierten Künstler der Mailänder Scala und das russische Staatsballett, um nur zwei Beispiele zu nennen. Daneben gab es in dem monumentalen Gebäude u.a. eine Bibliothek, ein Tanzcafé und einen Speisesaal mit 400 Plätzen. 1987 begannen planmäßige Reparatur- und Werterhaltungsarbeiten. 1991 sollte das Kulturhaus »Deutsch-Sowjetische Freundschaft« zum Tag des Bergmanns wiedereröffnet werden. Heute ist das Haus »dank« vieler Rowdys auf dem Weg zur Ruine. Pläne gab es genug. Große Schlagzeilen machte 2000 zum Beispiel die Ankündigung, dass sich der Designer Luigi Colani des Kulturhauses annehmen würde.

Auch ein zweites Wismutgebäude ist kein reiner Zweckbau, sondern greift Formen kaiserzeitlicher Villenarchitektur auf. Es ist das 1958 errichtete Ferienheim »Ernst Thälmann«, heute »Vineta«. Ganz anders der mit Kontingenten der Wismut errichtete Koloss des **»Roten Oktober«**, jetzt »Baltic«. Es wurde 1977, pünktlich zum 60-jährigen Jubiläum der so genannten Großen Sozialistischen Oktoberrevolution eingeweiht, verfügte über 950 Betten und kostete 40 Millionen DDR-Mark. Unter der schmucklosen Außenhaut wurde im Innern nach damaligen Maßstäben unter Einbeziehung von Künstlern durchaus Interessantes geschaffen. Die Autoren eines Buchs von 1980 schwärmten gar von einer »Sinfonie von wohl aufeinander abgestimmten Farben und Elementen der bildenden Kunst«. Zu diesem Zeitpunkt hatte das Ostseebad 4400 Einwohner.

Fünf Jahre später wurde dort, wo sich heute die Bernsteintherme befindet, die **Meerwasserschwimmhalle** errichtet. Die nächste allgemein zugängliche Anlage dieser Art befand sich in Warnemünde. Nach der Wende, und zwar 1992, ließ die Gemeinde die Promenade neu gestalten, und 1993 konnten sich die Gäste über die Einweihung des neuen, 315 Meter langen Seesteges, der nach historischem Vorbild den Namen **»Vineta-Brücke«** erhielt, freuen. Wie Barth und Koserow wirbt Zinnowitz mit dem symbolträchtigen Namen. Vier Jahre später wurde aus der Strandkorbhalle der Wismut das Theater **»Blechbüchse«**. Zugleich wurde erstmals die Vineta-Sage aufgeführt.

Die Erfolge der Sanierung nach der Wende sind an der Strandpromenade augenfällig. So wurde das Hotel »Preußenhof« neu gestaltet, in dem 1998 Museumscafé und Heimatmuseum ein Domizil erhielten. Im gleichen Jahr zog die Kurverwaltung in das restaurierte Gebäude des 1892 eröffneten Warmbades. 2001 eröffnete die für 13 Millionen Euro errichtete **Bernsteintherme**. 1999 wurde an der Stelle der abgerissenen Häuser »Schmirgal« und »Gertrud« das »Strandhotel« eröffnet.

Empfehlenswert ist die Wanderung von Zinnowitz nach Trassenheide. Der Promenadenweg wurde schon 1903 bis zum damaligen Hammelstall verlängert.

Unsere Auto-Tour führt uns von Zinnowitz Richtung Wolgast. Vom Vorbeifahren kennt es jeder: das Chausseehaus mit dem Turm von **Bannemin** am Abzweig nach Trassenheide. Es wurde 1886 errichtet. Bis in die 1920er Jahre kassierte ein Straßenmeister hier Wegezoll.

Trassenheide

Der Weg von Bannemin Richtung Peenemünde führt zunächst an dem schmucken Trassenheider Bahnhofsgebäude von etwa 1910 vorbei. Auffälligstes Denkmal des Ortes ist die Erdholländermühle, die in der zweiten Hälfte des 19. Jahrhunderts nahe dem Forsthaus Trassenmoor entstand. Die Geschichte des Ortes begann 1824. Weil die Domäne Mölschow hier Schafweiden besaß und dafür einen Hammelstall gebaut hatte, wurde die **Fischersiedlung Hammelstall** genannt. Erst 1910 erfolgte die Umbenennung in Trassenheide nach dem Förster Trassen, der in einem nahe gelegenen Sumpf ertrunken war. Seit 1997 darf sich der Ort Seebad nennen, gönnte sich 2000 ein modernes »Haus des Gastes«. Die Strandstraße führt am Bahnhof Trassenmoor vorbei zur Ostsee. 2004 wurde eine Promenade mit einem Park des

Vergangen sind die Zeiten …

Karlshäger Impressionen

Lustwandelns, einem Skulpturenpark und einem Spielpark fertig gestellt. Ein Jahr später eröffnete im ehemaligen Sportpoint Europas größte Schmetterlingsfarm mit Freiflughalle, Terrarien und rund 10.000 Präparaten.

Karlshagen

Wer keinen Badestopp einlegen will, fährt weiter Richtung Karlshagen. Vor dem Ort erinnert eine dreiteilige Friedhofsanlage an den Zweiten Weltkrieg. Auf einer Mosaikwand hat Klaus Rosler (Inschrift K.R. 1969) den Kampf gegen **Raketenproduktion**, den antifaschistischen Widerstand und die Flucht des sowjetischen Häftlings Dewjatajew mit einem deutschen Kriegsflugzeug dargestellt. Sie wurde am 8. Mai 1970 - in der DDR Tag der Befreiung - eingeweiht.

Eine Gedenkplatte erinnert an 56 Opfer, die von den Nazis erschossen wurden; vermutlich, weil sie Geheimnisträger waren. Ganz geklärt ist das jedoch nicht. Die Leichen wurden Mitte der 1960er Jahre in Peenemünde gefunden und 1968 hierher umgebettet. Auf der anderen Seite des Platzes wird an die Weltkriegstoten Karlshagens und des Gemeinschaftslagers Trassenheides erinnert. Ein Stück weiter liegt die schlichte Grabanlage für die wohl über 1000 deutschen Opfer der alliierten Luftangriffe auf Peenemünde und Karlshagen 1943/44. Ein stilisiertes Kreuz gemahnt an die 213 getöteten Zwangsarbeiter.

Auf dem Territorium des heutigen Karlshagen - bis in die 1930er Jahre Carlshagen - wurde erst 1829 mit der Besiedlung begonnen. Zunächst war es eine reine **Fischerkolonie** auf 29 Parzellen. Benannt wurde sie nach dem Oberregierungsrat Carl von Triest (1789 bis 1889), der ein enger Mitarbeiter des ersten preußischen Oberpräsidenten Pommerns, Johann August Sack, war und unter dessen Leitung die Ansiedlung erfolgt war. An den Aufstieg zum Badeort erinnert heute wenig. Die um 1900 errichtete Pension Hauptstraße 69 ist eher eine Ausnahme. Auffälliger sind der 1951 aus Backstein errichtete Bau der früheren Schule an der Hauptstraße und das Forsthaus mit Holzveranda an der Peenestraße.

1912 hatte man die Kirche eingeweiht. Sie brannte bei einem der Peenemünde geltenden Bombenangriffe aus, der Wiederaufbau

Karlshagens Hafen wurde nach der Wende umgestaltet

1953 fiel bescheiden aus. Auch die Ausstattung ist schlicht und praktisch. An der Straße nach Peenemünde stehen noch einige Reihenhäuser, in denen Beschäftigte der Raketenversuchsanstalt wohnten. Außerdem existierte eine große **Wissenschaftlersiedlung**. Zu den ab 1936 errichteten Wohnhäusern führte ein monumentales neoklassizistisches Eingangstor. Sogar einen Marktplatz mit Geschäften, Schule usw. gab es. Insgesamt wurden in Karlshagen ca. 2.500 Wohnungen für etwa 5.000 Wissenschaftler, Ingenieure, Militärs und Facharbeiter sowie deren Angehörige erbaut. Diese Bauten wurden in ihrer Mehrheit durch Bomben zerstört.

Zwischen Trassenheide und Zinnowitz plante die NS-Führung sogar eine gewaltige »Stadt X« für 20.000 Einwohner. Monströse Aufmarschachsen und -plätze, wuchtige Prachtbauten, das war nationalsozialistischer Städtebau. **Albert Speer** war an den Planungen beteiligt, das Projekt wurde jedoch schon 1942 wieder gekippt.

Wer heute Richtung Ostsee auf der Strandstraße fährt, wird die Bemühungen der Gemeinde um die Schaffung einer Strandpromenade anerkennen. 2001 wurden der Strandvorplatz mit der Dame unterm Schirm und 2002 die Strandmuschel übergeben. Ansonsten prägen DDR-Neubaublöcke das Bild. Schließlich war Karlshagen Wohnort der Beschäftigten zweier NVA-Dienststellen.

Auf den Dünen steht das 1993 eröffnete **Naturschutzzentrum**, in dem man sich nicht nur über Flora und Fauna der Ostseeküste und des angrenzenden Festlandes informieren kann. Es war zuvor ein Ferienhaus der Nationalen Volksarmee. Ein Lehrpfad ermöglicht Einblicke in den Lebensraum Düne-Küste-Heide.

Am Achterwasser liegt der nach der Wende auch touristisch aufgewertete Hafen, von dem man unter anderem Richtung Ruden oder Greifswalder Oie fahren kann. Die **Fischereiproduktionsgenossenschaft** »Inselfisch« Karlshagen war zu DDR-Zeiten als Leitbetrieb der Kooperativen Einrichtung »Fischverarbeitung Usedom« geradezu ein Markenzeichen der Insel. Vor 20 Jahren gab es über 300 Arbeitsplätze im Ort für die mit

Peenemünde bietet auch den Freunden der Schifffahrt viel

dem Fang, der Verarbeitung und dem Absatz der Meerestiere Beschäftigten. An der Straße dorthin stehen die so genannten Zollhäuser im typischen Stil der 1930er Jahre.

Peenemünde

Von Karlshagen ist es nicht mehr weit bis nach Peenemünde, das erst durch die Wende für die Allgemeinheit zugänglich wurde. Zu DDR-Zeiten kam man nur bis kurz hinter Karlshagen. War es nun die **Wiege der Raumfahrt**, weil am 3. Oktober 1942 erstmals der »Schuss« einer A4 (Aggregat 4) in den Weltraum gelang? Oder steht Peenemünde zunächst für Waffenentwicklungen eines verbrecherischen Regimes, für deren Produktion Tausende von Zwangsarbeitern ihr Leben ließen? Rund 5000 Zivilisten starben bei den Angriffen mit V(ergeltungs)-Waffen. Um Peenemünde ist viel gestritten worden. Der Ort zieht alljährlich Besuchermassen an. Unumstritten ist, dass die handelnden Wissenschaftler wie Thiel, Riedel und von Braun, Meister ihres Fachs waren. In der Forschung arbeiteten angeblich etwa **2300 Wissenschaftler**, Ingenieure und andere Spezialisten. Nicht von ungefähr zeigten sich die Siegermächte in Sachen deutscher Raketenforscher nicht als große Hüter der Moral. Die ausgemergelten Sklaven, die die sogenannten Vergeltungswaffen bei Nordhausen ab 1944 produzierten, gehören aber mit zu der widersprüchlichen und Widerspruch geradezu provozierenden Peenemünder Geschichte.

Der geniale Professor **Wernher von Braun** hat entscheidenden Anteil daran, dass am 21. Juni 1969 mit dem Amerikaner Armstrong der erste Mensch den Mond betreten konnte. Die Sowjetunion bediente sich in der ersten Phase nach dem Krieg ebenfalls deutscher Kompetenz. Die A4/V2-Rakete ist Vorläuferin aller modernen Lenkraketen und Trägersysteme. Auch für die Raketen, mit denen sich große Mächte bedroh(t)en. Unabhängig davon, wie man auf Peenemünde schaut, die

Das in den 1960er Jahren in der Sowjetunion gebaute U-Boot gilt als größtes dieselgetriebenes Unterwasserfahrzeug

Arbeit der Heeresversuchsanstalt veränderte das 20. Jahrhundert.

Die Entwicklung der V-Waffen

Rein militärisch betrachtet hat die Entwicklung der so genannten Vergeltungswaffenproduktion eher dazu beigetragen, die Niederlage Nazideutschlands zu beschleunigen. Sie verschlang enorme Ressourcen. Der Amerikaner Michael Neufeld hat geschätzt, dass sich die Gesamtkosten des Raketenprogramms - bezogen auf das Niveau Mitte der 1990er Jahre - auf 20 Milliarden Dollar beliefen. Fürs amerikanische Atombombenprojekt wurden acht Milliarden Dollar ausgegeben, und die Leistung der deutschen Kriegswirtschaft war bedeutend kleiner als die der USA. Die gesamte Sprengkraft aller verschossenen A4-Raketen wird auf kaum größer als die zweier Angriffe **auf Peenemünde** geschätzt.

Dass Wernher von Braun zwischen Weihnachten und Silvester 1935 bei seinem Großvater Wernher von Quistorp in Rubkow dessen Jagdgebiet im Nordwesten Usedoms besuchte und damit die Standortentscheidung traf, dürfte eine von ihm selbst verbreitete Legende sein. Schon vom 16. Januar 1936 existieren exakte Pläne. Sachlich sprach das freie **Schussfeld** entlang der Küste sehr für Peenemünde. Im Frühjahr 1936 kaufte die Wehrmacht das Gelände von der Stadt Wolgast in mehreren Raten für alles in allem über 2,1 Millionen Reichsmark. Diese hatte das Areal schon im Sommer 1935 als möglichen Standort eines Flugplatzes angeboten. Die Peenemünder Einwohner wurden umgesiedelt. **Heeresversuchsanstalt** und Luftwaffenerprobungsstelle entstanden in historisch außerordentlich kurzer Zeit. Etwa vier Fünftel der Gebäude des alten Peenemünde wurden abgerissen. Die militärische Leitung hatte Walter Dornberger. Peenemünde beherbergte das wohl seinerzeit größte Forschungszentrum der Welt. Wohnsiedlungen, Abschussrampen, der modernste **Windkanal** der Welt (mehr als vierfache Schallgeschwindigkeit möglich), ein Schienennetz von 106 Kilometern Länge, Entwicklungs- und Versuchsserienwerk entstanden. In Peenemünde West wurde das erste einsatzfähige **Raketenflugzeug** der Erde, die Me 163, erprobt. 1942 nahm man das Kohlenstaubkraftwerk in Betrieb. Das Kraftwerk, das bis 1990 Strom produzierte, ist heute mit seinen Ausstellungsräumen Herzstück des Historisch-Technischen Informationszentrums. Ferner baute man ein Werk zur Produktion flüssigen Sauerstoffs für den Raketenantrieb. Am 20. Februar 1945 erfolgte der letzte von insgesamt 294 Erprobungsschüssen einer A4/V2 in Peenemünde. Schon wegen der Entfernung erfolgte von hier aus kein Abschuss in Richtung Großbritannien.

Auch die Sowjetunion zeigte, wie erwähnt, nach dem Einmarsch am 4. Mai 1945 großes Interesse an der Raketenentwicklung. Dann erfolgte bis 1948 der Abbau und Abtransport. Dem Gebot des Potsdamer Abkommens, Rüstungsbetriebe zu zerstören, fielen auch andere Gebäude wie Hospital und Wohnhäuser zum Opfer. Schon im August 1943 hatten 600 alliierte Bomber erstmals schwere Zerstörungen angerichtet.

Den Flugplatz Peenemünde West nutzte zunächst ein sowjetisches **Jagdfliegerregiment**, 1961 kam die NVA und stationierte das Jagdfliegergeschwader 9, das von der Bundeswehr übernommen und dann aufgelöst wurde. Peenemünde blieb zu DDR-Zeiten militärisches Sperrgebiet. Flugzeuge jeder Größe könnten hier starten und landen. Im Hafen zog 1950 die Seepolizei und später die **1. Flottille der NVA** ein. Auch das ist Geschichte. 1996 holte die Bundeswehr ihre Flagge nieder.

Das Ausstellungsgelände

Am 9. Mai 1991 eröffnete das Historisch-Technische Informationszentrum auf dem Kraftwerksgelände. Die Ausstellungsmacher hatten es schwer, die nötige und so schwierige Ausgewogenheit zu erreichen. Über große Ideen wie die eines Weltraumparks á la Cape Canaveral wird heute nicht mehr gesprochen. Zu einer teilweisen Distanzierung von Peenemünde und großem Medienecho führten die geplanten Feiern der Luft- und Raumfahrtindustrie zum 50. Jahrestag des ersten erfolgreichen Raketenstarts, der Geburtsstunde der Raumfahrt. Das Museum blieb aber geöffnet, und es wurde intensiv über die Zukunft nachgedacht. 1998 begann der **Kraftwerksumbau**, 2000 eröffnete die neue, modern gestaltete Ausstellung mit einer Fülle von Informationen. Cirka 300.000 Menschen wollen sie jährlich sehen. Schon seit 1991 gibt es ein beeindruckendes Freigelände. Hier steht nicht nur ein Modell des Aggregat 4. Auch diverse Flugzeuge, das Modell einer Fieseler 103, einer fliegenden Bombe, sind hier zu sehen. Die V1 ist Vorläufer der **Marschflugkörper**. Auch eine große Zahl von Raketen, Hubschraubern, Motoren aus dem Besitz der Nationalen Volksarmee fanden hier einen neuen Platz. 2004 rollten zwei 1942 gebaute Wagen der Peenemünder Werkbahn, die ab Zinnowitz verkehrte, in den Ort.

Ein Gedenkstein erinnert an den sowjetischen **Fliegeroffizier Michail Petrowitsch Dewjatajew**, dem am 8. Februar 1945 mit seinen sowjetischen Mithäftlingen die Flucht mit einer deutschen He 111 aus Peenemünde gelang. Er wurde nach Festnahme durch sowjetische Kameraden verhört und zunächst ins KZ Sachsenhausen gebracht. Als man sich überzeugt hatte, dass er kein deutscher Spion war, wurde Dewjatajew in die UdSSR abgeschoben, aber weiter überwacht. In seinem alten Beruf als Wolgaschiffskapitän durfte er nicht mehr arbeiten. Nach Stalins Tod wurde seine Geschichte durch einen Journalisten bekannt, Dewjatajew 1957 sogar **Held der Sowjetunion**. Er hat Peenemünde bis zu seinem Tod 2002 häufig besucht. Seine neun Kameraden wurden 1945 in eine Strafkompanie gesteckt, sechs von ihnen fielen vor Berlin.

Im Umfeld von Peenemünde erinnern Ruinen an die Arbeit der Heeresversuchsanstalt. So

Peenemünde historisch

Überreste der **Abschussrampe** der Flügelbombe V1 an der äußersten Nordspitze der Insel. Im munitionsverseuchten Sperrgebiet markiert ein Stein den Prüfstand VII. Von hier erfolgten die Testversuche für das Aggregat 4 (V2) und auch der Schuss in den Weltraum. Sechs Rundwege sind durch die Denkmallandschaft von Peenemünde geplant.

Peenemünde als Denkmal

Die Ortslage Peenemünde präsentiert sich heute trotz Ruinen und trostlos wirkender Gebäude geradezu als **Denkmallandschaft**. So legte am Hafen das in der Sowjetunion gebaute Raketenschiff Tarantul I an. Bis zu 44 Seemeilen/Stunde schnell, hatte es eine Reichweite von über 4.000 Kilometern. Neben der Alten Wache steht die 1975 aus Anlass des 20. Jahrestages des Warschauer Vertrages aufgestellte Skulptur der drei Matrosen von Gerhard Rommel. Es sind Soldaten der Baltischen **Rotbannerflotte**, der Polnischen Seekriegsflotte und der Volksmarine, der Vereinten Ostseeflotte.

Höchst beeindruckend - auch wegen der mit spartanisch noch freundlich beschriebenen Lebensumstände der einfachen Besatzungsmitglieder - ist der Gang durch das U-Boot der Juliett-Klasse. Das dieselgetriebene U-461 wurde 1961 bis 1963 in Gorki gebaut und war mit Marschflugkörpern bewaffnet. Bis 1991 fuhren etwa 80 Soldaten in maximal 300 Meter Tiefe mit diesem U-Boot von knapp 86 Metern Länge. Es gilt als größtes je gebautes Unterwasserfahrzeug mit konventionellem Antrieb.

Zu einem echten Magneten fürs Publikum hat sich seit der Eröffnung 2000 die **Phänomenta** im früheren Turnhallenkomplex entwickelt. Statt Exponaten im Glaskasten gibt's anregende Objekte, anregende Experimente. Wer mag, kann in eine Seifenblase einsteigen oder eine Kerze mit der Pauke auspusten. 300 Experimente sind im Angebot. 60 weitere sollen bis 2006 im früheren Theatersaal hinzu kommen. 2005 eröffnete ein Spielzeugmuseum mit 15.000 Exponaten.

Der Ort

Nach der Wende ist leider der eigentliche Ort, in dem es heute kaum noch Arbeitsplätze gibt, ein wenig heruntergekommen. Zu DDR-Zeiten waren hier immerhin bis zu 3000 Marineangehörige und Zivilbeschäftigte

Im Peenemünder Bettenmuseum kann man sich in historischer Nachtwäsche fotografieren lassen

stationiert. Mittlerweile gibt es große Pläne für eine touristische Aufwertung und Nutzung Peenemündes, die diese Missstände auf dem sieben Hektar großen Gelände der ehemaligen **Marine-Kaserne** beseitigen sollen.

Viel besucht wird die **Kapelle** des Ortes. 1993, zum 50. Jahrestag der ersten Bombardierung Peenemündes, ist sie nach einer Restaurierung wieder geöffnet worden als Mahnmal für die Opfer Peenemündes. Nach 1936 war das Kirchlein vernachlässigt worden, überstand die Angriffe im Zweiten Weltkrieg aber unversehrt. Laut einer Tafel am Eingang hieß der Baumeister der 1876 errichteten Kapelle Friedrich Kräger. Der Stralsunder Maler Hermann Lindner gestaltete im Innern die Seligpreisung Jesu aus der Bergpredigt. Auf einer Tafel an der Altarwand steht neben einem holzgeschnitzten Kreuz das fünfte Gebot: »Du sollst nicht töten«. An die Landung des Schwedenkönigs Gustav II. Adolf im Jahre 1630 erinnert seit 1930 ein zweisprachiger Gedenkstein. Um seine Aufstellung machten sich namentlich Greifswalder Studenten verdient.

Das historische Peenemünde

Peenemünde hat schon früher Militärgeschichte geschrieben. Am Peenestrom sind nördlich des Ortes noch Reste der **Peenemünder Schanze** zu sehen. Hier befand sich ein halbes Jahrtausend lang, bis 1903, eine Zoll- und Lotsenstation. 1628 bis 1759 waren hier kaiserliche, dänische, schwedische bzw. preußische Truppen stationiert. Auch 1848 bis 1871 war die Schanze noch einmal militärisch besetzt.

Nach dem Abzug des Militärs und vor allem der Jagdflieger siedelten sich nördlich, am Peenemünder Haken, **Kormorane** an. 2002 wurden 3500 Paare gezählt. Damit ließen die Peenemünder die Niederhofer als größte Kolonie Mecklenburg-Vorpommerns hinter sich.

Der Flughafen

Am Flughafen Peenemünde mit der 2,465 Kilometer langen Start- und Landebahn erinnert eine Ausstellung an die Geschichte des heutigen Sonderlandeplatzes.

Hier nahm auch das **Pommersche Bettenmuseum** seinen Sitz. Es bietet nicht nur eine Bettengeschichte, sondern auch Erotisches zur Nacht, eine Darstellung militärischer Bettenkultur und die gern genutzte Möglichkeit, sich im historischen Nachtgewand fotografieren zu lassen. Zur Ausstellung gehören historische Exponate wie ein aus Eiche hergestelltes Bett des Fürsten zu Putbus von 1810.

Mölschow

Von hier aus reisen wir jetzt Richtung Bannemin zurück. Wer noch über die nötige Kondition verfügt, fährt auf der B 111 Richtung Wolgast und biegt nun Richtung Mölschow ab. Dank seines **Kulturhofes** wird der Ort heute viel besucht. Das betrifft zuerst den 1995 eröffneten **landwirtschaftlichen Erlebnisbereich** mit Ausstellungen zur Geschichte, Volkskunst und Erwerbstätigkeit. Freigelände mit Kräuterspirale, Streuobstwiese, Ziegen, Schafen, Hühnern, Bauern- und Blumengarten gehören ebenso dazu wie Imkerwagen und Storchennest.

Wilhelm Meinhold (1797–1851)

Die »Bernsteinhexe« von Pfarrer Wilhelm Meinhold war in der ersten Hälfte des 19. Jahrhunderts einer der am meisten verlegten Romane, erlebte u.a. in England mehrere Auflagen. Die Mutter von Oscar Wilde illustrierte das Buch, und ihr Sohn fand es spannend, ließ sich zu eigenen Geschichten inspirieren. Meinhold kannte literarische Größen, darunter auch Goethe. Als Pfarrer war er weniger erfolgreich, wurde mehrfach versetzt. Erst 51 Jahre alt, wurde er in Charlottenburg begraben.

Die Mutter von Wilhelm Meinhold starb früh, er wuchs allein bei seinem Vater in Netzelkow auf. Auch der Papa war offenbar kein einfacher Mensch, sprach mit dem Sohn Latein statt Deutsch. Als Wilhelm in Greifswald studierte, förderte das natürlich nicht die Kommunikation. Vater Meinhold war ein großer Kneipp-Fan, soll lauwarmes Wasser in gewaltigen Mengen getrunken haben und stand erst mittags auf. Eine Gewohnheit, die Vater und Sohn gemeinsam hatten. Es wird erzählt, dass die Koserower Fischer, wenn sie vom Achterwasser ins Dorf kamen, Steine an die Fenster warfen und riefen: »Pastor, woak up«.

Sechs Jahre hat sich Wilhelm Meinhold in Koserow aufgehalten, bevor er bis 1844 nach Krummin und schließlich nach Rehwinkel in Hinterpommern versetzt wurde. An der Ostsee vergrößerte sich die Familie. 1821 kam der erste, 1823 der zweite Sohn, es folgten noch Tochter und Sohn bis 1827. Taufzeugen waren prominente Leute wie der Greifswalder Medizinprofessor von Quistorp und der Pudaglaer Oberförster Schrödter. Sohn drei wurde laut Eintrag im Kirchenbuch am 21. Juni 1827 getauft und »in folge der, von Sr. Königl. Hoheit d. Kronprinzen an dem Tag in des Predigers Gesellschaft unternommenen Seefahrt von Damerow nach Swinemünde Friedrich Wilhelm genannt«.

Diese Seefahrt hängt mit der Vineta-Sage zusammen. Auf der berühmten Lubinschen Karte von 1618 ist die sagenhafte, unermesslich reiche, aber versunkene Stadt wenige Meilen vor Damerow in der Ostsee zu finden. Früher ragten hohe Felsblöcke aus dem Meer, die man für Überreste Vinetas hielt. Sie wurden im Großen und Ganzen für den Bau der 1823 vollendeten Mole in Swinemünde abtransportiert. Als wahrscheinlicher Standort Vinetas gilt heute einer Forschermehrheit Wollin, allerdings wurde vor einigen Jahren mit großem publizistischen Erfolg Barth ins Spiel gebracht.

Der spätere König Friedrich Wilhelm IV. ließ sich von Wilhelm Meinhold eine Übersetzung der Vineta-Sage aus dem Lateinischen zusenden. Auf der erwähnten Inspektionsreise von Stralsund nach Swinemünde wollte er die Reste des Vineta-Riffs per Lotsenboot besichtigen und danach an der Taufe des kleinen Friedrich Wilhelm teilnehmen und die Patenschaft übernehmen. Ein Sturm zwang dazu, gleich nach Swinemünde zu fahren, die Menge am feierlich geschmückten Strand wartete vergeblich. An den Besuch Friedrich Wilhelms in Koserow erinnert seit 2004 wieder eine Tafel am Hauptstrandzugang.

1720 erwarb der preußische König Friedrich Wilhelm I. Mölschow und machte es zur Domäne. Einhundert Jahre später teilte Pommerns Oberpräsident Sack das Gebiet. Mölschow wurde eine selbstständige Pachtung, die per Meistgebot an den Amtmann Schmidt ging. 1932 wurde die Domäne durch die Deutsche Siedlungsgesellschaft Berlin aufgesiedelt. Besitzer des Restgutes war Wilhelm Pfaff.
Im Kulturhof, d. h. dem Gutshaus, wird historisches (Kunst)handwerk nicht nur gezeigt, sondern auch vorgeführt. Neben dem Backsteinwohngebäude des Domänenpächters aus Kaisers Zeiten befindet sich eine Galerie im Garten des Künstlers Hans Seifert.

Wolgaster Ort

Von Mölschow kann man einen Abstecher nach **Zecherin** unternehmen. Der ehemalige Fährort am Peenestrom hat einen kleinen Hafen, von dem ab 1861 mit einer 500 Meter langen Eisenkette Fähren zum Festland übergesetzt wurden.
Von Zecherin fahren wir in Richtung **Mahlzow**. Die leicht gewellte Ackerfläche zwischen Peenestrom und Krumminer Wiek wird Wolgaster Ort genannt. Höchste Erhebung sind die Gazberge bei Krummin mit stolzen 26 Metern. Schon wegen der Aussichten auf die Peenewerft und auf Wolgast ist die Fahrt Richtung **Ziemitz** interessant. Der kleine Ort liegt ganz malerisch am Wasser, hat auch eine kleine Anlegestelle und einen Badeplatz. Über Sauzin geht es nun Richtung Krummin. Im ebenfalls am Achterwasser gelegenen **Neeberg** sind ein um 1800 errichtetes rohrgedecktes Fachwerkhaus und eine Stallscheune aus der Mitte des 19. Jahrhunderts sehenswert. Eine Künstlerin hat eine Galerie »im Hühnerstall« eingerichtet.
Einen kurzen Spaziergang entfernt ragt am Ufer Richtung Krummin der gewaltige Riesenstein Erischowort aus dem Wasser.

Krummin

Malerisch an der Krumminer Wiek liegt das Fischerdorf Krummin, seit etwa 1830 von **Corswandtscher Besitz**. Ein schmucker Hafen, vor allem in den letzten 150 Jahren errichtete Wohnbauten und landwirtschaftliche Wirtschaftsgebäude geben dem Ort das Gepräge. Gegenüber der Kirche liegt die frühere Gaststätte, zuvor war sie Pfarrhaus. Hier wohnte 1827 bis 1844 der Pastor und Schriftsteller Johann Wilhelm Meinhold. An ihn erinnert eine Glocke von 1837 in der eindrucksvoll auf einem Hügel liegenden Kirche. 2003 wurde auf diesem Gelände eine Sommerlinde zum Gedenken an den **Ritter Johannes Voß** gepflanzt. Der damalige Besitzer des Dorfes war der Erbauer der 1278 vollendeten Kirche. Der Weg zur Kirche führt an einer Reihe um 1800 entstandener Grabplatten wie für den Mölschower Pächter Ernst Christian Nürenberg und den preussischen Amtmann Friedrich Henning vorbei.
Das Gotteshaus ist die letzte Erinnerung an das **Zisterzienserinnenkloster**. Herzog Bogislaw IV. schenkte 1302 das Land Buckow mit der Halbinsel Gnitz und das Patronatsrecht der Krumminer Kirche seiner Tochter Jutta und den anderen Nonnen des Wolliner Klosters. Bedingung war eine Klosterneugründung. Erst in der Zeit des Patronats der von Corswandts entstanden der Turm und Anbauten. 1992/93 erfolgte eine Totalsanierung, der die Kirche von dem Stralsunder Hermann Lindner entworfene **Glasfenster** verdankt. Sie illustrieren die Lage auf der Insel, zum Wasser, zeigen christliche Symbole.
In dem schlicht gehaltenen Innern gibt es ein qualitätvolles Kruzifix des 15. Jahrhunderts zu sehen. An der Patronatsloge ist das von Corswandtsche Wappen angebracht. Die Familie stiftete 1867 auch das Taufbecken. Eine Magdeburgerin fertigte 1986 die Altardecke, die mit 24 altchristlichen Symbolen bestickt ist.
Auffällig im Ort ist der Rest des früheren Corswandtschen **Herrenhauses**, der Ball-

Das Neeberger Gehöft, zu dem die »Galerie im Hühnerstall« gehört

saal-Flügel, den eine Bauherrengemeinschaft aus Kirchzarten 1999 vor dem absehbaren Verfall rettete. Das Kellergewölbe hatte die Zeiten am Besten überstanden. Darüber entstand im Wesentlichen ein Neubau, dessen Fassade sich aber an historische Vorlagen anlehnt. Der größere Teil des Gutshauses wurde nach 1945 als Baumaterial für Neubauernhäuser verwandt.
Von Krummin fahren wir nun Richtung B 111 zurück. Die etwa zwei Kilometer lange **Lindenallee** gilt als die Schönste von ganz Usedom. Etwa 300 rund 100-jährige Bäume stehen hier, die Richard von Corswandt pflanzen ließ. Unser Weg führt wieder bis Zinnowitz. Auf der Zinnowitzer Achterwasser-Seite der B111 liegt nicht nur der alte Domänenbereich am Neuendorfer Weg, sondern auch **Zinnowitz Meierei**. Schon ein Reiseführer von 1903 rühmte Eierkuchen und Waffeln der gastlichen Stätte nahe dem Achterwasser mit dem heutigen Sportlerhafen. Wir wollen aber nicht zur Meierei, sondern besuchen die Halbinsel Gnitz, den landschaftlich reizvollsten Teil der Usedomer Binnenküste im Norden.
Seit 1965 wird bei Neuendorf **Erdöl** gefördert. Schon in wenigen Jahren soll das Geschichte sein. Acht Pumpen fördern hier gegenwärtig das schwarze Gold vollautomatisch.

Neuendorf

Das von der **Familie von Lepel** erbaute Gutshaus, ein 1820 errichteter und 1850 erweiterter Fachwerkbau im Zentrum des Dorfes, wurde 2002 bis 2005 saniert. Gegenüber steht der Fachwerkbau des früheren **Vorsteherhauses**, in dessen Stall eine Galerie eingerichtet wurde. Ein Stück entfernt findet man einen kastigen Bau mit der Jahreszahl 1897 im Giebel. Hier wurde einst **Kartoffelschnaps** gebrannt. Am Fischerweg liegt das Haus des früheren Fischereiaufsehers. Zwei Drittel der Wasserfläche der Krumminer Wiek gehörten den Lepels, und natürlich wurde streng darüber gewacht, dass die Herren ihr Geld bekamen. Von den Hügeln bietet sich ein schöner Rundumblick auf das Achterwasser und den kleinen Fischereihafen am Ufer. Am 11. Februar 1769 hatten die Fischer mit einem unter dem Eis verlegten Netz, ihrem **Wintergarn**, etwa 10 Tonnen Bleie gefangen. Das brachte etwa 3000 Taler, so erzählt es die schon zu Wilhelm Meinholds

Zeiten schwer lesbare Inschrift auf dem großen Stein am Fuße des Voßberges.

Lütow

Die meisten Besucher des schön am Achterwasser gelegenen Ortes Lütow, einst Heimat vieler Fischer, zieht es zum jungsteinzeitlichen **Großsteingrab**, dem einzigen erhaltenen der Insel. Leider wurden die sechs Decksteine 1826 herunter genommen und 1911 gesprengt. 1936 führten Stettiner Wissenschaftler Ausgrabungen durch, über deren Ergebnisse man sich vor Ort informieren kann.

Gnitz

Unbedingt zu empfehlen ist der Besuch der Südspitze der Halbinsel Gnitz. Das etwa 61 Hektar große Naturschutzgebiet unweit des Zeltplatzes nahe Lütow bietet dem Wanderer eine vielfältige Landschaft, die auch durch ihre frühere Nutzung als Acker- und Weideland geprägt wird. An die **Hudelandschaft** erinnern die Wacholdersträucher. Neben höher gelegenem Magerrasen gibt es Salzgrasland und Feuchtwiesen.

Auch geologisch ist der Gnitz vielfältig. Am Südwestende fällt der Rücken als **steiles Kliff** zum Peenestrom ab. Unter der artenreichen Flora und Fauna ist z. B. die Uferschwalbenkolonie (400 bis 600 Brutpaare) an der Steilküste am Weißen Berg (32 Meter) bemerkenswert. Im Süden befindet sich mit Mövenort ein Sandhaken, der durch die Brandungsströmung entstand.

Netzelkow

Von Lütow fahren wir Richtung Neuendorf und biegen am Tannenberg Richtung Netzelkow ab. Die Lage am **Achterwasser** mit dem von alten Bäumen umgebenden Friedhof und dem nahe gelegenen großen Pfarrhaus der Kaiserzeit ist einen Besuch wert. Wilhelm Meinhold erblickte im Vorgängerbau das Licht der Welt. Im Fundament des jetzigen Pfarrhauses befinden sich Reste der Decksteine des erwähnten Großsteingrabes bei Lütow.
In dem schmucklosen gotischen Kirchenbau Netzelkows verbergen sich einige interessante Kunstwerke wie der Taufstein aus dem 14. Jahrhundert, der einzig vollständig erhaltene des Mittelalters auf der Insel. Bestimmend ist

Das Lütower Großsteingrab

die neugotische Ausstattung von 1860 mit Gestühl, Kanzel und Orgelempore bis hin zur wie in Zinnowitz als Schiffsrumpf gestalteten Decke. Die Glasmalereien im Chor hat 1879 Maria von Lepel aus Neuendorf gestiftet. Peter und Paul sind hier dargestellt - für weniger Bibelfeste mit Inschrift - Christus setzte man wohl als bekannt voraus. Aus der Zeit von Umbau und Neuausstattung stammt auch die Kopie des von Dyckschen Gemäldes »Beweinung Christi«. Im Westen sind auf einer Holztafel »Die Lepele auf dem Gnitze, so zu Neuendorf erbgesessen« von Wedig (1367-1404) bis Bruno (gestorben 1908) verzeichnet. Letzerer war Theaterintendant in Hannover und Badedirektor in Bad Ems. Gleich neben dem Eingang wurde ein früheres Weihwasserbecken eingemauert. Größter Schmuck der Kirche ist das buntbemalte hölzerne Grabmal des **Christian Carl von Lepel** (1668-1747), das den Kriegsherrn in Lebendgröße liegend auf einem Sarkophag zeigt. Das Wappen der Familie, ein roter Schrägbalken auf Silber, wird von einem gekrönten Mann geziert, aus dessen Helm zehn silberne Löffel (Lepel = Löffel) herauswachsen. In der Inschrift für den Oberstleutnant der Kavallerie in preußischen Diensten wird u.a. an die fünfzehn Belagerungen erinnert, die von Lepel mitmachte.
Bei Umrundung der Kirche findet man an der Südwand eine eingeritzte **Sonnenuhr** in den Ziegeln. Allerdings muss in das zugehörige Loch erst ein Stab eingesetzt werden, wenn man die Zeit messen will. Das Geläut im Glockenstuhl stammt aus dem 15. Jahrhundert, auch hier findet man einmal das von Lepelsche Wappen. Von Netzelkow fahren wir wieder Richtung Bodden mit einem Abstecher zur Insel Görmitz.

Görmitz

Die etwa 100 Hektar große Insel im Achterwasser, einst Vorwerk derer von Lepel, ist seit Ende der 1960er Jahre durch einen im

Am Achterwasser bieten sich auf dem Gnitz viele reizvolle Blicke

Auftrag des Kombinates Erdöl-Erdgas Gommern errichteten Damm mit dem Festland verbunden. Vom Nachrichtenelektronikwerk Greifswald ging das 145 Hektar große Eiland samt Ferienheim in den Besitz des **Siemens-Konzerns** über.
Für die idyllisch gelegene Insel, die bis auf den Ferienheimteil allein der Natur vorbehalten ist, gab's schon einige Pläne. Sogar von einem »Renditeobjekt der erotischen Art« war in der Presse die Rede. Aktuell ist die Planung für eine Hotel- und Ferienanlage, die auf die Bedürfnisse von Kindern und Jugendlichen ausgerichtet ist. Etwa 300 Betten sollen entstehen. Kernstück der Planungen ist der Radiosender T.E.D.D.Y. Die Gemeinde Lütow hat dem Projekt des Berliners Uwe Schneider 2002 zugestimmt. Allerdings sendet T.E.D.D.Y. seit 2005 aus Babelsberg.
Vom Damm zur Görmitz geht es über Neuendorf zurück nach Zinnowitz.

Rund um den Streckelberg

Ausgangspunkt dieser Tour ist das schön gelegene Koserow, der einzige Küstenort Usedoms mit einer alten Kirche. Hier ist die Insel schmal, die Bauern, die im Achterwasser fischten, konnten gar nicht ins Binnenland ausweichen.

Koserow

Wer das alte Koserow sucht, der ist an der Kirche, im Dreieck zwischen Fischer-, Haupt- und Schulstraße, richtig. 1805 zählte Koserow 175 Einwohner. Die inmitten großer Kastanien stehende **Kirche** soll um 1230 gebaut worden sein. Heute macht sie alljährlich dank des schauspielinteressierten Pfarrers Winfried Wenzel auch als Theateraufführungsort von Goethes Faust bis zum »Jedermann« von Hofmannsthal von sich reden. Wertvollstes Ausstattungsstück ist der Altaraufsatz, eine Schnitzarbeit aus dem 15. Jahrhundert, die aus der gleichen Werkstatt wie der Hochaltar der Stralsunder Nikolaikirche stammt. Auf den Seitenflügeln sind weibliche Heilige in zeitgenössischer Tracht dargestellt. **Vineta-Kreuz** nennt sich das Kruzifix, das Fischer aus der Ostsee gezogen haben sollen. Warum das wohl in Schweden im 15. Jahrhundert geschaffene Kunstwerk diesen Namen trägt, ist nicht bekannt.

Am 6. Mai 1900 zogen Zempiner Fischer 550 Zentner Bleie (Brassen) aus dem Achterwasser. Der Fang war 12.000 Mark wert. Als Dank stifteten die Fischer einen Kronleuchter. Dankbarkeit war auch der Grund für die Schenkung eines Schiffsmodells. Der Ückeritzer Fischer J. Labahn war 1823 aus Seenot gerettet worden.

Blick vom Streckelberg auf die Ostsee

Damals war Koserow noch kein Urlauberort. Die ersten Badegäste kamen 1846, angezogen von der romantischen Lage und den hohen Wellen. Fünf Jahre später gründeten Lehrer und Küster Friedrich Koch, Gastwirt Hermann Beyer und die Eigentümer Schohl und Mölhusen die **Badegenossenschaft**. Als 1857 eine Sturmflut die erste Seebadeanstalt zerstörte, hielt nur der aus Flensburg kommende Beyer durch, ließ sogar seinen 1862 abgebrannten »Gasthof zur Stadt Vineta« im schweizerischen Villenstil vergrößert wieder aufbauen. Wegen der Abgeschiedenheit des Dorfes gestaltete sich der Aufstieg Koserows zum Urlaubsort mühsam. Erst 1872 entstand das erste »reine« Pensionshaus für Badegäste, und 1886 eröffnete Hermann Beyers Sohn Louis am Fuß des Streckelberges das Restaurant »Zum Streckelberg«, später »Buchenhain«.

Der Streckelberg

Etwa 60 Meter erreicht der Streckel(s)berg, der höchste Punkt der bewaldeten Kliffranddüne. Das zugehörige Naturschutzgebiet umfasst 34 Hektar. Wanderwege erschließen die Düne mit ihrer artenreichen Vegetation. Ein Granitblock mit Gedenkplatte unterhalb des Berges erinnert daran, dass erst **Oberförster August Wilhelm Schrödter** (1752 bis 1821) in den Jahren 1818/19 die Wiederaufforstung des Streckelberges veranlasste. Auch sein Sohn war übrigens bis 1833 Pudaglaer Oberförster, der Bruder zeichnete als »Dünen-Planteur« für viele Küstenschutzmaßnahmen mitverantwortlich. Der Berg ist viele Jahre lang immer schmaler geworden. In den letzten 300 Jahren verlor er mindestens 250 Meter. Vom 11. bis 13. November 1872 wüteten die Naturgewalten derart, dass die Ortschaft **Damerow** weitgehend zerstört

Am Weg zum Strand kann man sich stärken

wurde. Am 9. und 10. Februar 1874 legte die **Sturmflut** die Reste in Trümmer. Die Anwohner siedelten sich in Koserow an. An die Sturmflut erinnert heute ein schlichter Gedenkstein an der Straße nach Zempin. 1883 zerstörten die Naturgewalten erneut Teile des Schutzdammes Zempin - Koserow.

Die Abtragungen führten dazu, dass das Seezeichen auf dem Streckelberg 65 Meter zurückgesetzt werden musste. 1895 bis 1897 ließen die Behörden eine 320 Meter lange Brandungsmauer errichten. Trotzdem wurde der Deich bei Damerow 1904 erneut auf einer Länge von 150 Metern durchbrochen. Es war nicht das letzte Mal. 1949 zerstörte die Sturmflut die Brandungsmauer in erheblichem Maße. Sie stürzte wegen fehlender Instandhaltung im Laufe der Jahre auf ganzer Länge ein. Erst nach der Wende kam die Wende. Dank aufwändiger Küstenschutzmaßnahmen in den Jahren 1996 bis 1998 konnte eine weitergehende Abtragung zumindest eingeschränkt werden.

Am Strand entlang

Zurück in den Ort. Am Fuß des Berges steht die 1930 gebaute Gaststätte »Zum Streckelberg«. Schon ab den 1890er Jahren wurde in Koserow viel gebaut, entstanden Villen, Hotels, Pensionen im Bereich der heutigen Haupt- und der Meinholdstraße. Dazu gehörten die »Villa Maria«, das heutige Fremdenverkehrsamt und das **Kursanatorium** des norwegischen Arztes Dr. Parow. Die Eröffnung der Eisenbahnlinie Heringsdorf - Wolgast im Jahre 1911 führte zum sprunghaften Anstieg der Gästezahlen. Vierzehn Jahre später wurde der erste, im Eiswinter 1942/43 zerstörte Seesteg eingeweiht. 1928 erbaute der **Siemens-Halske-Konzern** auf dem Steinberg ein modernes

Die Koserower Kirche

Erholungsheim mit Glockenturm, das später Krankenhaus und dann Senioren- und Pflegeheim wurde. In den 1930er Jahren wurden knapp 11.000 Gäste in dem 900-Einwohner-Ort gezählt. Ein Aufschwung-Garant war Paul Kühne, der von April 1909 bis Januar 1945 Koserow regierte.

Im Zweiten Weltkrieg zogen Techniker und Ingenieure, die an der V-Waffen-Entwicklung beteiligt waren, auch in Koserow ein. Auf dem Streckelberg entstand eine Beobachtungsstation der Heeresversuchsanstalt Peenemünde. Die schmalste Stelle Usedoms zwischen Koserow und Zempin wurde vermint, denn hier begann der **Sperrbezirk**.

Dank des Feriendienstes der Gewerkschaften wurde 1952 der bisherige Besucherrekord mit 11.750 Gästen überboten. Im Zuge der Aktion Rose 1953 wurde unter anderem der Besitzer des Kurheimes Parow wegen angeblicher Wirtschaftsvergehen verhaftet und enteignet. Es wurde FDGB-Heim »Walter Ulbricht«. 1956 gab man die ersten 500 Meter FKK-Strand zwischen Koserow und Zempin offiziell frei. Betriebsferienheime, Kinderferienlager und Bungalowsiedlungen entstanden. 1974 eröffnete der Staatliche Forstwirtschaftsbetrieb seine Urlaubersiedlung mit dem Restaurant **»Forsthaus Damerow«** auf der anderen Seite der Bundesstraße, nahe Lüttenort. 1989 erreichte Koserow knapp 50.000 Urlauber.

Private Initiative half auch hier, das nachwendische Tief mit einem Rückgang der Gäste auf weniger als die Hälfte zu überwinden. 1993 übergab Bürgermeisterin Martina Jeschek, Ururenkelin Hermann Beyers, die 261 Meter lange Seebrücke ihrer Bestimmung.

Die Salzhütten

Nahe der Seebrücke stehen die wohl meistbesuchten Sehenswürdigkeiten, die Salzhütten. Heringe waren seit alten Zeiten der Brotfisch auch der Koserower. In einigen Jahren sollen sie in so großer Zahl aufgetreten sein, dass man die Waden mit Pferden aus dem Wasser

Das Salzhüttengelände wurde touristisch herausgeputzt

ziehen musste. Mangels Absatz düngte man mit den Fischen die Äcker. Erst der preußische Oberpräsident Pommerns seit 1816, Johann August Sack, veranlasste die Fischer, Heringe einzusalzen und sie damit haltbar zu machen. Dafür stellte der Staat **steuervergünstigtes Salz** zur Verfügung. 1830 wurden auf Usedom 1752 Fässer Fisch auf diese Weise haltbar gemacht. Die Hütten entstanden zur Aufbewahrung des Salzes. Sie wurden bei den Sturmfluten 1872 und 1874 zerstört und später wieder aufgebaut. Da das Einsalzen schon von anderen Formen der Verarbeitung und Konservierung verdrängt worden war, dienten sie nun als Geräteraum und für die Lagerung von Netzen. Um 1900 waren es etwa 15 Hütten, jetzt sind es noch acht.

Zwischen Koserow und Zempin liegt **Lüttenort**, das selbstgewählte Domizil des Malers und Grafikers Otto Niemeyer-Holstein. Nach seinem Tod 1984 wurden hier ein

Boote bei Lüttenort, der schmalsten Stelle der Insel

Museum, eine Ausstellugshalle und eine Begegnungsstätte für Künstler eingerichtet.

Zempin

Von Lüttenort ist es nur ein kleines Stück Weges nach Zempin. Größtes Kapital des Ortes ist der **schöne Strand**. Richtung Ostsee und in der Strandstraße stehen einige Villen. Das damalige Strandhotel wurde 1895 eröffnet. Ein Beleg dafür, dass Zempin, wenn auch in bescheidenem Umfang, vom Aufschwung des Fremdenverkehrs profitierte. Die kleine **Vineta-Kapelle** entstand in der Nachkriegszeit. Im Glockenstuhl hängt dank der Initiative eines Kurpastors sogar eine Glocke von 1555, die aus Werder stammt.

Am Strand, das heißt in den Dünen, stehen noch vier der nach der Sturmflut von 1872 errichteten Salzhütten. Im Bereich des Campingplatzes sind Reste von drei **Abschussrampen** von V1 der Heeresversuchsanstalt Peenemünde zu finden. Sie waren nach dem Zweiten Weltkrieg gesprengt worden.

Die Zempiner Fischerstraße führt zum Achterwasser, zum Anglerhafen. Hinter dem Deich stehen rohrgedeckte Häuser. Gerade in diesem Bereich hat der Ort viel vom ursprünglichen Charakter eines Fischerdorfes bewahrt. Das zog wohl auch den bekannten Künstler Hugo Scheele (1881 bis 1960) an. Der in Düsseldorf und Weimar ausgezeichnete Träger des Villa-Romana-Preises kam 1921 auf die Insel und erwarb 1923 die »Villa Baltica« in Zempin.

Loddin

Von Zempin fahren wir Richtung Ahlbeck bis Loddin. Der Weg von der B 111 in den Ort führt an der **Schule**, einem zum Teil verklinkerten Bau von 1929/30, vorüber. Loddin gefällt durch seine malerische Lage am Achterwasser mit rohrgedeckten Häusern und schönen Gehöften. Nach dem Dreißigjährigen Krieg war hier neben den Höfen der Bauern eine Domäne entstanden. 1812 verkaufte der preußische Staat wegen seiner Finanznöte auch diese Domäne an vier ortsansässige Landwirte. 50 Jahre später gab es im Ort drei Bauern, zwei Kossäten und 20 Büdner sowie insgesamt 34 Häuser.

Otto Niemeyer-Holstein (1899–1984)

Der Maler und Grafiker Otto Niemeyer-Holstein (eigentlich Theodor Otto Niemeyer, das Holstein fügte er an, um seine Herkunft deutlich zu machen), Sohn des international bekannten Kieler Völkerrechtlers Theodor Niemeyer, kaufte 1933 eine Brache an der schmalsten Stelle Usedoms. Intensiv mit der Malerei begonnen hatte der Künstler während des Ersten Weltkrieges. Bereits 1922 stellte er seine Bilder das erste Mal in Hamburg aus, war zwei Jahre später Gründungsmitglied der Gruppe »Der Große Bär« in Ascona. Über die Bekanntschaft Niemeyer-Holsteins mit Otto Manigk und Herbert Wegehaupt, die ihm gute Freunde und Anreger wurden, gelangte er nach Usedom.

Sein Inseldomizil wurde ein ausrangierter Berliner S-Bahnwagen, um den später andere Gebäude entstanden. Niemeyer-Holstein nannte sein Anwesen Lüttenort nach dem Segelboot Lütter, das die Eltern 1905 ihren Kindern geschenkt hatten.

1935 kaufte er den Segler Orion, mit dem er bis nach Skandinavien segelte. Während der NS-Zeit lebte Familie Niemeyer-Holstein zurückgezogen auf der Insel, es gab keine Personalausstellungen. Er war den braunen Machthabern suspekt. Auch in der DDR hatte es Niemeyer-Holstein zeitweise schwer. 1953 geriet er zwischen die Fronten des Kunststreits, alle für die dritte deutsche Kunstausstellung eingereichten Werke wurden von der Jury abgelehnt. Immerhin, 1964 wurde ihm der Professorentitel zuerkannt. Zehn Jahre später erhielt er den Nationalpreis für Kunst II. Klasse; der Maler wurde Gegenstand von Filmen.

Nach seinem Tod wurde Lüttenort 1985 Museum und Ort der Begegnung. Mit dem 1999/2000 neben dem Atelier errichteten Neubau einer kleinen Ausstellungshalle ist jetzt auch ein besserer Überblick über sein künstlerisches Schaffen möglich. Schon das malerische Gelände des Gartens mit vielen Skulpturen anderer Künstler wie Wieland Förster oder Waldemar Grzimek ist den Besuch wert.

Natürlich wurde auch gefischt, und zwar zunächst im **Lassanschen Wasser**, dem Achterwasser. Herrenfische, d. h. Welse, Störe, Lachse und Karpfen, erhielten in alten Zeiten das Kloster Grobe (bzw. dann Pudagla) und der Herzog. Aufseher wachten genau darüber, dass die Fischer von Ückeritz, Loddin, Koserow und Zempin ihre Pflichten einhielten. Vorgeschrieben waren jährlich zwei Kähne **Speisefisch** für den Wolgaster Hof und eine Vierteltonne Hering sowie ein Schock Bleie für das Nonnenkloster Krummin. Erst im 19. Jahrhundert wurde in größerem Umfang auch in der Ostsee gefischt. In den letzten Jahrzehnten nahm die Zahl der Fischer deutlich ab. 1950 waren es in der Gemeinde Loddin 55, fünfundvierzig Jahre später noch sechs.

Der Gebäudebestand des Ortes ist größtenteils immer wieder verändert worden. Im Wesentlichen noch aus dem 19. Jahrhundert sollen die Scheunen Dorfstraße 30 und 35 stammen.

Vom Fischrestaurant »Waterblick« führt ein Spazierweg auf die **Loddiner Höft**. Vom 23 Meter hohen Galgenberg bieten sich schöne Aussichten zum Gnitz, zum Lieper Winkel und zur Halbinsel Cosim. In Loddin hat der Berliner Maler Walter Womacka (geboren 1926) seit 1961 seinen Zweitwohnsitz. Hier entstand die Anregung zu seinem Bild »Junges Paar am Strand«, das 1962 auf der fünften Kunstausstellung der DDR vom Publikum zum beliebtesten Bild gekürt, in vielen Büchern abgedruckt wurde und als Reproduktion viele öffentliche Räume schmückte.
Auch Loddin hat einen kleinen Hafen. Hier erinnert eine **Metallskulptur** an den »FKK-Reporter«, der für die beliebte DDR-Fernsehsendung »Außenseiter – Spitzenreiter« von 1972 bis 1989 unterwegs war. Er hat auch vom Nudistenstrand berichtet.
Schlagzeilen machte Loddin zuletzt dank seines **Weinbaugebietes** »Am Mühlenberg« am Achterwasser mit etwa 100 Rebstöcken, je zur Hälfte rote und weiße. Ein Winzer von der Nahe, der mehrere Restaurants auf Usedom beliefert, pflanzte im Jahr 2000 den Wein für die Besitzer Peter Noack und Otto Martin an.

Der FKK-Reporter

Kölpinsee

Auf der anderen Seite der B 111 liegt das 1895 gegründete Ostseebad Kölpinsee, wie Stubbenfelde ein Ortsteil von Loddin. Im Bahnhofsgebäude befindet sich seit 1995 eine **Heimatstube**. Den Grundstein zur Seebadentwicklung legte der Zimmermann Jäger, der das 1897 eröffnete Restaurant »Seerose« in malerischer Lage auf dem Steilufer nahe des Strandes und des **Schwanensees** (Kölpinsee) bauen ließ. An gleicher Stelle steht seit 1997

Der Bahnhof von Kölpinsee

eine neue »Seerose«. Carl Prutz, der als eigentlicher Gründer des Ostseebades gilt, sorgte 1896 für die Errichtung des Hotels »Wald und See«. An dieser Stelle wurde zu DDR-Zeiten das FDGB-Ferienheim »Kölpinshöh« gebaut. Bis 1909 folgten weitere vier Pensionen. Der Anlegesteg entstand 1911. In der Wirtschaftskrise nach dem Ersten Weltkrieg erwarb eine Aktiengesellschaft mit bayerischem und niederländischem Geld das Hotel »Seeblick« und funktionierte es zum **Mittelstandskinderheim** um. 1929 wurden wieder über 3000 Badegäste gezählt. Dank des Kölpinsees und des Waldes galt der Badeort schon damals als eine Perle der Ostsee. 1930 entstand durch Aufschüttungs- und Befestigungsarbeiten eine Promenade am Ufer des Kölpinsees mit der kleinen Schwaneninsel, auf der man bis Stubbenfelde spazieren kann. Die schöne Lage zog in den 1920er und 1930er Jahren **Filmstars** wie Willi Fritsch, Hans Söhnker, Lilian Harvey

Der besondere Reiz vieler Häuser auf Usedom liegt in ihrer Nähe zum Wald

und Grete Weiser an. In den 1950er Jahren entstand der Kurplatz mit Blick über den See und nach der Wende ein Haus des Gastes.

Ückeritz

Nächster Ort auf der Weiterfahrt Richtung Ahlbeck ist Ückeritz mit seinem 1993 eingeweihten **Sportboothafen**. Wohl kein anderer Ort der Insel kann auf eine so lange nachweisbare Geschichte der Gastlichkeit zurück blicken. Schon 1388 baute Heinrich Netzeband mit Erlaubnis des Klosters Pudagla hier einen Krug. Das alte Ückeritz mit schmucken Fischer- und Bauernhäusern liegt am Achterwasser, lebte von Landwirtschaft und Fischerei. Eine besondere Bedeutung erlangte der alte **Dorfkrug** im 18. Jahrhundert. Hier sollen sich die Schmuggler getroffen haben. Denn der preußische Staat belegte viele Waren wie Kaffee, Wolle, Zucker oder Seife mit hohen Einfuhrsteuern. Es lohnte sich also für die seit 1720 von Berlin aus regierten Insulaner, solche Produkte vom anderen, schwedisch gebliebenen Ufer des Achterwassers zu beziehen. »Kaffeeschnüffler« zogen durch das Dorf, für Zöllner wurden **Beobachtungstürme** gebaut. Ein Jahrhundert später war Ückeritz mit 56 Wohnhäusern und 400 Einwohnern nach Peenemünde, Kamminke und Garz das viertgrößte Dorf Usedoms.

Die Geschichte des Seebades begann 1892 mit dem Besuch dreier Eisenbahner aus Berlin im Schöllermannschen Gasthof. Sie buchten für 1893, fünf Familien kamen in jenem Sommer. 1899 entstand mit »Wockninsee« das erste nur für den Fremdenverkehr bestimmte **Logierhaus**. Es ging langsam bergauf, 1913 wurden 1601 Gäste registriert, 1939 waren es etwa 5500. Bis Mitte der 1920er Jahre waren etwa 50 Villen entstanden. 1929 wurde eine neue stattliche Schule errichtet. Nach der Wiedervereinigung entstand anstelle des Erholungskomplexes der Nationalen Volksarmee eine 1995 eingeweihte, große Rehabilitationsklinik.

Etwas Besonderes an Ückeritz ist die **Künstlerkolonie**. Deren Häuser stehen am Ende der Waldstraße. Als Erster kam Professor Alfred Manigk, der in seiner akademischen Laufbahn auch Rektor in Breslau und Marburg war. Er ließ 1932 in Ückeritz bauen. Sohn Otto (1902 bis 1972) studierte in Breslau gemeinsam mit Herbert Wegehaupt (1905 bis 1959), der 1929 Luise Manigk heiratete. Sie bauten bis 1939 an der Waldstraße eigene Häuser. Zu der Gruppe stieß als Nächste Karen Schacht (1900 bis 1987). Ende der 1940er Jahre folgten Manfred Kandt (1922 bis 1992) und Susanne Kandt-Horn (1914 bis 1996) Auch sie bauten an der Waldstraße. Ab 1949 war Herbert Wegehaupt Professor in Greifswald. Oskar Manigk und Matthias Wegehaupt traten in die Fußstapfen ihrer Väter.

Nahe dem Bahnhof führt die **Promenade** zum Strand. Zwischen Strand und Seebad blieb ein breiter Waldstreifen mit der schönen Steilküste unbebaut. Markenzeichen des Ortes war zu DDR-Zeiten der nach der Wende verkleinerte Zeltplatz mit Kapazitäten für rund 18.000 Urlauber. Besonders beliebt war die 1925 errichtete Fischerhütte, die sich zu einer beliebten Tanzbar entwickelte. Nach der Wende zur Kultdisko mutiert, brannte das Lokal vor einigen Jahren ab.

Nahe der Straße von Ückeritz beginnt der **Naturlehrpfad Wocknin-See**, der das besuchenswerte Gebiet erschließt. Der Aalbach entwässert den vorhandenen Restsee mit Schwingmoordecken über Neu Pudagla ins Achterwasser. Es ist ein früherer Strandsee, der durch die Verbindung von Haken und Nehrungen von der offenen See abgeschnitten wurde.

Stagnieß

Vom alten Dorf Ückeritz fahren wir jetzt am Friedhof vorbei zum 1882 angelegten Hafen Stagnieß. Historisch betrachtet befand sich hier eine **Königliche Unterförsterei**. Seine wirtschaftlich größte Bedeutung erlangte der Hafen in den 1920er Jahren fürs Flößen von Holz, das im Wolgaster Sägewerk verarbeitet wurde. Vier Jahrzehnte später verlängerte man die Mole mit Hilfe von drei schrottreifen mit Schotter beladenen Kähnen. Der Umschlag von Schrott und dann noch einmal von Baustoffen 1971/72 für die Rekonstruktion der B 111 gab dem Hafen erneut eine wirtschaftliche Bedeutung. Heute ist der Hafen Stagnieß ein Ort des Wassersportes. Hier steht auch eine wohl bald sechshundert Jahre alte Eiche.

Neu Pudagla

Von hier ist es nur noch ein kurzes Stück auf der 1906 gepflasterten Straße bis Neu Pudagla, zum **Forstamt**. Am Weg erinnert ein Stein an den Besuch des Pommerschen Forstvereins 1890 und 1911. Bis nach dem Zweiten Weltkrieg hatte in Friedrichsthal eine zweite Oberförsterei bestanden; der Ort gehört heute zu Polen, so dass das Forstamt Neu Pudagla nun die ganze Insel umfasst. Zu DDR-Zeiten gab es den Staatlichen Forstwirtschaftsbetrieb Wolgast. Das Forstamtsgebäude mit dem Hirschgeweih am Giebel stammt von 1849. In jenem Jahr zog Oberförster Schulze von Pudagla hierher. Angeblich vertrug sich der Oberförster mit dem dortigen Amtmann ebensowenig wie die Haushälterinnen der beiden Junggesellen.

Ein großer Anziehungspunkt ist der 2001 mit Hilfe von Greifswalder Geologen eingeweihte **Usedomer Gesteinsgarten**, eine der bedeutendsten Findlingssammlungen in ganz Europa. Er erlaubt ausgezeichnete Einblicke in die Geologie Skandinaviens. Gneise, Porphyre, Granite, Magmatite von den unterschiedlichsten Standorten, die das Eis von Bornholm, aus Finnland, aus Schweden oder vom Grund der Ostsee zu uns transportierte, werden gezeigt und erläutert. In unserem Raum gab es mit Sicherheit die Elstervereisung (500.000 bis 350.000 v. C.), die Saalevereisung (280.000 bis 130.000 v. C.) und die Weichselvereisung (115.000 bis 10.000 v. C.). Bis zu 1000 Meter war der

Im Findlingsgarten von Neu Pudgala

Eispanzer in dieser letzten Phase dick. Im Gesteinsgarten werden weit über 100 Stücke gezeigt. Zu einem großen Teil hatte sie der damalige Greifswalder Geologiestudent Gösta Hoffmann auf seinen Streifzügen über Usedom entdeckt und zugeordnet. Älteste Ausstellungsstücke sind die **Uppland-Granodiorite**, die vor rund zwei Milliarden Jahren entstanden, jüngste die Feuersteine (rund 70 Millionen Jahre). Hingucker sind sicher Gletscherschrammen wie am Nexösandstein oder die Muscheln, Austern und Schnecken, die an der Oberfläche von etwa 150 Millionen alten Dogger-Geschieben zu sehen sind. Den weitesten Weg, etwa 1000 Kilometer Luftlinie, haben die Revsund-Granite hinter sich.

Auch einen **Waldlehrpfad** und ein Waldkabinett gibt es zu bewundern, das die 400.000 Jahre währende Geschichte des Waldes veranschaulicht.

Vor dem Forstamt erinnert ein 1995 eingeweihter Gedenkstein an Helmut Hoelzer (1912 bis 1996), den **Erfinder** des Analogcomputers. Der Spezialist für Raketenfernsteuerung arbeitete hier nach der ersten Bombardierung Peenemündes 1943 für die Heeresforschungsanstalt; gewohnt hat er im Sekretärshaus, an der Einfahrt, nahe der B 111. Hoelzer war später bis 1973 Director of Computing im Marshall Space Flight Center USA, wohin er 1946 übersiedelte. Er war 1939 von Darmstadt nach Peenemünde dienstverpflichtet worden. Der erste vollelektronische Analogrechner der Computergeschichte wurde 1941 fertig gestellt und kam als Kriegsbeute in die USA.

Über eine mit Feldsteinen gepflasterte Allee geht es zurück zur B 111 und zu unserem Ausgangspunkt Koserow.

Banzino
Brasserie
HOTEL
ZUR POST

Glaubensberg, Krebsseen und Ostseestrand

Bansin

Ausgangs- und Endpunkt dieser Reise ist Bansin. Das alte Fischer- und Bauerndorf Bansin liegt am **Gothensee**, auf der »Landseite« der B 111. Hier befindet sich auch der Bahnhof des Ortes. Reizvoll ist der **Schloonsee**, der auf der Seebadseite quasi bis an die Promenade heranreicht. Am Weg von der Bundesstraße zum Strand wurde nach der Wende viel gebaut. Hier steht das **Hans-Werner-Richter-Haus**, das aus der ehemaligen Feuerwehr entstand. Der Schriftsteller (1908 bis 1993) wurde in Bansin geboren und liegt auf dem hiesigen Friedhof begraben. Als einer der Gründer der Gruppe 47 setzte er sich für humanistisches Denken, Toleranz und Weltoffenheit ein. Im Haus sind beispielsweise die Möbel seines Arbeitszimmers, seine Bibliothek und Bilder von Günter Grass, Christoph Meckel, Hans Labs und Günter Breme-Fuchs zu sehen. Ebenfalls an der Seestraße liegt das Gedenkatelier des 1989 verstorbenen Malers und Grafikers Rolf Werner.

Bansin muss sich nicht hinter den bekannteren Orten Ahlbeck und Heringsdorf verstecken. Viele meinen, dass Bansin authentischer als seine berühmten Schwestern das Bild des historischen kaiserlichen **Seebades** bewahrt hat.

Auch hier gibt es eine schöne Promenade. Der Weg führt - vorbei an den Fischerhütten, die so gar nicht nach großem Wohlstand aussehen aber sympathische Authentizität verkörpern - direkt zum Hotel **Forsthaus Langenberg** in den herrlichen Buchenwald und endet an dem etwa 50 Metern hohen beeindruckenden Steilufer. Die kilometerlange Promenade wurde so angelegt, dass stets der freie Blick aufs Meer gewährleistet ist. So etwas gibt es in Deutschland nicht noch einmal. Am Hauptstrandaufgang steht eine **Normaluhr**, die seit 2000 mit einer Wetterstation für die ganz kurzfristige Prognose ausgerüstet ist.

Bäderarchitektur prägt auch Bansin

Im Jahr 1997 feierte Bansin 100 Jahre Seebad. Noch im 19. Jahrhundert stand hier Wald. Im Zentrum, im Bereich des heutigen Hotels »Zur Post« und der Villa »Baroni« befand sich eine Lehmgrube. Doch schon damals suchten Großstädter die Ruhe. Dem Berliner Emil Wichmann gefiel der abgeschiedene Wald, er kaufte einem Fischer sein leer stehendes Holzhaus ab und machte daraus ein Feriendomizil, in dem er bald fast das ganze Jahr verbrachte. Das holzverkleidete Haus Seestraße 63 steht noch. 1920 verkauften die Wichmanns ihren Besitz an den bedeutenden deutschen Astronomen **Friedrich Simon Archenhold**, den Begründer der Sternwarte Berlin Treptow. Da

Historische Bansiner Ansichten

die Familie jüdisch war, musste sie 1935 ihr Anwesen verkaufen und emigrierte.
1896 hatte Emil Wichmann gemeinsam mit dem Sallenthiner Schriftsteller Ernst Necker und einigen weiteren ortsansässigen Mitstreitern mit der Errichtung hölzerner **Badeanstalten** den Grundstein für den Urlaubsort gelegt. Zu der Zeit hatte die Delbrücksche Aktiengesellschaft bereits einen großen Teil des Bansiner Strandareals erworben. Noch im gleichen Jahr entstanden zehn Neubauten im Dünenbereich. 1897 kamen die ersten Gäste, zehn Jahre später verzeichnete der Malermeister Vahl, der erste ständige Bewohner (er baute 1896 das Haus Waldstraße 26), 308 Badegäste.
Noch nannte man sich Bansin bei Heringsdorf. Aber Bansin boomte. In kurzer Zeit wurde die heutige Bergstraße mit Hotels und Pensionen bebaut. Wie in anderen Ostseebädern dominiert hier der so genannte Bäderstil, der sich unter anderem neoklassizistischer Elemente bedient. Vor allem hier und an der Seestraße findet man zahlreiche zwei- und dreigeschossige Villen mit Holzveranden und flachen Giebeln, geschmückt mit kleinen Säulen.
Die Architekten ließen sich nicht nur von Italien inspirieren. Den östlichen Teil der Promenade prägen zwischen 1898 und 1908 errichtete Häuser im russischen **Landhausstil**, so zum Beispiel die »Strandklause« und das heutige Cafe »Asgard«. 1901 wurde das Seebad selbstständige Gemeinde, 1903/04 wurden das Rathaus mit dem Warmbad sowie die Feuerwehr errichtet, 1912 die Schule. Bereits 1911 erfolgte der Anschluss an das Eisenbahnnetz.
Drei Jahre zuvor weist die Statistik fünf Hotels, acht Pensionen und rund 90 private Villen aus. Unter Gemeindevorsteher Paul Exss, einem früheren Rentmeister im Reichskolonialamt, stieg Bansin endgültig zu einem exklusiven Bad auf. Exss regierte von 1908 bis 1931. Ein beeindruckendes Beispiel von Engagement und Bürgerfleiß erlebte Bansin nach der gewaltigen Silvesterflut 1913. Besonders starke Schäden entstanden im östlichen Teil, das Wasser reichte bis zum Rathaus, Meer und Schloonsee wurden verbunden. Schon Pfingsten 1914 erwartete ein erneuertes Seebad die Gäste.
Auch die finanziellen Stürme der Nachkriegszeit überstand Bansin. Viele Besitzer wechselten. So erwarb der Armenier Dikran Sahagian den Komplex »Meeresstrand« mit dem 1923 errichteten Saal. Er gründete eine **Teppichknüpferei**, in der viele Bansiner Frauen Arbeit fanden. In der zweiten Hälfte der 1920er

Am Bansiner Strand

Blick zur Seebrücke

Jahre verkaufte Sahagian seinen Besitz an die Gemeinde, übte bei der Transaktion einigen Druck aus. So wurde Bansin auch Kurhaus-Besitzer bis Mitte der dreißiger Jahre, als es die Hannoveraner Gebrüder Wiese kauften. Bereits vorher, nämlich 1932, hatten die Bansiner den Kurplatz angelegt und den Musikpavillon gebaut. Als erste deutsche Seebäder bekamen Bansin und Binz 1923 die **Freibade-Erlaubnis**. Damit entfiel der Zwang, die Badeanstalten zu nutzen und sich dort umzuziehen.

Adlige und preußische Beamte verbrachten gern ihre Ferien in dem Seebad, aber auch Familien. Der große Dirigent Wilhelm **Furtwängler** wurde in Bansin umschwärmt. Thomas Mann stieg im heutigen »Kaiser Wilhelm« ab.

Bansin setzte auch auf das Prädikat »christlich«. Im Gegensatz zu Ahlbeck und Heringsdorf durften Juden nicht auf freundliche Aufnahme rechnen.

1939 wurde das nach Plänen des Stettiners Raimund Ostermaier gebaute Gotteshaus geweiht. Kunsthistoriker charakterisieren den Putzbau als ein Bauwerk mit minimalistischer Gestaltung nach den Standards der **Heimat-Architektur**, also eher konservativ gesinnt. Schönster Schmuck sind die Schnitzereien des langjährigen Pastors Alexander Neumann. In den letzten Jahren des Zweiten Weltkrieges wurden wegen der Bombenangriffe auf deutsche Großstädte zeitweilig ganze Schulklassen mit Lehrern in Bansin untergebracht. Bansin hatte Glück: Dank Willi Richter, Hermann Eger und einigen anderen wurde es 1945 kampflos übergeben. Richter wurde erster Bürgermeister der neuen Zeit und später Schulrat.

Nach dem Zweiten Weltkrieg erfolgte der Wechsel vom Bad der Gutsituierten zum Bad des gewerkschaftlichen **Feriendienstes**. 1953 wurden auch in Bansin die Besitzer größerer Hotels und Pensionen enteignet, so mancher inhaftiert. Sehr viele der ursprünglichen Besitzer verließen den Ort Richtung Westen. Bauherr des einzigen größeren Hotelbaus der DDR-Zeit war das Ministerium für Staatssicherheit an der Bergstraße (heute »Strandhotel«) um 1980. Ferner errichteten mehrere Betriebe in den 1970er Jahren das neue Forsthaus Langenberg auf der Steilküste.

Nicht zu vergessen das 1968 eröffnete **Tropenhaus**, das auf die Initiative und den Einsatz von Hans Adomat zurückgeht. Für den Maler-

meister war die Beschäftigung mit tropischen Pflanzen und Tieren ein schönes Hobby, das ihn mit vielen Größen der DDR-Tierparkszene wie Professor Dathe zusammenführte. Nach 1989 verkaufte die Gemeinde das viel besuchte Haus. Der Investor ließ es schließen und durch einen Neubau ersetzen.
Und natürlich hat auch Bansin vom nachwendischen Seebrückenförderungsprogramm profitiert. Das hiesige Exemplar ist mit 285 Metern ebenso lang wie der erste Seesteg mit den stählernen Zierbögen, der sich hier am Fischerstrand befand.

Mümmelkensee

Bevor wir von Bansin nach Pudagla reisen, bietet sich von der B 111 ein Abstecher zum Mümmelkensee an, einem **Kesselmoor** mit zentralem Kolk. Das Moor - entstanden durch das quasi verspätete Auftauen eines Toteisblockes - ist bis fünfzehn Meter mächtig und liegt ganz nah am Weg, zwischen Bäumen versteckt. Den Namen hat es von der großen Mummel, die einen Schwimmblattgürtel im Kolk bildet. Da das Moor nie abgebaut oder entwässert wurde, präsentiert sich das sechs Hektar große Naturschutzgebiet in einem sehr natürlichen Zustand. Den richtigen Überblick vermittelt ein Beobachtungsturm, den man von Bansin aus über einen Wanderweg erreichen kann.

Pudagla

Wir biegen jetzt von der B 111 Richtung Pudagla ab. Von dem 39 Meter hohen **Glaubensberg**, der links neben der Ortsdurchfahrt Pudagla liegt, bietet sich ein schöner Blick über den 515 Hektar großen **Schmollensee** und die Insellandschaft. Nach dem Luftangriff auf Peenemünde wurde die Abteilung Bord-, Mess- und Steuertechnik in das Schloss und seine Nebengebäude verlagert. Am Glaubensberg befanden sich Werkstätten für verschiedene V2-Teile; Ruinen, die daran erinnern, sind noch vorhanden.
Nach der Reformation wurde der größte Teil der Insel vom **Amt Pudagla** verwaltet, denn das hiesige Kloster war im Laufe der Jahre zu einem stattlichen Besitz geworden. Erster Amtmann war Johann Wakenitz.
Größte Sehenswürdigkeit des geschichtsträchtigen Ortes ist das, was vom Schloss blieb. 1307 bis 1309 siedelte die Abtei der Grober Prämonstratenser nach Pudagla über, seit 1273 war der Ort im Besitz des **Klosters**, dessen Aufhebung 1535 erfolgte. Pommernherzog Ernst Ludwig ließ 1574 hier den Witwensitz für seine Mutter Maria von Sachsen errichten, der allenfalls Reste des alten Klosterbaus aufnahm. Bis auf die Kirche, Mauern und einen Teil der Mönchszellen blieb nämlich nichts stehen. Das Gotteshaus wurde im 18. Jahrhundert teilweise abgebrochen und in eine seinerzeit erweiterte **Brennerei** einbezogen. Hier setzte Amtmann Weidner 1836 erstmals auf der Insel eine Dampfmaschine ein. Trotz seiner großen Bedeutung als Denkmal wurde dieses Gebäude 1984 gesprengt. Über der Erde gibt es noch zwei mittelalterliche Mauerreste.
Das zweigeschossige **Schloss** präsentiert sich heute als ein weitgehend schmuckloser Putzbau. Hingucker ist die Tafel mit dem neunfeldrigen pommerschen Wappen, deren Inschrift an das Leibgedinge der Herzogin Maria erinnert. Im Innern blieben Tonnen- und Kreuzgratgewölbe erhalten.

Rund um den Sieben-Seen-Blick

An der Straße nach Neppermin steht die 1856 errichtete hölzerne **Bockwindmühle**. Dank der Tätigkeit eines Vereins ist sie heute wieder ein ausgesprochenes Schmuckstück. Im Gewerbegebiet zwischen Neppermin und Pudagla lädt ein Straußenpark zum Besuch ein.

Die Bockwindmühle bei Pudagla

Unser Weg führt uns jetzt über Benz, das in einer anderen Tour beschrieben wird, wieder Richtung Bansin. Links der Straße von Benz nach Sallenthin, einige hundert Meter von der Fahrbahn entfernt, erhebt sich die über 50 Meter hohe **Victoriahöhe**. Ein Gedenkstein ist dem Besuch der preußischen Kronprinzessin und späteren Kaiserin Victoria am 17. Juli 1866 gewidmet. Die 1995 wiedergefundene Gedenktafel erinnert an die Pflanzung einer Tanne durch die Namensgeberin in Erinnerung an die Schlacht vom 3. Juli 1866 bei Königgrätz (Hradec Kralove). Kronprinz Friedrich Wilhelm, der spätere Kaiser Friedrich III., hatte Anteil am Sieg über die Österreicher.

Kurz vor Bansin Dorf ist nicht nur ein Blick auf die **Bergmühle**, eine Holländerwindmühle, einen Abstecher wert. Ein Schild weist zum »Kiekturm« des Naturparkamtes mit »Sieben-Seen-Blick«, der wirklich einzigartig ist. Links der Straße nach Sellin liegt der 29 Hektar große **Kleine Krebssee**. Flusskrebse gibt es seit den 1930er Jahren nicht mehr. Sie fielen der Krebspest zum Opfer. Später setzte man amerikanische Flusskrebse aus. Der **Große Krebssee**

liegt auf der anderen Seite der Straße Bansin Dorf/Sellin.

Vor dem See, von der Straße nach Sellin abbiegend, führt ein Weg zum **Forsthaus Fangel**. Die gastliche Stätte ist schon sehr lange ein beliebtes Ausflugsziel. Um den, wie es hieß, Bedürfnissen des Badebetriebs zu entsprechen, wurde dem Förster 1929 auch der Ausschank von Alkohol erlaubt. Nachdem 1937 der Bau des neuen Forstgebäudes für das Revier Schmollensee vollendet war, wurde Fangel an die Familie Menges verpachtet, die seitdem dort eine Gastwirtschaft betreibt und 1993 das Haus erwarb. Den Namen hat es wohl von dem Forstrat Oberförster Fangel. 1892 verantwortete der Schmollenseeer Förster 4716 Hektar Staatswald samt zugehöriger Torfstreufabrik. 1854 siedelte sich gegenüber dem Forsthaus eine Kormorankolonie an, die jedoch durch Schützen aus aller Herren Länder inklusive des Hohenzollernprinzen Friedrich Carl dezimiert und schließlich vertrieben wurde. Erst seit 1999 entsteht langsam wieder eine **Kormorankolonie** am Schmollensee.

Wir kehren von Fangel an die schmale Straße zurück, die durch eine hügelige Landschaft nach Sellin mit seinen kleinen, strohgedeckten Häusern und engen Gassen am Ufer des Schmollensees führt. Auf der gegenüberliegenden Seite ist ein 800 Meter langer Wanderweg zur Victoriahöhe ausgeschildert.

Gothensee

Bis Bansin Dorf, wohin wir jetzt zurück kehren, erstreckt sich der Gothensee. Er ist Teil des 800 Hektar großen Naturschutzgebietes Gothensee/Thurbruch, das sich bis Ulrichshorst erstreckt. Am Südufer entstand über dem **Nieder- ein Regenmoor**. Von 1770 bis etwa 1960 wurde hier Torf gestochen. 1771 begann die Entwässerung und Urbarmachung. Umfassende **Meliorationsmaßnahmen** 1967/68 schädigten das Gebiet weiter. Im 19. Jahrhundert wurde sogar versucht, über einen Kanal bei Neuhof Richtung Ostsee den Gothensee abzulassen, um Grünland zu gewinnen. Mit Hilfe einer Dampfmaschine und begünstigt durch trockene klimatische Bedingungen in den Jahren zwischen 1858 und 1860 konnte der Gothener Gutsbesitzer Hermann Weichbrodt sogar kurzfristig Erfolge aufweisen. Als Weichbrodt 1860 pleite ging, versuchten es sein Nachfolger, der Reichsgraf von Stolberg-Peterswaldau, und später dessen Witwe weiter. Laut Usedom-Chronist Robert Burkhardt waren die immensen Kosten der letztendlich doch vergeblichen Entwässerungsaktion eine Ursache für den Waldverkauf an die Aktiengesellschaft Heringsdorf 1872.

Bis heute durchziehen schmale Landstreifen den Gothensee. Man nimmt an, dass es sich ursprünglich um Aquädukte handelte.

Gothen

Von Bansin Dorf ist jetzt noch ein Abstecher über Nebenstraßen nach Gothen möglich. Das dortige **Rittergut** gehörte bis 1851 dem Gründer Heringsdorfs, Georg Bernhard von Bülow. Dann erwarb es Ludwig von Treskow, der schon 1856 Gothen an den erwähnten Hermann Weichbrodt weiterverkaufte. Das Herrenhaus steht nicht mehr. Heute ist die größte Sehenswürdigkeit des Dorfes das Gehöft des **Storchenvaters** Heinz-Martin Eggebrecht. Seine Statistik beginnt mit dem Nestbau am 9. Mai 1953. Er hat nicht nur die Erfolge und besonderen Ereignisse aus dem Leben der Rotstrümpfe dokumentiert. Schilder erinnern an diverse prominente Besucher. Darunter waren z.B. der Erfinder Manfred von Ardenne, der DDR-Landwirtschaftsminister Georg Ewald sowie ausländische Experten.

Naturpark Insel Usedom

Die abwechslungsreiche Landschaft der Insel Usedom bildet mit seinen zahlreichen Binnengewässern den Naturpark Usedom.
Ziel dieses Projektes ist es, Fremdenverkehr und Erhaltung der gewachsenen landschaftlichen Strukturen in Einklang zu bringen. So soll die Natur als entscheidendes Tourismuskapital bewahrt werden.
In der Tat dürfte diese Vielfalt an landschaftlichen Formen auf einem so begrenzten Raum wie der Insel Usedom sehr selten zu finden sein. Die Mischung aus geschützten Gewässern wie dem Achterwasser, dem Peenestrom und dem Stettiner Haff, Waldgebieten, Moor- und Wiesenlandschaften sowie den Steilhängen an den Meeresküsten bieten vielen seltenen Tieren und Pflanzen einen idealen Lebensraum.

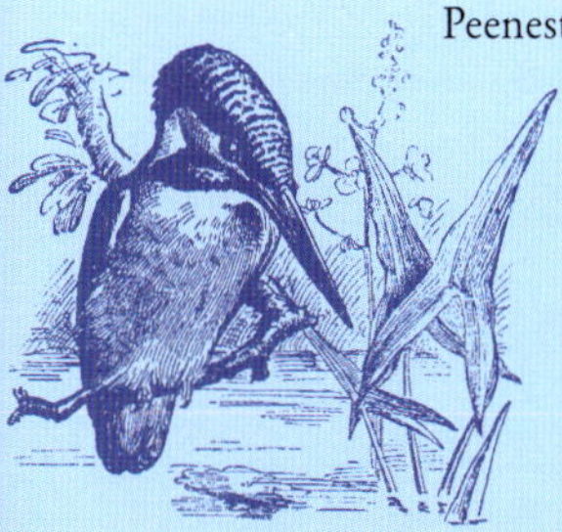

Diese Vielfalt verdankt Usedom der Eiszeit und den folgenden Schmelzwässern. Gletscher brachten das Material, modellierten die Landschaft und schoben die Endmoränen auf. Vor etwa 12.000 Jahren entstand die Ostsee, deren Spiegel seinerzeit über zwanzig Meter tiefer als heute lag. Besonders markante Endmoränen sind beispielsweise der Streckelberg, die Pagelungsberge bei Usedom und der Lange Berg bei Bansin. Grundmoränen findet man u.a. am Wolgaster Ort und bei Mellenthin.
Vor etwa 6.000 Jahren wurde mit dem Ansteigen der Ostsee das heutige Haff geflutet. See und Wind verändern seitdem unablässig die Insel.
Zum Naturpark gehören heute 14 Naturschutzgebiete mit etwa 4000 Hektar Fläche. Das größte umfasst Peenemünder Haff, Struck und Ruden (1.870 ha), das kleinste ist das Mümmelkenmoor (6 ha).

Villa Seeblick

Loriots Ahne und die längste Seebrücke Kontinentaleuropas – Die Seebäder Heringsdorf und Ahlbeck

Heringsdorf

Heringsdorf gilt noch heute als der mondänste Urlaubsort auf Usedom. Hier genoss der Adel seine Ferien, hierher kamen Schauspieler, Künstler und die Hochfinanz zum Erholen.

Seit der Wende und nach einer umfangreichen Generalüberholung ist Heringsdorf mit seinem breiten feinsandigen Strand heute wieder beliebter Anlaufpunkt für Touristen aus ganz Deutschland und den Nachbarländern. Die vereinigten drei Kaiserbäder nennen sich seit 2005 per Gemeinderatsbeschluss (12:10) Seebad Heringsdorf.

Die 1996 eingeweihte **Seebrücke** in Heringsdorf ist unumstrittenes Zentrum des Seebades. Über 20 Geschäfte und Gaststätten, ein Wachsfigurenkabinett und ein Muschelmuseum mit rund 2500 Ausstellungsstücken haben hier ihren Platz gefunden.

Mit der Schau »Heringsdorf goes fashion« im Maritimhotel hat sich das Seebad auch zu einer kleinen **Hauptstadt der Mode** entwickelt, die namhafte Designer anzieht. Den Ort prägt viel Kultur. 1970 wurde der Rundbau des Kunstpavillons eröffnet. Seit 1993 spielt die Vorpommersche Landesbühne Anklam in der Saison im **Theaterzelt** »Chapeau Rouge«. Ebenfalls schon zu DDR-Zeiten spendierte der »Rote Baron« Manfred von Ardenne, der über 600 Erfindungen patentieren ließ, eine Sternwarte in den Dünen. Hier befindet sich das vermutlich weltweit einzige noch funktionstüchtige Schmidt-Spiegelteleskop, 1931 durch Bernhard Schmidt entwickelt, das noch heute Standards setzt mit seinem großen Gesichtsfeld und der hohen Abbildungsgüte.

Die Namensgebung des Ortes

An der Wiege des Bades stand der Besitzer des Rittergutes Gothen, der frühere Stettiner Oberforstmeister **Georg-Bernhard von Bülow** (1768 bis 1854), ein Vorfahre Loriots. Er hatte 1817 mit seinem Bruder das spätere Heringsdorf, Gothen, Neuhof und Neukrug und damit einen Teil des Rittergutes Mellenthin erworben. Die Legende der Namensgebung erzählt, dass der Preußenkönig Friedrich Wilhelm III. 1820 auch die kleine, erst zwei Jahre zuvor gegründete **Fischerkolonie** bei Neukrug besuchte. Die Prinzen Friedrich Wilhelm, der spätere König Friedrich Wilhelm IV., und Wilhelm, späterer König und Kaiser Wilhelm I., begleiteten ihn. In der Fischerkolonie wurden gerade Heringe eingesalzen. Von Bülow bat den Kronprinzen um einen Namen für den Ort. Vom Anblick der Fische inspiriert schlug dieser Heringsdorf vor.

Die Villa Seeblick gehört zu den meistfotografierten Häusern Heringsdorfs

Der Aufstieg zum Seebad

Von Bülow ließ die ersten Logierhäuser bauen. Das älteste Gebäude ist das **Weiße Schloss** auf dem 34 Meter hohen Kulm an der heutigen Breitscheidstraße. Auf der Terrasse des 2003 neu eröffneten Hauses, das in den letzten Jahren als Ferienheim des ZK der SED nicht für jedermann zugänglich war, speiste schon Kurt Tucholsky. Theaterdirektor Gollbach, ein späterer Besitzer, gab ihm den Namen Weißes Schloss. In der Kulmstraße bauten übrigens auch der spätere Gothener Rittergutsbesitzer Hermann Weichbrodt (Haus Achterkerke) und der Bruder des großen bayerischen Architekten Leo von Klenze, Karl August Klemens Klenze (Terrassencafe).

1825 begann der Badebetrieb, Heringsdorf entwickelte sich zum vornehmsten **Badeort** der Insel. Im Weißen Schloss wohnte 1866 Kronprinzessin Victoria von Preußen mit ihren Söhnen Wilhelm, dem späteren Kaiser Wilhelm II., und Heinrich. Auch der nachmalige **Kaiser Friedrich III.** leistete ihr einige Zeit Gesellschaft, nachdem der Krieg gegen Österreich 1866 gewonnen war. Es gefiel den hohen Herrschaften so gut, dass sie wiederkommen wollten. Die königlich-preußische Familie wandte sich jedoch von Heringsdorf ab, weil die Besitzerin von Gothen mit Heringsdorf, die Witwe des Reichsgrafen von Stolberg-Wernigerode, selbst 1867 im Weißen Schloss wohnen wollte. Erst Wilhelm II. kam ab 1895 wieder nach Heringsdorf, und zwar im Zusammenhang mit seinen **Nordlandfahrten**. Er wohnte in der Villa von Elisabeth Staudt (1861 bis 1948), der Witwe eines erfolgreichen Kaufmanns und Konsuls.

Die Kirche

Auf dem Kulm steht auch die 1848 eingeweihte Kirche. Sie muss zu der Zeit, als die Bäume niedriger waren, noch beherrschender gewirkt haben. Für den neugotischen Bau hatte man sechs Jahre lang gesammelt. Von Bülow spendierte den Grund, Preußens König Friedrich Wilhelm IV. gab einen erheblichen Zuschuss. Mit **Ludwig Persius** war ein namhafter Architekt für den von Kunsthistorikern hoch geschätzten Backsteinbau tätig. Er entwarf die Plane, verstarb jedoch bereits 1845.

Seitenschiffe und spitzbogiger Arkadengang an Nord- und Westseite stammen von 1914. Für die Veränderungen zeichneten der Berliner Hoppe und der Heringsdorfer Lange verantwortlich.

Im Innern ist nur der Chor gewölbt. Die **Heringsdorfer Kirche** überzeugt durch ihre im Wesentlichen aus der Erbauungszeit stammende einheitliche Ausstattung mit der umlaufenden, hölzernen Empore. Prägend wirken fünf Glasmalereien, die u.a. Taufe Christi und Christus bei Maria und Magdalena zeigen. Sie wurden 1914 eingebaut und stammen von Wilhelm Franke (Naumburg). Stifter waren der Stettiner Landgerichtsdirektor Dr. Badstübner, der Berliner Baumeister Carl Töbelmann, der Vaterländische Frauenverein Heringsdorf sowie Otto und Anna Lange aus Heringsdorf. Für die Darstellung von Jesus im Haus der Maria und Martha in Bethanien gaben das Diakonissenhaus Berlin-Bethanien, deren Schwesternschaft und Oberin von Bethmann-Hollweg Geld.

1851 wurde die Kaltschmidt-Orgel durch den seinerzeit berühmten Stettiner Carl Loewe abgenommen. 1854 starb Georg-Bernhard von Bülow. 1999 wurde für ihn ein neuer **Gedenkstein** mit Bronzetafel am Kirchberg eingeweiht. Der 1965 zerstörte Vorgänger stammte von 1855.

Die Familie Delbrück

Heringsdorf entwickelte sich rasch, auch dank der Familie Delbrück, deren Bautätigkeit das Seebad bis heute prägt. 1863 hatten die Berliner Hugo (1825 bis 1900) und Adelbert Delbrück (1822 bis 1890) Heringsdorf auf der Suche nach einer Sommerwohnung für ihre Familien kennen und schätzen gelernt. Acht Jahre später erwarben sie von der Gräfin Stolberg 800 Morgen Wald, das Dünengelände am Strand und einige Häuser und gründeten 1872 die **Aktiengesellschaft** Seebad Heringsdorf. Zahlreiche Pensionen und Hotels entstanden innerhalb kurzer Zeit ebenso wie kommunale Bauten. Als Verwaltungsgebäude errichteten die Delbrücks das »Lange Haus«. 1891 bis 1893 wurde die erste Seebrücke mit dem Seesteg errichtet. Noch zu Kaisers Zeiten erfolgten Veränderungen. Der obere Teil fiel nach dem Zweiten Weltkrieg einem Feuer zum Opfer. Es wird erzählt, dass ein durch sowjetische Soldaten verursachtes Feuer die Ursache war. Sie sollen dort Enten gebraten haben. In den 1950er Jahre kam es noch zu einer vorsätzlichen Brandstiftung.

Zurück in das 19. Jahrhundert. Dr. Hugo Delbrück war auch für Stettin ein wichtiger Mann. Er war lange Jahre technischer Direktor der dortigen Portland-Zementfabrik und Aufsichtsratmitglied der **Vulcanwerft**. Nach dem Tod Hugo Delbrücks 1900 übernahmen dessen Söhne Viktor und Werner die Geschäfte. Allerdings starb Viktor schon 1907 nur 43-jährig an einer Blutvergiftung.

Auf Dr. Werner Delbrück geht das viel gerühmte Familienbad mit den bis ans Wasser reichenden Kuranlagen zurück. Zeitgenossen haben es mit dem **venezianischen Lido** verglichen. Das Ensemble von Holzbauten brannte 1963 ab. Auch die 1905/06 errichtete **Bismarckwarte** mit 41 Meter hohem Turm und Gedächtnishalle auf dem 50 Meter hohen Präsidentenberg ist nicht mehr. Als angebliches Militärobjekt wurde dieser Bau am 1. Mai 1946 gesprengt. Das imposante **Strandkasino**, 90 Meter lang, brannte im gleichen Jahr ab. An dieser Stelle wurde durch die Norddeutsche Bauunion bis 1948 für die russischen Offiziere das langjährige **Kulturhaus** mit einem Theatersaal von 700 Plätzen errichtet. Verantwortet wurde die Investition

So präsentierte sich der Heringsdorfer Strand vor dem Zweiten Weltkrieg

durch den sowjetischen Bauleiter Zyrulnik. Pfeilerportikus und Dreieckgiebel sind vom Hellerauer Festspielhaus inspiriert.

Mit dem Giebelrelief des tanzenden Paares verfügt das Seebad über eines der wenigen Beispiele architekturbezogener Kunst der 1940er Jahre in unserem Raum. Für die Ausführung sorgte die Greifswalder Bildhauerin Karla Friedel, die auch die Büste Gerhart Hauptmanns für dessen Hiddenseer Haus schuf. Das Kulturhaus ist jetzt Teil des 1997 fertig gestellten **Forums Usedom**, zu dem auch Maritim-Hotel und Spielcasino gehören.

Keinen architektonisch interessanten Ersatz gab es für den **Kaiserhof Atlantic** mit seinen 300 Betten, dessen Bau 1873 begonnen wurde. Seine endgültige Gestalt erhielt er zwischen 1886 und 1906. Nach 1945 zunächst Zentrale des für einige Jahre eingerichteten sowjetischen Sanatoriums, erhielt der Kaiserhof Atlantic als größtes Ostseehotel des Freien Deutschen Gewerkschaftsbundes (FDGB) den Namen »Solidarität«. Da nichts investiert wurde, das Haus verschlissen war, riss man das Gebäude 1979 ab. An dieser Stelle entstanden die plattenbaumäßig wirkenden Bettentürme mit flachem Gaststättenkomplex, die leicht verschönt heute als **Kurhotel** dienen.

Dr. Werner Delbrück, der Direktor der Aktiengesellschaft, starb 1910 vor Sassnitz beim Absturz seines Ballons. Er wurde wie sein Bruder nur 43 Jahre alt. Neben den Delbrücks haben viele Berliner Adlige und Besitzbürger zum Aufschwung des Seebades beigetragen. Aber auch Einheimische wie der Bäckermeister Carl Haefke, der 1884 das spätere »Haus Jugendland« gegenüber der Kirche bauen ließ, hatten ihren Anteil am Aufstieg des Ortes. In seinem **Logierhaus** wohnten russische Großfürsten und die Familie des Malers Kaulbach. Unmittelbar daneben steht die frühere Villa Delbrück, in deren Lichtschacht angeblich Werner Delbrücks Ballons aufbewahrt wurden.

Ebenfalls in der Delbrück-Zeit, nämlich 1907, übergaben Werner Delbrück und Kurdirektor Valentin von Bismarck die **Rennbahn** ihrer Bestimmung, die sich südwestlich der jetzigen Maxim-Gorki-Schule Richtung Gothensee erstreckte. Ein Treff der großen Welt, aber zu teuer. Schon vor dem Ersten Weltkrieg kam das Ende. Wanderwege durch den Heringsdorfer Forst sind eine Erinnerung an die Rennbahn.

Trotz dieser Verluste - die Bauten der Delbrückzeit wirken noch heute prägend.

Bäderarchitektur

Das vornehmste Haus am Platze, das »Grand Hotel Seeschloss«, baute 1882 Emil Lindemann. Nach 1945 hieß es unter FDGB-Hoheit erst »Freundschaft« und ab 1960 »Camara M'Balia« nach einer guinesischen Freiheitskämpferin, nach der Wende folgte »Arkona«. Saniert heißt die Perle der Bäderarchitektur wieder **Seeschloss**. Der kapitalkräftige Emil Lindemann, der an Ballonfahrten Werner Delbrücks beteiligt war, erwarb 1910 auch das neben seinem Grandhotel gelegene Schloss Dorothea, (erbaut 1896/97), verkaufte es aber schon 1912 an ein jüdisches Ehepaar, das ihm den Namen »Hotel Esplanade« gab. Wirtschaftlich soll es nie gewesen sein, diverse Verkäufe änderten nichts daran. Es war am Ende des Zweiten Weltkrieges Lazarett, dann sowjetisches Sanatorium, Ferienheim der Volkspolizei »Frieden«, schließlich für den **FDGB Gästehaus** für ausländische Gewerkschafter. Ebenso wie das benachbarte, 1900/01 erbaute, Haus »Fortschritt«, später »Gerhard Opitz« (ein »Held der Arbeit« in der DDR). Das frühere »Quisisana« war 1953 im Rahmen der Aktion Rose enteignet worden.

Der heutige »Pommersche Hof« hieß früher »Lindemanns Hotel«. Als »Albin Köbis« (einer der roten Matrosen der Novemberrevolution) war es nach der Auflösung des sowjetischen Sanatoriums Erholungsheim des ZK (Zentralkomitee) der SED.

Bahnstrecke nach Heringsdorf

Für die weitere Entwicklung des Seebades war die Verbesserung der Verkehrsanbindungen von größter Bedeutung. Bereits 1894 lief der erste Zug auf dem Bahnhof ein. Als 1911 der Schienenstrang über Bansin/Zinnowitz

Die Villa Oechsler

nach Wolgast verlängert werden sollte, verhinderte die Aktiengesellschaft die geradlinige Streckenführung. Sie fürchtete Schäden für den Kurbetrieb. So wurde Heringsdorf **Kopfbahnhof** mit (un)verhältnismäßig großen Bahnanlagen. An den stattlichen zweigeschossigen Backsteinbau von 1894 wurde 1910 der rechte, nach 1920 der linke Erweiterungsbau angefügt. Eisenbahnerisch museal gibt sich die 2002 eröffnete Bahnhofsgaststätte.

Heringsdorf im 20. Jahrhundert

Mit dem Ende des Kaiserreiches war Heringsdorf zwar nicht mehr länger Treffpunkt der Adligen, bei den Reichen der Welt blieb das »Nizza der Ostsee« aber weiterhin populär. 1921 kaufte die Gemeinde der Aktiengesellschaft die Badeeinrichtungen ab. Die Klientel Heringsdorfs kam nun aus Kreisen der Hochfinanz, namentlich der jüdischen. Das brachte dem Ort den Ruf eines »Judenbades« ein.

Aber es gab auch andere Gäste. So Dr. Theodor Morell, der im Neuen Weg 1926 die Villa »Mare« (heute To Hus) erwarb. Im »Dritten Reich« wurde er einer der Leibärzte Adolf Hitlers. Während der Sommermonate arbeitete der Mediziner aus Berlin-Charlottenburg als **Badearzt** in Heringsdorf. Er ließ die Villa zur Pension mit medizinischen Bädern und Elektrotherapie umbauen. Später betrieb seine mit dem Swinemünder Sparkassendirektor Kurth verheiratete Schwester das Haus, das gut betuchte Gäste anzog. 1937 erwarb Theodor Morell auch die östlich der Seebrücke gelegene Villa Miramar, heute Villa Staudt genannt.

1927 wurde in 400 Meter Tiefe eine **Solquelle** erbohrt. Nun warb Heringsdorf als

Heringsdorfs neue Seebrücke ist gleichzeitig Einkaufszentrum und Restaurant

See- und Solbad für sich, in dem quasi jedes Leiden von Rheumatismus bis zur Fettleibigkeit geheilt werden konnte.

Das Jahr 1933 hat die Verhältnisse in Heringsdorf grundlegend geändert. Der sozialdemokratische Bürgermeister Walter Haefke wurde abgesetzt. Juden wie die Modekaufleute Saulmann verloren ihren Besitz, Hotel- und Pensionsinhaber wurden veranlasst, keine der wohlhabenden Juden mehr als Gäste aufzunehmen. 1934 weihten die Nationalsozialisten in einem nahegelegenen Talkessel die »Thingstätte« ein, eine riesige Freilichtbühne hinter der früheren Rennbahn. Hier wurden **Sonnenwend-Rituale** zelebriert, fanden Veranstaltungen der NS-Zeit statt. Noch bis Anfang der 50er Jahre fanden hier Maifeiern statt, dann verfiel sie.

Die DDR, die aus dem exklusiven Seebad ein **Bad der Werktätigen** machte, ließ nach dem Ende des sowjetischen Sanatoriums, das einen großen Teil des Ortes einnahm – fast zwei Jahre lang durch Holzzäune sogar vom Rest getrennt – nur wenig Neues bauen. Zu den Ausnahmen gehörte das Ferienheim »Erich Weinert« in den 1970er Jahren. Eine echte Errungenschaft war die Errichtung des **Kunstpavillons** am Kurpark. Ansonsten drohte auch dieser Ort trotz und auch wegen über 70.000 Urlaubern jährlich zu verfallen. Über Verluste durch Abriss wie beim »Kaiserhof Atlantic« wurde schon berichtet. Der Neugestaltung fiel das historische Warmbad zum Opfer. Wieder da sind Salchows Weinstuben. Der zuerst 1911 errichtete Bau erstand 1991 als »Des Kaisers Pavillon« auf der Grundlage historischer Aufnahmen neu.

Zu den erhaltenen Bauten im Zentrum zählt die Villa Oechsler (Delbrückstraße 5 / 1883). Eigentümer Hermann Hornung erhielt 1999 für die Restaurierung einen Bundespreis für Handwerk in der Denkmalpflege. Das Mosaik am Giebel stammt von Antonio Salvati. Das Gebäude im Stil eines griechisch-römischen Herrenhauses ist

Dreigeschossig sind die Bauten der dritten Phase der Bäderarchitektur an der Promenade

eines der meist fotografierten Häuser der Insel. Das können auch weitere Häuser an der Strandpromenade von sich sagen. So die schon im Zusammenhang mit Morell erwähnte Villa des Konsuls Staudt (Delbrückstraße 6 / 1873), in der dessen Witwe Kaiser Wilhelm II. empfing. Die **Villa Bleichröder** (Delbrückstraße 14) wurde von dem bekannten Bankier Bismarcks und Freund Rothschilds errichtet. Die Bronzeskulptur der Diana in dem 10000 Quadratmeter großen Park gab den Namen »Diana« für das Haus. Die **Villa Oppenheim** (Delbrückstraße 10), errichtet in der zweiten Hälfte des 19. Jahrhunderts, orientiert sich an palladianischen Villen. Dieses Haus wurde mehrfach von Lyonel Feininger dargestellt. War nach den schlichten Gebäuden der Anfangszeit bis etwa 1890 den Architekten die italienische Renaissance ein großes Vorbild, liebte man es später massiger, Türme und Jugendstilelemente traten auf.

Der Badeort und seine Prominenz

Heringsdorf ist mit vielen großen Namen verbunden. An nicht wenige erinnern heute Gedenktafeln. Seit 2003 steht an der Strandpromenade ein bronzenes Denkmal **Kaiser Wilhelm I.** Es wurde im 19. Jahrhundert für Helmstedt gegossen. Zu den Gästen zählen Persönlichkeiten unterschiedlichster Art. Bereits in den Anfangszeiten des Seebades kamen Politiker wie der **sächsische Ministerpräsident** Ferdinand Graf von Beust und der als großer »Demagogenschnüffler« in der ersten Hälfte des 19 Jahrhunderts bekannt gewordene **preußische Justizminister** Karl Christoff Albert von Kamptz. Männer des Geistes und der Kunst wie Johann Strauß, Theodor Fontane, Rudolf Virchow, Franz Kugler, der Landschaftsmaler Franz-Friedrich Schütt, der Historienmaler Anton von Werner, der Historiker und Literaturnobelpreisträger **Theodor Mommsen**, die Schriftsteller Friedrich Spielhagen und Willibald Alexis, Alfred Kerr oder Emanuel Geibel, der unter anderem »Der Mai ist gekommen« schrieb, besuchten das Ostseebad. Er hat auch Heringsdorf Gedichte gewidmet. Nicht zu vergessen Orville und Wilbur Wright, die Pioniere des Motorfluges. Wer noch mehr über die Geschichte des Weltbades wissen will, der ist seit dem Jahr 2000 in dem **Museum am Schmiedehaus** richtig, das auf das Wirken der rührigen Historischen Gesellschaft des Ortes zurück geht. Schon die Fassade ist sehenswert, erinnert doch ein Schriftzug daran, dass das Haus Delbrückstraße 30 zu DDR-Zeiten Ferienheim des Wohnungsbaukombinates Neubrandenburg war.

Bereits seit der Zeit der sowjetischen Besatzungsmacht wird in der nach Bansin führenden Maxim-Gorki-Straße Nr. 13 (früher Langenbergstraße) des russischen Dichters gedacht, der 1922 im damals dem Rechtsanwalt Friedrich Becker gehörenden Haus (errichtet 1906/07) Linderung für sein Lungenleiden suchte. **Maxim Gorki** war auf dem Weg in sein sechsjähriges italienisches Exil. Er nahm nicht am vergnügungsreichen Badeleben teil, sondern wanderte lieber, empfing Freunde wie den berühmten Sänger Fjodor Schaljapin. In Heringsdorf überarbeitete er seine Autobiographie »Unter fremden Menschen«. Immer wieder zitiert wird die Eintragung des Dichters in das Gästebuch: »Dennoch und trotz alledem werden die Menschen eines Tages wie Brüder miteinander leben«.

Ausflugsfahrten per Boot sind wie hier bei Heringsdorf schon seit Jahrzehnten beliebt

Ahlbeck

Über eine 8 Kilometer lange und 1992 bis 2005 für 19 Millionen Euro aufgewertete Strandpromenade sind die Kaiserbäder Bansin, Heringsdorf und Ahlbeck miteinander verbunden. Ein Bach, der reich an Aalen war, gab Ahlbeck den Namen. Der recht breite **Aalbach mit der Aal-Kiste** zur Aufbewahrung der lebenden Fische ist schon 1618 auf der Lubinschen Karte Pommerns zu sehen.

Blick in die Ortsgeschichte

2000 wurde der Ort 300 Jahre alt, denn 1700 nahm die Mühle des Michel Agner mit Zustimmung des Grundbesitzers Baron Müller von der Lühne 150 Meter vor der Mündung der Aal-Beek (Aalbach) ihren Betrieb auf. Zu den ersten Bürgern des späteren Ahlbeck gehörten der Teerbrenner Ulrich Allman und der Fischer Andreas Larsson. Allein die Pacht fürs Fischrecht betrug 1200 Aale pro Jahr. Ganz allmählich wuchs der Ort auf wohl fünf Häuser in den 1780er Jahren an. Südlich des Aalbachs ließen sich spätestens ab 1752 Siedler nieder. Hier gehörte der Grund dem König, darum hieß diese Siedlung **Ahlbeck königlich**.

1772 erwarb Friedrich II. die Mühle. Vier Büdner wurden auf der königlichen Seite angesiedelt, um die Regulierung des Bachs zu gewährleisten. 1776/77 kamen zwölf Kolonisten hinzu. Aus der gleichen Zeit stammt das erste Schriftzeugnis dafür, dass diese Siedler vom Strand der Ostsee aus fischen durften. Zur Unterscheidung sprach man von Ahlbeck adligen Anteils und Ahlbeck königlichen Anteils. Mitte des 19. Jahrhunderts galten beide Orte als einziges Dorf auf Usedom, dessen Bürger ausschließlich vom Fischfang lebten. Die **historischen Ortskerne** mit

Fischerkähne geben dem Ahlbecker Strand etwas Besonderes

kleinen Kolonistenhäuschen sind namentlich im Bereich der Schulzen-, Schul- und Talstraße noch gut erkennbar.
1852 begann die Geschichte des Fremdenverkehrs mit dem Ferienaufenthalt der Kinder des Stolper Gutsbesitzers Holtz und ihrer Erzieherin. Schon zehn Jahre später wurden 314 Besucher gezählt, hauptsächlich **Stettiner und Berliner**. 1875 baute Albert Wendicke das erste Hotel in den Dünen, das sich an Heringsdorfer und Swinemünder Vorbildern orientierte. Der in Alt-Ruppin geborene Holzhändler aus Berlin ließ auch das heutige Hotel »Seestern« errichten. Wendickes Hotel, der spätere »Pommersche Hof«, dann »Meereswelle«, wurde das bauliche Bindeglied zwischen dem binnenwärts gelegenen Dorf und dem späteren Seebad. Per Volksabstimmung wurden 1882 adlig und königlich Ahlbeck vereinigt. Ein Jahr später erhob die Gemeinde erstmals Kurtaxe. 1894 folgte der Anschluss an das Eisenbahnnetz. Auf dem Bahnhof steht derzeit übrigens ein sogenannter Herrengefolgewagen im Zug Kaiser Wilhelm II., der vor der Wende in einem Wald bei Heringsdorf als Feriendomizil diente. Es soll das einzige erhaltene Gefährt dieser Art sein.
Schon 1882 wollte man sich mit dem Titel Seebad schmücken, musste aber noch bis 1908 warten. Seinerzeit hatte der Ort 1050 Einwohner, war zum **größten Dorf** der Insel geworden. Maßgeblichen Anteil am Aufschwung des Fremdenverkehrs hatte der Schulze Ernst Krüger, ein Fischer, der bis 1897 wirkte. Stein gewordenes Symbol des Aufschwungs ist die Kirche, die inmitten einer grünen Oase unweit der Strandpromenade liegt.

Die Kirche

Nahe dem Gotteshaus blieben Reste des alten Friedhofes mit Grabsteinen der Jahre 1896 bis 1935 erhalten. Direkt neben der Kirche befinden sich die zum **Seebadjubiläum** 2002 an dieser Stelle aufgestellten Grabsteine für Johann Koch und seine Frau Caroline. An den »Vater des Kirchenbaus« erinnert ferner eine Gedenktafel. 1818 in Stolpe geboren, wurde Koch Lehrer auf dem Ruden, ehe er nach Ahlbeck kam. Nach Koch wurde 2001 der zentral gelegene Platz an der »Meereswelle« benannt. Der Lehrer und Kantor hat die Einweihung der nach Plänen des Regierungsbaumeisters Werner 1895 nach nur 13-monatiger Bauzeit vollendeten Kirche nicht mehr erlebt. Er starb 1894. Neunundzwanzig Jahre zuvor gründete Koch das Komitee zur Erbauung eines evangelischen **Gotteshauses**, organisierte Sammlungen. Sein Gesangverein sorgte ebenfalls für Geld für den Kirchenbau. In dieser Tradition hat Ahlbeck bis heute als einzige Gemeinde der Insel eine Kantorenstelle. 1868 stellte die Gräfin von Stolberg, die Besitzerin von Ahlbeck adlig, das einen Hektar große Grundstück für Gotteshaus und Gottesacker zur Verfügung. Die Ahlbecker standen zu dem Plan, ihre Kirche wuchs auch später gewissermaßen mit der Bevölkerung. An Finanzierungsideen fehlte es offenbar in der zweiten Hälfte des 19. Jahrhunderts nicht.

In alten Zeiten

So stellten die Ahlbecker Fischer einen am 17. Oktober 1894 von ihnen **gefangenen Wal** gegen 30 Pfennig Besichtigungsgebühr in Swinemünde aus. Als der Wal schließlich scheußlich roch, verkauften ihn die Ahlbecker für 640 Mark an drei Swinemünder, die mit dem Säugetier auf Tournee gingen und es anschließend präparieren ließen.

Auf ihre Art ist die Kirche eine **Hommage** an die Fischer – die Decke ist einem Schiff nachempfunden. Theologie steht hinter den Fenstern im Chor. Christus wird vom Geschehen zu Pfingsten, dem Geburtstag der Kirche, und Karfreitag flankiert. Dass die Ahlbecker Kirche in der menschlichen Gemeinschaft verwurzelt ist, zeigt sich auch daran, dass viele Ahlbecker und Kurgäste, besonders Berliner, nach der Wende für die Restaurierung der Fenster spendeten, Arbeitslose für sie werkelten. Zum Bestand gehören zwei etwa ein Jahrhundert alte Bilder. Eins davon, die Heilige Familie, stiftete eine alte Dame, die keine Angehörigen hatte. Nummer zwei mit dem im Wasser versinkenden Petrus, den Jesus dann über das Wasser gehen lässt, ließen die Aßmanns in Stettin im **Andenken** an die Errettung von Männern aus stürmischer See malen. Seit 1900 ziert ein von dem Berliner Maler Ziegler gefertigtes Porträt Johann Kochs die Orgelempore. Der neue, terrassenartig angelegte Friedhof von Ahlbeck liegt übrigens jenseits der Bahnlinie und lohnt wegen der interessanten Gestaltung einen Besuch. Geschichtlich interessante Grabmale wurden zusammengefasst. Hier steht z. B. der Stein für Karl Gamradt (1866–1913). Er war einer von vier Fischern, die am 29. Dezember 1913 auf See blieben. Seinen Leichnam fand man erst am 30. Juni 1914. Die preußische Königin stiftete die Grabsteine. Die Witwe Auguste Gamradt wohnte mit 13 Kindern in einer Eineinhalb-Zimmer Wohnung in der Wiesenstraße. Sie erhielt später das Mutterkreuz in Gold.

Ahlbeck kann auf die älteste erhaltene Seebrücke an der Ostseeküste verweisen

Aufstieg zum Seebad

Die Einweihung der Kirche steht zwar für den Aufschwung des Seebades, aber noch lebten die meisten Einwohner von der Fischerei. Bis zur Mitte des 19. Jahrhunderts hatten sie namentlich von **überreichen Heringsfängen** profitiert, was noch dazu durch die preußische Regierung gefördert wurde. Dann gewann die Veredlung durch Braten und Räuchern an Bedeutung, allein das Einsalzen genügte nicht mehr. Zwischen den großen Heringszügen im Frühjahr und Herbst fingen die Ahlbecker hauptsächlich Flundern. Auch von erheblichen **Sprottenfängen** sowie einem massenhaften Fang von Enten im Winter wird zu Kaisers Zeiten berichtet.

Dann wurde der Tourismus immer wichtiger. Meyers Reisebuch von 1899 nennt schon sechs Hotels, fünf Pensionen sowie die Villen »Emmy« (Dünenstraße) für erholungsbedürftige Kinder und Elfriede (Dünenstraße 17), ein **Damenpensionat**. Dazu kamen sieben Restaurants und zwei Cafés und Konditoreien.

Die Seebrücke – Wahrzeichen Usedoms

Um der Heringsdorfer Konkurrenz etwas unverwechselbares entgegenzusetzen, wurde 1898 die 1882 errichtete Plattform der Seebrücke mit den grünen Türmchen, einer **Konzertmuschel** und Kolonnaden bebaut. 1901 bis 1907 folgte der 300 Meter lange Seesteg, der 1940/41 durch Eisgang zerstört wurde. Der neue Schiffsanleger konnte erst im Jahr 1993 eingeweiht werden. Die Seebrücke ist die älteste erhaltene der Ostseeküste. Am Ende der Brücke stehen heute zwei nachgebaute Badekarren, mit denen sich die Gäste im 19. Jahrhundert ins Meer zum Gang in die Fluten ziehen ließen. Sie dienen als Zollhäuschen.

Filmische Berühmtheit erlangte die **Seebrücke** durch Loriots Film »Papa ante portas«. Da der Nachfahre der für Usedom sehr bedeutenden Familie von Bülow das Bauwerk so in Erinnerung hatte, erhielt die Brücke für den Film einen weißen Anstrich.

Rundgang durch den Ort

Vom Strand ist es nur ein kurzer Weg bis zum aufwändig restaurierten **Seehotel Ahlbecker Hof**, einem 5-Sterne-Haus, das bereits seit 1890 so manchen prominenten Badegast beherbergte.

Die Vielzahl der sehenswerten und zum größten Teil nach der Wende heraus geputzten historischen Häuser kann in diesem Buch nicht annähernd beschrieben werden. Unbedingt besuchenswert sind die Dünenstraße, Goethestraße, Kaiserstraße, Karlstraße, Kirchenstraße, Kurstraße, Lindenstraße und Seestraße. Wie in den anderen großen Bädern lassen sich stilistisch drei **Bauphasen** unterscheiden. Waren es am Anfang Eingeschosser, kam dann der Typ des neoklassizistischen Landhauses mit zwei Geschossen und Loggien in Mode. Die Seeseite der Dünenstraße prägen verputzte Drei- und Viergeschosser im Stil fürstlicher **Landsitze**. Für den Fassadenschmuck verwandte man nicht nur Renaissance- und Barock-, sondern auch Jugendstilelemente. Auch der Heimatstil, die Ritterromantik, dienten den Architekten als Vorbilder, die sie zu eigenen Ideen inspirierten. 13.000 Gäste wurden 1898 gezählt. Offenbar gefiel es den Leuten in Ahlbeck, viele kamen immer wieder. So die Berlinerin Frau Grunack, die 1911 die 5,50 Meter hohe Uhr am Zugang zur Seebrücke spendierte. Schon 1900 entstand der Konzertplatz.

Ahlbeck profilierte sich als »deutsches Volksbad an der Ostsee« im Gegensatz zum »Modebad« Swinemünde und dem exklusiven Heringsdorf.

In der Kurparkstraße steht der stattliche Bau des früheren **Warmbades**, der seit 2000 als Rathaus genutzt wird. Zu dem Backsteinbau gehört ein verandaartiger Anbau, eine Eisenguss-Glas-Konstruktion. Hier ist das Heimatmuseum integriert. Richtung Swinemünde (Dünenstraße 2) liegt das sozialhistorisch höchst bedeutende frühere Kinderheim **Kaiser-Wilhelm-Stift**. Zu dieser ovalen Anlage mit vielen Bäumen gehören neben Hauptgebäude, Speisesaal und rohrgedecktem Pavillon in der Mitte auch eingeschossige Fertigteilholzhäuser. Das Stift wurde 1913 eingeweiht, 150 Großstadtkinder erholten sich je Durchgang für vier Wochen. Initiator des Baus war Wilhelm II., der sich selbst vom Fortschritt der Bauarbeiten und dem Leben der Mädchen und Jungen ein Bild machte. Das Kaiserpaar kam auch höchstselbst zur Einweihung des von der Oberlausitzer Firma Christoph und Unmach errichteten Komplexes. Wehrmacht und Sowjetarmee nutzten ihn zwischenzeitlich, ehe wieder junge Leute, nämlich **Junge Pioniere**, einzogen. 1992 erwarb der Landessportbund Berlin das Anwesen.

Nach 1918 waren die Zeiten wirtschaftlich schwieriger, und in der NS-Zeit wurde trotz anfänglichen Booms wenig gebaut. Allerdings gingen die kurzen Goldenen Zwanziger nicht am Ort vorüber. 1927 besuchten 27.160 Gäste den Ort – ein Rekord. 1935 bestanden 138 Hotels und Pensionen.

Die Schönheit des Winters

Ahlbecker Bäderarchitektur

Dank des Mutes von fünf Ahlbeckern wurde das Seebad am 4. Mai 1945 kampflos übergeben und blieb unzerstört. An der Lindenstraße vor dem Bahnhof liegt der große **sowjetische Friedhof**. Dazu gehören ein Obelisk mit Sowjetstern, 36 symbolische Grabsteine, eine tempelartige Trauerhalle und eine Tafel mit 84 Namen. Bestattet wurden Soldaten, die 1945 auf der Insel oder bei der Minenräumung ums Leben kamen. Vor dem Waldfriedhof wurden über 300 Soldaten, darunter zwei französische, beerdigt.
Da Swinemünde nach dem Zweiten Weltkrieg polnisch wurde, avancierte Ahlbeck bis zur Gründung des Kreises Wolgast 1952 zur **Kreisstadt**. Der Feriendienst der Gewerkschaften war nach den Enteignungen der »Aktion Rose« 1953 der entscheidende Träger des Tourismus. Dessen Zentrum wurde das 1957 erbaute »Haus der Erholung« mit großem Saal, Restaurant und Klubräumen. In Sachen Gästezahl lag Ahlbeck vor seinen Schwestern. Zu den Investitionen gehörte das Ferienheim »Max Kreuziger«. Dank notwendischen Umbaus ist der anspruchslose Bau von einst nicht wiederzuerkennen und heißt jetzt Strandhotel. Neu gestaltet wurde die Strandpromenade, und 1996 öffnete an der Gemeindegrenze zu Heringsdorf das erste **Usedomer Spaßbad** seine Türen, die »Ostseetherme«. Neben der Promenade ist die Seestraße mit ihren kleinen Geschäften eine beliebte Bummelmeile.
Auch Ahlbeck kann stolz auf so manchen prominenten Besucher sein. An der Strandpromenade in der früheren Villa Heimdall (Dünenstraße 11) stieg zum Beispiel 1924 **Thomas Mann** mit Familie ab. Hier soll er seinen »Zauberberg« vollendet haben. Auch der österreichische Kaiser Franz Joseph I. war schon Gast in Ahlbeck. Er wohnte im traditionsreichen Ahlbecker Hof, wo auch der Schauspieler Theo Lingen und der Finanzminister Theo Waigel abstiegen.

Berlin
Volksbund Deutsche Kriegsgräber- fürsorge e.V.

Torf und Einsamkeit zwischen Haff und Achterwasser

Diese Tour führt uns von den lebhaften Touristenorten an der Ostsee in das idyllische **Hinterland** zwischen Stettiner Haff und Achterwasser. Auf der B111 verlassen wir Ahlbeck Richtung Süden. Der Weg führt durch den Ahlbecker Forst recht steil bergan. Seit 2002 steht hier auf dem 56 Meter hohen **Zierowberg** ein Aussichtsturm, der zu einem weiten Blick über die pommersche Bucht einlädt.

Korswandt am Wolgastsee

Am Fuß des Hügels direkt am Wolgastsee liegt der kleine Ort Korswandt. Bereits 1924 ließ die Familie Grünberg aus Swinemünde die Gaststätte »Idyll am Wolgastsee« errichten. Zuvor hatte man die Ausflügler nur in einer Laube in Ufernähe, später »Iltisfalle« genannt, versorgt. Der Komplex des heutigen Hotel »Pirol« entstand als Landjahrlager. Um den bis zu 16 Meter tiefen See führt ein schöner **Wanderweg**. Empfehlenswert ist auch ein Abstecher zum Gothensee vorbei am früheren Seehof.

Ulrichshorst

Nächste Station Richtung Süden ist Ulrichshorst. Hier beginnt das **Thurbruch**, das seinen Namen nach dem Urbüffel (Auer, slawisch Thur) haben soll. Das letzte Exemplar erschoss angeblich der Pommernherzog 1360. Der Ort wurde erst 1774 nach der erfolgreichen Entwässerung des ausgedehnten Niederungsmoors gegründet. Bei der Trockenlegung konnte der Geheime

Die »Frau im Soldatenmantel« auf dem Golm

Finanzrat Franz Balthasar Schönberg von Brenckenhoff (1723 bis 1780) 6000 Morgen Dauergrünland gewinnen. Einwanderer aus Mecklenburg und Schwedisch-Pommern siedelten sich in dem nach dem Geheimen Kriegs- und Domänenrat Georg Philipp Ulrich benannten Ort an. Jeder erhielt sechs Morgen Wiese und ein Stück Garten für Obst und Gemüse. Weil das Dorf auf einer **Sandzunge** liegt, baute man die Häuser auf einer Länge von 1234 Meter geradezu schnurgerade. Die historischen Gebäude stehen auf einer Straßenseite Richtung Reetzow.
Seit 1839 wurde im Thurbruch Torf gestochen. Hochburg war neben dem nördlicher gelegenen Reetzow auch Ulrichshorst. Die Bauern verkauften den Brennstoff vor allem in Swinemünde. Weil mit dem enormen Zuwachs der Inselbevölkerung und durch die verstärkte Wirtschaftstätigkeit in der Hafenstadt mehr Torf benötigt wurde, ließ die Regierung den **Torfgraben** zum Haff anlegen, den heutigen Grenzgraben. 1850 lieferte Torf etwa die Hälfte der Energie in Deutschland. Bei **Kachlin** gewann VEB Inseltorf den Brennstoff noch bis 1962. Der Torfsee, den dieser Betrieb hinterließ, erstreckt sich hunderte Meter weit vom Thurdamm aus in nordwestlicher Richtung. Die ausgetorften Flächen sind heute Naturrefugien. Badetorf wurde bis 1977 für das Heringsdorfer Warmbad gewonnen. Weit schlimmer als die Torfgewinnung waren für die Flora und Fauna des Thurbruchs die **Meliorationsmaßnahmen** der DDR-Zeit, die alles bisher Dagewesene in den Schatten stellten. Von Ulrichshorst nach Reetzow wurde statt des Moorweges eine Asphaltstraße gebaut. Für Autofahrer eine gute Möglichkeit, sich einen Überblick von der Gegend zu verschaffen und einen

noch recht unberührten Teil Usedoms kennen zu lernen. An Reetzow ging das Aufschwungprojekt Fremdenverkehr noch weitgehend vorbei.

Zirchow

Auf der Fahrt Richtung Süden von Ulrichshorst stoßen wir in Zirchow auf die B 110. Wichtigste Sehenswürdigkeit Zirchows ist die auf einer Anhöhe liegende Kirche. Der rechteckige **Feldsteinbau** mit den 1,10 Meter dicken Mauern soll schon um 1280 entstanden sein. Von 1774 stammt das Obergeschoss des Turmes mit der barocken Haube. Bis auf das Fundament reicht der Glockenstuhl herab. Hier verwendete Hölzer sind zum Teil 350 Jahre alt.
Bevor wir das Gotteshaus durch die 1962 nach einem Entwurf von Kirchenbaurat Franz Schwarz geschaffene Tür im Westen betreten, ist ein Gang über den Kirchhof zu empfehlen. Hier stehen einige Kalksteinstelen und gusseiserne Kreuze des 19. Jahrhunderts, z. B. für den Ulrichshorster Kolonisten Johann Pewe (1766–1836) oder Christian Friedrich Finn, Schulz(e) zu Balm (1763 bis 1822). Zirchow verfügt ferner über eine Reihe alter steinerner **Getreidemühlen**, die in oder vor der Kirche aufbewahrt werden.
1841 wurden bei einer umfassenden Sanierung Kanzel, Altar und Gestühl erneuert. Dabei wurden ältere Teile verwendet, wie die Inschrift »Christoff Parl 1684 Jochim Eggert« belegt. Letzterer war wahrscheinlich seinerzeit Besitzer einer der drei Zirchower Halbbauernstellen. 1867 schaffte man die Kaltschmidt-Orgel an. Neun Jahre später erfolgte laut Kirchenchronik eine neue »Altar- und Kanzelbekleidung«. Das Altarbild, eine Kopie des Ecce homo nach Paul Händel, wurde 1875 mit Spendenmitteln, ein Drittel der nötigen 450 Mark gab der Berliner Kunstverein, 50 Mark die Kachliner Domänenpächterin Brockmann, angeschafft. Recht gewaltig wirkt die Gedenktafel für die Gefallenen des Ersten Weltkrieges. Der Anklamer Steinmetz Giese schuf 1952 den **Taufstein**, die Schale mit den zwei Greifen stammt aus dem 17. Jahrhundert. Ein vergleichbares Alter hat auch das Kruzifix auf dem Altar, eine bäuerliche Arbeit. 1958 wurden unter Leitung von Kirchenmaler Gustav Hoffmann die Ausstattungsstücke zu einer farblichen Einheit zusammen gefasst. Dabei fand er mittelalterliche Wandmalereien, z. B. die Darstellung des Leidensweges Christi. Die Malereien wurden zum Teil nicht wieder übertüncht, aber auch nicht restauriert. 1999/2000 legte der Greifswalder Hans-Henning Bär eine monumentale **Kreuzigungsgruppe** an der Südwand frei, die in die Jahre 1480 bis 1500 datiert wird. Zirchows Kirche hat wie die Benzer den Maler Lyonel Feininger inspiriert. 1913 schrieb er: »Es sind die Kirchtürme in gottverlassenen Nestern, die mir das Mystischste sind, was ich von den sogenannten Kulturmenschen kenne.« Das Zirchower Pfarrhaus stammt übrigens von 1873.

Garz

Unsere Tour führt uns jetzt Richtung Osten, nach Garz. Historisch betrachtet prägten Landwirtschaft und Fischerei das Dorf. Nach 1800 arbeiteten viele Garzer in Swinemünde, wodurch der Ort schließlich immer mehr zu einem **Arbeiterdorf** wurde. Schon 1575 wird eine Feldsteinmauer um den Kirchhof erwähnt. Eine über 500 Jahre alte Linde, der frei stehende Glockenstuhl von 1854 und das Kriegerdenkmal des Ersten Weltkrieges gehören zum Sehenswerten im Umfeld der Kirche. Sie wurde um 1450 aus Feld- und Backsteinen gebaut und später mehrfach verändert. Auftraggeber war die **Elendengilde**, die unter anderem Reisenden Richtung Wollin, die nicht mehr über die Swine kamen, gastfreundliche Aufnahme und nötigenfalls medizinische Versorgung bot. An die Schutzheilige der Kranken und Reisenden,

Schön sanierte Häuser, wie hier in Garz, sind überall auf Usedom zu finden

Katharina, erinnern noch heute Flurnamen im Garzer Bereich.

Neben dem Denkmal für die Gefallenen des Ersten Weltkrieges steht seit einigen Jahren das für jene Garzer, die im Zweiten Weltkrieg ihr Leben ließen. Im **Glockenstuhl** hängt derzeit nur eine von dem Kirchenvorsteher August Lemke 1934 gestiftete Glocke, das alte Geläut wurde in den Weltkriegen der Rüstungsindustrie geopfert.

Am Westgiebel erinnert eine Luke daran, dass die Fischer früher gegen einen Obolus ihre Netze auf dem Kirchboden trocknen durften. Auch in Liepe gibt es solch eine Luke. Das Innere der Kirche mit der hölzernen **Flachdecke** wird heute von einer um 1780 eingebauten, geschlossenen Ausstattung mit Bänken, Kanzel, Altaraufsatz samt Gehege bestimmt. Dazu gehören auch zwei Holzsäulen in Nischen an der Ostwand, eine seltene Form. Das 1770 von dem Schiffer Samuel gestiftete Modell der Fregatte »Der weiße Schwan« steht heute im Wolgaster Museum. Seit dem Ostermontag 2004 besitzt die Garzer Kirche ein von dem Greifswalder Gerhard Dallmann gefertigte Kopie dieses 1,20 Meter hohen und 1,25 Meter langen Votivschiffes. Ein zweites, ebenfalls im Museum verwahrtes Votivschiff der Garzer Kirche aus dem Jahre 1825 wurde schon vorher durch ein Modell ersetzt.

An **Kriege und Soldaten** wird auf vielfältige Weise in der Garzer Kirche erinnert. An erster Stelle ist die 2001 eröffnete Ausstellung zur Geschichte des Golms und der dortigen Kriegsgräberstätte des 20. Jahrhunderts (siehe Kamminke) zu nennen. Garz selbst wurde noch am 4. Mai 1945 Opfer eines Fliegerangriffs, bei dem 21 der 82 Hofanlagen zerstört wurden.

Kirchenvorsteher Fink stiftete schon 1844 eine Tafel zum »Andenken der verstorbenen Vater-

Kamminker Ansichten

landsverteidiger aus den Befreiungskriegen von 1813, 14 und 15«. Leider sind offenbar früher vorhandene Orden nicht mehr da. An die »denkwürdigen, glorreichen Kriege von 1864, 1866 und 1870/71« erinnert die von dem Garzer August Koch bezahlte Tafel für die siebzehn Männer, die daran »tätigen Anteil vor dem Feinde« nahmen. Ebenso wird der **Landwehrmänner** Johann Klüss aus Kamminke (gestorben 1905) und Friedrich Runge (gestorben 1890) sowie des **Chinakämpfers** Robert Runge (gestorben 1913) gedacht. Eine weitere Tafel mit Kopien von Eisernen Kreuzen erinnern an die Gefallenen des Ersten Weltkrieges. Die genannten Tafeln wurden erst nach der Wende von Daniel Zülcke wieder vom Dachboden geholt und an den Wänden angebracht. Für ihn eine Umsetzung des Wortes von Albert Schweitzer, dass die Soldatengräber die großen Prediger des Friedens sind. Der Satz steht auch auf der erst 2002 eingeweihten Tafel für die Gefallenen des Zweiten Weltkrieges aus Friedrichsthal und Kamminke.

Aus älteren Zeiten, vermutlich aus dem späten 18. Jahrhundert, stammen die 15 Bretter für **Totenkronen**. Darunter eine im Altarraum, die ein Rätsel aufgibt. Darauf wird drei Kindern der Familie Müller gedacht, zweimal taucht Sophia Elisabeth auf, allerdings einmal mit dem Todesdatum 24. und einmal 27. November 1748.

Michael Masch stiftete 1793 eine Liedertafel, weil ihm nach vier Kindstoden ein lebendiger Sohn geboren wurde. Auch dieser verstarb jedoch bereits als Kind.

Flughafen Heringsdorf

Nicht weit von Garz, am Nordufer des Stettiner Haffs, befindet sich der nach der Wende stark ausgebaute Flughafen Heringsdorf. Schon ab 1919 flog zweimal wöchentlich eine Maschine von Berlin-Johannistal zum »Landflugplatz Swinemünde«. Der **Fliegerhorst** wurde 1935 gegründet. Der nahegelegene Ort Garz war die Heimat der Kunstflugkette der Luftwaffe. Nach 1945 nutzten Sowjetar-

Im Kamminker Hafen legen Fahrgastschiffe Richtung Polen an

mee und Nationale Volksarmee den Flugplatz. Ab 1962 erfolgte auch die zivile Nutzung des Flughafens Heringsdorf für die **DDR-Gesellschaft Interflug**. Bis 1980 wurden von hier Ziele in der DDR, nach Budapest und zuletzt Prag angeflogen. Dann stellte die DDR ihre Linien innerhalb des Landes ein. Erst 1990 kehrte der zivile Luftverkehr mit der Landung einer JU 52 zurück. Heringsdorf wird heute auch von Linienflugzeugen angesteuert.

Kamminke

Nördlich der B 110 bis nach Polen reicht das 375 Hektar große Naturschutzgebiet der Zernin-Senke. Unsere Autoreise führt uns jetzt von Garz nach Kamminke an die **polnische Grenze**. Dass abgeschiedene Dorf am Stettiner Haff ist nicht nur als Ausgangspunkt für Schiffsausflüge Richtung Osten interessant. Die Lage an einer **hohen Düne** gibt dem Ort ein besonderes Flair. Kleine Häuser stehen an ihrem Fuß und prägen die Einfahrt zum Dorfkern, zum Hafen. Schon die Schweden registrierten 1693, dass acht Kamminker neben der Landwirtschaft im Haff fischten. Dank des Aufstiegs Swinemündes wurde dieser Erwerbszweig in der zweiten Hälfte des 18. Jahrhunderts zunehmend lukrativer. Um 1900 lebten etwa 40 Kamminker Familien von der Fischerei. Ihre Häuser prägen das Ortsbild bis heute entscheidend mit.

Unmittelbar am Wasser mussten die Bauleute zu DDR-Zeiten aktiv werden. Als die Naturgewalten am 4./5.April 1970 **Hafen** und Mole zerstörten, erlebte der Ort eine Welle der Unterstützung. Innerhalb von vier Wochen wurden 5000 Tonnen Steine und Kies gebracht, die Mole, an der auch heute noch Fischerboote liegen, neu errichtet. Nicht zu übersehen ist die Steinskulptur »Für die unbekannten Fischer«.

Der Golm

Keinesfalls versäumen sollte man einen Besuch des nahe Kamminke gelegenen Golms. 2005 wurde hier die erste Jugendbegegnungs-

Wladimir Iljitsch Lenin und Karl Marx wurden 1971 auf einem Denkmal für den Widerstandskämpfer Fritz Behn in Benz vereint. Es erinnert auch an dessen konspirative Tätigkeit gegen das Regime in der NS-Zeit

stätte des Volksbundes Deutsche Kriegsgräberfürsorge in Deutschland eingeweiht, die die alte Schule des Ortes einbezieht. Einen besseren Ort als den Golm unmittelbar an der polnischen Grenze mit Blick auf Swinemünde hätte man kaum finden können. Die 69 Meter hohe, bewaldete Anhöhe war – wie ein **Burgwall** belegt – schon zur Bronzezeit besiedelt. Bis zum Zweiten Weltkrieg suchten namentlich Swinemünder hier Erholung. Es gab eine Gaststätte und einen Aussichtsturm. Das bewaldete fossile Kliff mit seiner artenreichen Flora und Fauna steht nicht ohne Grund seit 1958 unter Naturschutz.

Am Mittag des 12. März 1945 warfen etwa 650 Flugzeuge 1600 Tonnen Bomben auf das nahegelegene Swinemünde. Die Kreisstadt war zu diesem Zeitpunkt von Flüchtlingen überfüllt. Nach neueren Untersuchungen kamen ca. 23.000 Menschen ums Leben und wurden größtenteils in **Massengräbern** beigesetzt. Etwa 2000 namentlich bekannte Tote erhielten Reihengräber. Auf dem Golm gab es zuvor schon einen **Marine- und Soldatenfriedhof**. Die DDR tat sich schwer mit dem Erbe, sie ließ nach dem Krieg auf den Massengräbern und dem Soldaten- und Marinefriedhof Kiefern anpflanzen. 1954 sägten »Unbekannte« das dreizehn Meter hohe Kreuz, den zentralen Punkt der Friedhofsanlage, ab. Die von dem Bansiner Bildhauer Rudolf Leptien geschaffene Plastik »Frierende Frau im Soldatenmantel« fand bei den Verantwortlichen keine Anerkennung. Leptien verließ die DDR, sein Kunstwerk blieb im Garten des Bansiner Hauses.

Um die Gestaltung des Friedhofes wurde Jahre gerungen. Erst 1967 konnte der kirchliche Verantwortliche, Superintendent Herbert Achterberg, die ersten acht Granitkreuze aufstellen. Staatlicherseits wurde aber eine **Mahn- und Gedenkstätte** statt eines Kriegsgräberfriedhofes mit christlicher Symbolik bevorzugt. Und so untersagte man die Aufstellung weiterer Kreuze, ließ die vorhandenen sogar abräumen. 1975 wurde ein

Rundbau aus Beton, der an ein **slawisches Ringgrab** erinnern soll, an der Stelle aufgestellt, an der das Hochkreuz gestanden hatte. Schöpfer der Anlage mit der Zeile aus der DDR-Nationalhymne »Dass nie eine Mutter mehr ihren Sohn beweint« war der Rostocker Wolfgang Eckhardt. Erst 1984 stellte der Zempiner Fritz Heinz ohne behördliche Genehmigung Leptiens **Frau im Soldatenmantel** auf dem Golm auf.

Nach 1989 bemühten sich einzelne Menschen erneut um den Golm und gründeten 1992 eine Interessengemeinschaft. Es erfolgte eine umfassende Neugestaltung. Symbolkreuze kennzeichnen die Massengräber. Am Aufgang steht nun ein Kreuz. 2000 übernahm der Volksbund die größte Kriegsgräberstätte Mecklenburg-Vorpommerns.

Auf dem Weg zum Achterwasser

Von Kamminke führt der Weg zurück an die B 110. Wer möchte, kann noch einen kleinen Abstecher nach Kachlin hinein unternehmen. Wer in Richtung des Windschöpfwerkes fährt, sieht in **Kachlin** noch einige historische landwirtschaftliche Gebäude der früheren Domäne aus Backstein, darunter einen alten Dreschboden. Das 1995 rekonstruierte Windrad der Heider Firma Köster aus dem Jahre 1920 ist knapp 12 Meter hoch. Mit Hilfe einer archimedischen Schnecke sorgte es mit für die Entwässerung des Thurbruchs. Wegen fehlenden Geldes für die Reparatur ist das Windrad derzeit nicht am Standort.

Über das noch wenig durch den Fremdenverkehr veränderte **Katschow** und das historische Domänenvorwerk **Labömitz**, zu DDR-Zeiten Standort eines Futtermitteltrockenwerkes für die Aufzucht von fast 8000 Rindern, geht es Richtung Norden. Rechts der Straße, kurz vor Benz, erhebt sich der **Kückelsberg** mit dem 2000 errichteten Aussichtsturm.

Benz

»Als Bonapartes Übermuth entflammte jedes Volkes Wuth und Friedrich Wilhelms Tapferkeit durch seiner Preussen Muth siegreich half enden diesen Streit für Freiheit, Hab und Gut, da kündigte mein erster Klang des holden Friedens Lobgesang« heißt es auf einer Benzer Kirchenglocke des Jahres 1814. Das Gotteshaus ist von stattlichen Kastanien umgeben. Daneben liegt das **Pfarrgehöft** mit dem Pfarrhaus von 1892. Ein Pfarrer wird schon 1229 erwähnt.

Teile von Chor und Mittelschiff des Feldsteinbaus entstanden noch im 13. Jahrhundert; es folgten mehrfache Umbauten. Der obere Turmteil wurde um 1700 aufgesetzt. Im 18. Jahrhundert folgten Altar, Kanzel und Gestühl.

Die Bockwindmühle von Benz wurde von Otto Niemeyer-Holstein saniert

Fischeridylle am Achterwasser

Zu bewundern gibt es noch den Fuß eines Taufsteins aus dem 13. Jahrhundert und sechs spätmittelalterliche Schnitzfiguren. Den Altar schmückt eine Kopie von van Dycks »Beweinung Christi«. Es ist eine Schenkung des Kaiser-Wilhelm-Museums Berlin von 1909. Im Gegenzug hatten die Benzer das eigentliche Altarbild verkauft. Kassetten-Malereien schmücken das hölzerne **Tonnengewölbe**. 135 Sternbilder sind hier in Gold, Weiß und Blau 1911 dargestellt worden. Im gleichen Jahr spendierte der Benzer Kantor Böning das Glasfenster, das das Lamm mit Siegesfahne zeigt. Als Ritter ist der fürstlich pommersche Rat und **Hofmarschall Jacob von Küssow** auf einer Kalksteingrabplatte dargestellt. Er starb 1586 als Hauptmann (Verwalter) auf Schloss Pudagla.

Neben dem Kirchhof befindet sich in einer alten Scheune das 1999 eröffnete **Kunst-Kabinett** Usedom. Das vielleicht schönste Benzer Gehöft des 19. Jahrhunderts mit Wohnhaus, Stall und Scheune hat die Adresse Labömitzer Straße 11.

Zu DDR-Zeiten wurde häufig am Denkmal für den 1944 von den Nationalsozialisten in Reval (Tallin) wegen »Wehrkraftzersetzung« hingerichteten Fritz Behn demonstriert. Der Zimmermann, der 1927 der KPD beitrat, hatte sich durch Haft und Fronteinsatz bei Leningrad (St. Petersburg) nicht von seiner Sache abbringen lassen. Das Denkmal, das Behns konspirative Tätigkeit illustriert, und auf dem auch Karl **Marx** und Wladimir Iljitsch **Lenin** dargestellt wurden, schuf 1971 der Bildhauer Hans Kies. Nach der Wende wollte eine Einwohnermehrheit den Abbau des Kunstwerks. Die Denkmalpflege lehnte das ab.

Am Mühlenberg befindet sich der weitläufige Friedhof. Die letzte, großräumige Erweiterung des Areals prägt eine riesige Zahl gusseiserner Grabgitter.

Die meisten Besucher zieht es zum Grab des 1984 verstorbenen Malers Otto Niemeyer-

Blick von Neppermin zu den Inseln Böhmke und Werder

Holstein. Hier steht die Plastik »Der Jüngling« von Waldemar Grzimek. Nicht weit von hier wurde 1999 der populäre **Schauspieler Rolf Ludwig** beerdigt, der 1970 in Stoben am Schmollensee einen Sommersitz erworben hatte. Auf dem Mühlenberg steht die **Holländerwindmühle**, die sich seit 1838 für mehrere Generationen im Besitz der Familie Jahnke befand. Bis 1971 war sie in Betrieb, seit 1926 als Motormühle. Schon Lyonel Feininger hat die Mühle gemalt, der Defa diente sie 1968 als Kulisse für die Verfilmung von »Effi Briest«. 1973 erwarb **Otto Niemeyer-Holstein** das Bauwerk von Ruth Jahnke und ließ es mit seinem für den Nationalpreis erhaltenen Geld instand setzen. Inzwischen ist ein gemeinnütziger Verein der Hausherr. 2002 wurden die rund 30.000 Eschenschindeln aus Niemeyer-Holsteins Zeiten durch witterungsbeständige aus Eichenholz ersetzt. Die Mühle erhielt neue Flügel.

Neppermin

Unsere nächste Station ist Neppermin. Recht gepflegt präsentiert sich das früher von der Landwirtschaft geprägte Dorf in malerischer Lage. Neppermin zeigt gut beschildert seine Sehenswürdigkeiten bis hin zur **Kaisereiche** von 1900. Eine Uferpromenade lädt zur Seewanderung ein. Der große Maler Lyonel Feininger, der 1908 bis 1913 Heringsdorf besuchte, war übrigens vom Ort begeistert, sah Neppermin als sehr attraktives Dorf an.
Im Achterwasser liegen drei Naturschutzgebiete: die **Halbinsel Cosim** und die Inseln Böhmke (2,3 ha) und Werder (5,6 ha). Alle drei bieten insbesondere Küstenvögeln und Wiesenbrütern Lebensräume. Cosim ist sogar durch einen öffentlichen Weg von Balm aus zugänglich.
Es ist die letzte Station dieser Reise, die uns über Pudagla zu den Kaiserbädern zurück führt.

Rund um die Stadt Usedom

Usedom

Usedom präsentiert sich den Besuchern heute als gepflegte Kleinstadt. Im Gespräch sind momentan neue touristische Einrichtungen am Hafen und die Einrichtung eines Golfplatzes. Sollten diese Projekte Wirklichkeit werden, wird das Städtchen viel stärker als bisher vom Fremdenverkehr profitieren können.

Inselmühle Usedom

Ein prägender Gebäudekomplex der Ortsdurchfahrt ist die sogenannte Inselmühle. 1866 hatte der Müllergeselle Karl Schwarz das Grundstück mit Holländerwindmühle erworben. Sohn Karl sorgte nach einem Brand 1913/14 für den Ausbau mit Anschlussgleis der Eisenbahn und Landhandel. Seit dieser Zeit wird der Name **Inselmühle** Usedom geführt. 1953 erfolgte die Verstaatlichung, 1970 der Bau des Silos. Seit 1991 steht die Inselmühle leer.

Das benachbarte **Bahnhofsgebäude**, das 2003 eingeweihte Klaus-Bahlsen-Haus mit Stadtinformation, Informationszentrum und Versammlungsmöglichkeiten für den Naturpark Usedom, ist dagegen heute ein touristischer Anziehungspunkt. Das Gebäude hat Geschichte, denn 1876 nahm die Bahnstrecke Ducherow - Swinemünde über Usedom ihren Betrieb auf. Jetzt hofft man auch in der Stadt auf eine Wiederbelebung der Verbindung.

Geschichte im Überblick

Historisch besaß Usedom eine große Bedeutung. Schon in der Steinzeit siedelten hier Menschen. Spätestens im 10. Jahrhundert entstand am Ufer des Usedomer Sees der **Burgwall** »Bauhof«, ein wirtschaftliches und politisches Zentrum, Mittelpunkt eines größeren Siedlungskomplexes. Die Archäologen fanden Hinweise auf verschiedene Handwerker und Handelstätigkeit bis nach Russland, Skandinavien und ins Baltikum. Auch mehrere 1997-2001 gefundene **schiffsförmige Särge** in zwei nicht weit vom »Bauhof« entfernten Gräberfeldern belegen zumindest skandinavische Einflüsse, ebenso möglicherweise ein reich ausgestattetes frühmittelalterliches Kammergrab. Im 12. Jahrhundert kam der »Schlossberg«, eine Art großer **Turmhügel**, hinzu. Bis in das 13. Jahrhundert war die Burg ein bevorzugter Aufenthaltsort für die pommerschen Herzöge, verlor aber nach der pommerschen Landesteilung 1295 an Bedeutung. Die Baulichkeiten wurden noch als Witwensitz genutzt, verfielen im Laufe der Jahrhunderte.

1128 entschieden sich die slawischen (wohl lutizischen) Großen aus dem heute vorpommerschen Raum, die kurz zuvor die Oberherrschaft der Pomoranen akzeptieren mussten, für das **Christentum**. Papst Innozenz II. bestätigte 1144 das pommersche Bistum, zu dessen Ausstattung die Einkünfte der Burg Usedom gehörten. Mit dem Prämonstratenserkloster Grobe wurde vor 1155 durch Herzog Ratibor I. und seine Frau Pribislawa in der Nähe eine bedeutende christliche Einrichtung gegründet.

1298 erhielt das südwestlich des »Bauhofes« entstandene Usedom das lübische Stadtrecht durch Herzog Bogislaw IV. Heute ist es die einzige Stadt des deutschen Teils der Insel. Mit dem Privileg des Pommernherzogs waren Zollfreiheit im Lande und freier Fisch-

Das Anklamer Tor

Stattliche Häuser stehen am Markt des Städtchens

fang im Haff verbunden. In **Grobe** residierte vor Cammin (ab 1175) der pommersche Bischof. 1307 bis 1309 wurde Grobe von seinem Standort, vom Priesterkamp - einer Kuppe südlich der Stadt am Usedomer See - nach Pudagla verlegt.

Durch die Stadt

Wer nach Usedom von Karnin und Mönchow einreist, hat die Schauseite der Stadt mit dem letzten Rest der mittelalterlichen **Stadtbefestigung** vor Augen. Um 1450 entstand das Anklamer Tor mit Putzblenden, Luken und Walmdach sowie spitzbogiger Durchfahrt. Im 19. Jahrhundert fungierte es vor allem als **Stadtgefängnis**. Nach 1945 wurden hier noch Bauern, die ihr Soll, d.h. die geforderte Menge abzuliefernder landwirtschaftlicher Produkte, nicht erreichten, eingelocht. Das Torhaus wurde erst 1980 abgerissen. Der eindrucksvolle gotische Bau beherbergt seit 1996 die **Heimatstube**. Sie zeigt z.B. Dokumente der Usedom-Pasker Fischerinnung. Der Schwerpunkt der Sammlung liegt auf dem 18./19. Jahrhundert.

Die historischen Umrisse der Stadt sind noch gut erkennbar. An der leicht erhöht liegenden Wallstraße stehen kleine Häuser. Richtung **Markt** und in der guten Stube der Stadt blieb eine ganze Reihe von Bauwerken des Historismus erhalten. Das Rathaus wurde im letzten Viertel des 18. Jahrhunderts errichtet. Es ist ein zweigeschossiger Putzbau mit sieben Achsen und leicht hervortretendem Mittelrisalit. In einem Brüstungsfeld befindet sich ein umranktes Stadtwappen.

Dessen Geschichte ist im Treppenhaus des Rathauses nachvollziehbar. Hier sind **Glasmalereien** des »Störgreif-Wappens« und des »Helm-Wappens« zu sehen. Ein Irrtum soll Pate gestanden haben, als der Störgreif des hinterpommerschen Geschlechts der Sewenzonen als Symbol der Herrschaft Usedom um 1500 unter Bogislaw X. in das große Pommernwappen gelangte. Als 1720 die Preußen die Insel übernahmen, wurde der

Störgreif, ein Raubvogel mit Fischschwanz, Wappentier der Stadt für mehr als 200 Jahre. Der rote Störgreif auf Silber befindet sich auch am Rathaus. Um 1900 kam wieder das Wappen mit dem Helm auf dem Schild, das auf Siegeln schon um 1300 bezeugt ist, in Gebrauch. Dabei trat ein frühneuzeitlicher Spangenhelm an die Stelle des mittelalterlichen Kübelhelms. Erst in den 1930er Jahren verdrängte das Helm- endgültig das Störgreif-Wappen. Aktuell schmückt den blauen Helm eine goldene Krone mit Pfauenfedern.

Die Kirche

Von fünf mittelalterlichen Kirchen ist nur eine geblieben. Das im Vergleich zu den Wohnhäusern gewaltige **Bauwerk** ist der Gottesmutter Maria geweiht. Es wird 1337 erstmals erwähnt und wurde nach dem großen Stadtbrand von 1475/76 im spätgotischen Stil wieder aufgebaut. Aus dieser Zeit stammen das Schiff und der untere Teil des Turms. 1639 wurde mitten im verheerenden Dreißigjährigen Krieg auf Initiative der beiden Bürgermeister Martin Volkmar und Joachim Gärtner eine heute noch erhaltene Glocke bei Peter Barner in Greifswald in Auftrag gegeben.

Ihre heutige Gestalt erhielt die Marienkirche bei der großen Restaurierung 1891 bis 1893 nach Plänen des königlichen Regierungsbaumeisters Böttcher. Völlig verändert wurden Turmoberteil und Altarraum.

Gleich im **Turmraum** erinnern zwei zur Zeit des Wiederaufbaus gefertigte Gedenksteine an den Fürsten Ratibor und seine Frau Pribislawa, die Gründer des Klosters Grobe. Ferner ist hier der Grabstein eines Prokonsuls aus der gleichen Zeit zu sehen. Eine weitere Platte erinnert an den zeitweiligen »Frantzburger« Bürgermeister Volcmin (1594–1669).

1966/67 entstand im Turmraum die Gedenkkapelle nach dem Entwurf des Thüringer Grafikers Willmaser. Das Innere wird vom vor 1900 herrschenden Kunstgeschmack bestimmt und ist eher schlicht. Sogar Öfen des Jahres 1891 gibt es noch. Eine alte Inschrift erinnert an die Sitze der **Konfirmanden**. Von der Restaurierung des 18. Jahrhunderts blieben die Holzdecke und die ebenfalls 1726 als Pfeiler aufgestellten Eichenstämme. Die **Altarschranken** stammen von 1743. Wappen berichten, dass sie von Leutnant von Massow und seiner Frau, einer geborenen Alemann, gestiftet wurden. Hauptmann Johann Ernst Alemann war 1731 von Friedrich Wilhelm I. als Anerkennung seiner im Krieg geleisteten Dienste in den Adelsstand (Wappen mit brennenden Kanonenkugeln) erhoben worden. 1790 stiftete Johann Wilhelm Hirte, seines Zeichens **Scharfrichter** in Anklam, den Abendmahlskelch. Sein Va-

Hinter den Fachwerkbauten des Pfarrhofes erhebt sich die Kirche

ter Johann Christoph übte dieses Amt in Usedom aus, sein Bruder Peter Christoph gestaltete als Kunstmaler 1777 die Morgenitzer Kirche.
Für den Chorraum wurden 1893 durch das königliche Glasmalereiinstitut drei Fenster gefertigt. Sie zeigen Rauten-Teppichmuster und die Auferstehung. Dieses Fenster wurde von Hauptmann Wittchow von Breese-Winiary auf Mellenthin gestiftet.
Usedom blieb auch nach der **Reformation** das kirchliche Zentrum der Insel. An der Marienkirche gab es zwei Pfarrerstellen. Der erste, der Präpositus, wurde seit 1806 Superintendent genannt. Für den Präpositus wurde 1778/79 das Pfarrhaus an der Marktecke errichtet. Der Fachwerkbau bildet mit den Nebengebäuden eines der interessantesten Ensembles der Stadt.

Zum Hafen

Vom Markt bietet sich ein Spaziergang Richtung Hafen an. Zu DDR-Zeiten produzierte die Fischereiproduktionsgenossenschaft unter anderem sehr begehrte **Rollmöpse**. Das ist Geschichte. Die Zukunft ist eine touristische Nutzung mit Übernachtungsmöglichkeiten, Angeboten für Segler und andere Urlauber. Eine touristische Attraktion könnte der geplante 15 Meter hohe Leuchtturm werden. Eine Fußgängerbrücke Richtung Paske dürfte eine reizvolle Zugabe werden.

Der Schlossberg

Vom Hafen geht es zum Schlossberg. Das Kreuz auf der Höhe wurde in Erinnerung an die Christianisierung 1928 auf Initiative des Usedomer Superintendenten Wilhelm Renner errichtet. Die bis dahin landwirtschaftlich genutzte Fläche gestaltete man zu einer Gartenanlage um. Zur Stadt Usedom gehören heute weitere **zwölf Ortsteile**. So das erwähnte Paske mit nicht einmal 100 Einwohnern, das gegenüber dem Usedomer Hafen liegt.

Rund um den Usedomer See

Von der Kreisstraße kann man nach **Welzin** gelangen, wo 2003 eine Käserei mit Schweizer Käsemeister ihren Betrieb aufnahm. Am Mund des Usedomer Sees liegt das malerische **Ostklüne**. Es wurde 1251 als Eigentum der Schwerine erwähnt. Ein Besitzer des damals gerade mal 76 Hektar großen Rittergutes, Ludwig Hermann Ferno, war 1842 bis 1882 Landrat von Usedom-Wollin. Auf der anderen Seite, nicht minder malerisch, liegt **Westklüne**, das 1779 als Ziegelei der Domäne Wilhelmshof genannt wird, per Auto nur über Usedom zu erreichen. Klüne ist von Namensforschern als Bezeichnung für Landzunge oder für die Äste, die die Kehle des Sees einschließen, gedeutet worden. Wer mag, kann von hier aus auf dem **Seeadler-Damm** wandern. Anlegestellen, Boote und rohrgedeckte Häuser vervollständigen die Idylle am Mund des Usedomer Sees. Bis 1937 befand sich hier die seinerzeit nach Karnin verlegte Lotsenstation.

Mönchow

Unser Weg Richtung Südwesten führt uns von Westklüne nach Mönchow. Das nahe **Wilhelmshof** war im 19. Jahrhundert eine vorbildliche Domäne, auf deren Äckern 1895 erstmals auf Usedom Zuckerrüben angebaut wurden. Das am Weg liegende frühere Gut **Wilhelmsfelde** wurde erst 1838 von dem Gutsbesitzer Johann Lutz aus zwei Höfen gegründet. Außergewöhnlich ist das **Mausoleum** auf dem Mönchower Friedhof, das sich der Gneventhiner Bauer Carl Dannenfeldt 1891 für die stolze Summe von 25.000 Mark durch den Swinemünder Maurermeister Pistorius in Neorenaissanceformen errichten ließ. Zu den historisch interessanten Grabdenkmälern gehören jene für die Hencks, bis 1970 **Fischmeister** in Anklamer Fähre.
Die Kirche des schon 1168 als Ort der Mönche erwähnten Dorfes stammt in ih-

Bei Karnin

ren ältesten Teilen aus dem 15. Jahrhundert. Den krönenden Fachwerkaufsatz erhielt der Turm 1827/28.

Ein großer Teil der bemerkenswerten Innenausstattung stammt aus dem 17. Jahrhundert. So Altar, Gestühl, Empore und Kanzel. Sehr schön sind die **Blumenmalereien**, die an den Eingängen zu den Bänken zu finden sind. 1769 hat sie der auch in Mellenthin aktive Maler Hirte ausgeführt. Die Bänke sind nummeriert und den einzelnen Orten des Kirchspiels zugeordnet. In einer Zeit als es sehr viele Analphabeten gab, konnte sich der Gottesdienstbesucher an seiner Blume über den Platz in der Kirche orientieren. Beachtenswert sind weitere Blumendarstellungen sowie Darstellungen von Jüngern, Aposteln, Szenen aus dem Leben Jesu und anderes mehr an der Kanzel und am Gehege.

Oberhalb des sehr lebendig dargestellten Abendmahlgemäldes verkörpern zwei Frauen den Tod (mit Uhr) und die Auferstehung (mit Spiegel). Es ist eigentlich ein Epitaph. Gewidmet ist es Mitgliedern der Anklamer **Ratsherrenfamilie Gladrow**, die laut Inschrift 1683 die Kanzel stiftete. Vermutlich waren sie Zöllner auf Anklamer Fähre. Ein 13. Mann steht im Hintergrund, vermutlich der Maler. Auf der Predella ist die Landschaft Richtung Zecherin über die Peene zu sehen.

Karnin und die Zecheriner Brücke

Nächste Station ist Karnin. Eisenbahnfreunde haben nach der Wende das etwa 1900 gebaute **Bahnhofsgebäude** von Karnin vor dem Verfall gerettet. Quer dazu steht das ältere Bahnhofsgebäude der 1876 eingerichteten Strecke Ducherow - Swinemünde. Auch Lokschuppen, Schienen, Bahndamm und alte Wagen erinnern über das Museum hinaus an ältere Eisenbahnzeiten. Eisenbahnfreunde haben auch die Zerstörung

Die Zecheriner Brücke

des letzten Teils der 1932 bis 1934 errichteten **Eisenbahnhubbrücke** verhindert. Das technische Meisterwerk, das sich maximal 28 Meter über dem Wasser erhob, erreichte einen Hubweg von höchstens 25 Metern. Eine Fahrbahn wog 134 Tonnen. 1945 sprengte die Wehrmacht bei ihrem Rückzug vor der sowjetischen Armee die Brücke.

Auf dem historischen Bahnhofsgelände von Karnin

Aber nicht nur die Eisenbahnhubbrücke prägt das Bild des Ortes von der Wasserseite aus. Auch der wohl 1937 vollendete **Lotsenturm** mit den Häusern der Lotsen ist ein echter Hingucker.

Nächste Station ist die **Zecheriner Brücke**. An der B 110 Richtung Usedom liegt der idyllisch gelegene Peenestromhof. Die heutige Besitzerfamilie erwarb 1933 die frühere Ziegelei. Zecherin war bis 1931 Fährort. Schon 1285 hatte Herzog Bogislaw IV. Anklam das Eigentum an der **Zecheriner Fähre** geschenkt.

Bis zur Vollendung der ersten 330 Meter langen Brücke im Jahre 1931 besorgten zwei an Ketten laufende Motorprahme für insgesamt zehn Fuhrwerke die Überfahrt. Daneben kam in den letzten Jahren vor dem Brückenbau in der Saison noch eine **Schleppfähre** hinzu, die 12 Autos befördern konnte. Trotzdem kam es zu langen Wartezeiten, die erst durch den Bau der Zecheriner Bbrücke ein Ende fanden.

Stolpe

Unser Weg führt uns von Zecherin zurück Richtung Usedom und weiter nach Stolpe. Dank erheblicher öffentlicher Zuwendungen präsentiert sich der historische »Rest« von **Schloss** Stolpe mit seinen repräsentativen Türmen wieder als bemerkenswerter Bau des letzten Viertels des 16. Jahrhunderts, der in der Folgezeit wenig verändert, aber nach 1896 historistisch, ja romantisch mittelalterlich umgebaut und erweitert wurde. Auf diese Zeit gehen der Ab- und Einbau von Türmen sowie der Vorbau mit Rundbogenarkaden und mittigem Portal am Eingang zurück. Bauherren waren in beiden Fällen die Schwerine der Stolper Linie. Noch 1945 war das Gebäude rund 75 Meter länger. Dazu kamen noch einmal 50 Meter Mauerwerk, in denen Wohnungen der Arbeiter und Angestellten ihren Platz fanden.

Zwar hatte 1754 Friedrich von Schmalensee das zuvor von seinem Schwiegervater Erdmann Friedrich von Schwerin (1704–1753) allodifizierte Gut erworben, aber 1896 kaufte Ulrich von Schwerin/Ducherow das knapp 600 Hektar große Gut Stolpe für 330.000 Mark aus einem Konkurs und vermachte es als verspätetes **Hochzeitsgeschenk** seinem Sohn Friedrich (1869–1924), der 1894 Freda von Kleist (1872 bis 1957) geheiratet hatte und die großzügige Erweiterung veranlasste.

1945 bezog ein sowjetischer Stab das Schloss. 1949 wurde der mittlere Teil des Gebäudes abgerissen, das Material für den Bau von **Neubauernhäusern** verwendet. 1974 wurden die drei Türme des Hauptgebäudes niedergelegt. Im Untergeschoss gab es bis 1989 eine **Gaststätte**. Seinerzeit nutzte die Konsumgenossenschaft Teile für ein Kinderferienlager. Seit 1990 stand das Schloss leer.

Drei Jahre später wurde der Verein KULTurBURG Stolpe e.V. Hausherr, dem namentlich **junge Berliner** angehörten. Von einer Jugendherberge, einer Kindertagesstätte, Sommerlagern, Sprachkursen und Konzertreihen war die Rede. Die Stolper konnten sich aber nicht mit dem Treiben und der Unordnung auf dem Schloss anfreunden, zumal die Pächter (Jugendprojekt Berlin GbR) über keine Mittel verfügten und sich der Zustand eher verschlechterte. 1995 zogen die drei Schlossbewohner unfreiwillig aus.

Ein Förderverein nahm sich des wertvollen Profanbaus an. 2005 erfolgte die Einweihung als Folklorezentrum, nachdem die Vereinfachungen aus DDR-Zeiten rückgängig gemacht wurden und die Sanierung weit fortgeschritten ist.

Im Haus gibt es sogar noch ein Ölgemälde auf Leinwand von ca. 1700, das möglicherweise Erdmann oder Joachim Heinrich von Schwerin (bis 1724) inmitten seiner Pferde

Auch der Lotsenturm prägt Karnin

Schloss Stolpe erhielt nach der Wende seine historische Schönheit zurück

und Hunde zeigt. Vom Um- und Ausbau der Jahre nach 1896 sind Stuckarbeiten, große Teile der reich gestalteten inneren Einbauten sowie Innentüren, Fenster und Fensterläden erhalten.1906 entstanden die Kamin-Attrappen, die die Zentralheizung aufnahmen. Nach 1904 wird u.a. der aufwändige Saalanbau mit Stuckdecke datiert.

Zum Ensemble gehören neben früheren Ställen in Verlängerung des Schlosses auch noch der **Marstall** und die Remise. Die Wetterfahne mit den beiden Pferden in gestrecktem Galopp weist auf ein Erbauungsjahr 1927 hin. Auf der anderen Straßenseite liegen u.a. der Dorfteich und eine seit 1865 bestehende Bäckerei.

In die mittelalterliche Kirche Neu Stolpes (Alt Stolpe lag wohl zwischen heutigem Dorf und Haff) schlug 1867 der Blitz ein. 1871-73 wurde das neue **Gotteshaus** anstelle des alten nach einem Entwurf des Usedomer Maurermeisters Zaeske errichtet. Der **Rokokoprospekt** der Orgel stammt aus Stettin. Die Orgel wurde bei Kriegsende von sowjetischen Truppen ausgeraubt, 1969 aber von Günther Bahr wieder spielbar gemacht. **Kronleuchter** mit gekrönten Adlern ließ der damalige Pastor 1980 in Stettin anfertigen. An ältere Zeiten erinnert die Loge für die Stolper Gutsherren. Patron des Baus war der Stolper Rittergutsbesitzer Christian Jacob Ludwig Holtz. Gemälde erinnern an den Superintendenten und Pastor Carl Heinrich Vogel und den Seelenhirten Heinrich Friedrich Krauthoff (1821–1898), in dessen Amtszeit der Neubau erfolgte. Draußen gibt es ein Denkmal für die gemeinsame **Grabstätte** der Krauthoff-Vogels. Johann Friedrich Krauthoff folgte als Schwiegersohn auf den Herrn von Schmalensee als Besitzer, dessen zweite Frau einen Dr. Vogel heiratete. Den Soldaten mit Handgranate und Patronengürtel stifteten die Schwerine zum Andenken an ihren 1918 gefallenen Sohn Hans Heinrich. Das Denkmal wurde während der DDR-Zeit in der Scheune des Pfarrhofes versteckt.

Auf der anderen Seite der Straße befindet sich die Grabstätte der Schwerine und Verwandter. Hier liegt u.a. der **Bauherr** des Schlossumbaus begraben, der preußische Major, Kammerherr und Hofmarschall Graf Friedrich von Schwerin (1869-1924). Sein zweiter Sohn Hans Heinrich (geboren 1897) stürzte 1918 bei Gent mit seinem Flugzeug ab. Militärisch opferbereit ist die Botschaft anderer Inschriften. Dem General der Kavallerie Carl von Kleist (1836-1917) ließ man »Der Tod ist verschlungen mit dem Sieg« auf seinen Stein schreiben. General Hellmut von Gorden (1811-1889) musste erleben, dass sein einziger Sohn vor ihm starb. Leutnant Max von Gorden (1850-1870) fiel im Deutsch-Französischen Krieg. Innerhalb dieser Anlage wollte sich auch die **letzte Gräfin**, Freda von Schwerin, bestatten lassen. Sie musste im November 1945 mit einem Handwagen Stolpe verlassen und starb als Wohlfahrtsempfängerin in Niedersachsen. Ihr Wunsch sorgte für jede Menge Aufregung in der DDR. Letzten Endes wurde die Gräfin im Rahmen einer geradezu theaterhaften **Inszenierung**, die unter anderem mit Hilfe einer Traktorensperre nicht erwünschte Öffentlichkeit - es sollen mehr als 2000 Menschen gewesen sein - ausschließen wollte, in Stolpe beigesetzt. Allerdings nicht in der Familiengrabanlage, sondern auf dem neuen Friedhof in einer Ecke, zu dem die Trauergäste über Umwege mit einer Stunde Verspätung gelangten. Es ist ein sehr bescheidener Stein, der hier an sie erinnert. Dem ZDF war das Begräbnis der Gräfin nach der Wende einen Film wert, der in Auerose und Mellenthin gedreht wurde.
Auf dem Weg über **Gummlin**, an dessen Ortsrand man auf dem Deich sehr schön wandern kann, in Richtung Dargen bieten sich schöne Blicke zum Haff. Bei Prätenow, in der Mellenthiner Heide, gibt es seit Mai 2004 ein Schaugehege für **Wisente**. In Dargen gibt es nicht nur einige schöne Höfe und die alte Schmiede an der Schmiedestraße zu bewundern. Auf dem historischen Bahnhofsgelände befindet sich ein **Zweirad- und Technikmuseum**. Auch viele alte aus DDR-Zeiten bekannte Autos vom Barkas bis zum Wolga gibt es hier zu sehen.

Mellenthin

Wir fahren jetzt auf der B 110 wieder ein Stück Richtung Zecheriner Brücke und biegen dann nach Mellenthin ab. An einer Reihe von nachwendischen Blockhäusern vorbei führt der Weg zum parkartigen Friedhof mit interessanten Grabdenkmalen, in dessen Mitte sich die **Kirche** erhebt. Während der Altarraum etwa 1330 fertig war, ist das Kirchenschiff erst im 15. Jahrhundert entstanden. Schleifspuren an der Außenwand, die man auch in Morgenitz findet, könnten einen Hinweis sein, dass »Steinmehl« als Medizin in vorreformatorischer Zeit gewonnen wurde. Das obere **Turmgeschoss** stammt ursprünglich von 1735, das Fachwerk wurde 1904 durch massives Mauerwerk ersetzt.
Gleich neben dem Eingang steht eine Grabplatte mit Wappen von 1594. Dargestellt sind Ilsebe und Rüdiger von Neuenkirchen.Hier wurde auch ein frühslawischer **Mahlstein** eingelassen, der vor der Reformation als Weihwasserbecken diente.
Die Ausstattung stammt aus mehreren Jahrhunderten, so ein Kruzifix aus dem 16., die Kanzel mit den Evangelistendarstellungen

Das Wasserschloss von Mellenthin

aus dem 17. Jahrhundert sowie Altar und Empore von 1755. Mit Blumen verziert wurde das Gestühl 1691. Wie in Morgenitz gibt es eine **Beichtstube** aus dem 18. Jahrhundert. Ein Glanzstück sind die mittelalterlichen Malereien im Kreuzrippengewölbe des Chores, die das Jüngste Gericht und das Martyrium des Erasmus (mit seinem Marterinstrument, der Seilwinde) darstellen. Pastor Joachim Meincke regte 1698 die Stiftung des großen Gemäldes der Kreuzigung an. »Das Weltgericht« mit den barbusigen Damen, den Engeln, die Gute und das Böse auseinander treiben, finanzierte dieser Seelenhirte mit sieben Gemeindemitgliedern.
Historisches Interesse verdient eine Bronzeglocke von 1664. Es ist ein Geschenk des Landgrafen Friedrich von Hessen, Heinrich von Kleists **Prinzen von Homburg**, und seiner Frau, Margarethe Brahe. Die Gräfin war zuvor mit Johannes Oxenstierna, der 1653 von der schwedischen Königin Christine mit den Mellenthiner Gütern belehnt wurde, verheiratet. Die Erbin des Sohnes des schwedischen Reichskanzlers Axel Oxenstierna, des Vormundes der Königin Christine, war erheblich älter als ihr Mann und starb 1669. Landgraf Friedrich von Hessen war ein großer **Kriegsheld**, brachte es bis zum Reitergeneral. Eindrucksvoll ist die Orgelempore mit ihren rund 200 Jahre alten Malereien. Bilder vermischen christliche Symbolik und Lebensweisheiten wie »Der Hammer ist wohl schwer, doch bringt er Zier und Ehr«

Kamin von 1613

und als Kommentar zu einer vergeblichen Geflügelwaschaktion: »Ach, ach, Schwarz vor als nach.«

Eine schöne **Allee** führt von der Kirche auf das Schloss zu. An der Kopfsteinpflasterstraße stehen drei frühere Gesindehäuser, Backsteingebäude mit Mansardpyramidendächern. Beeindruckend ist die Zufahrt zum Schloss. Turmartige Gebäude flankieren die Straße. Auf einer Seite blieb auch ein lang gestreckter Stall mit Fachwerkobergeschoss erhalten. Diese Gebäude stammen aus der Zeit nach 1817. Der Swinemünder Justizrat Wittchow war damals Mellenthiner Gutsherr, seine Nachkommen saßen bis 1910 in Mellenthin. **Letzter Gutsherr** war der Makler Wenner, der 1931 Schloss und 120 Hektar Land erwarb. Der Rest wurde aufgesiedelt.

Ein breiter Graben umgibt das Schlossgelände. Der zweigeschossige verputzte Backsteinbau wurde zwischen 1578 und 1580 für **Rüdiger von Nienkerken**, also Neuenkirchen, auf den Grundmauern einer alten Burg erbaut. Er stand mit Pommernherzog Ernst Ludwig auf vertrautem Fuß. Eine Inschrift auf einem Wappenstein, den Christoph von Nienkerken 1596 anbringen ließ, erinnert an den Erbauer.

Die Dreiflügelanlage wirkt trotz Umbauten auf den ersten Blick wenig verändert. Innen gibt es schöne Stichkappengewölbe zu sehen. Glanzstück ist der 1931 an seinen heutigen Standort versetzte farbig bemalte Kamin. Der 1613 unter Christoph von Nienkerken eingebaute Wärmespender zeigt, wie der **Teufel** mit einer Kutsche den Schlossherrn entführt.

Seit 2001 befindet sich das Denkmal im Besitz der Familie Fidora, die hier ein Restaurant und Café betreibt. Über eine Brücke gelangt man in das weitläufige Parkgelände mit einer wohl 200 Jahre alten **Stieleichenallee**. Bei der Umrundung des Grabens kommt man auch an einem frühdeutschen Turmhügel vorbei.

Der Töpfermarkt in Morgenitz zieht alljährlich viele Besucher an

Balm

Wir reisen von Mellenthin weiter über Neppermin, das auf einer anderen Reise beschrieben wird, nach Balm. Der Ort hat nicht nur einige rohrgedeckte Häuser und die malerische Lage am Wasser der Balmer See mit Blick auf die Inseln Böhmke und Werder zu bieten, sondern auch einen **Golfplatz** und ein Golfhotel. Von hier führt der Weg Richtung Dewichow/Morgenitz am **Mellenthiner Os** mit den Resten einer slawischen Höhenburg des Feldberger Typs vorbei. Sie wurde im 8./9. Jahrhundert errichtet. Der Oszug, Hinterlassenschaft des Velgaster Eisvorstoßes, entstand durch Ablagerung gröberer Sande in einem Schmelzwassertunnel, der bis zum Standort des Wasserschlosses Mellenthin reichte. Er ist etwa vier Kilometer lang und 100 bis 300 Meter breit.

Über das schön gelegene Dewichow fahren wir weiter Richtung Morgenitz.

In der Morgenitzer Kirche

Morgenitz

Eine gewaltige Linde begrüßt die von Mellenthin einreisenden Besucher. Beiderseits der Straße stehen viele gepflegte Häuser, z.T. Fachwerk mit Rohrdächern, auch Scheunen in Fachwerk aus dem 19. Jahrhundert. Viele Vorgärten, z.B. im Bereich der Nr. 40 und 41, sind einen Blick wert. Besonders stattlich ist das Haus Dorfstraße 8 in der Ortsmitte, der Hof der **Familie Dannegger**. Sie ist Organisator des alljährlich am letzten Juliwochenende stattfindenden Töpfermarktes.

Am Ende der Dorfstraße liegt lauschig der Kirchhof mit dem Pfarrhaus und zugehörigen Wirtschaftsgebäuden. Auch der Morgenitzer Pfarrer war nebenbei **Landwirt**. Wie die jetzt als Wohngebäude genutzte Schule stammt dieser Backsteinbau vom Ende des 19. Jahrhunderts.

Der alte Friedhof mit den efeuumrankten Bäumen lohnt einen Rundgang. Leider mussten vor einigen Jahren die Maulbeerbäume - Erinnerungen an den Versuch Friedrich II. die Seidenraupenzucht zu etablieren - gefällt werden.

An der Kirche steht eine Reihe Stelen aus gotländischem Kalkstein. Beeindruckend ist die große Zahl gusseiserner Kreuze. Einige sind Fischern gewidmet. Gotthard Oberländer ertrank erst 33-jährig im Krienker See. In Morgenitz wurde auch Ilse Farrenzin bestattet. Sie war 1821 gemeinsam mit ihrer Mutter von dem Knecht Johann Diekow (erst 19) in Suckow ermordet worden. Der Mann wurde 1823 öffentlich vor einem großen Publikum enthauptet. Eine Reihe von ursprünglich zu Großsteingräbern gehörenden Steinen sowie Trogmühlen wurde auf dem **Morgenitzer Kirchhof** von dem im Februar 1945 verstorbenen Pfarrer Wilhelm Hörstel aufgestellt, der seit 1919 in Morgenitz amtierte. Der gebürtige Braunschweiger war zuvor in San Remo tätig und hatte in Genua als deutscher **Seemannspastor** gewirkt. Der populäre Mann, der als Heimatschriftsteller und Brauchtumsbewahrer Verdienste erwarb, wurde nahe dem Kircheneingang beigesetzt. Er ließ auch einen gewaltigen Findling vom Ufer des Gothensees heranschaffen. Dafür wurden 16 Pferde und zur Bergung ein Flaschenzug benötigt.

Ein Stein aus einem Großsteingrab trug das Taufbecken aus dem 13. Jahrhundert, das

Trogmühlen auf dem Morgenitzer Kirchhof

heute in der Kirche aufbewahrt wird. Der dahinter stehende **Glockenstuhl** wurde 1820 gesetzt und 1982 erneuert.

Im Wesentlichen stammt der heutige Kirchenbau mit dem eindrucksvollen Westgiebel aus dem 15. Jahrhundert. Das Innere wird hauptsächlich vom Wiederaufbau 1771 geprägt. Von 1775 stammt der barocke **Altaraufsatz** mit dem klassischen Bildprogramm: Abendmahl, Auferstehung, Himmelfahrt. Für die Ausmalung sorgte der Usedomer Maler Christoph Peter Hirt(e), der die mit Evangelistenbildern geschmückte Kanzel (1777), das Gestühl mit dem Blumenschmuck (1775) sowie die Beichtstube bemalte. 1894 wurde die Orgel eingebaut und die Balkendecke durch ein Tonnengewölbe ersetzt.

Vor dem Altar befindet sich unter einer Tür eine Gruft. Hier steht der kupferne **Prunksarg** des schwedischen Obristen Paul Weediger von Borcke (gestorben 1699).

Die Beichtstube im Chor wurde im 18. Jahrhundert unter dem Einfluss des Pietismus eingebaut. Hier wird heute u.a. Zinnschmuck, darunter ein Kruzifix der 1715 verstorbenen Frau von Borckes, verwahrt. Sophie Juliane war eine geborene Rehnskiöld, ihre Familie hatte u.a. Besitz in Griebenow. Im Chor hängt ein Gemälde mit Christus, Taube und Himmelswolken. Zwei Kinder in weißen Gewändern sind hier dargestellt. Die Tafel ist dem 1786 im Alter von vier Wochen verstorbenen Christian Ludwig Friedrich Deissen und der nur vier Wochen alt gewordenen Margareta Ernestina Bernhardina Weissenborn (gestorben 1781) gewidmet. Es ist nicht das einzige Memorial für verstorbene Kinder. Aus den Jahren 1773 bis 1798 stammen die »Totenbrettchen« für im Alter von zwei bis zwanzig Jahren Verstorbene. In einem Fall ist sogar noch eine **Totenkrone** erhalten. Ein in unserem Raum sehr seltenes Zeugnis der Auffassung, dass unverheiratet Verstorbene Bräute Christi sind. Ihnen

Die Morgenitzer Kanzel wurde von Christoph Peter Hirte bemalt

gebührte dafür eine Krone. Dieser Brauch wurde auch auf Jungen übertragen.

Südlich von Morgenitz erhebt sich der **Neunzehn-Kirchen-Berg** von fast 50 Metern Höhe. Auf ihm liegt einer der Steine, mit denen Luzifer Wurfversuche auf die umliegenden Gotteshäuser machte.

Im Lieper Winkel

Unsere Reise führt uns jetzt von Morgenitz über **Krienke** in den Lieper Winkel, der wie eine Keule ins Achterwasser ragt. An das Rittergut der Familie von Borcken-Auerose in Krienke, zu dem etwa 800 Hektar gehörten, erinnert neben Wirtschaftsgebäuden und Resten des alten Parks mit wertvollen Bäumen noch das frühere Haus des Försters. Vom erst 1920 errichteten zweigeschossigen, verputzten **Herrenhaus** mit Rundbogenfenstern im Erdgeschoss blieb nur ein Torso erhalten, der größe-

Der Heimathof in Rankwitz informiert über den Lieper Winkel

re Teil wurde 1945 bis 1948 für die Errichtung von Neubauernhäusern abgerissen.
Auf dem eigentlichen Lieper Winkel dominierten die Büdner, die neben der Landwirtschaft der Fischerei nachgingen. Etwa 500 Meter vor **Rankwitz** wurde ein Hafen mit Gaststätte und Fischverkauf angelegt. Rankwitz selbst wird vor allem wegen seines Heimathofs besucht. Der Lieper Winkel war für eigenes Brauchtum bekannt. Auf dem **Heimathof** gibt's unter anderem Fischerboote, Ziehbrunnen und historische Pumpen zu sehen. In der Spinn- und Webstube steht ein rund 200 Jahre alter Webstuhl, Volkstrachten erinnern an die besondere Tradition des Lieper Winkels. Im Ort sind noch einige alte Fischer- und Bauernhäuser des 19. Jahrhunderts zu bewundern. Nicht weit ist es von Rankwitz bis **Quilitz**. Viele meinen, dass sich von hier aus der schönste Blick auf den Peenestrom und Lassan bietet. Als das andere Ufer noch schwedisch war, stationierten die Preußen hier einen der Wachposten, um Schmuggel zu verhindern.

Liepe

Auf dem Weg von Rankwitz nach Liepe bieten sich immer wieder schöne Blicke zum Wasser. Kastanien und Linden säumen die Straße. Im Ort sind auch Neostilbauten der Kaiserzeit, z.T. mit Bauerngärten, zu bewundern. Neben der Kirche steht das verputzte historische Pfarrhaus. Zum Pfarrhof gehört eine runde rohrgedeckte Scheune, ein Lehmfachwerkbau. Eine Lindenallee führt auf das turmlose Gotteshaus zu. Es wird schon 1216 erstmals erwähnt und ist damit die erste bezeugte **Dorfkirche** der Insel. Auf dem Friedhof stehen einige Kalksteinstelen aus der Zeit um 1800, ein modernes Holzkunstwerk sowie der Glockenstuhl, dessen großes Geläut der Stettiner Karl Voß 1850 goss.
Der Innenraum mit der Balkendecke wirkt schlicht. Mittelalterliche **Malereien** zieren die Ostwand. Die übrige Ausstattung stammt vermutlich aus dem 18. Jahrhundert, so der schlichte Kanzelaltar sowie das 1772 eingebaute Gestühl. 1735 ließ laut Inschrift der

Ländliche Idylle in Liepe

Pudaglaer Amtmann F.C. Hamann den Beichtstuhl einbauen. Und im Jahre 1800 schenkten Warther und Reestower Wintergarnfischer der Kirche als Dank für einen guten Fang zwei Zinnleuchter.
Bei Liepe gibt es auch eine **Badestelle** am Achterwasser. Von hier aus bietet sich ein schöner Blick Richtung Lassan.

Am Achterwasser

Nicht weit von Liepe, in **Reestow**, das man über eine Plattenstraße erreicht, wurde 2000 eine große Hofanlage mit dem 250 Jahre alten Wohngebäude zur Vier-Sterne-Ferienanlage umfunktioniert. Letzter Ort am Achterwasser Richtung Nordosten ist **Grüssow**. In beiden Orten findet man noch viele ältere Häuser mit Rohrdächern.
Ähnlich abgeschieden liegt **Warthe** im Nordwesten der »Keule« Lieper Winkel. Dank der Fischerhäuser und alten Bäume eine echte Idylle am Wasser. Eine Aufstellung von 1933 nennt für Warthe 36 Büdner, die gleichzeitig Fischer waren. Auch einen kleinen Sandstrand gibt es hier.

Die Suckower Eiche

Unser Weg führt uns nun von Warthe über Rankwitz zurück nach Usedom. Am Weg Richtung Suckow steht ein imposantes Naturdenkmal, die Suckower Eiche. Sie soll ein Überbleibsel jener Zeit sein, als in den Wäldern Schweine mit Eicheln gemästet wurden. Suckow heißt nichts anderes als Szuinowitz, also **Schweinehüterei**. Bereits Pommernherzog Bogislaw IV. wählte die Eiche, die auf einem vorgeschichtlichen Grabhügel steht, 1298 als Bezugspunkt zur Festlegung der Grenzen der Gemarkung Usedom. Beeindruckend ist weniger die Höhe als die Kronenbreite, immerhin 30 Meter. Der Stammumfang liegt bei 6,50 Meter.

Reiseinformationen von A–Z

Angeln

Ahlbeck:
M. Bittins, Wilhelmstr. 1, Tel. 038378/32022

Anklam:
Anglertreff, Pasewalker Str. 31, Tel. 03971/213920

Greifswald:
I. Hayer, Loefflerstr. 10, Tel. 03834/894399

Octopus Greifswald, Marktflecken 1, Neuenkirchen, Tel. 03834/773267

Koserow:
Angel- und Bootsausrüster Henze & Pfotenhauer, Hauptstr. 16, Tel. 038375/24751

Peenemünde:
Fahrgastschifffahrt und Hochseeangeln I. Teßnow, Zum Hafen 1, 038371/20829

Ückeritz:
Ückeritzer Personenschifffahrt, Hartmut Wolff, Tel. 0171/6514769

Wolgast:
Angelcenter, Schloßstr. 8/9, Tel. 03836/234398

Meier, Lange Str. 5, Tel. 03836/203435

Am Kamminker Hafen

Meiers Angelladen, Wolgaster Str. 5, Tel. 03836/203435

Zinnowitz:
Boots- und Angelcenter, Ahlbecker Str. 30, Tel. 038377/40298

Bootsverleih/ Yachtcharter

Anklam:
Kanustation Anklam, Inh. Carsten Enke, Werftstr. 6, Tel. 03971/259410

Bansin:
K. Labahn, An den Krebsseen 8, Tel. 03878/31587

Greifswald:
Greifswalder Yachtservice Redmer & Wilke GmbH, Kegelkamp 1, Tel. 03834/843392

H. Grünke, Birnenweg 17, Tel. 03834/820611

M. Wunderlich, Kelgelkamp 4, Tel. 03834/511057

Korswandt:
H. Becker, Am Wolgastsee, Tel. 03878/31860

Spandowerhagen:
I. Gudusch, Dorfstr. 46, Tel. 038370/20665

Zinnowitz:
Boots- und Angelcenter, Ahlbecker Str. 30, Tel. 038377/40298

Campingplätze

Bansin:
Wille, Seestr. 30 Tel. 038378/34507

Freest:
Dorfstr. 74, Tel. 038370/20538

Karlshagen:
Dünencamp, Tel. 038371/20291

Korswandt:
Grutz und Rehfeld, Tel. 038378/22110

Koserow:
Zeltplatz 999, Tel. 038375/20759

Kröslin:
Waldcamp, Tel. 038370/20525

Lassan:
Wassersport-Camping, Am Garthof 5, Tel. 038374/80373

Loissin:
Ferien- und Freizeitpark GmbH, Zum Zeltplatz 1A, Tel. 038352/243

Lütow:
Natur Camping Usedom Tel. 038377/40581

Neppermin:
Am See, Tel. 038379/20044

Stagnieß:
Naturcamping, Tel. 038375/20423

Trassenheide:
Ostseeblick, Tel. 038371/20949

Ückeritz:
Campingplatz Am Strand, Tel. 038375/20923

Zempin:
Camping am Dünengelände, Tel. 038377/41363

Zinnowitz:
Campingplatz Pommernland GmbH, Dr.-Wachsmann-Str. 40, Tel. 038377/40348

Fahrradverleih

Zinnowitz:
Fahrradverleih & Service, Wachsmannstr. 5, Tel. 038377/42869

Fahrradmitnahme

ist in den Zügen der UBB möglich; Fahrradkarte »Usedom« derzeit 3,00 €, weitere Informationen unter www.ubb-online.com

Feste und Veranstaltungen

Seebrücken- und Sommerfeste in den Ostseebädern, Hafenfeste in Lassan, Karlshagen, Loddin, Freest

Fischerfest in Zinnowitz

Ahlbeck:
Winterbadespektakel zum Valentinstag

Greifswald:
Fischerfest mit Gaffelrigg (2. oder 3. Wochenende im Juli)

Heringsdorf:
Heringsdorf goes fashion (Frühjahr und Herbst)

Flughäfen/Rundflüge

Anklam:
Flugplatz Anklam, Am Flugplatz 1, Tel. 03971/210051

Zirchow:
Flughafen Heringsdorf GmbH, Straße am Flughafen, Tel. 038376/250-0 (Der Flughafen befindet sich ca. 15 km südlich des Seebades Heringsdorf)

Peenemünde:
Usedomer Fluggesellschaft, Flugplatz 1, Tel. 038371/28523

Freibäder

gibt es außer in den Seebädern und den Orten am Bodden in Gützkow (Kosenowsee) und Anklam

Golf

Neppermin/Balm:
Golf- und Landhotel Balmer See, Drewinscher Weg 1, Tel. 038379/28-0, www.golfpark-usedom.de

Wackerow:
im Bau, Informationen unter www.golfclub-greifswald.de

Häfen der Region

Freest:
Sportboothafen, Tel. 038370/20260

Yachtlieger Jarling, Dorfstr. 21 Tel. 038370/20284

Kamminke:
Tel. 038376/20169

Karlshagen:
Yacht- und Fischereihafen Karlshagen, Am Hafen, Tel. 038371/20066

Karnin:
Tel. 038372/70375

Kröslin:
Marina, Am Hafen, Tel. 038370/251-0

Krummin:
Naturhafen, Tel. 03836/201660

Netzelkow:
Yachtlieger Achterwasser, Tel. 038377/40575

Peenemünde:
Flugplatz & Yachthafen Peenemünde GmbH, Tel. 03837/20360

Sportboothafen Marine-Regatta-Verein, Tel. 038371/20566

Usedom:
Am Hafen 1, Tel. 038372/70318

Wolgast:
Fridtjof Nansen Werft GmbH, Lotsenstr. 17, Tel. 03836/202124

Marina Horn, Hafenstr. 13, Tel. 03836/2367-0

Stadthafen, Tel. 03836/202690

Zecherin:
An der Zecheriner Brücke, Tel. 038372/70832

Ziemitz:
Peenestr., Tel. 03836/206765

Jugendherbergen

Greifswald:
Jugendherberge, Pestalozzistr. 11, Tel. 03834/5169-0

Maritimes Jugenddorf Wieck GmbH, Yachtweg 3, Tel. 03834/8302950

Heringsdorf:
Puschkinstr. 7–9, Tel. 0383 78/22325

Murchin
Jugendherberge Marianne Samuel Jugendherberge 1, Tel. 03971/210732

Peenemünde:
Schullandheim Camp Peenemünde, Feldstr. 20, Tel. 038371/21720

Kino

Anklam:
Kinocenter, Silostr. 2, Tel. 03971/244344

Ahlbeck:
Brümmel GbR, Dünenstr. 37, Tel. 038378/30345

Greifswald:
CineStar – Der Filmpalast, Lange Str. (Dompassage), Tel. 03834/777999

Zinnowitz:
Hoppach, Neue Strandstr. 20, Tel. 038377/42036

Kunst/Galerien/ Ateliers

Ahlbeck:
H. Anders, Seestr. 8, Tel. 038378/499987

M. Kuch, Lindenstr. 12, Tel. 038378/47352

Walentowski Galerien, Seestr. 16, Tel. 038378/47512

Anklam:
Atelier Manzke/Münnich Demminer Str. 40d

Kunsthalle, Demminer Str., Tel. 03971/213079

Bannemin:
Usedom Keramik, Zinnowitzer Str. 10, Tel. 038377/42072

Bansin:
Karin Szabo Passow, Goethestr. 2, Tel. 038378/29209

Gedenkatelier Rolf Werner, Seestr. 60, Tel. 038378/29228

Benz:
Kunstkabinett Usedom, An der Dorfkirche, Tel. 038379/20184

Katharina Hesse-Noack (Gefäßkeramik, Steinzeug), Kirchstr. 16/Pfarrhaus, Tel. 038379/28871

Art und Production, Dorfstr. 3, Tel. 038379/28700

Gützkow:
Ralf Wöller (Holzschnitzereien von Wandbildern und Skulpturen), Fritzower Damm 8, Tel. 038353/50177

Heringsdorf:
Galerie Ambiente, Kulmstr. 1, Tel. 038378/32216

Kunstpavillon, Auf der Promenade Tel. 038378/22877

Karlsburg:
über Romy Themann, Tel. 038355/68584

Katzow:
Skulpturenpark, Auf dem Hügel 1 Tel. 038373/20216

Klein Bünzow:
Galerie Leila Wolstein, Dorfstr. 41, Tel. 039724/26748

Kletzin:
Marlene Kliefert, Ückeritz Hof 2, Tel. 039998/10038

Koserow:
Atelier Otto Niemeyer-Holstein, Lüttenort, Tel. 038375/20213

Krummin:
Kleine Galerie im Hühnerstall, Dorfstr. 10, Tel. 03836/200658

Lassan:
Galerie in der Kirche St. Johannis zu Lassan, Tel. 038374/80042

Hexadactyla, Bergstr. 1, Tel. 038374/82849

Atelier-Galerie Schöne Künste, Wendenstr. 56, Tel. 038374/82676

Libnow:
Arte Deposito, Herrenhaus, Tel. 03971/259387

Ludwigsburg:
Schloss Ludwigsburg, Tel. 038352/60325

Mölschow:
Keramikerin A. Schröder, Zinnowitzer Str. 10, Tel. 038377/42072

Neeberg:
Galerie im Hühnerstall, Dorfstr. 10, Tel. 03836/200658

Neuendorf/Usedom:
Vorsteherhaus Neuendorf Galerie Kobelius, Dorfstr. 2

Neuenkirchen:
Galerie Veron, Tel. 03834/855755

Pulow:
Landwerkstatt Weberei Textil Iris Schöne, Bergstr. 2, Tel. 038374/82948

Rankwitz:
Atelier Elke Bellinger, Triftstr. 1, Tel. 038372/71111

Usedom:
Usedomer Kaleidoskop, Swinemünder Str. 4, Tel. 038372/76166

Vargatz:
Atelier Smiller Simone Miller, Gutshaus, Tel. 038353/76367

Anke Mann (Ölmalerei), Gützkower Str. 12a, Tel. 038353/77894

Wrangelsburg:
Papiermanufaktur, Schlossplatz 5, Tel. 038355/71780

Zinnowitz:
Usedomer Kunsthaus Villa Meyer, Wilhelm-Potenberg-Str. 1, Tel. 038377/42234

Puppen, Plüsch & Plunder, Alte Strandstr. 14, Tel. 038377/39884

Märkte

Morgenitz:
Töpfermarkt (Mitte Juli)

Minigolf

Zinnowitz:
»Loch 19«, Dünenstr. 2a (April bis Oktober geöffnet)

Museen

Ahlbeck:
Heimatstube, Im Rathaus, Tel. 038378/2500

Anklam:
Museum im Steintor, Schulstr. 1, Tel. 03971/245503

Otto-Lilienthal-Museum, Ellbogenstr. 1, Tel. 03971/245500

Dargen:
Zweiräder und Motoren, Bahnhofstr. 4, Tel. 038376/20290

Ducherow:
Motorradmuseum, Hauptstr. 3, Tel. 039726/20825

Freest:
Heimatstube, Dorfstr. 67, Tel. 038370/20339

Heringsdorf:
Villa Irmgard, Maxim-Gorki-Str. 13, Tel. 038378/22361

Lassan:
Lassaner Mühle, Mühlenstr. 2a, Tel. 038374/80233

Ludwigsburg:
Schloss, Tel. 038352/60325

Peenemünde:
Bettenmuseum, Tel. 038371/25689

Museum und Historisch-Technisches Informationszentrum, Im Kraftwerk, Tel. 038371/505-0

Phänomenta:
Museumsstr. 12, Tel. 038371/26066

U-Boot, Haupthafen, Tel. 038371/28565

Usedom:
Heimatstube, Anklamer Tor, Tel. 0383 72/70890

Wolgast:
Kaffeemühle, Am Rathausplatz 6, Tel. 03836/203041

Rungehaus, Kronswiekstr. 45, Tel. 03836/202000

Wrangelsburg:
Schloss, Tel. 038355/61207

Naturschutz

Karlshagen:
Naturschutzzentrum Insel Usedom, Dünenstr., Tel. 038371/21749

Usedom:
Informationszentrum Naturpark Usedom, Büderstr. 5, Tel. 038372/7630

Reitsport/ Kutschfahrten

Bannemin:
F. Knechtel, Trassenheider Str. 1, Tel. 038377/41179

Daugzin:
K. Werner, Tel. 039724/23614

Loddin:
Reit- und Pensionshof Müller, Strandstr. 39, Tel. 0173/2338691

Mellenthin:
Diepenhofen, Morgenitzer Berg 19, Tel. 038379/20565

Festumzug in Heringsdorf

Mölschow:
F. Knechtel, Trassenheider Str. 1, Tel. 038377/41179

Morgenitz:
B. Mattheus, Dorfstr. 2, Tel. 038372/70348

Ückeritz:
Reiterhof Schön, Mühlenstr. 7, Tel. 038375/21368

Weitenhagen:
S. Engelmann, Am Kleinbahndamm 10, Tel. 03834/535302

Wolgast:
Weidehof, Tannenkampweg 52 B, Tel. 03836/202120

Schiffsverkehr

Anklam:
Reederei Peeneströper, Baustr. 13, Tel. 03971/259885

Heringsdorf:
Adlerschiffe, Seebrücke, Tel. 0383 78/47490

Greifswald:
(Linie nach Ludwigsburg), Sund- und Boddenreederei Stralsund, Tel. 03831/3006060

Peenemünde:
Fahrgastschifffahrt & Hochseeangeln, Zum Hafen 1, Tel. 038371/20829

Ückeritz:
Personenschifffahrt Hartmut Wolf, Tel. 0171/6514769

Wolgast:
Ahlmann–Zierssen, Schusterstr. 1, Tel. 03836/237233

Fährschiffsbüro, Kronwiek 17, Tel. 03836/202285

M. Volz, Schifferstr. 3, Tel. 03836/600063

Schwimmhallen

Ahlbeck:
Ostseetherme Usedom, Lindenstr. 60, Tel. 038378/273-0

Anklam:
Volksschwimmhalle, Bluthsluster Str. 20, Tel. 03971/2105556

Greifswald:
Freizeitbad, Pappelallee, Tel. 03834/532711

Zinnowitz:
Bernsteintherme, Dünenstr., Tel. 038377/35500
www.bernsteintherme.de

Am Achterwasser

Segel- und Surfschulen

Loissin:
Surfcenter, Am Fischerhaus 9, Tel. 038352/66700

Greifswald:
See- und Tauchsportzentrum, Yachtweg 3, Tel. 03834/841424

Segelschule Nautica, Hafenstr. 28, Tel. 03834/799600

Hinrichshagen:
Knöpke, Dorfstr. 72 A, Tel. 03834/504386

Wolgast:
Segelschule Rückenwind, Hafenstr. 4, Tel. 03836/600013

Spielbank

Heringsdorf:
Ostseespielbanken GmbH & Co. KG, Strandpromenade, Tel. 038378/22818

Tauchen

Greifswald:
Tauchsportclub, Yachtweg 3, Tel. 03834/840147

Zinnowitz:
Tauchsportzentrum, Neue Sandstr. 49, Tel. 038377/36086

Theater

Anklam:
Vorpommersche Landesbühne, Leipziger Allee 34, Tel. 03971/208925

Greifswald:
Theater Vorpommern, Anklamer Str. 106, Tel. 03834/5722-0

Heringsdorf:
Chapeau Rouge, Promenade, neben dem Sportplatz (Ende Mai bis September)

Zinnowitz:
Blechbüchse, Tel. 038377/40936

Tierparks

Bansin:
Tropenhaus, Goethestr. 10, Tel. 038378/2540

Greifswald:
Anlagen 3, Tel. 03834/894148

Gristow:
Naturerlebnispark, Kowall, Tel. 038351/216

Wolgast:
Tannenkamp, Tel. 03836/203713

Touristinformationen

Ahlbeck:
Touristinformation Kaiserbäder Insel Usedom, Ahlbeck – Heringsdorf – Bansin, Dünenstr. 45, Tel. 038378/244-0
www.drei-kaiserbaeder.de

Greifswald:
Fremdenverkehrsverein der Hansestadt Greifswald und Land e.V. Markt (Rathaus), Tel. 03834/521380

Karlshagen:
Eigenbetrieb Tourismus und Wirtschaft, Hauptstr. 16, Tel. 038371/28536

Trassenheide:
Kurverwaltung Seebad Trassenheide, Strandstr. 36, Tel. 038371/20928

Zempin:
Fremdenverkehrsamt, Fischerstr. 1, Tel. 038377/42162

Zinnowitz:
Kurverwaltung, Neue Strandstr. 30, Tel. 038377/4920

Wasserwanderrastplätze

Anklam:
Entensteig, Bugewitz/OT Kamp, Hafenverein Kamp e.V.

Klempenow:
Kanustation

Lassan:
Garthof 5/6, Tel. 038374/80373

Am Bollwerk, Tel. 038374/80233

Rankwitz:
Am Hafen, Tel. 038372/70521

Stolpe:
über Bootsverleih J. Dobritzsch, Dorfstr. 28, Tel. 039721/56880

Wehrland:
Zum Bauerberg 8, Tel. 038374/82280

Zeitungen

Nordkurier, Lokalredaktion Anklam, Steinstr. 11, Tel. 03971/2067-0

Ostsee-Zeitung, Lokalredaktionen

Greifswald:
Johann-Sebastian-Bach-Str. 32, Tel. 03834/793-0

Wolgast:

Bahnhofstr. 66, Tel. 03836/265-0

Zinnowitz:
Neue Strandstr. 31, 17454 Zinnowitz

Zentrale Informationen

Regionaler Fremdenverkehrsverband Vorpommern e.V., Fischstr. 11, 17489 Greifswald, Tel. 03834/891-0

Tourismusverband Insel Usedom e.V., Bäderstr. 5, 17459 Seebad Ückeritz, Tel. 038375/23410

Register

A

B

C

D

E

F

Zum Autor

Eckhard Oberdörfer wurde 1954 in der Altmark geboren und studierte in Greifswald Verfahrenschemie.
Nach dem Diplom 1979 erfolgte 1984 die Promotion an der Pommerschen Landesuniversität. Oberdörfer war in verschiedenen Bereichen der Hochschule tätig, zuletzt Leiter der jetzt nicht mehr existierenden Arbeitsgruppe Universitätsgeschichte. Er publizierte Aufsätze, Buchbeiträge und Bücher zur physikalischen Chemie, der altmärkischen, pommerschen und allgemeinen Universitätsgeschichte und Volkskunde.
Seit 1991 ist Oberdörfer für die OSTSEE-ZEITUNG als Redakteur tätig. Beruflich und in der Freizeit befasst er sich intensiv mit der Geschichte und Kultur seiner Heimat und bemüht sich um die Wiederentdeckung auch weniger beachteter Zeugnisse der reichen Kultur des Landes am Meer. Eine Vielzahl von Beiträgen in der OZ zeugt davon.

Impressum

Die Deutsche Bibliothek verzeichnet diese Publikation in der Deutschen Nationalbibliografie; detaillierte bibliografische Daten sind im Internet unter http://dnb.ddb.de abrufbar.

Redaktion

Eckhard Oberdörfer

Bildnachweis

Sammlung Elsa Hein
162, 163

Sammlung Lothar Laban
220, 223, 229

Lilienthal-Museum
17

Peter Machule
199o., 199ul.

Claudia Meerkatz
215, 255

Sammlung Wolf-Dietrich Paulsen
147, 149, 151

Pommersches Bettenmuseum
230

Pommersches Landesmuseum
7o., 9, 10, 13, 41, 73, 75, 102, 127, 197, 204o., 247, 257, 262, 264

Werner Scharnweber
S. 32, 172o., 176

Volker Schrader
S. 216/217, 236, 246, 265, 267

Sammlung Erhard Stelzig
40, 44

Torsten Taubhorn
S. 180, 253o.

Theater Anklam
12, 20

Verlagsarchiv
S. 5m., 8, 19, 45, 64, 77, 79, 91, 107, 111, 115, 135, 199ur., 231, 253m. und ur.

Sammlung Peter Wulfert
108, 114

Alle übrigen Fotos:
Eckhard Oberdörfer

Verlag

Hohenlohestraße 21
28209 Bremen
Tel. 0421–34843-0
Fax 0421–348094
info@edition-temmen.de
www.edition-temmen.de

ISBN 3-86108-917-3

Lektorat: Claudia Schneider
Kartografie: Gerrit Feige
Herstellung: Edition Temmen

1. Auflage 2006